아무도
우리를
구해주지
않는다

아무도
우리를
구해주지
않는다

주장과 비판,
불의에 참견해온
10년의 기록

록산 게이 지음
최리외 옮김

문학동네

내 의견이 중요하다는 걸 처음으로 가르쳐주신 어머니께

그는 입술을 핥았다. "음, 내 의견이 궁금하면—"
"안 궁금해." 그 여자가 말했다. "나도 내 의견이 있어."
—토니 모리슨, 『빌러비드』

의견은 이 작은 지구에 전염병이나 지진보다
더 많은 문제를 일으킨 바 있다.
—볼테르

흑인의 생명은 당연히 중요하다

친애하는 남자 동료들

보고 읽고 질문하라

남 일에 참견하기

록산에게 물어보세요

일러두기
- 주석은 모두 옮긴이주이다.
- 본문 중 고딕체는 원서에서 이탤릭체나 대문자로 강조한 부분이다.
- 단행본, 잡지는 『 』, 단편소설, 법률 조항은 「 」, 시리즈명은 ' ', 방송 프로그램, 웹진, 웹 사이트, 노래, 미술작품 제목은 〈 〉로 표시했다. 일간지의 경우 약물 기호를 생략했다.
- 외래어 표기는 국립국어원 외래어표기법에 준했으나, 일부는 현지 발음이나 통용 표기를 따랐다.

나는 의견이 많은데 이건 어머니에게 물려받은 기질이다. 어릴 적부터 어머니가 재치 있게 또 지성적으로 당당히 자기 의견을 표현하는 모습을 보며 자랐다. 어머니는 언제나 당신의 입장을 굳게 지켰고, 신념을 굽히지 않았다. 상대적으로 수줍음이 많고 조용한 편인 나는 어머니의 솔직한 모습에 탄복했으며 그런 어머니를 마음 깊이 존경했다. 내게도 의견이 있었지만 입 밖으로 꺼낼 자신은 별로 없어서 글로 적어둔 채 혼자 간직하곤 했는데, 그것만으로도 충분했다. 당시 어머니는 이 사실을 몰랐으나, 신념을 갖고 이를 표현할 자신감을 갖는다는 게 무엇인지를 알려주는 한결같은 본보기였다. 지금도 마찬가지다. 나도 내 나름으로 그럴 수 있기를 열망해왔다.

　커리어 내내 나는 많은 독자들에게 내 의견을 공유하는 특권을 누렸다. 동시대 소설부터 경찰 폭력 문제, '분노의 질주' 시리즈에 이르기까지 온갖 것에 관해 한 글자씩 써내려가다보니 어느덧 책 한 권이 되었다. 이 책은 10년간 글로 쓴 의견을 엄선해 엮은 결과물이다. 지난 10년은 엄청난 사회적 격변기였다. 우리는 지금도 여러 면에서 일상을 재편한 팬데믹에 대응하며 살아가고 있다. 도널드 트럼프 특유의 자기중심적 정치가 부상한 것도 지난 10년 새의 일이다. 가짜 뉴스가 판치고 있다. 재생산권을 위한 싸움은 너무 많이 후퇴하고 말았다. 미국 여러 주에서 드래그퀸 행사부터 성전환 의료 서비스까지 모든 것을 본질적으로 금하는 법안을 통과시키면서 트랜스젠더 커뮤니티는 5년 전보다 더욱 위태로워졌다. 이는 나머지 성소수자 커뮤니티에도 결코 좋은 징조가 아니다. 많은 주에서 금서 명령이 부활했고 주의회는 학교와 대학에서 무엇을 가르쳐야 할지를 멋대로 지시해 엄연한 역사를 무시하고 왜곡하려 한다.

내 의견을 쓰는 환경은 몹시도 험난하지만, 그럼에도 나는 쓴다. 나는 분노를 표출하거나 증언하거나 감탄을 표하기 위해 쓴다. 어떤 이유로든 내 의견에 동의하지 않을 사람이 많을 것을 알기에 때로는 반사적으로 반응하듯이 쓴다. 내가 도발적인 에세이를 새로 발표하면 아버지는 걱정하면서도 놀리듯이 나에게 적을 너무 많이 만들고 있다고 말하기 위해 연락한다. 아버지는 내가 의견을 드러내 다리를 불태우는* 건 아닌지 염려한다. 그럴 의도는 전혀 없지만, 아마 아버지 말씀이 맞을 것이다. 그리고 솔직히 말하자면 내가 불태우는 다리는 건널 마음이 조금도 없는 다리일 거다.

인터넷은 오랫동안 의견 교류의 장으로서 노천 시장 같은 역할을 해왔다. 어디에나 존재하는 의견들은 혼란스럽고 흥미로우며 때로는 질리기도 하고 버겁다. 소음 천지인 이 시대에 우리는 서로에 대해, 그리고 서로의 생각까지 지나치게 많이 알고 있는 건지 모른다. 어떤 상품이 됐든 구매하는 그 시점부터 리뷰를 쓸 수 있다. 아마존 일부 고객은 『컨슈머 리포트』**에서 일하는 게 아닌가 싶을 정도로 엄중하게 리뷰를 작성한다. 내가 하고 싶은 말은 우리가 자발적으로 투여하는 노동이 엄청나다는 사실이다. 우리는 호텔, 모텔, 리조트에 대한 생각을 공유한다. 내가 특히 집착하는 웹사이트는 트립어드바이저인데, 어느 도시에서든 숙소를 정할 때 거의 종교처럼 받들어 모신

---

* '돌이킬 수 없는 길을 간다'는 뜻의 관용어구.
** 미국 소비자협회가 발간하는 월간지.

다. 트립어드바이저에선 사람들이 호텔 레스토랑부터 룸서비스, 청소 상태와 침구류, 벨보이가 얼마나 친절한지 혹은 얼마나 불친절한지 등 온갖 것을 두고 왈가왈부한다. 고급 호텔을 리뷰할 때는 본인이 부자라는 걸 티내기 위해 '특급 호텔에 자주 묵는다'는 말로 리뷰를 시작하는 경우도 왕왕 있다. 옐프*는 그 자체로 하나의 세계다. 특별한 식사를 했거나 별로인 음식을 먹었을 때, 시간이 좀 남는 사람은 그 식사가 얼마나 좋았는지 나빴는지를 정교하게 혹은 극도로 상세하게 기록할 수 있다.

레딧**에는 연애가 고민인 사람부터 고루한 '엄마 블로거'까지 만사에 의견을 표명하는 이들로 가득하다. '내가 쓰레기인가요?'라는 레딧 커뮤니티 게시판 이용자들은 인간관계 갈등이며 본인들 행동거지를 털어놓고서 대중의 판단에 스스로를 맡겨둔다. 십중팔구 "네, 님이 쓰레기임"이라는 답이 달리고, 곧바로 레딧 이용자들이 몰려와 원 글쓴이의 파트너나 지인을 향해 그 관계를 당장 끊어내라고 권유한다. 게다가 뭐니 뭐니 해도 이 모든 일이 실시간으로 벌어지는 소셜미디어가 있으니, 이곳에선 온갖 사람의 크고 작은 생각이며 감정이며 욕구며 좌절이 끝도 없이 흘러간다.

물론 좀더 공식적인 의견 표현도 있다. 출판물이 급격히 줄어드는 와중에도 작가들은 글을 써서 당대 가장 시급한 이슈를 종합하고 예측한다. 동시대 사회문제를 다루는 글이 가장 많은 관심을 받는다는

---

* 미국의 식당 예약 서비스 애플리케이션.
** 미국의 소셜 뉴스 집계, 콘텐츠 등급 매기기 및 토론을 위한 웹사이트.

건 축복이자 저주다. 독자들이 의견을 표하는 글을 찾는 이유는 복잡한 문제를 해석하는 데 도움을 얻기 위해서다. 분쟁이나 비극이 벌어졌을 때는 위안과 연대감을 찾고 싶을 수도 있다. 독자들은 다양한 사고방식을 배우고 또 거기에 노출되고자 한다. 혼란스럽거나 양가 감정을 느끼는 문제에 명확한 판단을 내리는 데 도움을 필요로 한다. 그러면서도 사려 깊고 도발적이며 아름다운 글을 읽고 싶어한다.

내게 청중이라 할 만한 뭔가가 생긴 뒤, 독자들은 공개적으로든 개인적으로든 연락해와선 특정 이슈를 콕 집어 '내가' 어떻게 생각하는지 물어보곤 한다. 뿌듯하기도 하다. 그러나 한편으론 대체로 의견이 강한 편인 나도 매사에 의견이 있는 건 아니라서 스트레스를 받기도 한다. 특정 주제에 의견이 있더라도 내가 만사에 전문가는 아니므로 충분한 정보가 없을 수도 있다. 어떤 사안에 대해 말을 할 때와 경청하고 배울 때를 구분하는 것은 내가 꾸준히 연마하고 있는 귀중한 기술이다. 때로 사람들은 나를 의견 자판기처럼 취급하며 본인들이 선호하는 방송에 대해, 선거에 출마한 정치인에 대해, 최근 발생한 재난에 대해 어떻게 생각하느냐고 물어보는데, 마치 의견 쓰기가 신중함과 숙고를 필요로 하는 일이 아니라 단순한 감정 표현에 불과하다는 듯한 태도다. 세상에나.

처음 에세이를 쓰기 시작했을 때는 뉴스 속도에 맞춰야 하는 경우가 많았다. 무슨 일이 벌어지면 뭔가 할 말이 있다고 직감했고, 뭐라도 말해야 한다고 생각했다. 노트북을 펼치고 앉아 결론까지 미친듯이 써내려갔다. 그러고는 편집자에게 보여줄 만하다 싶을 때까지 수정하고, 이다음엔 무슨 일이 벌어질지 기다렸다. 2000년대 후반부터 2010년대까지 〈HTML자이언트HTMLGIANT〉나 〈럼퍼스The Rumpus〉 〈살롱Salon〉등 내게 논픽션을 쓸 기회를 준 매체에 그런 글을 실었다. 그중 몇 편이 첫 책『나쁜 페미니스트Bad Feminist』(2014)에 실리기도 했다. 사람들이 내 책을 읽거나 관심을 가지리라고는 전혀 예상치 못 했는데 그렇게 됐다.

경력이 쌓이면서 편집자들이 나를 찾기 시작했다. 오랜 시간 무명 으로 글을 써온 입장에선 감개무량한 일이었다. 원고 청탁은 고마우 면서도 두렵고 흥미로운 도전이었다. 흑인 교회에서 발생한 총격 사 건이라든지 대단한 유명 인사의 사망 소식, 뜻밖의 선거 결과 등 비 극적이거나 문화적으로 중대한 일이 벌어지면 그 즉시 편집자가 이 메일을 보내와 몇 시간 만에, 길어야 하루 안에 관련 글을 써줄 수 있 는지 묻곤 했다. 어찌저찌 그러는 게 가능하긴 했는데, 돌이켜보면 대체 어떻게 그런 식으로 그렇게나 오래 버텼나 싶다. 청탁에 응한 뒤에는 당면한 문제에 관해 무얼 말해야 할지 생각했고, 시간이 허락 하는 한 최대한 자료조사를 하고, 명쾌하고도 설득력 있는 논지를 구 성하기 위해 최선을 다했다. 이미 하고 싶은 말이 있을 때도 있었고, 무슨 말을 해야 할지 써내려가다 알게 될 때도 있었다. 이 모든 글쓰 기에 대한 보상으로 나는 한 편당 50달러에서 150달러, 운이 좋으면 250달러라는 거금을 받았다.

초반에는 내 글이 불러일으킨 담론의 장에 참여하려고 노력했다. 댓글을 읽는 굉장한 실수를 범했고, 또 댓글을 다는 엄청난 실수를 저질렀다. 댓글 창에서 좋은 일이 일어나는 경우는 극히 드물다. 댓 글 창이 관리되지 않는 경우엔 더욱 그렇다. 악플은 내가 실제로 쓴 글과는 거의 연관이 없으며 나를 불안하게 그리고 지나치게 방어적으로 만든다. 심신이 딱딱하게 굳는 상태에서 벗어나기까지, 그러니까 내가 할 일이란 최대한 글을 잘 쓰는 것이며 단순히 나와 대화를 나누고 싶어한다는 이유로 인터넷상에서 만난 불특정의 낯선 사람들과 논쟁할 필요는 없다는 사실을 깨닫기까지는 오랜 시간이 걸렸다.

한때는 뿌듯했던 일이 결국 부담으로 느껴지기 시작했다. 편집자들은 뉴스가 돌아가는 판에서 선수를 치고 싶은 욕심에 최초 반응을 우선시했는데, 그 반응이 최선인지 혹은 고심 끝에 나온 건지에 관해서는 딱히 신경쓰지 않았다. 내 커리어에서 얻은 가장 귀한 선물 하나는 마침내 시간을 들여 쓸 수 있는 지점에, 속도보다 질을 우선시할 수 있는 위치에 다다랐다는 점이다.

나는 내 관점을 공유하거나, 참을 수 없는 것 혹은 끔찍한 것에 반대하거나, 열렬히 믿는 것을 주장할 수 있는 기회를 누려왔다. 나는 그런 기회를 당연하게 여기지 않는다. 예전 같으면 상상만 할 수 있었던 세상, 내게도 목소리가 있으며 그걸 두려움 없이 사용할 수 있고 또 내 목소리가 들린다는 걸 나 스스로 아는 세상에 들어서게 된 것이다. 지면에서 나는 가장 대담하고 뻔뻔해진다.

10년이 넘는 기간 동안 내 의견을 글로 쓰다보니, 내가 통제할 수 있는 건 지면에 오르는 글뿐이라는 사실을 이해하게 됐다. 모든 사람이 선의로 논쟁에 참여하진 않는다는 것도 알게 됐다. 사람들은 내가 직접 작성하지도 않은 제목만 읽는 경우가 많다. 놀라우리만치 많은 경우 그렇다. 본인들의 의견, 편견, 선호하는 입장을 강화하는 쪽으로 그 제목에 반응한다. 어떤 글을 쓰든 내가 인간의 모든 경험을 설명해주길 바라면서 내가 한 말 대신 하지 않은 말을 비판한다.

때로 독자들은 내가 의견을 표하면 나한테 실제보다 훨씬 더 큰 권력이 있다고 추측한다. 내가 어느 코미디언이 웃기지 않는다고 말하면, 그들은 내가 어떻게든 그 코미디언의 입을 틀어막고 있다거나 실질적으로 그 코미디언의 커리어에 영향을 미치고 있다는 기괴하고도 (비)논리적인 비약을 한다. 충분히 잘해내고 있긴 하지만 그래도 일개 작가에 불과한 내가 세상에서 가장 유명하고 부유한 사람들이 가진 종류의 권력을 갖고 있다고 가정한다. 그들은 사생활 보호, 표현의 자유, 민주주의, 자율성 등 지극히 간단한 개념을 자기 좋을 대로 곡해한다. 결국 내 글에 대한 그런 반응은 의견 자체보다 특정 의견을 표현하는 사람을 향한 불편함을 더 많이 드러낸다.

나는 종종 격한 논쟁거리에 관해 글을 쓴다는 이유로 화가 많다는 비난을 받는다. 나는 이 비난에 발끈하는데, 말 그대로 비난이기 때문이다. 분노는 잘못됐고, 격에 맞지 않고, 부적절하다는 함의가 늘 존재한다. 화났다는 말은 칭찬이 아니다. 내가 도를 넘었다는, 내 자리를 벗어났다는 경고다. 내 자리는 내가 선택한 곳 어디든 될 수 있다는 사실을 내가 확실히 알고 있는데도 말이다. 이따금 자기방어를 할 때도 있는데, 분노는 내 글쓰기의 핵심 동력이 아니기 때문이다. 하지만 어떤 때는 분노가 편협함, 제도적 편견, 불의에 대한 전적으로 타당한 반응이므로 나는 화를 낸다.

의견을 표하는 사람들 중에는 소속이나 신념에 관계없이 모두가 서로의 의견을 경청하고 존중하던 '좋았던 옛 시절'의 담론장을 그리워하며 오늘날을 개탄하는 이들도 있다. 그런데 여성이나 유색인이나 성소수자나 주변부에 존재하는 이들에게도 그런 시절이 있었던가, 나는 잘 모르겠다. 관념 속에서 이상적인 담론을 추구하는 이들은 사람들이 진공상태에서, 맥락이나 결과와 무관하게 자기 생각을 자유롭게 표현할 수 있길 원한다. 그들이 바라는 건 의견 표명이 무해한 지적 활동에 그치는 상태다. 의견이 표명되는 이슈에 따라 본인 삶이 실질적으로 영향을 받지 않는 사람들에겐 그게 가능할 수도 있겠다. 만약 제대로 된 사람들이 당신의 의견에 동의하거나 당신도 의견을 표현할 권리가 있다고 믿는다면, 당신의 의견을 존중할 것이다. 본인의 신념과 의제에 더 잘 들어맞게 얇고 안이한 재구성을 일삼는 대신 당신이 실제로 쓴 것에 관심을 기울일 것이다.

그러나 그들이 당신에겐 의견을 표할 권리가 없다고 여긴다면, 당신이 누구인지 그리고 당신이 무엇을 대변하는지를 분하게 여긴다면, 당신의 의견은 골칫거리가 된다. 이런 의견의 확산 범위와 영향력은 기하급수적으로 늘어난다. 갑자기 당신은 위협적인 존재가 된다. 갑자기, 예컨대 표현의 자유는 더이상 적용되지 않는다. 갑자기 '여성 발화자 인신공격'*이 우세한 반응이 돼버린다.

의견을 갖고 있을 때, 특히 그 의견이 현상태에 도전하는 의견일 때 사람들은 반응하기 마련이다. 안타깝게도 그 반응은 몹시 악의적인 의도로 표출되는 경우가 부지기수다. 당신의 가장 여린 약점, 가

---

* ad feminam attack. 여성의 의견이 아니라 여성 자체를 공격하는 행위를 뜻한다. 인신공격을 의미하는 라틴어 애드 호미넴ad hominem에서 비롯한 표현이다.

장 취약한 부분을 찾아내 끝도 없이 파고드는 트롤들trolls이 있다. 당신이 여성이거나 유색인이거나 성소수자이거나 비만인이거나 장애인이거나 혹은 어떤 식으로든 타자라면 트롤은 바로 그 지점을 노린다. 가차없고 가슴을 찢어놓는 잔혹함이다. 가끔은 내 글을 게시하는 게 몹시 두렵다. 가끔은 다 써놓고 단지 헛소리를 듣고 싶지 않아서 발행을 취소할 때도 있다. 그럴 때마다, 치러야 할 대가를 치르기 싫어서 지적인 작업을 못하게 될 때마다 정말이지 싫다.

이상적인 담론 문화가 어떤 모습이어야 하는지, 요란하고 대개 통제할 수 없는 인터넷에서 그런 문화가 조금이라도 가능키나 한지 나는 모르겠다. 하지만 나 역시 작가로서 요란하고 통제할 수 없는 사람이다. 그러므로 나는 요란함과 통제 불가능성이 골칫거리가 아니라 자산으로 여겨지는 공간에 글을 쓰고자 한다. 신중을 기하고 숙고하여 쓴다. 내가 실수할 수도 있다는 사실을 알면서 쓴다. 가끔은 틀릴 때도 있겠지만 의도는 좋은 거라고, 세상을 향한 내 호기심은 진심이라고 여기면서.

이 책에는 지난 10년간 내 직업적, 개인적 삶을 형성한 이슈를 다룬 글들이 실려 있다. 대부분의 글에는 연결고리가 있다. 나는 정체성 정치에 꽤나 관심이 많다. 이 개념은 종종 주변화된 이들의 고민과 생생한 경험을 일축해버리는 무기로 사용된다. 우리가 세상을 살아가는 방식, 세상이 우리를 경유해 움직이는 방식이 어떻게 정체성을 통해 형성되는지에 관한 대화를 궤도에서 이탈시키는 데 사용되기도 한다. 이는 어떤 식으로든 우리가 누구인지에 영향을 미치는 바로 그것들로부터 우리 스스로를 분리할 수 있다는 함의를 지닌 비난이다. 여기엔 우리가 자기 정체성을 인식하고 포용하는 동시에 더 너른 공동체의 일원이 될 수 없다는 함의도 있다. 정체성 정치를 비난하는 것, 당신은 정치적인 존재가 아니며 무엇보다 단지 인간일 뿐이라고 주장하는 것도 사실 정체성 정치다. 바로 이 점이 내겐 흥미롭다. 본인과 다른 누군가가 몸소 겪어낸 삶의 경험을 부정하면서 어쩜 그렇게도 자기인식을 못하는지 일러주는 하나의 방법이라는 점에서 말이다.

인종은 또하나의 공통 주제다. 지적 관심사의 폭이 넓은 만큼 나로서는 인종에 국한되는 의견만 내고 싶진 않지만. 또 한 명의 흑인이 경찰에게 살해되거나 여타 인종차별의 피해를 입었을 때 나는 종종 생각한다. **인종차별의 간악함에 관해선 더는 할 말이 없다고.** 나를 비롯한 많은 작가가 흑인의 생명도 중요하다고, 걷잡을 수 없는 경찰 폭력이 종식되어야 한다고, 이미 겪을 만큼 겪었다고 설득력 있고도 격하게, 심사숙고하여 글을 썼다. 그렇게 계속 쓰고 또 쓰고 또 쓰는데도 변하는 건 거의 없다. 진정으로 그 말을 들어야 할 사람들은 듣지 않거나 들을 능력이 없기 때문이다. 그들은 흑인의 생명이 중요하다고 생각지 않으니 아무리 자주 그 문구를 들어도 와닿지 않는다. 인종에 관한 글쓰기가 되풀이된다고 느껴질 수도 있지만, 한번 생각해보라. 인종차별이야말로 반복적이다. 세대를 거듭하면서도 우리 문화는 유해한 편견을 영속하고 있다. 권력을 가진 이들은 더 열등하다고 느끼는 이들을 지배하려 든다. 이건 악순환이다. 글을 쓴다는 게 굉장히 부적절한 대응처럼 느껴질지라도 이게 내가 가장 잘 아는 방법이다. 이미 여러 차례 쓴바, 악취나는 불평등을 직면하고도 아무

말 하지 않는 건 용납할 수 없다.

　미국의 정치 환경은 분열돼 있고, 그 균열이 회복될 수 있을지 모르겠다. 단순히 정당 노선으로만 나뉜 게 아니다. 서로의 차이를 인정하고 존중하는 사람들과 이를 경멸하고 비난하려는 사람들로도 분열돼 있다. 선거철마다 우리는 여성의 몸과 트랜스젠더의 삶, 퀴어의 삶, 흑인과 라틴계와 아시안과 아메리칸 인디언과 남아시아인과 무슬림의 삶이 얼마나 위태로운지 상기하게 된다. 최선의 후보를 응원할 일은 딱히 없다. 대신 가장 끔찍하고 멍청하고 근시안적인 상대 후보를 이길 수 있을 만한 후보에게 마음이 기울 수밖에 없다. '당선 가능한 후보'라는 건 항상 나이든 백인 남성으로, 귀족적인 외모와 온건한 정치 성향, 예의를 중시하는 태도를 지닌 '초당적 지지를 받는' 전형적인 인물이다. 그들은 미국인 대다수의 이익에 이바지할 수 있는 근성이 부족하다. 한편 매력적인 후보들, 그러니까 정치계에 떠오르는 풀뿌리 조직가, 혁신적인 시장, 신인 변호사 들은 당선 가능성이 없다는 이유로 무시된다. 사실상 우리가 당면한 문제의 해결책과 더 나은 미래를 향한 희망을 제시하는 건 그들인데도 말이다. 정치에 관한 글을 쓸 때 나는 우리가 강요당하는 끔찍한 정치적 선택에 따른 좌절감, 아무리 유혹적이더라도 끝내 절망에 굴복할 수는 없다는 마음, 기성 정치권의 지지를 받진 못하지만 우리가 주목해야 할 흥미로운 정치인 후보들이 있다는 사실, 그리고 변화가 얼마나 절실히 필요한지에 관해 쓴다.

　대체로 내가 가장 좋아하는 글쓰기는 문화비평으로, 서평이든 문화적 유행에 대한 탐구든 인기 많은 영화 시리즈에 대한 감상이든 마찬가지다. 나는 창작자 개인의 삶에 영향을 미치는 제도적 문제가 엄연히 존재하는 직업적 환경에서 탁월한 작품이 탄생하는 시대에 글을 쓰고 있다. 나는 그 점에 대해서도, 그러니까 대표성에 대한 부담, 주변화된 창작자들에게 가해지는 압박감, 그리고 우리가 성공할 수 없게끔 구조화된 시스템 속에서 성공하려면 무엇이 필요한지에 대해서도 쓴다. 간혹 유명인과 인터뷰를 하기도 한다. 이미 숱하게 다뤄진 사람들에 대해 무얼 말해야 할지 가늠하기 어려운 탓에 가장 선호하는 글쓰기 장르는 아니지만, 자택 거실에서 마돈나를 기다린다거나 할리우드 유대계 델리의 비좁은 칸막이 좌석에서 찰리 허넘 맞은편에 앉는다거나 아이비파크* 코트를 산들바람에 펄럭이며 자택 수영장을 빙그르르 돌면서 춤추는 저넬 모네이를 바라보는 일은 여지없이 즐거웠다.

성평등에서 많은 진전을 이뤄낸 만큼 아직 해야 할 일이 많기에 젠더 정치 역시 내 작업의 큰 비중을 차지한다. 여성들의 처지를 보여주는 것과 우리 여성들이 이룩한 진전을 인식하는 것 사이에서 적절한 균형을 찾기란 까다로운 일이다. 페미니스트 활동가들은 여성의 신체 자율성을 옹호하고 우리의 선택권을 보호하기 위해 적극적으로 나서고 있다. 이들은 우리의 삶이 제도적 편견에 의해 제한되지 않는 미래를 보장하기 위해 고군분투하고 있다. 그 점을 인식하는 것 역시 중요하다.

---

* 비욘세가 론칭한 의류 브랜드.

이 책 말미에는 뉴욕타임스에 실린 '록산에게 물어보세요'와 '직장 동료' 칼럼에서 요청받았던 조언글이 몇 편 실려 있는데, 그저 내가 조언하는 걸 무척이나 좋아하는 까닭이다. 설령 조언이 받아들여지지 않더라도 만족스럽다. 상담을 요청한다는 건 어떤 식으로든 이야기를 하고 싶고 타인이 들어주었으면 싶고 관심을 주길 바란다는 뜻이기에, 나는 내가 받은 질문을 진지하게 고민한다.

마지막 부를 제외한 각 부는 가장 오래된 것부터 최근 순으로 글을 배치했다. 몇몇 예외를 제외하곤 이 책에 수록된 글들은 기존 지면에 발표된 글과 동일하다. 수정한 부분은 오직 명확성을 기하기 위함이었다.

꽤 오랫동안 글을 쓰다보니 내가 가진 의견이나 생각이 바뀌었느냐는 질문을 자주 받는다. 대개의 경우 사람들은 '바뀌었다'는 대답을 듣고 싶어한다. 마치 의견이란 일시적인 것, 딛고 넘어가야 하는 것인 양 말이다. 아무도 실망시키고 싶지는 않지만 나는 바뀌었다고 말할 수가 없다. 나는 여전히 더 엄격한 총기법이 필요하다고, 자궁을 가진 사람들이 신체적 자율성을 지닐 수 있어야 한다고, 초법적 살인은 잘못됐다고, 민주주의가 파시즘보다 훨씬 낫다고 믿는다. 그렇긴 하지만 내 의견이 발전했다고 믿고 싶고, 내 생각이 좀더 섬세해졌다고 믿고 싶다. 그래서 나는 이렇게 답한다. 의견이 바뀌진 않았지만, 당시에 내가 가진 지식과 기술로는 최선을 다했노라고. 그리고 나는 계속해서 그렇게 쓴다. 의견을 어떻게 표현하든 나는 늘, 언제나 최선을 다하고 있다.

정체성, 정치 그리고 정체성 정치

나는 희망 말고
가능성에 대해 생각하고 싶다.
불가능한 것을 가능하다고 상상함으로써
아주 작은 행동이라도 할 수 있다.

비극은 무한히 반복된다

인터넷이라는 광대한 무법지대는 뭔가를 볼 수 있으니 뭐라도 봐야만 한다고 우리를 계속 유혹한다. 뭔가를 말할 수 있으니 뭐라도 말해야만 한다고. 아무것도 보이지 않을 때조차 우리는 뭐라도 말할 거리를 얻기 위해 기꺼이 스펙터클을 만들어낸다.

2014년 8월 9일, 비무장 상태의 열여덟 살 소년 마이클 브라운이 경찰관 대런 윌슨에게 살해당했다. 총격 사건이 일어난 미주리주 퍼거슨은 이후 무장경찰이 점거하고 시위가 연달아 일어나며 온갖 기회주의자가 판치는 장이 되었다. 얼마 뒤면 언론은 떠날 테고, 퍼거슨은 경찰이 흑인 시민을 표적으로 삼는 데 혈안이 된 뒤숭숭한 도시로 남을 것이다. 주민 대다수가 흑인임에도 그들을 보호하고 그들에게 봉사해야 할 선출직 공무원과 경찰 대다수는 백인인 도시로 말이다.

머지않아 또다른 도시가 또다른 스펙터클이 될 것이다. 비무장 상태인 또 한 명의 흑인이, 지나치게 열성적인 또 한 명의 경찰관 총에 맞아 죽을 테니까.

퍼거슨에서 일어난 사건 이후 우리는 정보를 원하고 있다. 마이클 브라운이 왜 살해된 건지, 어쩌다 그런 일이 일어난 건지 알고 싶어 한다. 우리 모두 법의학 분석가다. 우리 모두 탐정이다. 우리 모두 기자다. 매 순간 우리는 무엇이든 될 수 있다. 시민 기자들의 실시간 피드며 현장 리포터나 현장 한복판에 있는 이들의 트윗, 인터넷에 범람하는 이미지, 언론사 뉴스 계정의 정보, 이따금씩 주요 뉴스 채널에서 들려주는 소식에 이르기까지 스펙터클을 접하기란 매우 쉽기 때문이다.

게다가 우리에겐 논평까지 있다. 스펙터클이 있으니 그에 대해 마땅히 숙고해야지. 자격이 있든 없든 우리가 선호하는 논객들에게 각자 심사숙고한 바를 내놓으라고 요구해야지. 마치 이 스펙터클을 어떻게 받아들여야 하는지 누가 말해주지 않으면 진정 이해할 수가 없다는 듯.

이 시대 우리가 스펙터클이라 알고 있는 것 대다수는 기술로 매개된 것들이다. 우리에겐 휴대폰과 스마트폰과 태블릿과 노트북, 그리고 영원히 접속할 수 있는 능력이 있다. 중요한 것이든 안 중요한 것이든 놓칠 염려가 전혀 없다.

어떤 면에선 이렇게 전례없는 접근성 덕에 불의가 더는 관습적으로 무시되거나 외면당하지 않는다고도 볼 수 있다. 예컨대 트로이 데이비스나 레니샤 맥브라이드, 트레이번 마틴, 에릭 가너*의 죽음을 애도하고 그에 분노할 때 우리는 더는 침묵하지 않는다. 그러나 달리 보면 이는 우리가 너무 많은 것을 보고 있으며, 적절한 수준의 공포를 느끼거나 어떤 사건을 이해하기가 어려운 곳으로 내몰리고 있다는 뜻이다.

우리는 인간이 저지를 수 있는 최악의 잔혹성을 목격하고, 목격한 것을 리트윗하고, 그다음 잔혹 행위로 넘어간다. 더 잔혹한 일은 언제나 벌어진다.

2012년 시리아에 파견되어 취재중이던 기자 제임스 폴리가 납치

---

* 모두 인종차별로 불공정한 판결을 받거나 무고하게 총에 맞아 사망한 흑인들이다.

됐다. 화요일에 이슬람국가IS 테러리스트들은 폴리가 참수당하는 장면으로 보이는 동영상을 올렸다. 영상은 유튜브와 알푸르칸 매체에 게시됐다(유튜브는 재빨리 영상을 내리긴 했지만). 내용이 사실인지 아닌지는 중요하지 않았다. 이런 유의 것이 세상에 슥 모습을 드러내면 스펙터클은 곧장 몸을 불린다. 이미지가 공유되고 또 공유되면서 대개는 공포감 속에 말들이 오간다. 그러나 그건 정말 공포감일까? 뭘 보게 될지 알면서도 동영상을 클릭하는 건 스스로를 조금쯤 그 이야기에 연루시키는 행위다. 공포를 자초하는 행동이다. 우리는 책임을 면제받을 수 없다.

물론 테러리스트들도 이 점을 완벽하게 인지하고 있다. 영상을 올릴 때 본인들이 무슨 짓을 하고 있는지 그들은 알고 있었다. 그들은 스펙터클의 경제학을 이해한다. 그들은 만족을 모르는 수요를 공급한다.

세인트루이스에서도 카지에메 파월이 벌건 대낮에 경찰에게 살해당했다. 경찰은 그가 머리 위로 칼을 쳐들었다고 밝혔지만, 수요일에 공개된 영상을 보면 파월이 흥분한 채 "쏴봐!" 하고 외치긴 해도 경찰들과는 몇 피트나 떨어져 있다. 유튜브에 공개된 그 영상에선 곧이어 열두 발의 총성이 스타카토로 울려퍼진다.

이 모든 비극은 어느 행인이 사건 발생 이전과 도중 그리고 이후까지 촬영한 탓에 스펙터클이 되었다. 행인에게는 휴대폰이라는 무기가 있었다. 그가 스펙터클에 채비가 되어 있던 까닭은 바로 우리가 초래한 문화, 즉 무엇을 목격하게 될지 미리 알지 못하면서 끝없이 뭔가를 목격할 준비가 되어 있는 문화 때문이다. 휴대폰을 든 남자는 몇 번이고 반복해서 말한다. "다 찍혔어."

카지에메 파월이 살해되는 장면을 담은 영상 마지막 부분에는 다른 목격자들 역시 (그럼으로써 우리까지도) 증언의 파편 하나를 확보하겠답시고 휴대폰을 드는 모습이 담겨 있다. 우리는 어디에 있든, 누가 됐든 간에 스펙터클의 일부가 될 수 있다. 과연 그래야만 하는 건지 의문을 제기하는 사람은 거의 없다.

가디언 2014년 8월 22일

즉각적 분노보다 더 중요한 일

지난주 파리에서 발생한 테러 사건 이후 프랑스를 비롯해 여러 지역에서 많은 사람이 "주 쉬 샤를리Je suis Charlie"(내가 샤를리다)라고 선언했다. 중무장한 괴한들이 프랑스 풍자 잡지 『샤를리 에브도Charlie Hebdo』 본사에 침입해 직원 여덟 명과 경찰관 두 명, 건물 관리인 한 명을 살해하고 여러 명에게 상해를 입히고 나서다.

일요일에는 앙겔라 메르켈, 베냐민 네타냐후, 데이비드 캐머런 등 각국 정상을 포함해 수십만 명이 애도와 항거의 뜻을 전하기 위해 파리에서 연대 집회를 열었다. "주 쉬 샤를리" "주 쉬 아흐메드Je suis Ahmed(내가 아흐메드—테러로 목숨을 잃은 무슬림 경찰관—다)" "주 쉬 쥐프Je suis juif(내가 유대인이다)" 같은 외침이 이어졌다.

이러한 선언은 희생자들과 생존자들을 향한 연대의 표현이었다. 사람들이 언어의 힘을 이용해 다른 이들의 삶 안에 자기 자신을 위치시키려는 노력의 일환이었다. 비극 앞에서 이뤄지는 이런 식의 추모를 우리는 익히 보아왔다. 내가 트로이 데이비스다. 내가 마이크 브라운이다. 내가 에릭 가너다. 내가 레니샤 맥브라이드다.

그러나 우리는 그중 어느 누구도 아니다. 우리는 사망자들, 생존자들, 유가족들의 고통에 공감할 수 있고 실제로 공감한다. 우리 모두가 얼마나 취약한 존재인지, 그럼에도 어떻게 테러에 지배당할 수 없는지 충분히 공감할 수 있으며 진정으로 공감한다. 그런데 희생자의 위치에 서려는 수사적 충동은 대체 왜 일어나는 걸까? 그런 선언을 해서 얻는 게 과연 뭘까? 나 역시 파리에서 벌어진 일을 듣고 가슴이 아팠지만, 나는 샤를리가 아니며 아흐메드가 아니며 유대인이 아니다je ne suis pas Charlie et je ne suis pas Ahmed et je ne suis pas juif.

침묵이 동의와 다름없을 때도 분명 있다. 그런데 다른 누가 목숨을 잃은 상황을 정말 여기에 대입할 수 있는가? '나는 샤를리가 아니다'라고 하면 암묵적으로 테러를 지지하는 셈 치는 게 과연 합당한가?

확실히 말하건대 내겐 표현의 자유에 대한 신념이 있다. 그러나 이전에도 썼듯, 표현의 자유가 거기서 파생되는 결과로부터의 자유는 아니라는 점을 더 많은 이들이 이해했으면 한다. 나는『샤를리 에브도』의 몇몇 작업이 불쾌한데, 카툰의 정서 곳곳에 온갖 편견이 그득하기 때문이다. 그러나 내가 불쾌하다고 이 잡지가 다른 작업을 해야 한다거나 하는 얘기는 아니다.『샤를리 에브도』의 카툰 작가들을 비롯해 어떤 작가나 예술가도 스스로를 표현하고 권위에 도전한다는 이유로 살해당해서는 안 된다. 살인은 그 어떤 경우에도 용납될 수 없는 결과다.

하지만 종교적 신념이나 인격, 젠더, 섹슈얼리티, 인종 또는 민족성 등 누군가에겐 소중한 정체성을『샤를리 에브도』가 풍자하는 방식에 불쾌감을 표하는 것 역시 표현의 자유를 행사하는 일이다.

연대를 요청하다보면 이내 집단사고를 요구하게 되어, 미묘한 뉘앙스를 표현하는 일이 어려워질 수 있다. 그럴 경우 사람들은 애도하고 분노하면서도 어떤 복잡성이 간과되고 있는지에 공감대를 형성하는 대신, 우리 편 아니면 반대편이라는 식으로 상황을 흑백논리로만 받아들이게 된다.

무슬림 커뮤니티에 '테러를 규탄하라'고 요구하는 걸 보면 마음이 좋지 않다. 마치 선함이라는 가치가 무슬림 전반의 통치하에서 예외라도 되는 양 "선한" 무슬림의 사연을 강조하는 언론인들을 봐도 마음이 안 좋기는 마찬가지다.

앞으로도 풍자에 대한 논의, 표현의 자유와 그 한계를 둘러싼 논의는 계속될 것이다. 이번 사건 같은 비극을 피하려면 어떻게 해야 하는지에 대한 추측도 나올 텐데, 테러를 막을 수 없다는 사실을 인정하는 것보다는 그런 추측을 하는 게 더 쉽기 때문이다. 합리적 사고로도, 옳고 그름에 대한 관념으로도 극단주의자들을 설득할 순 없다.

삶은 빠르게 흘러가지만 이따금 숙고를 할 때는 그렇지 않다. 그럼에도 우리는 다른 이들에게 즉각적인 반응을, 혹은 즉각적인 동의를, 보편적이고 즉시 내뱉어지는 '나도 그래'를 요구한다. 마치 사람들이 잠시라도 멈춰 '내가 어떤 문제에 관여하고 있는가' 숙고해보는 걸 원치 않는 것처럼 말이다. 가장 단순하고도 순수한 슬픔과 분노를 겪어내는 편이 더 수월하기에 우리는 그런 감정을 복잡하게 만들고 싶어하지 않는다.

나이가 들수록 (그리고 바라건대 현명해질수록) 나는 잠시 멈춰 서고 싶어진다. 무얼 느끼는지, 왜 그렇게 느끼는지 찬찬히 생각할 시간을 갖고 싶다. 남들이 소비할 수 있는 즉각적인 반응을 보이며 내가 전혀 모르는 문제에 관해 전문가 행세를 하고 싶진 않다.

활용 가능한 수단, 주로는 SNS에서 만인의 반응을 요구하는 행위가 증가하는 까닭은 그만큼 우리가 일상에서 무력감을 느끼기 쉽기 때문이다. 우리는 직업과 가족과 일상적인 걱정거리를 지닌 사람들이다. 파리 테러라든지 나이지리아에서 어린 여성 수백 명이 납치된 사건이라든지 전미유색인지위향상협회NAACP 콜로라도 지부 건물에서 일어난 폭발 사고라든지 비무장 흑인이 경찰에게 살해당한 사건

등을 맞닥뜨리면 우리는 쉽게 무력해진다.

　SNS에서 우리는 덜 외롭다고 느낄 수 있다. 덜 무력하다고 느낄 수 있다. 연대의 제스처를 보일 수도 있다. "주 쉬 샤를리." 내가 아닌 척할 수도 있다. 더 할 수 있는 게 많지 않을지 모른다는 사실을 직시하지 않고도 분노나 두려움, 절망감을 공유할 수 있다.

　그런데도 우리는 여전히 무력감을 느끼며 여전히 불충분하다고 느낀다. 연대의 표현에 동참하지 않는 사람들, 그러니까 자신의 무력감을 깨달았다고 티내지 않는 사람들을 보면, 우리는 그들만큼은 변화시킬 수 있다고 여긴다. 우리가 맹목적인 충성을 요구하는 건 바로 그 때문이다.

가디언 2015년 1월 12일

완벽히 안전한 공간이라는 환상

나는 일평생 안전을 추구해왔다. 어린 시절 심한 성폭력을 당했는데, 그 끔찍했던 순간 배운 것은 감히 상상할 수도 없을 만큼 내가 취약하다는 사실이었다. 나는 신체적, 정신적 피해를 당할 염려 없이 자유롭게 살 수 있다는 관념, 그러니까 안전을 갈망하게 됐다. 어른이 돼서야 안전이라는 건 없다는 사실, 안전은 누구에게도 보장되지 않는다는 사실을 알게 되었지만, 안전이란 관념은 얼마나 매력적이고도 오묘한가.

인간의 회복탄력성과 관련해 우리에겐 고난과 괴로움이 고귀하다는 원대한 문화적 관념이 있다. 어니스트 헤밍웨이는 『무기여 잘 있거라A Farewell to Arms』(1929)에 이렇게 썼다. "세계는 모든 사람을 부수지만 그 부서진 곳에서 비로소 강해지는 이들이 많다." 분명 나 역시 좋든 싫든 고난을 견뎠기에 지금의 나라는 여성이 되었다. 그러나 굳이 선택해야 한다면 내가 겪었던 방식으로 안전에 대한 감각을 잃고 싶지는 않다.

내가 지금도 언제나 안전을 추구하고, 내 강의를 듣는 학생들을 위한 공간, 나와 다른 이들이 글쓰기를 통해 만드는 공간과 같은 안전한 공간에 감사하는 건 이 세상에 안전하지 않은 공간이 너무 많은 탓이다.

지난주 뉴스 매체들은 예일대학교와 미주리대학교의 학생 시위를 열띠게 다뤘다. 인종차별로 문제가 많은 분위기 속에서 학교 당국이 보인 몰이해와 무대책에 대항하는 시위였는데, 특히 미주리대학교에서는 학생 활동가들이 안전한 공간을 요구하고 나섰다. 학생 기자인 팀 타이가 캠퍼스 내 공용공간에 자리한 시위대 텐트에 들어가려 했으나 접근을 제지당했다. 시위대는 사진 촬영도 인터뷰도 원치 않았는데, 아마도 기자들이 자신들의 이야기를 정확하게 전달할 거라 믿지 않았기 때문일 터다.

다음날 시위대는 입장을 바꿔 언론에 자신들의 공간을 개방했다. 표현의 자유와 안전한 공간에 관한 논쟁에 새롭게 불이 붙었다. 순식간에 학생 시위대는 팀 타이를 포함해 인종 비하적인 표현을 사용하거나 혐오 발언에 가담하는 이들에겐 표현의 자유를 용인하지 않는다는 이유로 비난받기 시작했다. 그들은 나약하고 징징댄다고, 흑인이라는 이유로 괴롭힘당하고 싶지 않다는 요구를 감히 내보인다고 비난받았다.

작가로서 나는 수정헌법 제1조가 신성하다고 믿는다. 그러나 표현의 자유는 결과로부터의 자유를 보장하지 않는다. 자기 생각을 말할 순 있지만 그 생각이 외면당할 수도 있다. 비판받을 수도 있다. 무시되거나 조롱당할 수도 있다. 일자리를 잃을 수도 있다. 표현의 자유는 진공상태에 존재하지 않는다.

누구보다 큰 목소리로 표현의 자유를 부르짖는 이들 중 상당수는 이 강력한 권리를 혐오 발언에 모조리 낭비한다. 그러나 표현의 자유가 지닌 장점은 그것이 주관성으로부터 우리를 보호해준다는 것이다. 이를테면 우리는 누군가 정부를 비판하거나 종교적 신념을 논할 권리를 보호하는 것과 같은 방식으로 누군가 혐오적인 욕설을 외쳐댈 권리를 보호한다.

그렇기에 미주리대학교 학생들은 시위를 하면서도 안전하게 교류할 수 있는 공간을 원했던 것이다. 그들은 훤히 드러난 공공장소에

피난처를 요구할 만한 배짱이 있었다. 대체로 사람들은 활동가들이 안전한 공간을 필요로 하는 이유를 살피기보다는 저항을 덜 받을 만한 길, 그러니까 헌법을 앞세우는 쪽을 택했다. 사람들은 학생들을 응석받이로 몰아세웠는데, 이건 마치 사자 굴 안에 강의실을 두고 대학생들을 스파르타식으로 교육하기라도 해야 한다는 소리처럼 들렸다.

페미니즘은 자유롭고 생산적인 대화를 촉진하기 위한 수단으로써 안전한 공간을 우리 문화적 토양에 도입하는 데 큰 역할을 했다. 1980년대 후반 퀴어 단체들은 안전한 공간을 계획하기 시작했고 이후 이런 공간은 대학 캠퍼스에도 널리 퍼졌다. 교수진이 출입문에다 안전한 공간 심벌을 표시해두면 성소수자 학생들은 캠퍼스 안에도 섹슈얼리티나 젠더 정체성으로 재단되거나 부당하게 핍박받지 않을 장소가 있다는 걸, 그런 안전한 공간이 존재한다는 걸 알게 된다.

안전한 공간은 사람들이 '내 정체성 때문에 안전하지 않다'는 감각 없이 환대받는다고 느낄 수 있게 해준다. 안전한 공간이란 사람들이 일상적으로 직면하는 가혹한 현실로부터 도망칠 수 있는 피난처인 셈이다.

아무리 좋은 아이디어라도 악용될 소지가 있다. 안전한 공간이라는 발상에 관해서도 몇몇 극단적이며 경솔한, 혹은 그저 말도 안 되는 입장이 있다. 안전한 공간에 경계를 짓는 일에도 적정한 선이 있고 또 있어야 하는 게 사실이다. 안전한 공간은 반대 의견을 말하지 못하게 하거나 반대 의견을 해로운 것으로 치부하는 장소가 아니다. 그렇긴 해도, 나는 안전한 공간을 원하는 극단주의가 어디서 비롯하는지도 이해한다. 소외되고 언제나 안전치 못한 처지에 있는 사람은 핏줄과 뼈가 다 드러날 정도로 피부가 얇아지기* 마련이다. 그런 사람은 한계점 위에서 아슬아슬하게 살게 된다. 이런 상황에서는 당연히 어떤 대가를 치르더라도 스스로를 맹렬히 보호하고 싶어질 수 있다. 관대해지기 어려운 것이 당연하다. 반대 의견을 위험으로 인식하는 것도 어찌 보면 당연하다.

한 가지 의제가 더 있다. 안전한 공간이라는 발상을 조롱하는 이들은 안전을 당연하게 여길 수 있는 위치인 경우가 많다. 이것이 바로 안전이나 안전한 공간에 관한 논의가 어려워지는 이유다. 특권에 관해서도 논의해야 하기 때문이다. 삶의 다른 모든 것과 마찬가지로 안전 앞에서도 평등은 없다.

누구도 절대적인 안전을 보장받을 수 없으며 누구나 괴로움이 뭔지 알고 있긴 해도, 특정 집단 구성원들은 결코 알지 못할 위험이 존재한다. 어떤 구성원들은 결코 알지 못할 안전의 정도가 있다. 백인들은 미국에서 흑인으로 살아가는 것의 위험성, 그 구조적인 기회 불평등과 인종적 프로파일링, 끝도 없는 경찰 폭력의 위협을 결코 알지 못할 것이다. 남성들은 미국에서 여성으로 살아가는 일의 위험성, 성추행과 성폭력, 법제화된 신체의 의미를 결코 알지 못할 것이다. 이성애자들은 동성애혐오를 경험한다는 게 뭔지 결코 알지 못할 것이다.

---

* 상처를 잘 받거나 예민하다는 뜻의 관용어구.

안전을 당연시하는 자들은 안전 역시 다른 많은 권리가 그렇듯 자기들이 빼앗긴 적 없는 권리이기에 폄하한다. 그들은 우리 모두가 그런 사치를 누리고 있다면서 맹목적으로 더 과도한 걸 추구하는 거라고 착각한다. 더 나은 것을 원하지 말고 그저 혐오를 받아들여야 한다고 생각한다. 그들은 우리가 추구하는 게 피난처라는 걸 알지 못한다. 우리는 숨쉬고 싶다.

대학 캠퍼스에서는 안전한 공간에 대한 논의가 계속되고 있다. 선생으로서 나는 강의실에서 꾸리고 싶은 지적인 공간을 깊이 고민한다. 토론, 반대 의견, 심지어 항의까지 장려되는 곳 말이다. 나는 학생들에게 이의를 제기하고 또 이의 제기를 받고 싶다. 학생들의 의견을 빚어주고 싶진 않다. 내가 빚어주고 싶은 건 학생들이 자기 의견을 표현하고 뒷받침하는 방식이다. 강의에서 트리거 워닝*은 쓰지 않는데, 복잡하고 때로는 고통스러운 현실에서 학생들을 불필요하게 떼어놓는 것처럼 여겨지기 때문이다.

트리거 워닝을 쓰는 대신 나는 학생들에게 까다로운 토론에 생산적으로 참여하는 데 필요한 맥락을 일러주려고 노력한다. 정체성이나 사회정치적 지향이 어떻든 간에 학생들이 자신의 모습 그대로 들어설 수 있다는 점에서 내 강의실은 안전한 공간이라고 생각한다. 학생들은 이곳에서 불편함을 느낄지언정 부당하게 핍박받거나 재단당하진 않으리라는 점을 믿을 수 있다. 문제 제기를 받을 순 있겠지만

---

* 트라우마를 겪은 이들에게 심리적 반응을 유발하는 계기로 작용하는 언행이나 소재 등. 그리고 그것을 주의하라고 일러주는 행위.

괴롭힘은 당하지 않으리라 믿을 수 있다.

학생들은 내 강의실, 아니 어떤 강의실이 됐건 그곳을 나서면 진짜 세계의 좋은 점과 나쁜 점 모두를 마주할 수밖에 없으며 또 그래야만 한다. 내가 학생들에게 바라는 건 우리가 원하는 세상이 아닌, 있는 그대로의 세상을 헤쳐나갈 수 있는 준비가 되어 있었으면 하는 것뿐이다. 다만 그들이 현실적인 태도를 유지하면서도 이상을 품을 수 있길 바란다. 나처럼 그들도 안전을 추구하기를, 그러니까 유아적이라는 둥 응석 부린다는 둥 하는 비난과 혼동되지 않는, 결코 빼앗을 수 없는 권리로서 어느 정도는 안전이 보장되는 세상을 위해 분투할 수 있기를 바란다.

뉴욕타임스 2015년 11월 13일

이것이 백인성이 작동하는 방식이다

2016년 6월 10일, 가수 크리스티나 그리미가 백인 남자가 쏜 총에 맞아 사망했고 남자는 자살했다. 그리미가 공연하던 플라자 라이브에는 보안 요원이 없었다. 올랜도 경찰서장 존 미나는 〈버즈피드〉 뉴스 인터뷰에서 이렇게 말했다. "이런 행사에 총을 소지한 관객이 있을 거라고 의심하는 사람은 없지 않습니까." 여기서 말해지지 않은 건 '누군가는' 이런 행사에 총을 소지한 관객이 있을 거라고 의심한다는 점이다. 예를 들어 랩 콘서트에서는 항상 보안 요원이 눈에 띄는 곳에 있다. 금속탐지기가 있을 때도 있다. 이런 식의 보안은 인종과 범죄를 다루는 이 나라의 전반적인 태도를 보여주는 단적인 예다.

흑인 남성이 범죄를 저지르거나 범죄 혐의를 받으면 우리는 곧장 태아일 적부터 그들이 저지른 악행을 속속들이 알게 된다. 인종, 범죄율, 수감률 통계를 줄줄 읊는 자료가 수두룩하다. 이 남성들이 인간으로 간주되는, 인간으로 대접받는 경우는 극히 드물다. 그들은 아들도 아버지도 형제도 친구도 아니다. 그들은 남성이 아니다. 그들은 범죄자이며, 더 참담한 것은 그들에게 구원받으리라는 희망도 없다는 점, 본인들의 악행과 실수를 넘어서는 존재가 될 가능성조차 없다는 점이다.

흑인 남성은 동일 범죄에 대해 백인 남성보다 20퍼센트 더 긴 징역형을 선고받는다. 폭력이 연루되거나 연루되지 않은 범죄에 대해 가석방 없는 종신형 혹은 사형선고를 받는 자를 포함해 형량에 관한 모든 문제에서 인종적 격차가 존재한다.

흑인 남성은 범죄 피해자일 때조차 심층 조사를 받으며 대기중인 범죄자 취급을 받는다. 특히 흑인 소년들은 결코 소년으로 간주되지 않는다. 흑인 소년에게는 남성성이 부여되는데, 이는 순수함과 흑인성을 정반대의 극점에 놓는 미국 문화 때문이다. 트레이번 마틴을 보라. 타미르 라이스를 보라. 하다못해 신시내티 동물원 고릴라 월드 전시관을 기어오른 미취학 아동을 보라. 이 소년을 구하기 위해 전시관의 고릴라 하람베가 죽임을 당했는데, 그 직후부터 왜 소년이 울타리를 넘어갔는지를 둘러싸고 추측이 무성해졌다. 마치 어린아이의 호기심과 순진함 너머에 이유가 있기라도 하다는 듯.

범죄를 저지른 백인 남성은 그런 모욕을 당할 필요가 없다. 오히려 그들은 브록 터너 같은 대우를 받는다. 성폭행 혐의로 유죄판결을 받고도 강간죄로 카운티 교도소 6개월 수감이라는 시시한 형을 선고받은 터너 말이다. 그마저도 형기의 절반만 채울 가능성이 높다. 판사 애런 퍼스키는 터무니없는 징역형을 정당화한답시고 이런 뻔뻔한 말을 했다. "징역형은 그에게 심각한 영향을 미칠 것이다. 그가 다른 이들에게 위협이 되지 않을 것이라 본다."

흑인 소년에게 남성성이 부여되는 건 순수함과 흑인성을 정반대의 극점에 놓는 우리 문화 때문이다.

이것이 바로 백인성이 작동하는 방식이다. 터너는 자신이 가해자인 범죄의 피해자로, 인간으로 간주된다. 그는 '착한 청년'이다. 그에겐 과거와 미래가 모두 허락되고, 그 시간 모두 참작할 가치가 있는 것으로 여겨진다. 그의 범죄는 실수이지 주홍글씨가 아니며, 그의 인격을 반영하지도 않는다.

브록 터너는 골목길 대형 쓰레기통 뒤에서 한 여성을 성폭행했다.

피해자는 인사불성이었다. 그는 여성의 속옷을 벗겼다. 여성의 동의 없이 성기를 삽입했다. 휴대폰으로 피해자의 가슴 사진을 한 장 이상 찍었다. 지나가던 두 사람이 그를 발견하고 저지했기에 겨우 멈췄다. 터너는 성폭행을 저지르기 전 피해자의 여동생에게 키스하려다가 거부당했다. 그것도 두 번이나. 그때 술에 취한 채 혼자 있는, 그리고 얼마 지나지 않아 인사불성이 된 피해자를 발견했다. 브록 터너의 범죄는 역겹다. 고의적인 범죄가 아닐 수 없다.

피해자는 자신의 경험, 자신이 겪은 고통과 브록 터너의 범죄가 미친 영향에 대해 설득력 있고도 간절한 내용의 진술서를 작성했다. 하지만 피해자의 말들은 브록 터너의 백인성이 갖는 힘을 뛰어넘기엔 역부족이었다.

그 힘을 등에 업고 브록 터너는 다른 누구도 아닌 자기 자신에게만 회한을 품는다. 자기가 범죄를 저질렀다는 사실을 인지하지 못하는 듯하다. 법원에 제출한 진술서를 보면 본인 삶이 어떻게 변했는지에만 도취되어 있다. 노골적인 오만과 미성숙함을 한껏 담아 그는 이렇게 쓴다. "수영을 잘 못했거나 스탠퍼드에 진학할 기회가 없었다면 어땠을까. 그럼 신문에서 내 얘기를 보도하지 않았을 텐데." 마치 본인이 잘못된 시간에 잘못된 장소에 있었을 뿐이라는 식의 언사다. 마치 축복과 행운이 비껴간 희생자인 양, 마치 진정한 비극은 본인 평판이 깎인 것인 양. 이런 식의 착각에 빠진 태도를 용인하는 것이 바로 백인성이다. 현실과 결과로부터의 도피처로서 말이다.

터너의 가족과 친구들이 보낸 탄원서는 그의 무지가 고의적임을 드러낸다. 터너를 옹호하는 이들은 그가 얼마나 고통받고 있는지, 얼마나 삶이 달라졌는지, 이 모든 일이 얼마나 불공평한지 토로하며 애통해한다. 터너의 조부모는 이렇게 썼다. "무책임한 어른들의 행동에 오직 브록만이 책임을 져야 한다니 개탄스럽습니다." 터너의 아버지는 아들이 딴사람이 돼버렸다고, "20분간의 행동" 때문에 한 청년의 삶이 다 망가져버렸다고 한탄했다. 터너의 어머니는 새집을 다시 꾸밀 수 없을 정도로 속상하다며, 아들의 "꿈이 산산조각났다"는 사실에 모든 희망을 잃고 말았다. 터너의 여동생은 자기 오빠의 행동이 "술 때문"이라고 꾹꾹 눌러썼다. 레슬리 라스무센이라는 한 친구는 "자기가 얼마나 마셨는지를 빼곤 아무것도 기억 못하는 여자애가 내린 결정" 때문에 터너의 인생이 망가져선 안 된다고 썼다.

이것이 바로 백인성이 작동하는 방식이다. 백인성은 즉각적인 구원과 과분한 존중을 제공한다.

이것이 바로 백인성이 작동하는 방식이다. 백인성은 대피처를 내준다. 저들 탄원서 상당수는 유죄판결을 받은 성범죄자 브록 터너를 제외한 모든 사람과 모든 것이 책임을 떠맡아야 한다고 주장한다.

이것이 바로 백인성이 작동하는 방식이다. 백인성은 보호를 자처한다. 샌타클래라 카운티 보안관 사무소에서 브록 터너의 머그샷을 공개하는 데까지만 몇 달이 걸렸다. 머그샷 대신 가장 많이 퍼진 터너의 사진은 정장 재킷에 넥타이를 매고 단정한 머리를 한 채 환하게 웃고 있는 학생증 사진이었다. 그는 폭력 범죄자가 아니라 스탠퍼드대학교 재학생이자 올림픽 출전의 포부를 지닌 재능 있는 수영 선수로 소개됐다.

이것이 바로 백인성이 작동하는 방식이다. 백인성은 즉각적인 구원과 과분한 존중으로 보듬는다. 터너를 강간범이 아닌 전 스탠퍼드 대학교 수영 선수로 지칭하는 기사가 넘쳐났다. 겨우 스무 살인 청년이 이제껏 이룩한 성취를 열과 성을 다해 소개하는 기사도 너무 많았다. 그렇게 많은 성취를 이룰 만큼 오래 살지 않았는데도 말이다.

나는 터너의 고향인 오하이오주 오크우드 같은 조용한 '전원' 동네에서 자랐다. 백인 아이들은 잘못이란 걸 할 수 없다는 믿음을 안고 자라나는, 그 무엇도 거부당하지 않으며 모든 자격을 갖춘 채 성장하고 그 외의 다른 경우란 있을 수 없다고 배우는 중상류층 환경을 나는 잘 안다. 이런 동네는 착하고 건실한 아이들이 술을 마시고 마약을 하고 문제를 일으키는 곳이다. 착한 애들이 "그냥 좀 재미를 본 것"일 뿐이라며 모두가 눈길을 돌리는 곳. 우수한 성적과 운동 실력, 깔끔한 헤어스타일과 '좋은' 가정환경이 모든 악행을 눈감아주는 곳.

거기서 나도 피해자였다. 나를 성폭행한 남자애들은 브록 터너 같은 애들이었다. 운동선수에다가 인기도 많고 말쑥한 남자애들. 그들은 **좋은 가정**에서 태어났고 그건 나도 마찬가지였다. 범죄성이 어디든 도사리고 있다는 걸, 선함이 모든 악함을 덮을 수 있다는 걸 상기시키는 게 퍽이나 유익하겠다.

슬프게도 브록 터너의 가족이 범죄에 대한 책임을 아들의 어깨 위에 전적으로 지우지 않으려는 모습을 보이는 건 전혀 놀랍지 않다. 그들은 범죄자로 자라오지 않았으니까. 백인성 덕에 브록 터너의 가족과 친구, 그리고 관련 기사를 읽은 수많은 사람은 그를 옆집 소년으로 보게 된다. 옆집 소년이 범죄자일 순 없으니 그는 범죄자가 아니라면서.

흑인 남성이 그런 면죄부를 받은 경우가 있었던가. 하지만 모두가 누군가의 옆집에 산다.

〈레니 레터〉 2017년 12월 6일

희망에 반하는 사건

"이제 어떡하지?" 내가 스스로에게 자주 하는 질문이다. 올봄 대학 졸업자들 중에도 어렵사리 받은 졸업장을 들고 자기 자신에게 이런 질문을 던지는 사람이 많다. 앞으로 어떻게 나아가야 할지 고민할 때 숙고해볼 만한 좋은 질문이기도 하다.

젠더, 성폭력, 섹슈얼리티, 인종 등 까다로운 주제에 관해 글을 쓰다보니 "이제 어떡하지?" 하고 자문하는 이들이 희망을 물어올 때가 종종 있다. 그들이 내게 바라는 것은 넘어야 할 산이 많을지라도 결국엔 다 괜찮을 거라는, 세상은 계속 굴러갈 거라는 확신이다. 사람들이 간절히 품는 이 희망은 몹시도 유혹적이다.

나는 희망으로 밀거래하지 않는다. 고삐 풀린 낙관주의보다는 현실주의가 내 몫에 더 가깝다. 희망은 이루 형언할 수 없고 규정하기도 몹시 어렵다. 희망은 어떤 실현 가능한 목표를 남들 손에 내맡기게 만든다. 그런데 그 어느 때보다도 지금 세상이 직면한 상황을 놓고 본다면, 그러니까 2020년 미국 대선에 출마하려는 많은 후보를 따져본다면 우리는 가능성을 남들 손에 맡겨둘 필요가 없다. 사실은 많은 가능성이 우리 손에 달려 있다. 우리는 지역사회, 주, 국가 등 정치적 과정의 어떤 부분에 직접 참여할지 선택할 수 있다.

오늘날 정치 환경은 걷잡을 수 없는 지경이다. 하루가 다르게 행정부는 아무런 방해도 받지 않고 의제를 추진한다. 상원은 트럼프 대통령의 사법부 지명자들을 100명도 넘게 확정했다. 대통령이 부과한 관세는 사실상 엄청난 세금 인상이며, 이 추세가 지속된다면 많은 미국 기업이 문을 닫을 테고 그러면 미국인 다수가 주저앉을 것이다. 이 나라의 문제가 대부분 그렇듯 노동자계급과 유색인 및 여성들은 더 크게 악영향을 받을 것이다.

뮬러 보고서*가 공개되었으나 내부고발자가 유출하지 않는 한 우리가 검열 없는 보고서 원문을 볼 수 있을 가능성은 희박하다. 5월 29일 뮬러 특검은 카메라 앞에서 "선거에 개입하려는 조직적인 시도가 여러 건 있었"다고 밝혔다. 그는 이러한 의혹을 "모든 국민이 알아야" 한다고 강조했다.

한편 트럼프 대통령은 뮬러 보고서에 대해 본인 책임은 없다고 계속 주장하며 트위터에 이런 글을 올렸다. "뮬러 보고서 때문에 달라지는 건 아무것도 없다. 증거는 불충분하고, 따라서 이 나라에서 나는 죄가 없다. 사건 종결! 감사." 이는 뮬러 특검이 "대통령이 명백히 범죄를 저지르지 않았다는 확신이 있었다면 우리도 그렇게 말했을 거"라고까지 밝혔음에도 뱉어진 말이다.

지나치게 많은 민주당 원내의원은 어떤 입장도 내보이길 거부한다. 다른 정치인들은 확실한 조치를 취하지 않은 채 미국 국민들이 탄핵을 어떻게 생각하는지 알아보는 여론조사나 하고 있다. 이들은 대통령의 행동에 책임을 묻는 대신 탄핵이라는 정치적 결정을 내리고 싶어한다. 이것이 보통의 정치다. 정치인들은 이 모든 게 얼마나 분개할 만한 일인지를 두고 무의미한 언사를 늘어놓을 뿐, 자신들의 의제와 절충할 수 있는 어떠한 행동도 취하지 않는다.

뉴스가 돌아가는 속도는 걷잡을 수 없다. 그렇기에 사람들은 버지

---

* 2016년 미국 대통령 선거 과정에 러시아의 개입이 있었는지 로버트 뮬러 특별검사 팀이 조사하고 기록한 공식 보고서.

니아주 주지사가 검은 복면을 쓴 남자와 KKK단 복장을 한 남자의 졸업앨범 사진에 등장했던 일에 대해 사과했다가 곧 말을 바꿔 본인은 그 사진에 나오지 않는다고 주장한 사실을 벌써 잊었을 수도 있다(이후 조사에서 사진은 결정적인 단서가 못 되는 것으로 판명 났다). 혹은 버지니아주 법무장관이 언젠가 자신이 흑인 분장blackface*을 한 적이 있다며 선수 치듯 인정했다는 사실을 잊었을 수도 있다. 버지니아주 부지사가 성추행 혐의로 기소됐다는 사실을 잊었을 수도 있다(그는 혐의를 부인했다). 이 남자들은 지금도 현직에 있다. 정치적 편의로 이만큼이나 용인할 수 있다는 게 놀랍지 않은가.

지난달 콜로라도주 하일랜즈랜치에서 학내 총기 난사 사건이 발생했다. 48시간 만에 뉴스는 다른 보도로 옮겨갔다. 그래서 열여덟 살 켄드릭 레이 카스티요가 총격범 중 한 명을 막으려다 사망했다는 사실을 놓친 이들도 있을 것이다. 바로 지난주에는 버지니아비치 공무원이 열두 명을 살해했다. 우리는 대규모 총기 난사 사건에 이목이 쏠리는 게 고작 몇 시간이거나 며칠뿐인 세상에 살고 있다. 효과적인 총기 규제법을 제정하는 게 정치인들의 우선순위일까? 물론 그렇지 않다.

샌드라 블랜드가 불운하게 체포되는 장면이 담긴 2015년도 영상이 최근 공개됐는데, 그 영상에는 텍사스주 경찰이 블랜드에게 점점 더 격하게 소리지르는 모습이 담겨 있다. 경찰은 "널 불태워버리겠

---

* 19세기 흑인의 열등함을 조롱하려는 목적으로 백인 배우들이 얼굴에 검은 분장을 한 것에서 유래한 인종차별적 행위.

어"라는 말을 뱉는다. 일상적인 교통 검문이 전혀 일상적이지 않았다. 영상이 촬영된 지 사흘 만에 블랜드는 감방에서 숨진 채 발견됐다. 경찰 폭력은 흑인과 히스패닉계 사람들에게 지금도 심각한 위협이다. 경찰 폭력은 공공연하게 계속해서 일어난다. 끝도 없이 기록되지만 그에 상응하는 결과는 없다.

조지아주, 앨라배마주, 오하이오주, 미주리주를 비롯한 여러 주에서 선출직 공직자들은 여성과 여성의 몸을 통제하기 위해 가혹한 임신중지 법안을 활용하는 데 혈안이다. 2017년 마거릿 애트우드의 불길한 선견지명이 돋보인 소설을 바탕으로 한 티브이 시리즈 〈핸드메이즈 테일The Handmaid's Tale〉이 방영되었을 때, 나를 포함해 재생산권을 위해 싸우던 많은 이가 시청을 거부했다. 여성들에게 권리가 없는 세상, 자궁에서 아기를 생산하는 일에만 값을 쳐주는 세상, 여성이 물건 취급받는 세상을 배경으로 삼는 드라마는 조금도 재미있지 않기 때문이다. 당시 나는 그런 현실이 머지않았다고 말했다. 비슷한 의견을 가진 이들을 향해 '과장한다' '히스테리를 부린다' '그럴 가능성은 추호도 없다' 하는 말이 쏟아졌다. 하지만 지금은 이미 그런 세상이다.

유엔 보고서에 따르면 지구온난화가 지속되면서 지구와 우리 삶의 방식을 바꿔놓음에 따라 동식물 100만 종이 멸종 위기에 놓였다고 한다. 예전에 지구온난화 논의는 몇 세대 뒤에 닥칠 위험에 관한 것이었다. 하지만 이제는 바로 지금이 위험 상황이다. 종말론적인 얘기처럼 들리겠지만 해수면은 상승하고 있다. 날씨 예측도 심각하게 어려워지고 있다. 서부 해안에서는 산불이 맹위를 떨치고 있다. 기온은 계속 상승중이다. 빙하가 녹고 있다. 너무 많은 정치인이 아무것도 하지 않는다. 우리 중 너무 많은 사람이 아무것도 하지 않는다. 더 이상 그런 꼴을 두고 볼 수는 없다.

최근 나는 졸업식 연설을 준비하며 "이제 어떡하지?"라는 질문에서 시작해, 희망이 어떻게 그 물음과 연관될 수 있을지 곰곰이 생각해보았다. 누군가를 낙담시키려는 의도는 전혀 없었다. 졸업생들에게 세상이 불타고 있다는 느낌을 주려던 것도 아니었다. 하지만⋯⋯ 세상은 말 그대로, 그리고 비유적으로도 불타고 있다. 갓 졸업한 이들이 들어서는 곳, 커리어를 시작하게 될 곳은 바로 이 세상이다. 그들은 이 모든 문제를 붙들고 씨름해야 할 것이다. 우리 역시 마찬가지다.

올해 졸업식 얘기가 나와서 말인데, 억만장자 로버트 F. 스미스가 모어하우스대학교 졸업생들에게 2019년 졸업 학년의 학자금 대출금을 갚아주는 기부를 했다는 기사를 읽었다. 그의 관대한 선물에는 희망이라는 프레임이 씌워졌다. 앞으로 대학생들은 억만장자가 졸업식 연사로 나서서 학자금 대출 빚으로부터 해방시켜주길 바라게 될 것이다. 학생들이 그런 희망을 품는 까닭은 할 수 있는 일이 그것밖에 없기 때문이다. 등록금, 숙식비, 책값마저 그들이 감당할 수 있는 선을 넘었다. 희망은 그렇지 않다.

그러나 나는 희망 말고 가능성에 대해 계속 생각하고 싶다. 희망을 품을 때는 어떤 일이 일어날지를 두고 주도권을 가질 수 없다. 그때는 우리가 가진 모든 믿음과 에너지를 변덕스러운 운명에 쏟아붓게 된다. 책임을 회피하게 된다. 스스로 현실에 안주하게 된다. 우리는 최선을 다해 자기 삶을 살고 있는 사람들이 아닌가? 무력감을 느끼기는 쉽다. 불가능한 것을 가능하다고 상상함으로써 스스로를 불편하게 하는 편이 훨씬 더 어렵다. 그러나 우리는 할 수 있다. 아주 작은 행동이라도 할 수 있다.

지금 민주주의는 위태롭다. 행정부가 하는 일에 견제와 균형이 제대로 이뤄지고 있지 않다. 정치인들이 우리 이익을 최대한 대변해 행동하지 않는 듯 보이기에, 지금의 정치적 순간에서 무감각과 무관심에 굴복한 사람이 많다. 솔직히 말하면 우리 역시 각자 마주 대해야 할 사람들에게, 그러니까 서로를 향해 최선을 다해 행동하고 있지 않다. 우리가 누구든, 어디서 왔든, 무얼 믿든, 누구에게 투표하든, 어떤 종교를 가졌든 우리는 이 세상에 함께 살고 있다. 그러니 상황이 더 나빠지지 않도록 우리 선에서 최선을 다하는 게 맞지 않을까.

"이제 어떡하지?" 이 질문은 우리가 어디에 있든 중요하다. 나는 졸업생들에게 "행운을 빈다"는 말은 하지 않았다. 행운은 희망과도 같다. 통제할 수 없고 지극히 덧없다는 점에서 그렇다. 우리가 진정 서로에게 빌어줘야 할 것은 희망을 넘어선 실천을 통해 비로소 가능해질 모든 것의 힘이다.

뉴욕타임스 2019년 6월 6일

프라이드 축제에 경찰은 필요 없다

내 아내 데비는 쉰 살에 레즈비언으로 커밍아웃했다. 뉴욕에서 프라이드 행진에 참가한 것도 그때가 처음이었고, 자긍심이라는 게 뭔지도 거기서 처음 느꼈다고 했다. 데비가 크리스토퍼 스트리트에서 환하게 웃는 사진이 있다. 거기서 데비는 '넵, 저 동성애자임'이라고 쓰인 티셔츠를 입고 있다. 그 주위로는 우리의 존재 권리를 기리는 수백 명의 성소수자와 앨라이ally가 둘러싸고 있다.

나는 열아홉 살에 레즈비언으로 커밍아웃했고 이후 양성애자로 정체화했다. 다른 이들에 비해 특별할 것 없는 경험이었다. 그러나 애리조나주에서 불운을 겪은 뒤 고향인 네브래스카주 링컨으로 돌아왔다. 아는 사람이 몇 없었고 당연히 다른 퀴어들도 몰랐다. 내게는 롤모델이 없었다. 여성에게 데이트 신청을 어떻게 해야 하는지, 어떤 헤어스타일이 적절한지 몰랐다. 오마하에서 열린 프라이드 행진이 내가 참여한 첫 집회였다. 소박했으나 사방에 무지개 깃발이 가득했고, 가지각색의 아름다운 퀴어들이 모인 자리였다. 음악이 있고 춤이 있었다. 혼인 평등에 관한 팸플릿, 활동가들의 열띤 연설도 있었다. 뼛속 깊이 그들과 함께임을 알았다.

우리의 경험은 인생 어느 시점에 동족을 찾아 나서야 했던 다른 퀴어 수백만 명의 경험을 비춘다. 프라이드 행진은 성소수자 커뮤니티가 우리 도시의 거리를 당당히 행진하면서, 우리 섹슈얼리티를 범죄화하고 수치심을 부과하고 어둠 속에 숨어 있을 것을 요구해온 세상에 우리의 정체성을 드러내는 하나의 방식이었으며 지금도 그렇다.

현대 프라이드 축제는 경찰에 저항하면서 시작됐다. 1969년 6월 그리니치빌리지의 게이바 '스톤월 인inn'에 여느 때처럼 경찰이 급습

했다. 그러나 그날만은 시끌벅적한 항의에 부딪혔다. 스톤월 인 손님들은 맞대응하며 며칠간 시위를 이어갔다. 흑인 트랜스여성들과 젊은 게이들을 주축으로 운동이 일어났다. 그리고 이듬해 뉴욕에서 첫 프라이드 행진이 열렸다.

지금, 뉴욕 프라이드 행사 주최측에서 (다른 도시의 프라이드 주최측이 그랬던 것처럼) 경찰관들에게 프라이드 행진 때 제복을 입고 단체로 움직이지 말아달라고 요청한 이후, 성소수자 경찰관이야말로 소외되고 있다는 항의와 불만이 솟구치고 있다. 그러나 우리 중 다수는 경찰로서의 자긍심을 드러내는 일엔 전혀 끼고 싶어하지 않는다. 우리 역사는 오래되지 않았으며 우리는 잊은 적 없다. 수십 년간 경찰은 우리 커뮤니티를 고문했다. 우리의 옷차림, 우리가 모이는 장소, 우리의 섹스 상대를 두고 법을 집행한 것이 바로 경찰이었다. 그들은 우리를 때리고 협박하고 감옥에 가뒀다.

경찰의 괴롭힘은 1969년 시작된 것도 끝난 것도 아니었다. 퀴어들의 저항도 마찬가지다. 스톤월 항쟁이 일어나기 10년 전 로스앤젤레스에서 비슷한 사건이 있었다. 게이와 레즈비언뿐 아니라 트랜스젠더도 환대하는 카페 '쿠퍼 도넛'에서 경찰이 손님들을 희롱하기 시작했다. 경찰이 여러 명을 체포하려 하자 사람들은 물건을 던지며 저항했고, 결국 경찰은 달아났다.

지금도 미국 전역에서 경찰은 성소수자 커뮤니티에 어마어마하게 적대적으로 굴 수 있다. 친밀한 관계에서 발생하는 폭력을 잘못 처리하거나, 신체적, 언어적 폭력을 가하거나, 우리가 겪은 범죄에 대한 수사를 거부하거나, 사건 수사에서 권력을 남용하는 등 그 방식은 다양하다.

흑인 트랜스여성을 향한 폭력은 유난히 빈도가 높은데, 더 큰 폭력을 당하거나 불신과 무관심을 받을까봐 피해자가 경찰 신고를 꺼리는 것으로 보고된다. '휴먼 라이츠 캠페인'에 따르면 2021년 현재까지 대부분 흑인 또는 라틴계인 트랜스젠더 또는 젠더 비순응자 최소 스물일곱 명이 살해당했으며, 그중 상당수 사건이 미결 상태로 남아 있다. 게다가 조지 플로이드가 살해된 뒤 1년이 지났음에도 경찰에게 죽임을 당한 흑인 및 히스패닉계 사람의 명단이 계속해서 늘어나고 있는 것도 무시할 수 없는 사실이다.

지난 50년간 프라이드 행진은 진화해왔다. 때로는 몰라볼 정도로 너무 주류가 된 듯 느껴지기도 한다. 일종의 휴일 같기도 한데, 단 기업이 지원해주는 휴일이다. 뉴욕에서 시작된 축제가 이제 전 세계 여러 도시에서 열리고 있다. 프라이드는 행진과 축제, 이벤트가 가득한 달이다. 축제에는 활기가 가득하며 드넓은 포용력을 자랑한다. 이성애자 앨라이들은 자녀를 데려온다. 퀴어들도 자녀를 데리고 온다. 행사가 어떻게 성장해왔는지 바라보는 건 기쁘기도 하지만, 프라이드가 누구를 위한 행사인지 잊어버린 것처럼 여겨질 때가 있다. 또 일부 기업이 이를 상업화해 마케팅 상품을 무지개색으로 물들이면서도 행사 전후로는 거의 성소수자 커뮤니티를 기념하거나 지원하지 않는다는 점이 불만스럽다. 그럼에도 프라이드 기념행사는 무엇보다도 우리가 있는 그대로 받아들여지는 커뮤니티에 속해 있음을 알 수 있도록 공간을 마련해준다.

우리는 여기저기 뻗어나가는, 통제되지 않는 커뮤니티다. 프라이드에 누가 참여할 수 있는지 계속 고민하다보면 논쟁이 일어날 수밖에 없다. 예컨대 어떤 이들은 킹크 커뮤니티*를 배제하기를, 혹은 프라이드를 좀더 가족 친화적으로 만들기 위해 적어도 변태적인 퀴어들이 공개적인 섹슈얼리티 표현을 자제해주기를 바란다. 이러한 체면 정치는 새로운 게 아니다. 성소수자 커뮤니티를 향해 섹슈얼리티에서 섹스를 거세하라는 요구, 요란함을 절제하라는 요구, 이성애 규범에 순응하라는 요구는 언제나 있어왔다. 확실히 해두자. 이성애자들 보기에 편하라고 우리 자신을 왜곡해선 안 된다. 동화同化는 자유를 위해 치러야 할 대가가 되어선 안 된다.

이제 과거를 용서하고 억압적인 경찰력과 화해해야 한다는 생각은 우습지도 않다. 그 소리를 들으면 화가 치밀어오른다. 칼럼니스트 조너선 케이프하트는 워싱턴포스트에 기고한 에세이에서 프라이드 행사에 성소수자 경찰들이 환대받기를 간청한다고 썼다. 뉴욕타임스 편집위원회도 비슷한 입장을 취했다. 케이프하트는 프라이드에 경찰 배치를 원치 않는 이들의 의견에는 공감하지만, "정체성 때문에 가족에게 거부당한 수많은 이로 구성된 커뮤니티가 이제는 생계를 위해 하는 일 때문에 커뮤니티 구성원을 배척하는 건 크나큰 문제"라며 그 생각이 틀렸다고 주장한다.

이러한 잘못된 등식은 기만적이다. 우리는 누구도 배척하지 않는다. 법 집행은 타고난 정체성과 다르다. 경찰은 소외되지 않았다. 총

---

* BDSM, 페티시 등의 취향을 가진 이들을 일컫는다.

과 휘장 때문에 가족에게 버림받지는 않는다. 경찰이 생계유지 방식 때문에 폭력을 당하거나 체포된 적은 없다.

더군다나 경찰은 실제로 거부당하는 게 아니라 경계를 존중해달라는 요청을 받고 있는 것이다. 성소수자 경찰관들은 프라이드 행사에서 당연히 환영받는다. 비무장 상태로 민간인 복장을 하고 있다면 말이다. 그들은 취약한 커뮤니티에 득보다 해가 되는 기관과의 공모에 맞서달라는 요구를 받고 있고, 분명 일부 경찰관은 이를 거부하고 있다. 우리에겐 우리와 나란히 행진할 경찰이 필요치 않다. 보안 차원에서 프라이드에 와 있다는 경찰도 필요 없다.

우리에게 필요한 것, 우리가 늘 원해왔고 그럴 가치가 있는 것은 데비와 내가 처음 프라이드 행진을 할 때 느꼈던 것, 안전하고 자유로울 수 있는 환대의 공간이다.

뉴욕타임스 2021년 5월 29일

SNS 속 사람들이 끔찍한 이유

트위터에 처음 가입한 14년 전, 나는 미시간주 북부에서 대학원에 다니고 있었다. 흑인이나 다른 유색인이 거의 없는데다 퀴어도 작가도 많지 않은 인구 4000명 정도의 마을에 살았다. 내가 대학원 동기들이 아닌 다른 커뮤니티를 찾은 건 온라인에서였다. 신진 작가들을 팔로하고 또 만났으며, 그중 대다수와 지금도 진실한 친구 사이로 지낸다. 의견을 나누고, 밈 놀이에 참여하고, 개인적인 기쁜 소식을 축하하고, 뉴스를 공유하고, 낯선 이들 수천 명과 함께 시상식 중계를 지켜보는 집단적 열광에 나도 동참할 수 있었다.

그러다가 근본적인 변화가 일었다. 거의 모든 SNS를 더는 즐기지 않게 된 것이다. 그런 지 꽤 됐는데 인정하긴 싫었다.

많은 사람이 작금의 상황과 일상에서 직면하는 어려움을 떠올리며 갖는 무력함을 동력 삼아 온라인에 참여한다는 느낌이 점점 더 들었다. 온라인 공간은 인과관계가 분명히 드러나는 듯한 희망적인 허구를 제공한다. 불의에 즉각적인 결과가 존재하는 것처럼 말이다. 트위터에서 우리는 작게나마 힘을 행사하고, 잘못된 일에 복수하며, 빌런을 응징하고, 순수한 마음을 고양할 수 있지 않은가.

그러나 이러한 정의의 시뮬라크룸을 추구하는 과정에서 우리는 비중과 규모에 대한 감각을 모조리 잃고 말았다. 우리는 전쟁 범죄자와 타인의 삶의 디테일을 지나치게 투명하게 가져다 쓰는 소설가를 똑같은 수준으로 경멸한다. 어떻게 참여하고 논쟁할지 그 정도를 가늠하기가 어렵다.

실제 현실에서 우리는 전능해 보이는 골리앗을 겁에 질린 채 노려보는 다윗이다. 임신중지와 시민권을 훼손하려는 대법원, 석유 누출로 불타는 바다, 미국의 진짜 역사를 가르친답시고 얼토당토않지만 놀라우리만큼 효과적으로 퍼붓는 공격, 투표권리법 해체, 수십 명의 여성이 성폭행 혐의로 고발했으나 하찮은 이유로 무죄를 선고받고 풀려나는 남성 등의 무수한 골리앗들. 적어도 온라인에서는 우리 사이의 권력 불균형이 평평해진다고 믿을 수 있다. 순식간에 우리는 엘라 골짜기의 골리앗이 된다.

내가 온라인에서 영향력과 권력을 가지고 있다는 사실을 인정하기가 불편한 이유는 너무 낯설기도 하고, 어쩌면 그런 것 따위는 없는 것 같다고 느끼기 때문이다. 나의 온라인 팔로워는 천천히 늘다가 한순간 급증했다. 처음 몇 년 동안 몇백 명이었던 팔로워는 서서히 늘어나 수천 명이 되었다. 그러다 책을 몇 권 쓴 뒤에는 눈 깜짝할 새 내 트윗에 수십만 명의 이목이 쏠렸다. 그들 대부분은, 설령 내 의견에 동의하지는 않더라도 내 글을 유의미하다고 여긴다. 일부는 마치 나를 미워하는 게 당연한 권리인 것처럼 나를 따라다니며 그 증오심을 뒷받침하거나 부채질할 증거를 뒤지고 다닌다. 그런가 하면 온갖 이유로 나를 괴롭히는 이들도 있다. 내 정체성이나 내가 쓴 글, 혹은 내가 세상에 존재한다는 것 자체가 그들의 감정을 건드린다든지 하는 이유들로.

시간이 지나면 경계가 흐려지며 누가 친구고 누가 적인지, 이곳에서 우리가 인간으로서 어떻게 상호작용해야 하는지도 몹시 모호해진다. 수차례 공격당하고 나면 모든 게 공격처럼 느껴지기 시작한다. 더이상 방어할 수 없을 때까지 한없이 피부가 얇아진다. 선의의 비판과 하찮은 공격 혹은 악의를 구별하기가 점점 더 어려워진다. 나와 하등 상관없는 무가치한 논쟁에서 발을 빼기가 더 어려워진다. 한때 매력적이고 재밌던 경험이 스트레스가 되고 대체로 불쾌감만 남는다. 나만 이렇게 느끼는 건 아닐 것이다. 우리 모두는 박을 못을 찾는 망치가 되었다.

누군가 어떤 선언을 한다. 다른 이들은 그 선언의 어느 지점에 대해 문제를 제기한다. 또는 앞선 명제가 서술하지 않은 상황들을 조목조목 따진다. 혹은 원래의 진술을 왜곡해 자신이 관심 있는 더 광범위한 이슈로 확대해석하기도 한다. 아니면 단 하나의 사례만 가지고 거대한 문화적 트렌드와 뒤섞어버리기도 한다. 누군가는 10년도 전에 했던 터무니없는 말을 끌어올려 그걸 근거로 삼아…… 뭐든 할 수 있지 않은가.

어떤 유명인은 태양에 너무 가까워진 나머지 어느 순간 전부 잘못했다고 매도당한다. 마치 SNS에서 버튼 하나 누르는 게 전체 이데올로기를 대변하기라도 하다는 듯 '좋아요'는 강박적으로 분석된다. 어쩌다 한 실수가 한 인간의 구제불능을 입증하는 확실한 증거가 되고, 그가 실수에 대해 약간만 책임질 경우 '캔슬 컬처*'는 인간미가 부족하다고 규탄하는 무리가 나타나 그의 옷을 갈가리 찢어발긴다.

모든 피해는 트라우마로 간주된다. 취약성과 차이는 무기가 된다. 사람들은 상대방에게서 최악의 의도를 가정한다. 옳은 분노로 포장한 악의적인 주장이 차고 넘친다.

---

* 대중의 인식에 용납되지 않는 발언이나 행동을 했다고 여겨지는 개인을 배척하거나 보이콧하거나 기피하는 문화 현상으로, 주로 소셜미디어에서 확산된다.

이런 건 그나마 합리적인 온라인 논쟁에 속한다. 인종주의자, 호모포비아, 트랜스포비아, 외국인혐오자 등 혐오 대상을 집요하게 노리면서도 그걸 용인하는 플랫폼에서 견제를 거의 받지 않는 또다른 범주의 인간들도 있다. 물론, 노골적인 트롤들도 낄낄대면서 피해를 입히고 돌아다닌다.

오랫동안 온라인에서 활동하면서 나는 온갖 종류의 말도 안 되는 주장과 대화를 봐왔고, 온갖 종류의 말도 안 되는 논쟁과 대화에 참여해왔다. 최근에는 오프라인에서의 무력감이 온라인상의 분노와 적대심을 불러일으킨다는 생각이 들었다. 온라인상에서 우리는 선한 사람이고 싶고, 선한 행위를 하고 싶지만 이런 고상한 도덕적 열망에도 인간적인 친절은커녕 관용도 인내심도 거의 찾아볼 수가 없다. 우리는 정서적 안전을 절절히 갈망한다. 우리 모두 충분히 완벽해지고 다른 사람들에게도 똑같은 완전무결함을 요구하면 더이상 피해나 고통이 없을 거라고 필사적으로 소망한다.

짜증나는 일이지만, 또 한편으로는 완전히 이해된다. 어떤 날은 뉴스를 읽다가 물에 빠져 허우적대는 듯한 기분이 든다. 많은 이들이 그럴 것이다. 그럴 때 적어도 온라인에서는 목소리를 낼 수 있고 누군가 그 목소리를 들어줄 거란 걸 우리는 안다.

온라인에서 발언을 통제하고 정의를 추구하게 되는 건 당연한 일이다. 온라인 참여의 대의가 황망하게 스러지는 것 역시 당연한 일이다. 일부 사람들이 이런 행태에 지친 것도 당연하다.

내가 SNS에서 활동한 시간을 후회하진 않는다. 흥미로운 사람들을 만났으니까. 온라인 관계가 실제 관계로 이어진 적도 많다. 대담하게 도전하고 한 인간으로 성장해나갔으며, 물론 누군가 시비를 걸면 맞대응하기도 했다.

그러나 내 삶에는 이전보다 더 챙길 게 많아졌다. 아내가 있으며, 일도 많고, 노쇠한 부모님과 대가족을 돌봐야 한다. 물리적인 이동이 늘었고 그에 따라 실제 세상에 나가 활동하는 데 더 많은 관심을 갖게 되었다. 이제 나는 'SNS를 아주 많이 하지는' 않는 사람들과 대부분의 시간을 보낸다. 온라인에서 일어나는 이상하거나 짜증나는 일에 대해 얘기하면 그들은 먼 나라에서 온 이방인의 외국어를 듣는 것처럼 나를 바라보곤 한다. 그리고 추측건대 실제로 나는 그런 사람일 것이다.

뉴욕타임스 2021년 7월 17일

스포티파이 보이콧

가끔 티브이 리얼리티쇼 〈빌딩 오프 더 그리드Building Off the Grid〉를 본다. 이 프로그램에는 지속 가능한 삶을 위해 외딴곳에서 자신만의 집을 짓기로 결심한 사람들이 나오는데, 한 시간 동안 유르트*를 짓거나 짚과 물을 섞은 흙으로 오두막을 지어올리거나, 덴버 외곽 산자락에 태양열 패널에서 연료를 얻는 집을 짓는 모습을 지켜볼 수 있다. 현대의 은둔자들이 원하는 게 집 밖의 어떤 것과도 영향을 주고받지 않는, 진공상태에 존재하는 집이란 건 분명하다. 물론 환상에 불과하지만 그 마음만은 이해한다.

나는 작가다. 종종 의견을 쓰는 나로서는 아무리 매혹적으로 보일지라도 진공상태에서는 결코 의견을 낼 수 없음을 알고 있다. 우리의 가장 굳건한 신념에 대한 이의 제기를 포함해 흥미로운 아이디어와 관점에 다채롭게 노출되어야 한다고 생각한다.

그러나 지적인 솔직함과 진실함으로 세상과 관계 맺는 일은 결코 간단하지 않다. 몇 년 전, 한 백인우월주의 선동가의 책 판권을 사들였다는 이유로 나는 사이먼앤드슈스터 출판사와의 책 계약을 해지했다(결국 출판사는 밀로 이아노풀로스의 책을 내지 않았다). 그 선동가는 자신의 정치적 신념을 떠들 순 있었지만, 정작 수익을 내는 책 계약을 맺을 권리는 없었다. 그 점에선 나도 마찬가지였다. 내가 가진 권리는 누구와 일할지를 결정할 권리뿐이었다. 내가 입장을 표명했던 건 그렇게 할 수 있었기 때문이다. 내게는 그럴 수 있는 수단이 있었

정체성, 정치 그리고 정체성 정치

---

*   주로 몽골이나 시베리아 등에서 유목민들이 짓는 둥근 천막.

다. 그러나 으레 그렇듯 그건 상징적인 행위였다. 내 책 대부분은 하퍼콜린스에서 나왔는데, 이 출판사는 지난 수십 년간 언론 조작으로 대중 담론에 엄청난 해를 끼친 루퍼트 머독이 창립한 뉴스 코프News Corp 소유다. 하퍼콜린스는 내가 보기엔 역겹고 해로우며 부도덕한 이들의 책을 계속 내왔다. 그들이 혐오스럽다고 내 책을 내는 걸 관둘 수 있는가? 아니, 내가 사는 곳은 진공상태가 아니다. 이 세상에 가장 해로운 목소리만 들려서는 안 된다.

무엇을 만들어내고, 무엇을 소비하고, 누구와 협업할지를 두고 나는 매일 가능한 한 최선의 결정을 내리려 애쓴다. 그러나 세상 안에서 살아가고, 자본주의 사회의 일부가 되려면 도덕적 타협이 필요하다. 나는 순수성을 추구하지 않는다. 그런 건 애초에 존재하지 않는다. 대신 매 순간 최선을 다하고, 영향력을 발휘할 수 있다고 여겨질 때 나의 입장을 밝히려고 노력한다.

조 로건*은 자신의 팟캐스트를 스포티파이로 옮기며 1억 달러에 달하는 계약을 맺을 정도로 이러한 노력에 따른 보상을 톡톡히 받았다. 분명 스포티파이측은 충분히 가치 있는 투자라고 여겼다. 자발적으로 찾아 듣는 열성적인 청취자를 1100만 명 이상 보유한 거물이니 말이다. 모르긴 몰라도 호기심과 무지를 가장하는 한편 음모론자와 돌팔이들을 끌어들이는 그의 태도가 많은 공감을 불러일으키는 건 분명하다. 그 사실 역시 불편하다.

---

* 〈조 로건 익스페리언스Joe Rogan Experience〉로 유명한 미국의 팟캐스터이자 코미디언.

음악가 닐 영과 조니 미첼이 시작한 항의 및 불매운동에 직면한 스포티파이와 로건은 회유의 제스처를 취했다. 이번주 수익결산 발표에서 스포티파이 최고경영자이자 공동창립자인 다니엘 에크는 코로나19 관련 프로그램에 콘텐츠 경고 표시를 하는 등 가짜 정보에 대응해온 회사의 노력을 변호했다. 그러나 로건의 팟캐스트를 내리진 않았다. 그는 이렇게 덧붙였다. "여기서 중요한 건 크리에이터 한 명에 따라, 시의성 혹은 외부의 요청에 따라 저희 정책을 변경하지는 않는다는 점입니다."

스포티파이 역시 진공상태에 존재하지 않으며, 어떤 콘텐츠를 플랫폼에 유치하겠다는 결단은 그에 상응하는 결과를 불러온다. 4억 명 넘는 스포티파이 사용자가 로건의 쇼에 자유롭게 접근할 수 있게 해선 안 된다는 주장은 일각에서 말하는 검열이 아니다. 그건 큐레이션이다.

가짜 뉴스로 인해 수천만 명이 2020년 대선이 도널드 트럼프의 당선을 부당하게 막았다고 믿게 되었다. 가짜 뉴스로 인해 1월 6일 반란*이 일어났다. 또한 가짜 뉴스는 코로나19 팬데믹을 장기화하고, 표백제 주사나 말 구충제인 이버멕틴 복용 같은 위험천만한 행동을 하도록 부추겼다.

이러한 가짜 뉴스가 번성하고 강화되도록 방치한 플랫폼은 효과적으로 큐레이션할 책임을 계속해서 회피하고 있다. 대신 미온적이

정체성, 정치 그리고 정체성 정치

---

* 2020년 대선 결과에 불복을 선언한 트럼프에게 고무된 트럼프 지지자들이 2021년 1월 6일 미국 국회의사당에 난입하여 폭동을 일으킨 사건.

고 모호하며 비효율적인 정책을 내세운다. 그들은 무대응을 표현의 자유를 보호하기 위한 원론적인 입장인 양 포장하지만, 실상은 자기들의 최소 수익을 보장하려는 조치다.

내게는 흥미로운 사람들과 이야기를 나누는 팟캐스트 채널이 있다. 화요일까지는 스포티파이에서 들을 수 있었지만, 나는 다른 입장을 내기로 결심했다. 작은 결심이다. 닐 영, 조니 미첼, 그리고 점점 더 늘어나는 크리에이터들과 함께 〈록산 게이 어젠다The Roxane Gay Agenda〉 채널과 아카이브를 스포티파이에서 내리기로 결정한 거다. 다른 데선 들을 수 있다. 스포티파이가 아닌 다른 플랫폼에서는 그만한 청취자를 결코 확보할 수 없을지도 모르니 쉽지 않은 결정이었다.

나는 다른 이들의 말할 자유를 침해하려는 게 아니다. 조 로건이나 그와 비슷한 부류들은 계속해서 수많은 청자를 향해 잘못된 정보와 편견을 당당하게 드러내고, 그 노력에 대해 충분히 보상 받을 것이다. 그러한 보상을 공유하는 플랫폼은 계속 다른 쪽을 바라봐도 좋다.

그러나 적어도 오늘의 나는 그러지 않겠다.

뉴욕타임스 2022년 2월 3일

임신중지, 맹렬히 지켜야 할 권리

내 아내 데비의 의붓아버지는 데비가 열한 살일 때부터 딸을 강간했다. 학대는 수년간 계속됐고, 한 살씩 나이를 먹으며 데비는 혹시 임신하진 않을까 내내 두려움에 떨었다. 이야기할 사람도, 의지할 곳도 없었다.

의붓아버지가 누구에게라도 이 사실을 말하면 남동생과 어머니를 죽이겠다고 데비를 협박했기에, 임신할 수도 있다는 공포에 짓눌린 데비는 어머니에게 학교에서 성폭행을 당했다고 말했다. 어머니는 데비를 의사에게 데려갔고, 의사는 피부 흉터를 보니 성욕이 왕성한 모양이라며 남자친구가 있는 게 틀림없다고 했다. 1970년대 초의 일이다.

데비는 임신을 했다면 삶이 망가졌을 거라고 말했다. 예순 살인 지금도 여전히 그 트라우마 후유증을 안고 살아가고 있다. 원치 않는 임신이 데비의 삶의 궤도를 어떻게 바꿔놓았을지 감히 상상하기조차 어렵다.

나는 열두 살에 남자 여러 명에게 성폭행을 당했다. 그 이야기를 꺼냈고, 계속 말하기가 진절머리나며, 요점은 그 사건 자체가 아니다. 그때는 내가 첫 생리를 시작하기도 전이었다. 그러나 몇 주, 몇 달이 흐른 뒤에도 당연히 나는 임신했을까봐 두려웠다. 누구의 아이인지도 모를 거라는 점이 무서웠다.

만약 그때 임신했더라면 무슨 짓을 했을지 모르겠다. 나는 가톨릭 신자였고 낙태는 죄였다. 그러나 열두 살은 아이를 낳거나 부모가 될 준비가 되어 있지 않은 나이다. 나의 트라우마는 원치 않는 임신으로 더욱 심해졌을 테고 내 삶의 궤도 역시 더욱더 크게 바뀌었을 것이다.

'로 대 웨이드' 판결을 뒤집은 이번 대법원 판결 초안이 다음달로 예정돼 있던 발표 전에 유출되었다. 이 사실은 충격적인 동시에 많은 걸 보여준다. 누가 유출했든 그는 어떤 운명이 우리 앞에 놓여 있는 지 알려주고 싶었을 것이다.

최소한 나는 스스로에게 그렇게 되뇌고 있다. 누군가 유출해준 덕에 우리가 알게 되었으니 정말 다행이라고. 우리가 대비할 수 있게 되었으니까. 분노할 수 있게 되었으니까.

우리가 사는 세상에 성폭력이 있어선 안 되지만 지금은 그런 세상이다. 이 불행한 현실을 감안할 때, 태아가 출산의 주체보다 더 중요하다고 믿는 일부 미국인들 때문에 강간당한 사람이 원치 않는 임신을 지속하게 할 순 없다.

성폭력의 경우가 아니더라도 임신중지의 접근성은 보호되어야 마땅하다. 임신중지를 원하는 모든 사람이 시술을 받을 수 있어야 한다. 이유가 무엇이든 남들이 관여할 바가 아니다. 누구든지 삶을 뒤바꿔놓는 상황에 대처하는 사적인 결정을 정당화하기 위해 자신의 미덕을 증명할 필요가 없어야 한다.

대체로 남성이고, 임신할 수 없는 아홉 명의 정치 임명권자에 의해 신체 자율권이 부여되기도 박탈되기도 하는 나라에서 살아선 안 된다. 정치적 변덕에 따라 좌지우지되는 시민권은 진짜 시민권이 아니다.

임신중지의 권리가 없다면 여성들은 끔찍한 선택을 할 수밖에 없다. 특히 주 경계를 넘나들 수단이 없어 꼭 필요한 치료를 받지 못하는 빈곤층 및 노동계급 여성들에게는 훨씬 더 큰 부담이 된다. 낙태

반대 운동 측에선 임신한 여성들과 아이들을 지원하기로 약속했음에도 '프로라이프pro-life' 로비 활동은 태아에 한해서만 이루어지는 듯하다. 그와 똑같이, 임신중지에 반대하는 남성 정치인들은 유급 육아휴직, 보육 보조금 지급, 일인 납부자 의료 서비스를 비롯해 가족생활을 개선할 수 있는 모든 종류의 사회안전망 관련 권리에 반대하려고 갖은 수를 다 쓴다.

유출된 문서는 법률 초안이다. 임신중지는 여전히 합법이지만 일부 지역에선 접근성이 매우 낮다. 대법원은 해당 초안이 진짜이긴 하지만 변경될 여지가 있다는 성명을 발표했다. 그럼에도 이것은 앞으로 다가올 끔찍한 일들의 전조다. 무려 스물다섯 개 주에서 '로 대 웨이드' 판결이 뒤집히자마자 임신중지를 곧장 금지할 태세를 갖추기 시작했다.

새뮤얼 알리토 판사가 작성한 판결문 초안에는 충격적인 부분이 더 있다. 일각에선 알리토 판사의 논리를 확장하면 피임이나 혼인평등권 등 어렵사리 쟁취한 다른 권리들도 빼앗길 수 있다는 우려를 표한다. 즉, 이번 결정은 말도 안 되는 구실로 사회 진보와 시민권을 체계적으로 무너뜨릴 수 있는 문을 열어젖히는 셈이다.

이건 관념적인 위험이 아니다. 이미 여러 주에서 아동의 성별 확증 의료 서비스 금지 조항으로 트랜스젠더 비가시화 시도를 법제화하려는 중이며 미주리주에서는 그 금지 조항을 성인으로까지 확대하는 법안마저 발의됐다.

시민권이 어디까지 후퇴할지 모르겠지만, 이것이 인구 3억 3000만의 나라에 수십 년에 걸쳐 극도로 편협한 이념을 따르라고 강요해온 보수주의 캠페인의 이정표로 기록되리란 건 똑똑히 알겠다. 이 움직임은 헌법에 명시된 정교분리의 원칙을 거스르는 공허한 신정통치를 추구한다. 캠페인의 배후에 있는 자들은 이 나라의 다수를 대표하지 않으며, 그걸 본인들도 알고, 그렇기에 끊임없이 민주적 절차를 망치려 든다. 투표권을 공격하고, 선거에 유리하도록 영향력을 행사하고, 지지받지도 않는 법안을 밀어붙임으로써 본인들이 선택한 세상에 살며 최대한 많은 부와 권력을 쟁여두려고 한다.

여기서 어디로 가야 할까? 여성의 신체 자율권을 보호하려면 임신중지의 권리를 연방법에 명문화해야 한다. 그러나 그 가능성은 몹시 요원해 보인다. 대법원 문서 유출 사건 이후 발표된 공식 성명에서 민주당 상원 원내대표 척 슈머와 하원의장 낸시 펠로시는 '임신중지'라는 단어를 단 한 번도 언급하지 않았다. 바이든 대통령은 재임 기간 내내 그 단어를 입에 올린 적이 거의 없다. 그들이 감히 입 밖으로 꺼내지도 못하는 권리를 보호하기 위해 최선을 다하고 있다고 믿기는 어렵다. 아무도 만나러 오지 않는 횅한 정치적 복도 한가운데서 민주당이 허송세월하는 걸 멈추지 않는 한, 변하는 건 아무것도 없을 것이다.

숱한 시민권이 퇴보할 수 있다는 건 그 자체로 끔찍한 일이다. 수백만 미국인은 이제 우리 자신, 친구들과 가족들 그리고 지역사회에서 어떤 권리를 빼앗기게 될지 우려한다. 하늘이 무너지는 와중에 수많은 이가 필사적으로 그 하늘을 떠받치려 애쓰고 있다.

'로 대 웨이드' 판결이 뒤집힐 가능성이 높다는 이야기를 나누며, 데비와 나는 우리의 행복하기 그지없는 결혼생활에 그 결정이 미칠 수 있는 잠재적인 법적 결과를 걱정하기 시작했다. 올해 6월은 우리의 두번째 결혼기념일이 있는 달이다.

결혼 서약을 주고받은 순간, 모든 게 바뀌었다. 우리는 이미 진지한 관계였지만 약속 덕에 서로에 대한 헌신은 더욱 깊어졌다. 우리 관계에 새롭고도 충만한 중력이 생긴 것이다. 결혼이란 종이 한 장을 훨씬 뛰어넘는 의미가 있다는 걸 곧장 깨달았다. 그러나 그 종이 한 장이 있고 없고는 중요하다.

우리는 어린 시절 겪은 트라우마를 극복하기 위해, 온전히 사랑하고 사랑받을 수 있는 존재가 되기 위해 각자 부단히 노력해왔다. 그토록 어린 나이에, 기댈 곳 하나 없이 우리 의지에 반하는 임신을 했다면 우리가 나누는 이 삶은 가능하지 않았을 것이다. 우리가 함께 꾸린 이 삶은 정치적인 것이 아니다. 지극히 개인적인 것이다. 그럼에도 우리의 삶과 우리의 몸은 여전히 정치적 논쟁의 대상이 되고 있다. 어떤 식으로든 언제나 그래왔다.

이런 상황에서 어떻게 우리가 자유롭다는 말인가? 대체 우리 중 어느 누가 자유로울 수 있는가?

정체성, 정치 그리고 정체성 정치

예의 없는 자들의 예의 타령

요즘, 마치 모두가 예의를 갖춘다면 어떤 난국이든 의견 차이든 해소할 수 있다는 식의 예의에 대한 문화적 강박이 존재한다. 그러나 지금은 절망적일 정도로 예의 없는 시대다. 미국에서 끝도 없이 발생하는 총기 난사 사건에 대한 정치권의 무감각보다 더 무례한 건 없다. 라스베이거스에서 예순 명, 올랜도에서 마흔아홉 명, 샌디훅에서 스물여섯 명, 콜럼바인에서 열세 명, 버펄로에서 열 명이 사망했다. 성인, 학생, 콘서트 관객, 나이트클럽에서 왁자지껄 놀던 사람들, 식료품을 사던 사람들, 교사들이었다.

텍사스주 유밸디에서 발생한 사망자 규모는 차마 헤아릴 수 없다. 최소 열아홉 명의 아이와 교사 두 명이 죽었다. 이 믿기 힘든 숫자로도 실제 일어난 일을 다 담을 순 없다.

은연중에나 노골적으로나 우리가 귀에 딱지가 앉도록 듣는 건, 이 끝없는 폭력을 견디는 것만이 우리가 할 수 있는 유일한 일이라는 말이다. 우리는 다만 이 총알이 아이들과 우리 자신, 혹은 우리 가족, 우리 친구들과 이웃들을 꿰뚫지 않기를 바랄 수 있을 뿐이라고. 감히 항의하고, 감히 분노를 표출하고, 감히 힘껏 목소리를 내면 우리는 예의를 갖추라는 일장연설을 듣는다. 가만히 있으라고, 분노를 표출하고 싶으면 투표라는 수단을 쓰라고.

빼앗은 땅 위에 세운, 빼앗은 목숨의 고투 위에 세운 이 나라의 역사에는 무례가 차고 넘친다. 우리 삶을 지배하는 문헌에선 사실상 인구의 절반 이상이 투표권을 박탈당했다. 대표를 선출할 때 노예 인구 5분의 3만이 투표에 참여할 수 있었다. 무례에 대해 논하려거든, 그 뿌리가 얼마나 깊은지부터 명확히 하자.

미국이 제어 불가능한 나라가 된 것은 정치적 차이나 항의 시위 때문이 아니고, 예의가 부족해서도 아니다. 이 나라가 자국의 시민들을 보호하고 돌보려 하지 않기 때문이다. 여성들, 인종적 소수자들, 특히 아이들을.

정치인들이 예의나 공적 담론을 입에 올릴 때 실제로 뜻하는 건 불의 앞에서 침묵하라는 말이다. 그들은 소외된 자들이 억압의 전제를 불변의 사실로 받아들이길 바란다. 그들은 타협할 필요도 없고, 일말의 양심이 남아 있거나 양심조차 없는 스스로를 마주할 필요도 없고, 무대책에 따른 결과를 직면할 필요도 없는 권력을 호사스럽게 누리고 싶어한다.

총기 폭력은 이들이 걱정할 필요 없는 문제 중 하나다. 나와 내 가족에겐 절대 일어나지 않을 재난이라고 믿기 때문이다. 정치인들은 그 대신 수정헌법 제2조의 권리를 보호해야 한다고 말하며 수정헌법 제2조를 실제 헌법에 쓰인 대로가 아닌, 총기 로비단체들이 원하는 모든 것에 부응하도록 재해석한다. 대법원에 보수파가 다수인 상황에서 수정헌법 제2조의 끊임없는 재발명은 견제 없이 흥할 공산이 높다.

총기 사건의 해결책을 묻는 질문에 공화당원들은 교사들을 무장시켜 교실을 지킬 수 있도록 훈련하는 방안을 얘기한다. 선한 사람들이 총을 들면 용맹하게 총기 난사를 막을 거라는 둥. 하지만 이미 여러 총기 난사 사건 때 총을 지닌 선한 사람들이 있었음에도 참사를 막은 적은 없다.

이 정치인들은 상투적인 말, 기도, 성경 구절 들만 늘어놓으며 다음 총기 학살이나 하루 평균 321명이 총에 맞아 죽는 일(살인 42명, 자살 65명 포함)을 막기 위해선 뭘 해야 하는지는 신경쓰지 않는다. 이 진실을 명확하게, 반복적으로, 크게 외치는 게 중요하다. 그들이 공허한 수사 뒤에 숨지 못하도록. 우리가 그들의 거짓말을 꿰뚫어보고 있음을 알도록. 우리가 그들이 진정 어떤 인간인지 알고 있다는 것을 깨닫도록.

그들은 퍼거슨, 커노샤, 미니애폴리스, 루이빌에서 흑인들이 경찰의 총에 맞거나 살해당한 뒤 일어난 시위에서 그랬던 것처럼 예의를 지키라는 말을 닳도록 반복한다. 올해 5월 '로 대 웨이드' 판결을 뒤집는 대법원 판결문 초안이 유출되었을 때도 예의를 갖추라는 말이 나왔다. 판결문은 가임기 여성에게 신체 자율권이 없다는 내용이었다. 야만적이다.

초안이 유출된 직후, 일부 대법관들의 집 앞에서 합법적이고 평화적인 시위가 벌어졌다. 언론인들과 정치인들은 그 시위가 무례하다고 비난하는 데 열을 올렸다. 마치 시위 자체가 문제라는 듯 말이다. 워싱턴포스트 편집위원들은 판사들에게도 사생활을 영위할 권리가 있으며, 공적인 시위가 어떤 경계를 침범해선 안 된다고 썼다.

그들은 예의를 촉구하지만, 예의의 개념은 유연하며 언제나 변화한다. 그들에게 예의란 의심도 도전도 받지 않고 권력을 휘두를 수 있게 해주는 모든 걸 의미한다.

2021년 3월 코네티컷주 크리스토퍼 머피 상원의원은 신원 조회 확대법을 다시 발의했다. 사적인 판매 및 양도를 포함한 모든 총기 구매에 대해 연방 차원에서 신원 조회를 의무화하는 상식적인 법안이다. 이 법안은 여전히 계류중이다. 유권자 과반수가 신원 조회를 지지하지만, 공화당 의원들은 지극히 최소한의 총기 법안조차 막아서고 있다.

그들의 방해 공작은 용납할 수 없는 불법행위다. 본인들이 뭐라 말하든 그들은 생명을 귀하게 여기는 사람들이 아니다. 그들이 중시하는 건 권력과 통제다. 이 또한 우리는 명확하게, 큰 소리로, 반복해서 말해야 한다.

2022년 첫 145일 동안 최소 213건의 총기 난사 사건이 발생했다. 이렇게 되도록 내버려둔 양당 정치인들은 아이들이 실탄 사격 연습을 하고 방탄 배낭을 메고 등교하는 일이 어떤 무례를 내포하는지 전혀 이해하지 못하며 들여다보지도 않는다. 교실에 난입할지도 모를 총잡이에게 소지품을 던지라는 지시를 받는 아이들에 대해서는 조금도 신경쓰지 않는 듯하다. 오로지 자신들의 정치적 이익에만 관심이 있을 뿐이다.

화요일 아침, 최소 열아홉 명 아이들의 부모는 아이를 깨워 양치질을 도와주고 아침을 먹이고 작은 배낭을 챙겨주었다. 아이들의 자그마한 손을 잡고 걷거나 차를 태워 학교까지 데려다주었다. 부모님이 손을 흔들고 도시락을 건네고 볼에 뽀뽀를 해줄 때까지 아이들은 살아 있었다. 그들의 목숨은 귀했고, 그들의 존재는 중요했다.

미국의 가장 큰 치욕은 아무리 분노하고 항의하고 절망하고 상실해도 총기나 목숨에 관해 이 나라의 태도는 아무것도 바뀌지 않는다는 사실을 아는 일이다. 정책이 최고가 입찰자에게 팔리는 비겁한 정치 구조에서는 아무것도 변하지 않을 것이다. 이러한 예의의 부재를 표현하기에는 그 어떤 말도 충분치 않다.

뉴욕타임스 2022년 5월 25일

시민의 의무와 책임

우리는 스스로를 구해낼 것이다.

적은 상상할 수 없을 정도로 강력하다.
이 진실을 이해하는 것,
그럼에도 끈질기게 버티는 것만이
우리가 우리 자신을 구하는 방법이다.

우리에게도 화낼 자격이 있다

나는 의견이 있는 여자라 화가 많다는 비난을 자주 받는다. 이 비난이 제기되는 건 여자는, 특히나 화난 흑인 여자는 문제를 일으키기 때문이다. 그 여자는 현상황에 감히 문제를 제기한다. 그 여자는 감히 목소리를 낸다.

여자인 우리는 화를 낼 때 너무 많은 걸 바라거나 그저 불평하거나 시간을 낭비하거나 엉뚱한 것에 집착한다. 우리는 옹졸하거나 꽥소리를 지르거나 공격적이거나 삐딱하게 굴거나 미쳤거나 지나치게 감정적이다. 인종은 분노를 더욱 복잡하게 만든다. 흑인 여성은 그저 존재한다는 이유로 화를 내는 양, 마치 분노가 우리의 숨결과 피부에 배어 있다는 양 치부된다.

흑인 여성과 마찬가지로 흑인 남성의 분노도 가혹한 평가를 받는다. 화난 흑인 남성은 위험으로, 위협으로, 통제할 수 없는 존재로 여겨진다.

페미니스트는 화를 잘 내는 사람으로 자주 묘사된다. 페미니즘을 다루는 여러 행사에서 젊은 여성들은 페미니즘을 실천하면서도 화났다고 여겨지지 않으려면 어떻게 처신해야 하는지 묻곤 한다. 전 세계 여성들이 직면한 불평등과 시련, 폭력과 억압이 엄연히 존재하는데도 분노가 비이성적인 감정이라는 듯 이런 질문을 한다. 나는 그 젊은 여성들에게 분노를 껴안으라고, 그 감정에 기대어 자신을 갈고 닦으라고 말해주고 싶다.

내가 화내는 모습을 정말 보고 싶다면 내가 운전하는 차에 타면 된다. 나는 운전대만 잡으면 분통이 터진다. 타인들의 운전 습관에 굉장히 강한 의견이 있다. 혼자 운전할 때, 때로 다른 사람을 태웠을 때도 다른 운전자를 향해 소리를 지른다. 손으로도 욕한다. 남의 어머니에 대한 끔찍한 말을 뇌까린다. 그래서 뿌듯하다는 게 아니라, 그렇게 분노를 해소하면 카타르시스를 느낀다는 말을 하려는 거다. 혈압이 오르는 것 이상의 후유증은 없다.

그럼에도 여전히 내 피부 아래에 얼마나 많은 분노가 요동치는지, 그 분노를 표출할 창구는 얼마나 적은지, 어떻게 내가 분노할 자격이 없다고 느끼는지 깨달을 때마다 무섭다. 언젠가 더이상 삼킬 수 없을 때가 오리란 걸 알면서도 나는 최대한 분노를 깊이 억누르며 혼자 화를 삭인다. 언젠가 폭발하면 그 여파가 있을 테니까.

운전할 때가 아니어도 화나는 순간은 무수하다. 어떤 건 사소하다. 받고 싶지 않은 전화가 올 때, 내 이름 철자를 틀리게 썼을 때, 책 따위는 안 읽는다고 누군가 말할 때 등등. 훨씬 더 심각한 일들 때문에 품게 되는 분노도 있다. 내가 살고 있는 인디애나주에서 최근 통과된, 임신중지 권리를 한층 더 제한하는 법안, 그리고 전국적으로 재생산의 자유가 도전받고 있다는 사실. 스탠퍼드대학교 강간 사건을 두고 이번달 브록 터너가 받은 가벼운 형량, 그럼에도 비슷한 범죄를 저지른 자들은 심지어 더 약하게 처벌받는다는 현실. 총선을 앞두고 정치 환경이 분열하고 있다는 사실.

분노는 문화적 대화의 중요한 일부다. 가끔 트위터에 로그인해서 이렇게 묻는 사람들을 본다. "오늘은 뭐 땜에 또 화났냐?"고. 질문에서 우리 안에 분노를 일으키는 크고 작은 불의가 따분하다는, 무시하는 어조가 느껴진다.

이런 상황에서 분노는 통제해야 할 감정, 불편하고 짜증스러운 감정이 된다. 격노와 혼동되기도 하는데, 격노하는 것 역시 나름대로 쓸모가 있다.

분노를 표현하는 것과 억누르는 것 모두 결과가 따른다. 브라질 북동부 지역의 분노와 질병의 연관성을 연구한 L. A. 레브헌에 따르면, 이 지역 여성은 분노를 억누르는 것을 "개구리 삼키기"라고 부르는데, 이는 "정서적 질병"의 원인이 된다. 레브헌 교수는 분노의 신체화는 "문화적 기대와 개인적 감정 경험 사이의 간극을 메우는 데서 오는 괴로움의 증상으로도 볼 수 있는데, 이 과정은 결코 쉽지도 간단하지도 않다"고 말한다.

댈러스에는 파괴적인 쾌감을 노골적인 목표로 삼은 '분노의 방'이라는 공간이 있다. 방문객은 방망이를 들고 방으로 들어가 화를 풀 수 있다. 토론토에는 '격노의 방'이 있다. 옵션 중 하나는 이인용 야간 데이트 패키지다. 격분의 상태를 나눌 수 있는 커플이라면 아마도 계속 관계를 이어갈 수 있을 것이다.

비욘세의 최근 앨범에는 비탄과 배신, 그리고 그 경험에서 비롯된 분노에 대한 이야기가 차례대로 담겨 있다. 〈홀드 업Hold Up〉이라는 곡의 뮤직비디오에서 비욘세는 야구방망이를 들고 평온한 미소를 지으며 도시의 길거리를 거닌다. 그러고는 예고도 없이 방망이를 차창에, 소화전에, CCTV에 강하게 내리친다. 한 방 내리칠 때마다 그의 얼굴에는 응축된 분노가 덧씌워지고, 이윽고 더욱 힘찬 발걸음으로 다음 대상을 향해 나아간다.

1981년 미국여성학협회NWSA 기조연설에서 오드리 로드는 이렇게 말했다. "모든 여성은 개인적이고 제도적인 억압에 맞서는 데 잠재적으로 유용한 분노라는 무기, 바로 그 억압에서 연원한 무기를 잔뜩 갖추고 있다."

정치는 억압을 비롯한 여러 문제에 관한 분노를 이야기하는 영역 중 하나다. 오바마 대통령은 화가 많다는 비난을 종종 받는다. 더 많이 화내지 않는다는 비난을 받기도 한다. 비평가들은 왜 오바마 대통령이 '화난 흑인 남자'가 될 수 없는지, 혹은 그렇게 인식될 수 없는지를 두고 많은 글을 썼는데, 오바마가 인간 감정을 다룰 수 없을 정도로 유약한 백인 유권자들을 소외시킬 수 있다는 두려움 때문이었다. 2015년 백악관 특파원 만찬 자리에서는 오바마 대통령이 스스로는 표현하지 못하는 분노를 '분노 번역가' 루터*를 통해 전하는 코미디 같은 장면이 있었다.

올해 민주당 예비선거에서 사람들은 버니 샌더스에게 몰려들었는데, 선거 자금 문제와 과도한 부채, 그리고 출세할 기회가 너무 적다는 데 대한 분노 때문이었다. 샌더스는 자주 손가락을 흔들고 언성을 높이며 분노를 한껏 표출했다. 샌더스와 지지자들 모두 화가 나 있었다. 그들의 분노는 열정과 참여로 프레이밍되어 찬사를 받았다.

반대로 힐러리 클린턴은 일부 지지자들이 그러는 만큼 화를 내도록 허용되지 않는다. 클린턴은 여성에겐 다른 규칙이 적용된다는 사실을 다시금 보여주었다. 클린턴이 목소리를 높이면 보복이 뒤따른다. 고분고분하지 않은 모습을 보일 때, 열정적이고 날카로운 면모를

---

* 코미디언 키건마이클 키와 조던 필이 제작한 스케치 코미디 시리즈 〈키 앤 필Key & Peele〉의 한 코너에 등장하는 가상의 인물.

드러낼 때, 클린턴은 자신의 의견 때문이 아니라 태도 때문에 공격받는다.

이 모든 분노와 더불어 역사가 만들어지고 있다. 미국 대통령 후보로 지명된 첫 여성 다수당 후보가 바로 힐러리 클린턴이다.

공화당 유력 대통령 후보인 도널드 트럼프는 수많은 화난 경쟁자 중에서도 가장 화가 많은 사람이다.

트럼프 지지자들 상당수는 많은 것에 화가 나 있다. 흑인 대통령, 본인 신세, 아메리칸드림을 이루지 못했거나 유색인, 여성, 게이, 레즈비언, 트랜스젠더와 아메리칸드림을 나눠 가져야 한다는 점 등등. 이러한 분노는 조금의 연민이나 호기심도 없이 논의된다. 아무렇지도 않게 확산된다. 트럼프의 숱한 집회에서는 이러한 분노가 폭력으로 번진다.

트럼프 자신도 분노를, 혹은 분노의 퍼포먼스를 즐긴다. 그는 자주 자신의 하찮은 세계관에 따르지 않는 사람을 모욕하며 분노에 찬 트윗을 날리곤 한다. 혹은 토론에서 빠지기도 한다. 지난 3월 〈미트 더 프레스Meet the Press〉*에서 트럼프는 자신의 지지자들이 세상 돌아가는 꼴에 화가 나 있다며, 자신은 그저 "전달자일 뿐"이라고 말했다.

과도한 분노를 일컫는 의학 용어는 간헐적 폭발 장애다. 2006년 하버드대학교 연구에 따르면 최대 1600만 명이 이 장애를 가지고 있다. 이 연구가 발표됐을 때, 이 장애가 진짜인지 아닌지를 두고 한

---

* 미국의 시사 대담 프로그램.

바탕 논란이 일었다. 용납 불가능한 무언가가 해명될 수도 있다는 게 불편한 거다.

그러나 분노는 본질적으로 나쁜 게 아니다. 대부분의 경우 분노는 지극히 정상적인, 심지어 건강한 인간 감정이다. 분노를 통해 우리는 불만을 표현할 수 있다. 뭔가 잘못되었다고 말할 수 있다. 우리가 명심해야 할 것은 혁명을 일으킬 만한 유용한 분노, 그리고 우리를 무너뜨릴 수도 있는 무용한 분노의 차이를 아는 것이다.

뉴욕타임스 2016년 6월 10일

머리와 가슴으로 하는 투표

이번 대통령 선거 기간 동안 나는 강박적으로 굴지 않고 정보를 따라가려고 부단히 노력했다. 쉽지 않았다. 언론은 유독 도널드 트럼프에 대해 다룰 때 아무리 좋게 봐도 광분했다. 초기에는 케이블 뉴스에서 트럼프가 공화당 후보가 되기도 전에 그가 참석한 모든 행사를 방영했다. 그들이 기꺼이 공급하려는 '뉴스'에 대한 건강하지 않은 수요가 그렇게 생겨났다. 탈출구는 없다.

이번 대선에 관심 있는 사람들, 그러니까 대부분의 사람들도 열광했다. 가끔 온라인에서 관련 소식에 반응하는 이들을 보면 이렇게 말하고 싶어진다. "정신 좀 차리세요." 사람들이 트럼프 얘기를 꺼낼 때는 거의 음침하고 성적인 에너지까지 느껴질 지경인데, 마치 그 공화당 후보에 대한 또하나의 끔찍한 폭로가 나올 때마다 역겨움과 흥분을 동시에 느끼는 것만 같다. 나는 그들을 보면서 왜 그렇게 깜짝 놀라는지, 어떻게 또 놀랄 수 있는지 의구심을 품는다.

도널드 트럼프가 멕시코인들은 강간범이라고 말하고, 무슬림의 입국 금지를 호소할 때 우리는 그에 대해 알아야 할 모든 것을 이미 알고 있었다. 수년 전 리얼리티쇼의 스펙터클로 부상했을 때, 그가 한 결혼에서 다음 결혼으로 갈아타는 동안 우리는 그가 어떤 사람인지 정확히 알았다. 매번 폭로가 터질 때마다 정확히 보이는 그대로의 인간이구나 상기하게 될 뿐이다.

선거가 다가올수록 11월 8일이 세상의 종말이라는 식의 지겨운 농담을 나누며 2016년이 얼마나 끔찍했는지, 이번 선거가 얼마나 끔찍한지를 두고 치부를 다 드러내듯 거친 말을 늘어놓는 모습이 SNS에 더 많이 보인다. 어떤 면에선 이번 선거에 대한 그 열광, 그 공포, 그 집착을 이해한다. 파시즘이 이렇게 많은 미국인에게 강력하게 통하는 걸 보다보면 여기가 바로 지옥 같다.

보는 것만으로도 지칠 정도의 불안이다. 하지만 이번 선거의 결과와 상관없이, 오는 화요일은 세상의 종말이 되지 않을 것이며 될 수도 없다. 우리에게 그런 사치는 용납되지 않는다.

나는 대통령 후보로서, 그리고 (바라건대) 미국 대통령이 될 힐러리 클린턴에게 관심이 많다. 올 한 해를 지나오며 그 의견을 글로 많이 쓰진 않았다. 무관심해서는 아니었다. 어느 정도는 클린턴 후보에 대한 지지를 표명함으로써 필연적으로 발생할 괴롭힘을 감당할 힘이 없었던 까닭이다. 나 역시도 분열을 겪었다. 나는 클린턴의 많은 면을 좋아하고 존경하며 존중한다. 클린턴은 맹렬하게 야심 차고, 지적이며, 유쾌하고, 흥미롭고도 복잡한 사람이다. 매사를 인생이 걸린 듯 철저히 준비하는데, 정치적으로 말하자면 많은 면에서 실제로 인생이 걸려 있기도 하다.

세 번에 걸친 대선 토론회에서 나는 클린턴 후보의 정책 관련 지식에, 그리고 상대를 공격할 때와 장소를 아는 능력에 감탄했다. 여성이 대통령이 된다는 사실도 신이 난다. 옹졸한 이들은 이런 투표를 '질로 하는 투표voting with my vagina'라고 부르고 싶어한다. 마흔네 명의 남성이 이미 거쳐간 후 여성 한 명이 대통령이 되는 걸 보고 싶다는 게 무슨 잘못이라도 된다는 듯 말이다. 이 순간이 역사적인 것과는 별개로, 나는 대체로는 머리로, 그리고 조금은 마음으로 투표할 것이다.

힐러리 클린턴의 당선은 거저 이루어지는 게 아니다. 물론 솔직히 고백하건대 이메일 사건*에 대해 전혀 개의치 않는다곤 도저히 말할 수 없지만 말이다. 여성으로서, 한 인간으로서 클린턴의 몇몇 판단, 그러니까 이라크전쟁 찬성투표, 1990년대에 그가 사용한 일부 수사적 표현들, 혼인평등권은 각 주가 알아서 할 일이라는 입장을 너무 오래 고수한 일 등등은 용납할 수 없다는 게 내 의견이다. 클린턴은 소외된 이들의 삶을 무참히 짓밟는 결정을 여러 번 내렸다. 그런 결정들을 내가 존경하는 클린턴의 면면과 조화시키기는 어려운 일이다.

동시에 나는 평생 정치와 공직에 종사하면서 청렴결백하고 떳떳한 양심을 지닐 수 있는 사람은 없다는 걸 안다. 이것은 클린턴을 지지하며 마음을 더 편하게 가지려고 스스로에게 하는 말이다. 합리화임을 인정한다.

사실, 나는 아무것도 간과하지 않는다. 클린턴 후보가 어떤 사람인지, 평생의 이력을 통해 무슨 일을 해왔는지 전부 다 본다. 최선의 경우, 사람은 기꺼이 성장하고 변화할 의지와 능력을 지니고 있다. 클린턴은 20년 전, 혹은 10년 전과 같은 여성이 아니다. 예비선거에서 버니 샌더스와 경쟁할 때조차 클린턴은 그간의 중도적 입장에서 보다 더 진보적으로 나아갈 수 있는 능력이 있음을 보여주었다. 지금 클린턴이 보여주는 모습은 내게는 인상적이다. 나는 클린턴이 최선을 다하고 있다고 믿기로 한다.

또한 미국 대통령이 된다는 것은, 아니 어떤 나라든 간에, 불가능

---

* 힐러리 클린턴이 의도적으로 정부 기밀문서를 개인 이메일 계정을 통해 송·수신했다는 이유로 FBI에 출두해 조사를 받은 일.

한 결정을 숱하게 내려야 한다는 뜻이며, 많은 경우 그 결정은 사람들의 목숨을 앗아갈 수도 있다. 힐러리 클린턴이 대통령이 된다면 나를 경악시키거나 불편하게 만들 결정을 더욱 많이 내릴 것임을 알고 있다. 생사가 걸린 결정을 내릴 일 없는 이상적인 대통령 따위는 존재하지 않는다. 그저 나는 대통령으로서 클린턴 후보가 품위와 연민으로 그런 결정을 내리길 바랄 수 있을 따름이다.

선거가 코앞으로 다가왔고 그게 못내 다행스럽다. 내 평생 이렇게 긴 선거 기간은, 아니 수치스러운 선거는 처음이다. 클린턴이 모든 면에서 대통령은 물론 어떤 공직도 맡을 자격이 없는 남자를 상대로 선거를 치르고 있으니 말이다. 나는 상당히 보수적인 인디애나주에 산다. 공화당 부통령 후보인 마이크 펜스가 주지사로 있는 곳이라 나는 그가 얼마나 끔찍한지, 얼마나 동성애혐오적이며 여성혐오적인 인간인지 잘 안다. 펜스 주지사 때문에 트럼프가 대통령이 된다는 위협이 한층 더 졸렬하게 여겨진다.

힐러리 클린턴 혹은 도널드 트럼프 둘 중 누가 당선되든, 우리는 아포칼립스가 아닌 새로운 세계에 살게 될 것이며, 새 대통령이 국민들의 요구에 부응하도록 책임을 다하게끔 만들기 위해 우리가 해야 할 일이 많을 거다. 트럼프가 당선될 경우 고통받게 될 사람들을 떠올리면 나는 참담해진다. 절망하게 된다. 동시에 싸울 준비가 돼 있다고도 느낀다.

뉴욕타임스 2016년 11월 6일

지금 우리는 벼랑 끝에 서 있다

성난 백인 남자들이 티키 횃불을 들고 침이 흥건한 입으로 "피와 땅 blood and soil"을 목이 터져라 외쳐댄다. 팔을 쭉 뻗어 나치 경례를 하는 성난 백인 남자들. 공공장소에서 중무장한 채 군인 흉내를 내는 성난 백인 남자들. 나치 깃발, 남부연합기, 성조기, "미국을 다시 위대하게" 가 적힌 모자들. 부딪히는 몸들. 인종차별에 항거하는 사람들을 향해 돌진하는 회색 자동차. 튀어오르는 몸들.[*]

지난 한 주 동안 나는 벌건 대낮에 증오가 횡행하는 것을 목도했다. 역겹다. 화가 난다. 걱정이 된다. 그리고 힐러리 클린턴이 당선되었더라면 얼마나 많은 게 달랐을까 계속 생각한다. 다른 많은 이들처럼 나 역시 클린턴이 당선될 거라고 과신했다. 내 머릿속과 가슴속에서는 힐러리 클린턴의 당선이 확실했다. 그러나 그렇지 않았다.

오히려 2017년인 지금 백인우월주의자들은 더이상 인종차별과 반유대주의를 숨기기 위해 복면을 쓸 생각을 하지 않는다. 나는 흑인 여성이며, 대통령이 인종차별을 부인하지 않는 나라에 살고 있다. 2017년에도 백인우월주의, 미국식 나치즘, 파시즘의 재기를 두고 나라 전체가 술렁거린다. 아니 더 정확하게는, 이 증오가 여태껏 계속 존재해왔다는 사실을 상기하고 있다.

2016년 선거 기간 내내 나는 클린턴의 대선 후보 지지 활동에 활발하게 참여하지 않았다. 선거캠프에 기부금을 내긴 했지만 지지자

시민의 의무와 책임

---

[*] 2013년 8월 12일, 미국 버지니아주 샬러츠빌에서 남부연합의 상징인 로버트 E. 리 장군의 동상 철거 소식에 반대하며 백인우월주의자들이 폭동을 일으켰다. 이들이 벌인 폭력 행위로 헤더 헤이어라는 여성이 사망했고 열아홉 명이 부상을 당했다.

로 함께하거나 투표 독려에 나서진 않았다. 관련 글도 많이 쓰진 않았다. 개인으로서 내가 유의미하게 선거에 영향을 미칠 수 있었으리라 생각하진 않지만, 훨씬 더 많은 활동을 할 수 있었음에도 그러지 않았다는 것을 나는 알고 있다. 그 점에 대해 책임을 깊이 통감한다. 책임에 대해 점점 더 고심하게 되는 건 이 나라 대통령이라는 인간이 가까스로 과반의 동의를 얻은 3억 명의 국민이 아니라 본인 금고를 두둑이 해주는 자들과 자기 자신에게만 책임을 지면 된다고 믿는 사람이기 때문이다.

일어날 수도 있었을 일들을 떠올리면 가슴이 아프다. 오늘날의 현실을 직시하는 건 더더욱 어렵다. 매일 아침 뉴스를 확인할 때, 대통령이 밤새 무슨 트윗을 썼나 추측하며 신경이 날카로워진다. 종일 그가 최근에 한 실책이며 북한을 향한 도발, 그가 그렇게나 바라는 아부를 해줄 언론에 대고 지껄인 모욕적인 말에 관한 최신 뉴스를 볼 때마다 어깨가 뻐근할 지경이다.

선거와 취임식 사이의 기간에 나는 트럼프 행정부가 어떨지 상상해보려 애썼다. 최악에 대비하려 했다. 하지만 지난 7개월 동안 벌어진 일들은 내 상상보다 훨씬 더 끔찍했다. 오바마 시절 이룩한 진보는 산산조각나고 있다. 희망을 잃지 말자고 계속 되뇌지만 그 근거를 찾기가 어렵다. 그러다보면 절망은 지금의 우리가 감당할 수 없는 사치라는 걸 스스로 힘겹게 상기하게 된다.

일주일 전, 버지니아주 샬러츠빌에서 본인들이 평범해도 괜찮았던 시절을 오랫동안 잃어버렸다는 분노로 백인 남자들이 한데 모였다. 역겨운 신념을 공유하는 대통령 덕에 기세가 등등해진 자들이었다.

그들이 트럼프 선거운동과 대통령 당선에 결집하는 모습을 나는 공포에 떨며 지켜보았다. 오바마 대통령 임기 8년, 그리고 힐러리 클린턴을 향한 적개심 등을 고려할 때 이러한 증오는 그간 꾸준히 세를 불리고 있었을 수도 있다. 그러나 이제 증오는 변두리에 머물지 않는다. 백악관에서부터 증오를 부추기고 있으니까.

정치적 신념에 관계없이 대부분의 정치인들은 헤더 헤이어가 사망하고 많은 이들이 부상을 입은 샬러츠빌에서의 인종차별과 폭력 사태를 규탄하는 성명을 발표했다. 이러한 성명이 설령 정치적인 제스처에 지나지 않더라도 반드시 표명되어야 옳다. 리더들은 자신의 입장을 최대한 분명하게 밝혀야 한다. 지금은 그 어느 때보다도 모두가 자신의 입장을 명확히 해야 하는 때이다.

가장 심각하게도 대통령을 포함해 불행히도 너무 많은 사람이 모호한 태도를 취하고 있다. 샬러츠빌 사태 이후, 우리는 백인우월주의를 거부하길 꺼리는 대통령을 똑똑히 보았다. 미국의 지도자인 그는 혐오 행위와 혐오 사상을 비난하는 게 당연하다는 점에 분개한다. 트럼프를 비롯해 너무 많은 이들이 샬러츠빌 사태를 다르게 볼 수도 있지 않느냐고 생각한다. 대통령은 좌파의 저항이 극우 백인우월주의만큼이나 잘못됐다고 여긴다. 그는 남부연합 동상 철거를 개탄하며, 마치 책과 박물관은 존재하지도 않는다는 듯 "우리의 아름다운 동상과 기념비가 철거되면서 위대한 이 나라의 역사와 문화가 찢어발겨지는 걸 보니 슬프다"는 트윗을 올렸다.

트럼프의 행동을 종합해보면 실제로는 전혀 모호하지 않다. 자신이 미국 국민 일부에게만 충성한다는 사실을 적극적으로 보여주고 있는 것이다.

다른 형태의 얼버무리기도 있다. 지난 11월 전문가들은 트럼프의 승리가 "경제적 불안" 탓이라고 진단하기 시작했는데, 그의 인기를 부추긴 게 노골적인 인종차별이라는 사실을 마주하고 싶지 않아서였다. 그 생각이 어디까지 이르렀나 똑똑히 보라. "이건 미국이 아니다" 혹은 "우리 탓이 아니다"라고 말하는 모든 사람은 과거와 현재 모두에 의도적으로 무지한 자다. 우리 모두, 그래, 이게 바로 우리라고, 그중에서도 최악의 우리라고 인정해야 한다. 샬러츠빌 백인우월주의자들의 신원이 공개되고 직장에서 해고되는 게 문제라고 생각하는 이들이 있는데, 아리안계가 아니면 죄다 박멸하려는 인간들이 동정받을 자격이 있다는 생각과 다를 게 없다. 그들은 그럴 자격이 없다. 어느 백인 뉴스 캐스터는 인종 얘기만 나오면 불편해진다며 눈물을 흘렸는데, 그것이 그가 상상할 수 있는 최악의 상태가 불편함이라는 사실만 드러낼 뿐이다.

우리는 현상태에 대해 스스로를 속일 여력이 없다. 백인우월주의가 격렬하게 경멸받아 마땅한 것처럼 중립성이나 객관성이라는 이상으로 자위해선 안 된다. 남부연합 동상 철거는 상징적이고 또 필요한 조치지만, 미국의 뼈아픈 과거를 드러내는 지표를 단순히 철거하는 데 그쳐선 안 된다. 우리는 그 동상들이 상징하는 유해한 이데올로기를 해체하기 위해 노력해야 한다. 백인우월주의가 어디에 도사리고 있든지 뿌리 뽑아야 하며, 비록 우리를 불편하게 한다 해도, 또 그 대상이 함께 사는 사람이거나, 함께 일하는 사람이거나, 친구나 가족이라고 여겨지는 사람들일지라도 백인우월주의자라고 똑똑히 지적해야 한다.

　우리는 벼랑 끝에 서 있다. 샬러츠빌에서 일어난 사건은 뭔가의 끝이 아니라 오히려 그 시작에 불과하다. 나는 이 벼랑 끝에서 2016년 선거 기간 동안 내가 하지 않은 모든 노력을 떠올린다. 뒤돌아보니 저항은 적극적이고 꾸준해야 한다는 걸 깨닫는다. 저항은 평등을 믿으며, 인종차별과 반유대주의, 그리고 편협한 자들에게 벌건 대낮에 본성을 드러낼 힘을 실어주는 저 혐오의 근절을 요구하는 모든 사람이 다해야 할 책임이다. 두려움 때문에 침묵해선 안 된다고 스스로 다짐하고 있다. 내게는 목소리가 있고, 나는 그 목소리를 최대한 크게 낼 것이다.

뉴욕타임스 2017년 8월 18일

아무도 우리를 구하러 오지 않는다

나는 부모님의 고향이자 서반구 최초의 자유 흑인 국가인 아이티의 장점 하나하나를 극찬하는 열정적인 반박문을 쓸 수 있다. 아름다운 섬의 풍광, 음악과 생기 넘치는 예술, 장엄한 산맥, 섬을 둘러싼 수정처럼 맑고 푸른 물, 아이티인들의 놀라운 회복력, 굉장한 직업윤리, 신념에 대해 쓸 수 있다. 부모님 얘기도 할 수 있다. 어떻게 수많은 아이티인과 함께 미국에 오게 되었는지, 어떻게 아메리칸드림을 가슴에 품고 성취했는지, 어떻게 나를 비롯한 수많은 1세대 아이티계 미국인들이 우리 부모가 품은 아메리칸드림의 산물인지에 대해 말이다.

또는 미디어가 아이티에 대해 쏟아내는 무거운 단일 서사, 그러니까 섬이 얼마나 가난과 비참에 찌들었는지, 에이즈가 얼마나 창궐하는지, 끝없는 자연재해와 인재로 얼마나 고통받는지에 대해서도 말할 수 있겠다. 이것이 사람들이 듣고 싶어하는 이야기이기 때문이다. 아이티를 자긍심 있고 복합적인 한 나라가 아닌 불쌍한 스펙터클로 전락시키는 이야기. 사람들에게 아이티에 대해 알려주고, 부모님이 태어난 나라에 대한 유해하며 잘못된 편견들을 바로잡으려 평생 얼마나 과하게 많은 시간과 에너지를 쏟아왔는지 나는 말할 수 있다.

2010년 1월 12일, 아이티를 초토화했던 대지진 8주기 하루 전날, 대통령은 무려 백악관 집무실에서 아이티, 엘살바도르, 그리고 다른 아프리카 국가들 같은 "거지 소굴" 나라에서 온 이민자들의 입국을 왜 받아줘야 하느냐며 큰 소리로 의문을 제기했다고 한다. 트럼프는 그런 말을 한 적이 없다고 트위터에 썼다. 그 자리에 있던 일리노이주 리처드 J. 더빈 상원의원은 "증오가 가득한 언사를 반복적으로 했다"고 금요일에 밝혔다.

그러나 설령 그 발언이 담긴 영상이 있다 한들 어떤 정치적인 타격도 받지 않을 것임을 대통령은 알 것이다. 우리 모두 알고 있듯, 본인들의 인종차별과 여성혐오를 유명인 페르소나에 완벽히 투영할 수 있다는 이유로 트럼프를 대통령 자리에 기꺼이 앉힌 그의 지지층에 외국인 혐오 발언이 잘 통한다는 사실을 그는 알 것이다. 폭스 뉴스 진행자들이 이 발언을 변호한 건 당연지사다.

지금, 그 용납할 수 없는 발언이 보도되었다는 소식에 2018년 중간선거가 매우 중요하다며 "투표하세요"라고 말하는 사람들이 있다. 마치 미국 민주주의에 온갖 개입과 부패가 없는 것처럼 말이다. 대통령이 미국인의 가치를 반영하고 있지 않다는 식의 진부한 횡설수설이 넘쳐나는데, 사실 그는 많은 미국인들의 가치관을 반영한다. 대통령이 단지 무지할 뿐이라는 듯, 아이티의 진실을 좀 가르쳐주라는 탄원도 올라왔다.

그러나 개발도상국에 대해 그렇게 형편없는 생각을 하는 건 대통령뿐만이 아니다. 그가 무슨 신종 인종차별을 하는 게 아니다. 유구히 존재해온 인종차별을 또 한번 드러낸 것뿐이다. 공화당이 현재 권력을 꽉 쥐고 있고, 모든 미국인의 더 큰 공익을 위해 일하는 것보다 그 권력을 유지하는 데 더 혈안이 되어 있는 상황에서 앞으로 3년 또는 7년을 더 견뎌야 할 텐데, 이 상황이 너무도 기괴하다.

지금 내가 해야 할 일은 희망을 건네는 일이다. 영원히 집권하는 대통령은 없다고 여러분에게 말해야 할 것이다. '저항'과 '투쟁' 같은 단어를 써야 할 것이다. 마치 열띤 반발심이 연방 차원에서 선거로 승인된 백인우월주의를 극복하는 데 충분하다는 듯이. 그리고 미국인들에게 아이티의 가치를 다시 한번 상기시켜야 할 것이다. 우리도 인간으로서 마땅히 고결하니 미국 대통령의 배려와 약간의 존중을 받을 자격이 있다고.

그러나 나는 이 모든 것을 하지 않을 작정이다. 나는 안락한 거짓말에 질린다. 트럼프가 끔찍한 언행을 자행할 때마다, 그러나 배역에는 충실할 때마다, 선의를 지녔다는 사람들이 충격받는 걸 더는 견딜 수가 없다. 나는 어떠한 희망도 건넬 수 없다. 세계 지도자라는 작자의 투명하고도 노골적인 인종차별 때문에 벌어진 이번 일을 아이티, 아프리카, 엘살바도르인 수백만 명의 존재를 해명하는 가르침의 계기로 삼지 않을 것이다. 트럼프 대통령 임기 내내 나날이 타협하며 점점 더 궁색해져가는 미국의 흐름을 두고 사람들이 괜찮다는 기분을 느끼게 만들지 않을 것이다.

실로 고통스럽고 불편한 시절이다. 우리는 이 순간을 흘려보내지 않고, 슬픔과 고통과 모욕감을 끌어안고 꿋꿋이 함께해야 한다. 미국 대통령이 어느 회의에서 여러 나라를 "거지 소굴"이라고 칭한 망언, 그리고 그 망언에도 회의가 계속됐다는 사실이 주는 불쾌를 감내해야 한다. 아무도 우리를 구하러 오지 않는다. 이 졸렬함으로부터 스스로를 구해낼 방도를 찾기 전까지, 우리는 이 졸렬함까지도 견뎌야 한다.

뉴욕타임스 2018년 1월 12일

환멸 나시죠? 그래도 투표하세요

얼마 전 밀워키의 한 젊은 여성이 환멸 난 젊은 유권자들을 위해 조언을 해달라고 청했다. 대의 민주주의하에서는, 그의 표현에 따르면 자신과 전혀 닮지도 않았고 비슷한 경험을 한 적도 없는 "또 한 명의 4만 살짜리 백인 남자"에게 투표하고 싶지는 않은데 누굴 뽑아야 할지 모르겠다는 거다.

솔직한 질문이었다. 예년보다 더 많은 여성이 국회의원에 출마하고, 조지아주의 스테이시 에이브럼스가 최초의 흑인 여성 주지자로 선출될 기회를 얻었음에도 나는 그 여성의 뿌리깊은 좌절감을 이해했다. 모든 진보의 등불은 그만큼 얼마나 많은 것이 담보 상태인지를 냉혹하게 상기시켜주는 법이다.

청년들은 자신들이 초래하지 않은 숱한 문제에 직면해 있다. 너무 많은 젊은이가 엄청난 학자금 대출 빚에 시달리고, 고용 안정성이 거의 없다시피 한 임시직으로 일한다. 건강보험이 있더라도 충분하지 않을 가능성이 높다. 집을 사는 건 불가능에 가깝다. 흑인 유권자들은 심각할 정도로 빠르게 선거권을 박탈당하고 있다. 재생산권은 위태롭다. 시민권도 위태롭다. 기후변화는 무시무시한 속도로 지구를 위협해오고 있다. 상황은 이렇게 암울한데도 정치인들은 성향을 불문하고 이 나라 사람들의 진짜 걱정들, 그리고 그들의 불안한 위치를 달래거나 해결하는 데는 거의 나서지 않는다.

따뜻하고 상냥한 말을 해줄 수도 있었겠지만 지금은 따뜻하지도, 상냥하지도 못한 시절이다. 트럼프 대통령 취임 이후 일어난 모든 일을 두고 볼 때, 내게는 환멸을 견뎌낼 인내심이 남아 있지 않다. 그 환멸 때문에 투표하지 않는 것이 최선의 선택인 양 당당하게 투표하지 않기를 선택하는 뻔뻔한 사치도 참을 수 없다. 투표하지 않는 것은 사실상 개인이 할 수 있는 최악의 선택이다.

2016년에는 유권자의 거의 40퍼센트가 투표하지 않았다. 2008년과 2012년에 버락 오바마를 찍으러 나섰던 많은 유권자는 그저 힐러리 클린턴에게 마음이 동하지 않는다는 이유로 집안에 틀어박혔다. 그리고 물론, 대선에서는 당선 가능성이 없어도 주요 주에서 선거 결과에 영향을 미칠 수 있었던 제3당을 찍은 유권자도 있었다. 투표를 할지 말지, 그리고 누구에게 투표할지는 개인의 선택이지만, 그 선택에는 대가가 따른다.

우리는 유권자들의 환멸이 뿌린 씨앗을 거두고 있으며, 투표를 하지 않으면 정말로 어떤 위기가 닥칠 수 있는지 충분히 많은 사람이 인식할 때까지 계속 그 결과를 거두어야 할 것이다. 대의 민주주의는 결함이 있지만 적어도 당분간은 우리가 붙들고 씨름해야 할 정치 시스템이다. 우리가 뽑는 정치인이 이상적이거나 완벽하게 딱 들어맞지 않더라도 우리는 이 민주주의에 참여할 책임이 있다. 투표는 데이트가 아니다. 완벽한 후보라는 약속은 없다. 투표에는 실용주의와 비판적 사고, 공감이 필요하며, 지금은 그 어느 때보다도 지성적인 타협이 반드시 필요하다.

일반적으로 미국인의 40퍼센트만이 중간선거 기간에 투표한다. 다음주 화요일에 있을 투표의 중요성에 대해 이런저런 이야기가 쏟아지는 이유는 정치적 환경을 바꾸겠다는 마음이 절실하며, 그 첫걸음이 바로 의회의 권력 균형을 바꾸는 일이기 때문이다. 정치인들, 지지자들, 진보 매체들은 투표 참여를 독려하기 위해 다양한 방식으로 적극적인 노력을 기울여왔다.

이러한 노력의 상당수는 의도는 좋았지만 제대로 효과를 보지 못했다. 전략 중 하나는 SNS의 유인책bait-and-switch이었다. 유명인 가십이나 레시피 같은 무해한 내용을 올린 다음 투표나 유권자 등록 웹페이지로 유도하는 방식이다. 이 노력은 소소한 것들과 민주주의가 처한 상태 모두에 관심을 가질 순 없음을 시사한다. 이런 유인책이 유권자 확보의 주요 전략은 아니지만 신경에 거슬릴 만큼 자주 쓰이고 있다. 이러한 시도들은 우리가 필요로 하는 게 인정사정없는 솔직함일 때, 무관심하거나 환멸에 빠진 유권자에게 다가갈 유일한 방법은 오만과 냉소라는 믿음에 근거를 둔다.

우리는 더 많은 권력을 긁어모으기보다 더 큰 공공선을 알아보고 그 대의를 위해 행동에 나서는, 더 나은 수준의 정치인들을 가질 자격이 있다. 우리는 자신의 결정에 책임을 지는 정치인들을 가질 자격이 있다. 우리는 정부의 모든 부처에서 과대 대표되는 죄다 똑같은 부유한 백인 이성애자 말고 다양한 사회적 배경을 가진 정치인들을 가질 자격이 있다.

또한 우리는 지금껏 정치인들이 내놓은 정책에 환멸과 실망을 느낄 자격이 있다. 그들 대다수는 그 어느 때보다도 지금 더 절박하게 필요한 게 급진주의임에도 그게 잘 통하지 않는다고 여긴다는 점에서 우리를 깊이 실망시켰다. 이에 더해 보편적 의료 서비스며 생활 가능한 최저임금, 시민권, 부유층의 세금 인상 등이 급진적이라고 간주되는 것 역시 엄청난 비극이지만, 우리는 지금 여기에 서 있다.

나는 다음주 화요일에 투표할 예정인데, 내 표가 미칠 영향에 낙

관한다고는 말할 수 없다. 정치권력을 장악한 공화당의 부패한 속박, 그리고 민주당의 무능과 비겁함 사이에서 투표는 헛일처럼 느껴진다. 내가 투표할 정치인들은 나를, 그리고 내가 그들에게 기대하는 만큼 내 신념을 대변하지 않을 것이다.

유권자의 환멸은 지극히 이해되지만 한편으로는 몹시 이기적이고 근시안적인 감정이기도 하다. 지난주, 한 혼혈 남성이 저명한 민주당원들에게 파이프 폭탄을 보낸 혐의로 기소됐는데, 보도에 따르면 그는 혐오를 선동하는 문구로 뒤덮인 차량을 몰았다고 한다. 켄터키주 루이빌에서는 한 백인이 흑인 교회에 들어가려다가 저지당하자 인근 크로거 식료품점에 가서 흑인 두 명을 살해했다. 토요일 아침 피츠버그에서는 한 백인 남자가 반유대주의 욕설을 내뱉으며 유대교 회당에 난입했다. 그는 유대인 열한 명을 살해하고 여섯 명에게 상해를 입혔다. 이 모든 사건은 트럼프 정부에서 트랜스젠더 커뮤니티를 존재하지 않는 것으로 치부한, 그리고 지지자들의 외국인 혐오를 부추기는 데 미국으로 향하는 이민자 행렬을 이용했다는 보도가 나온 것과 같은 주에 일어난 일이다.

혐오와 지위를 정치적 편의로 활용하는 대통령과 행정부로 인해 매일같이 새롭고 끔찍하며 미리 막을 수도 있었던 비극이 벌어지고 있다. 이런 환경에서 환멸을 느끼거나 무관심으로 돌아선다면 당신은 그 일에 공모하게 된다. 이 나라에서 주변으로 내몰린 이들이 겪고 있는 실제 위험보다 당신의 환멸이 더 중요하다고 여기는 셈이다.

스스로를 속여선 안 된다. 불만스럽다는 식의 고결함을 내세우며 당신의 정치적 입장을 가리지 마라. 두 눈을 똑똑히 뜨고 권력을 가진 자들부터 간 커진 추종자들까지 난 쭉 뻗은 길을 보라. 투표할 때 두 가지 악을 놓고 차악을 택하는 거라고 믿는 건 냉소다. 우리가 상대하는 건 증오, 탐욕, 무신경함을 땔감으로 삼는 대권이다. 우리가 상대하는 건 극심한 편견에도 양면이 있는 것처럼 보이게 만드는 언론이다. 공화당 정치인들은 인종차별적인 밈을 공유하고, 실제 현실이 자신들의 야심에 끼어들면 '가짜 뉴스'를 퍼뜨린다. 진보적인 후보들은 두 악 중 차악이 아니다. 그들은 우리가 시시각각 목도하고 있는 악의 스펙트럼 어디에도 속하지 않는다.

환멸이 난다면, 최소한 투표는 할 수 있을 만큼만이라도 잊어라. 그리고 실용적으로 투표하라. 친구들에게 투표하라고 말하라. 사람들을 투표장까지 태우고 가라. 시간적 여유가 있다면, 혹은 금전적인 여력이 있다면 당신이 기대를 거는 후보를 지원하라. 가장 관심 있는 이슈를 다루는 지역 단체에서 지지 활동을 하라. 선출된 의원들이 주최하는 타운홀* 미팅에 참석하라. 당신이 그들에게 부여한 권한으로 그들이 내린 결정에 책임을 지게 하라. 지역 공직에 출마하라. 뭔가를 하라. 뭐라도 하라.

중간선거든 다른 선거든 집안에 틀어박혀 있는다고 달라지는 건 아무것도 없다. 우리에겐 환멸을 감당할 여유가 없다. 아무것도 하지 않는 것은 사치다. 위험에 처한 목숨들이 있는데, 이를 깨닫지 못한

---

* 국회나 지역 의회에서 활동하는 정치인이 지역구 주민과 만나는 자리로, 주민들이 관심을 가지는 주제를 두고 주민의 의견을 경청하거나 특정 입법 및 규정 등에 관해 토론한다.

다면 당신이 환멸을 느끼는 그들보다 더 나을 게 전혀 없다.

뉴욕타임스 2018년 10월 30일

기억하라, 아무도 우리를 구하러 오지 않는다

2018년, 도널드 트럼프가 개발도상국가들을 "거지 소굴"이라는 경멸적 표현으로 비하한 후, 나는 아무도 우리를 구하러 오지 않는다고 썼다. 지금, 팬데믹의 한가운데에서, 우리는 그 말이 무슨 뜻인지 똑똑히 보고 있다.

경제는 파탄 났다. 실업률은 계속 가파르게 오르고 있다. 연방 차원의 일관된 리더십이 부재한다. 대통령은 미국인들의 생명을 구할 수 있는 예방 조치를 기획하려는 모든 시도를 조롱한다. 코로나19 바이러스로 10만 명 넘는 미국인이 사망했다.

많은 이들이 두 달 넘게 어떤 식으로든 자가 격리를 하는 중이다. 가난한 이들은 바이러스를 피할 여유가 없어 계속해서 목숨을 위협받는다. 이미 주변부에서 살아가던 이들은 정부의 1,200달러 '경기 부양' 지원금으로도 달래지지 않는 경제적 스트레스에 시달리고 있다. 주거 위기는 코앞에 닥쳤다. 전국 곳곳의 많은 지역이 섣불리 자가 격리 조치를 해제했다. 시위대는 사업장을 재개하라며 국회의사당을 습격했다. 국가는 과학을 믿는 이들과 그러지 않는 이들로 완전히 분열되고 있다.

재빠르게 제작된 몇몇 광고는 우리 모두 함께 이 위기를 헤쳐가고 있다고 장담한다. 세심하게 골라낸 이미지들 위에 흐르는 감미로운 음악은 진정 중요한 문제는 하나도 건드리지 않는다. 기업들은 신경 쓰고 있음을 소비자들에게 주지시키려고 막대한 광고비를 지출하면서도 정작 직원들에게는 생활임금을 지급하지 않는다.

광고는 필수 인력과 의료 전문가들에게 찬사를 보낸다. 커브사이드 픽업과 드라이브스루 서비스, 비대면 배송 등 기업들이 '지금 우리가 사는 방식'에 어떻게 적응했는지 보여준다. 이 광고들은 소비를 통해 정상적인 삶으로 돌아갈 수 있다고, 자본주의가 우리를 지켜줄 거라고 믿게 한다.

일각에선 정부가 해주지 않는 구제를 대행하고 있다. 노인과 면역력이 약한 사람들을 위한 식료품 배달부터 필수 인력을 위한 마스크 재봉까지, 분야를 막론하는 지역 주도적인 계획이 가동되고 있다. 기금 모금을 위한 온라인 청원도 이루어진다. 독립서점에서 책을 사세요. 즐겨 찾는 레스토랑에서 포장이나 배달 주문을 하세요. 좋아하는 서점이 계속 영업할 수 있게 도와주세요. 기프트카드를 구입하세요. 당신을 위해 일하는 사람들에게 돈을 주세요, 설령 그들이 출근하지 못하더라도 말이죠. 할 수 있는 만큼 하시고, 더 하세요.

모두 사랑스러운 생각이고 좋은 의도를 담고 있지만, 우리가 할 수 있는 일은 한정되어 있다. 안 그래도 우리 문화를 분열시키는 계층 간 격차는 우리가 집단적으로 무엇을 구할지, 무엇이 구할 가치가 있는지를 결정해가는 과정에서 더욱더 확연해진다.

게다가 팬데믹 상황에서조차 인종차별은 변함없이 심각하다. 코로나19는 흑인 커뮤니티에 불균형적인 영향을 미치고 있지만, 하루도 거르지 않고 흑인의 생명이 소중하지 않다는 사실만 상기되는 상황에서는 그 공포를 곱씹어볼 시간조차 주어지지 않는다.

켄터키주 루이빌의 자택에서 브레오나 테일러는 그 건물에 살지도 않는 남자를 찾던 경찰들에게 살해당했다. 테일러는 스물여섯 살이었다. 시위가 격해지자 일곱 명이 총에 맞았다.

조지아주 남부에서 아모드 아베리는 조깅중 자신을 강도로 의심하고 시민 체포를 하겠다는 무장 백인 남자 두 명에게 쫓기기 시작했다. 한 명이 총을 쏴서 아베리를 죽였고, 제삼자가 이 현장을 영상으로 촬영했다. 동영상이 유출되고 분노한 대중이 조치를 요구할 때까지 어떠한 기소도 이루어지지 않았다. 아베리는 스물다섯 살이었다.

미니애폴리스에서 조지 플로이드는 체포 과정에서 경찰관에게 무릎을 꿇린 채 바닥에 쓰러졌다. 그는 경찰에게 고문을 멈춰달라고 애원했다. 에릭 가너가 그랬듯 그도 말했다. 숨을 못 쉬겠다고. 다른 경찰 세 명은 지켜보기만 하고 개입하지 않았다. 플로이드는 마흔여섯 살이었다.

이 흑인들의 생명은 소중했다. 이 흑인들은 사랑받던 사람들이었다. 그들의 죽음은 친구들, 가족, 커뮤니티에 헤아릴 수 없을 만큼 깊은 상흔을 남겼다.

미니애폴리스의 시위대는 플로이드의 사망에 항거해 며칠 동안 거리로 나섰다. 2017년 경찰관들더러 시민을 체포할 때 "제발, 너무 잘 대해주지 말라"고 주문하며 거칠게 다루라고 했던 트럼프는 트윗에 이렇게 썼다. "약탈이 시작되면 총격이 시작되지." 백악관 공식 트위터 계정은 대통령의 발언을 재게시했다. 도무지 밑바닥이 어딘지 모르겠다.

열렬한 탐조인인 크리스천 쿠퍼는 센트럴파크의 산책로에서 백인 여성 에이미 쿠퍼를 향해 개에게 목줄을 채워달라고, 법규를 지켜달라고 요청했다. 그가 촬영을 시작하자, 에밀리 쿠퍼는 한층 더 분개했다. 쿠퍼는 휴대폰을 꺼내 아프리카계 미국인 남자에게 위협당하고 있다며 경찰에 신고하겠다고 외쳤다.

그리고 정말 경찰을 불렀다. 에이미 쿠퍼는 자기가 무슨 짓을 하고 있는지 알았다. 이전의 수많은 백인 여성처럼 자신의 백인성과 유약함을 무기로 삼은 것이다. 본인에게는 적용되지 않는다고 착각한 규칙을 따르라고 요청했다는 이유로 흑인에게 사형이 선고될 수 있다는 사실을 알고 있었음에도 그는 점점 더 히스테리를 부렸다. 크리스천 쿠퍼가 참혹한 명단에 이름을 올리지 않은 건 순전히 행운이다.

지난 11, 12년 동안 내가 쓴 문화비평 중 유감스럽게도 높은 비중을 차지하고 있는 글은 무분별하게 목숨을 희생당한 흑인들에 대한 것이다. 마이크 브라운. 트레이번 마틴. 샌드라 블랜드. 필란도 카스틸. 타미르 라이스. 조던 데이비스. 아타티아나 제퍼슨. 찰스턴 교회 총격 사건으로 목숨을 잃은 아홉 명.

이 이름들은 최악의 후렴구이며, 결코 피할 수 없는 무게로 다가온다. 이 이름들은 해시태그이고, 비가悲歌이고, 저항의 함성이다. 여전히 변한 건 아무것도 없다. 또다른 잔혹 행위가 담긴 영상이 공개되고 인종차별은 끝도 없이 도마 위에 오른다. 흑인들은 자신들의 삶의 진실을 열어 보이며, 백인들은 그러한 진실을 지적인 활동처럼 취급한다.

백인들은 합당한 자격을 갖춘 백인 여성을 일컫는 '캐런*'이라는 풍자적인 이름에는 격분해 마지않으면서 정작 자신들의 편견을 되

---

* 유색인을 대상으로 상대적 특권을 무기로 삼는 중산층 백인 중년 여성을 일컫는 이름으로, 영미권에서 대중화된 '밈'으로 쓰인다. 이 표현이 여성혐오적이며 연령 차별적이라는 비판도 있다.

돌아보는 어려운 자기성찰은 행하지 않는다. 마치 범죄 혐의가 씌워지면 배심원 재판 없이도 사형에 처해질 수 있다는 듯, 목숨을 잃은 흑인들이 우리가 모르는 무슨 짓을 저질러 비극적인 운명을 자초한 거라고 함부로 추측한다. 흑인들에게는 존재의 대가로 완벽함을 요구하면서 다른 누구에게도 그런 기준을 들이밀지 않는다.

일부 백인들은 인종차별에 양면이 있다는 듯, 마치 인종차별주의자들이 우리가 설득해야 할 대상인 듯 군다. 자신이 가진 것을 잃을까봐 초조해하며 모두 그냥 잘 좀 지내길 바란다. 왜 흑인들이 폭동을 일으키는지 이해하려 애쓰지만 평생을 분노와 권리 박탈과 불의 속에 살아가는 이들을 위해 뭘 해야 하는지에 대해선 어떤 대안도 제시하지 않는다.

2018년, 아무도 우리를 구하러 오지 않는다고 경고의 글을 썼을 때, 나는 안락한 거짓말이 질린다고 썼다. 지금은 더 지쳐 있다. 수많은 흑인과 마찬가지로 나는 분개하고 진저리가 나지만, 그건 전혀 중요하지 않다.

나는 계속해서 영영 잃어버린 흑인들의 목숨에 대해 비슷한 글을 쓰고 있다. 이 주제는 지긋지긋하다고 스스로에게 말한다. 그러다 몹시 끔찍한 일이 일어나면 뭐라도 말해야겠다 싶어진다. 진정으로 생각을 고쳐먹어야 할 사람들은 꿈쩍도 하지 않는다는 걸 알면서도. 그 사람들은 흑인의 생명을 하등 신경쓰지 않는다. 누구의 목숨도 신경쓰지 않는다. 치료법도 없는 바이러스에 덜 노출되게 하는 마스크조차 쓰지 않는데 뭘 더 바라랴.

결국 의사들은 코로나19 백신을 발견하겠지만, 흑인들은 그 희망이 부질없다는 걸 알면서도 인종차별의 치료법을 계속해서 기다릴 것이다. 우리는 해시태그가 백인우월주의를 퇴치하는 백신이 아니라는 걸 알면서도 계속해서 살아갈 것이다. 우리는 여전히, 아무도 우리를 구하러 오지 않는다는 사실을 알면서도 살아간다. 이 세상 다른 사람들은 '정상'으로 돌아가고 싶어한다. 흑인들에게는 정상이 간절하게 벗어나고 싶은 바로 그 상태인데도.

뉴욕타임스 2020년 5월 30일

이젠 스스로를 구해야 한다

기업들은 마침내 흑인의 생명이 중요하다고 생각하게 되었다. 아니면 적어도 흑인의 생명이 중요하다고 믿는 것처럼 보여야 한다는 점을 인지하고 있다.

마이크로소프트와 피트니스 기업 펠로톤, 그리고 평화 시위*를 했다는 이유로 콜린 캐퍼닉을 내쳤던 미식축구 프로리그까지 본인들이 다양성과 포용을 위해 애쓰고 있으며 흑인 직원들과 연대한다는 메시지를 신중하고도 공들여 제작해 발표했다. 아마존의 인공지능 비서 알렉사에게 흑인의 생명도 중요하냐고 물어보면 이렇게 답할 것이다. "흑인의 생명은 중요합니다. 저는 인종 평등을 믿습니다."

이러한 발표는 흥미롭다. 최근 몇 년 동안 경찰 폭력이 초래한 사건이 수두룩했지만 보통 미국 기업은 전혀 이렇게 대응하지 않았다. 이번엔 무슨 이유인지는 몰라도 경영진이 앨라이라는 선언을 정성스레 보여줌으로써 브랜드가 더 지지를 받을 수 있다고 판단한 듯하다.

몇몇 기업은 상당한 액수의 기부금을 내는 등 다른 제스처를 취하고 있다. 유튜브는 흑인 크리에이터를 위해 1억 달러 규모의 기금을 조성했다. 월마트와 그 재단은 인종평등센터를 설립하는 데 1억 달러를 투자하겠다고 밝혔다. 애플, 코카콜라, 시티은행 등 여러 기업은 평등정의이니셔티브**에 기부했다. 아마존은 경찰 기관에 자사의

---

* 2016년 프리시즌 경기에서 미국 국가가 울려퍼지는 동안 미식축구 선수 콜린 캐퍼닉은 미국의 인종차별에 반대하는 의미로 한쪽 무릎을 꿇고 앉은 채 기립을 거부했다.

** Equal Justice Initiative. 인종차별 및 경제적 불평등에 맞서 싸우고 미국 내 가장 취약한 이들의 인권을 보호하기 위해 만들어진 비영리단체.

레코그니션* 소프트웨어 사용을 1년간 금지했다. 〈캅스Cops〉와 〈라이브 PD Live PD〉 모두 제작사에 의해 방송이 중단됐다. 15년여 만에 ABC방송의 〈배첼러The Bachelor〉에는 드디어 흑인 미혼 남성 맷 제임스가 출연한다.

불가능할 것만 같던 수많은 일이 갑자기 우선순위가 됐다. 줄곧 변화가 가능하다는 걸 알고 있었던 우리에게는 반가우면서도 씁쓸한 순간이다. 그저 세상이 변화를 꺼렸을 뿐이었다는 게.

끔찍한 인종차별 사건이 발생할 때마다 나는 실질적으로 뭐가 달라질지 의구심을 품었다. 사람들은 잠깐 옳은 말을 한다. 인종차별을 통탄한다. 무자비한 경찰이나 백인 자경단의 손에 목숨을 잃은 흑인을 애도한다. 그리고 꼭 필요한 변화에 동참하겠다고 맹세한다. 그런 변화를 만들기 위해 자신이 뭘 할 수 있는지 사뭇 진지하게 묻는다. 그런 다음 일상으로 돌아간다. 경찰 폭력 문제를 해결하려는 대중적 열기는 또다른 흑인이 인종차별에 의해 너무 이른 죽음을 맞을 때까지 잠잠해진다.

이번만은 다르길 바란다. 이번에는 반드시 달라야 한다. 구조적 인종차별에 맞서고 법 집행을 재구상하려는 대중적 지지가 그 어느 때보다도 높다. 최근 로스앤젤레스 경찰청 위원회는 수백 명의 시민이 참여한 원격 회의를 주최했다. 처음에는 한 명당 2분씩 주어지다가 모든 의견을 수렴하겠다는 위원회의 취지에 따라 1분, 그리고 30초

---

* 이미지나 영상 분석을 수월하게 해주는 딥러닝 기반 인공지능 서비스.

씩 돌아가며 발언했다. 몇 시간에 걸친 대장정이었다.

마이크를 잡은 거의 모든 사람이 시위대를 향한 경찰의 폭력적인 대응 방식, 납세자들의 세금으로 지원되는 막대한 예산, 군대식 작전, 그리고 전반적인 무능을 호되게 비판하는 모습에 속이 다 후련했다. 사람들은 정당한 분노를 표현했고, 공무원들에게 더 나은 것을 요구했다. 미셸 무어 경찰청장도 참석한 그 회의 내내 위원들의 표정은 지루함, 무관심, 짜증, 그리고 좌절을 수차례 오갔다. 시민들의 불만을 인지하는 제스처는 일절 없었다. 본인들의 일 처리 방식을 재고해보려는 의지는 보이지 않았다.

조지 플로이드가 살해당하기 전, 누군가 경찰 해체를 원하느냐고 물었다면 나는 개혁이 절실히 필요하지만 해체는 과하다고 답했을 것이다. 내가 상상력이 부족했다. 현재와 같이 법이 필요 없는 세상은 상상해보지 못했다. 부끄럽다. 이제 나는 우리에게 개혁이 필요치 않다는 것을 안다. 훨씬 더 급진적인 게 필요하다. 현 제도는 작동하지 않는다. 현행 제도에 반대하는 시위 도중에도 법 집행관들은 대체로 늘 하던 대로 직접적으로 무력을 사용하고 시위대의 안전에 명백히 무관심한 태도로 일관했다. 그들은 자신들이 정의롭다고 믿는다. 모든 걸 불태우고 잿더미 위에서 새로운 무언가를 쌓아올려야 한다.

이번만은 다르길 바라며, 정말 다를 수 있을 거라는 생각이 드는 순간들이 있다. 기업들이 너도나도 외치는 다양성 선언에 진정성이 있다고 생각하진 않지만, 최소한 그들이 뭔가 바뀌어야 한다고 인지했다는 건 반가운 일이다. 다만 그 기업들의 경영진을 살펴보면 얘기가 달라진다. 이사회를 살펴보라. 직원들의 인구통계학적 구성을 살펴보라. 대부분 실질적인 다양성이 부족하다는 걸 알 수 있다. 흑인 임원은 한 명도 없다. 흑인 직원들의 처우는 비참하다.

몇몇 기업의 성명 발표 이후 직원들은 반발에 나섰다. '유해한' 근무 환경, 폭언하는 동료들, 인종차별적인 창업자들, 제지받지 않는 편견, 임금 불평등 등을 폭로한다. 우리는 인종차별이 악성 질병이라는 걸 안다. 그러나 안쪽이 얼마나 썩어 있는지는 심각하게 과소평가했다는 게 점점 더 분명해지고 있다.

희생양들은 사임서를 냈다. 본인들이 만들고 키운 유해한 업무 환경에 대해 사과했다. 그러나 많은 경우 가해자들은 유해한 패턴을 반복하는 사람들로 대체될 가능성이 높다. 자신의 인종차별적 관념을 진정으로 깨우치지 않고도 계속해서 부귀영화를 누릴 것이다.

지금은 뭔가 다른 것처럼 느껴지지만, 인종차별을 완전히 뿌리 뽑는 방향으로 전진할 방법을 아는 사람이 과연 있을지 모르겠다. 그 어려운 과업을 해야 할 이들에게 변화를 향한 동기가 있는지도 확신이 서지 않는다.

아무도 우리를 구하러 오지 않을 게 분명하지만, 우리는 스스로를 구할 수 있으며 구해낼 것이다. 끊임없이 항의하고, 그 항의를 촉발하는 분노가 전적으로 정당한 것임을 기억함으로써 그렇게 할 것이다. 남부연합군, 노예선 선장, 식민지 지배자, 그리고 흑인들과 토착민들의 고통을 짓밟고 출세한 모든 이의 동상을 철거함으로써 그렇게 할 것이다.

우리는 여론의 시선에서 비켜나 있을 때 기업들과 인사들이 흑인의 생명을 여기는 방식에 책임을 물음으로써 스스로를 구해낼 것이다. 평등을 외치는 성명을 내는 것만으로는 부족하다. 우리 스스로 도전에 뛰어들어야 한다. 이전까지는 불가능해 보였던 생각들을 숙고해야 한다. 위험을 감수하고 스스로를 불편하게 만들어야 한다. 인종차별이 우리 삶에 영향을 미치는 모든 방식에 대해 계속 이야기해야 한다.

우리는 변화의 벼랑 끝에 서 있다. 마침내 여론은 바뀌고 있다. 그러나 대중의 분노에도 불구하고 우리가 맞서야 할 문제를 명백히 드러내는 사건들이 엄연히 벌어진다. 루이빌 경찰들이 브레오나 테일러를 살해한 사건 관련 보고서가 테일러 사망 후 근 3개월이 지나 공개됐을 때 그 보고서는 백지나 다름없었다. 경찰 중 한 명은 해고됐지만, 테일러가 사망한 지 3개월이 넘도록 누구도 범죄 혐의로 기소되지 않았다. 가짜 경찰 보고서는 날카로운 메시지를 던진다. 경찰은 사람을 죽여도 책임을 면할 수 있고, 이에 대해 대중이 할 수 있는 일은 거의 없다는 것.

변화가 정말로 다가오고 있는지 아닌지, 아직 그 모습이 보이지 않는다. 그리고 우리가 직면한 적은 상상할 수 없을 정도로 강력하다. 이 진실을 이해하는 것, 그럼에도 끈질기게 버티는 것만이 우리가 우리 자신을 구하는 방법이다.

뉴욕타임스 2020년 6월 20일

시민의 의무와 책임

산산이 부서졌다, 이제 싸울 준비가 됐다

이변이 없다면 조 바이든 후보가 대통령에 당선될 것으로 보이지만 압승이 되지는 않을 거다. 그래도 괜찮다. 승리는 승리이고 간발의 차로 인한 거라면 오히려 달콤하다. 이번에 민주당이 승리하기만 한다면 축하해야 마땅하다.

그러나 여전히 많은 이들은 실망하고 있고, 그럴 만한 이유도 있다. 공화당이 상원을 계속 장악할 가능성이 높기에 진보적인 법안 제정은 거의 불가능할 것이다. 미치 매코널이나 린지 그레이엄 같은 추악한 정치인들이 재선되기도 했다. 바이든 후보는 역대 어느 대통령 후보보다 더 많은 표를 얻겠지만, 트럼프 대통령이 경쟁 상대였다는 사실 자체가 수치다. 트럼프가 7000만 표 가까이 받았다는 것도 수치다. 직면하길 거부하는 사람이 너무 많지만 바로 이 사실이 이 나라에 대해 많은 걸 말해준다.

이것이 미국이다. 무슨 해괴한 일이 벌어진 게 아니다. 바로 이것이 이 나라이며, 그 유명한 '우리'다. 이 대선의 경과는 당신이 지금껏 주의를 기울여왔거나 인종차별이 얼마나 체계적인지 알고 있다면 놀랍지 않을 것이다. 여론조사는 상당히 많은 요인을 드러내지만, 인종주의가 유권자들에게 얼마나 동기를 부여하는지 묻지 않는 한, 그리고 이 주제에 대해 솔직한 답변을 얻을 방법을 찾아내지 않는 한 결코 이 사태를 설명할 수 없을 것이다.

일부 트럼프 지지자들은 본인들의 정치 성향을 자랑스러워한다. 그들은 트럼프 집회에 참석한다. 트럼프 포스터나 깃발, 그 밖에 기타 용품으로 뒤덮은 차를 몰고 다니기도 한다. 미국이며 자부심이며 민족주의에 대해 당당하게 떠들어댄다. 그들은 마치 비극적으로 오해받는 양 자신의 투표 성향을 '경제적 불안감'의 결과로 포장하려는 아첨꾼들의 대상이다. 그들은 전혀 그렇지 않다. 우리는 그들이 누군지 정확히 안다.

또다른 트럼프 지지자들은 수치심을 느끼는 부류다. 교양 있는 사람처럼 보이고 싶어하는 사람들. 온갖 좋은 파티에 초대받고 싶어하는 사람들. 그들은 여론조사 기관에 거짓말을 한다. 가족과 친구들에게도 마찬가지다. 그리고 투표용지를 작성하는 순간에야 비로소 진실을 말한다. 그것은 그들의 권리다. 우리는 민주주의 국가, 아니면 적어도 그렇다고 말하긴 하는 국가에 살고 있지 않은가.

앞으로 몇 달 동안 열띤 정치 담론을 수두룩하게 듣게 될 게 뻔하다. 전문가들은 2020년 선거가 어떻게 진행됐고 왜 그런 결과가 나왔는지 이해하려고 애쓸 것이다. 너무 많은 백인 진보주의자는 흑인 남성의 20퍼센트를 비롯해 지나치게 광범위한 라틴계 및 아시아계 사람들 상당수가 트럼프를 뽑았다는 초기 출구조사 결과에 집착할 것이다. 이번 대선에서 백인 여성이 얼마나 더 많이 트럼프에게 투표했는지, 어떻게 백인 남성이 여전히 트럼프 지지층의 가장 중요한 인구통계학적 일원인지를 고려하는 대신에 말이다. 그리고 다시 한번 흑인 여성들이 미국을 구했다고 말할 것이다. 물론 그 말은 맞다. 우리에겐 구원받을 자격이 주어지지 않지만.

바이든이 더 큰 표 차로 이기지 못한 이유는 정체성 정치 때문이라고 말하는 사람이 많을 것이다. 그들이 말하는 정체성 정치란 민주당이 소외된 이들의 경험에 초점을 맞추는 것을 뜻하며, 일부는 이를 불쾌하게 여긴다. 그들이 옳을지도 모르지만 그 말의 근거는 틀렸다.

이 나라의 인구구성이 계속 변하는데 백인들이 자기들 제국의 잔재에 방화벽을 쌓으려 애쓰는 것이야말로 가장 심각한 정체성 정치다.

미합중국은 전혀 합쳐져united 있지 않다. 우리는 두 나라에 살고 있다. 한쪽에는 인종차별과 편협함에 기꺼이 맞서 싸우는 사람들이 있다. 여성들에게 신체적 자율권이 있다고, 미국인이라면 모두 투표권과 의료 서비스를 받을 권리, 합당한 생활임금을 받을 권리가 있다고 믿는다. 우리는 미국이 풍요로운 나라이며, 경제적 격차가 존재하는 유일한 이유는 정부가 계속해서 부유층 비례 과세를 거부하고 있기 때문임을 알고 있다.

다른 쪽에는 어떤 대가를 치르더라도 백인우월주의와 가부장제를 옹호하는 데 집착하는 사람들이 있다. 그쪽 시민들은 큐어넌QAnon의 음모론을 믿고 트럼프의 허위 정보를 복음으로 받아들인다. 그들은 미국을 결핍된 나라로, 누구에게나 모든 게 충분할 순 없다고 여기며 각자도생해야 한다고 믿는다.

이들은 백인이라는 특권으로 얻은 성취가 전부 본인들의 능력 덕택이라고 믿기 때문에 공동체에는 관심이 없다. 이들은 공정함을 억압이라고 여긴다. 실제로 이들은 겁에 질려 있는데, 가령 디트로이트에서 최종 개표가 진행되던 도중 한 무리의 사람들이 개표장에 난입해 "개표를 중단하라"고 외쳤을 정도다. 애리조나주에서는 개표장으로 다른 무리가 몰려가 "개표하라"고 외쳤다. 이쪽 미국에 사는 시민들은 오직 자신들의 이익에 부합하는 민주주의만을 믿는다.

우리가 여기서 어디로 나아가야 할지 나는 모른다. 확실히 낙관적이기는 하다. 카멀라 해리스가 최초의 흑인 여성 부통령이 될 거라는 생각에 마음이 들뜬다.* 바이든 후보가 SNS를 통해 나라를 이끌고 법안을 제정하지 않을 거라는 생각에, 그는 유능하고, 혁명을 주도하진 못하더라도 분명 나랏일은 주도할 거라는 생각에 힘이 난다.

한편으로는 걱정되기도 한다. 트럼프의 대법원 재구성이 투표권이며 재생산의 자유며 성소수자 시민권에 어떤 영향을 미칠지 걱정이다. 내 결혼생활이 위험에 처할까봐 걱정이다. 경찰이 계속해서 흑인의 생명이 중요하지 않은 듯 굴며 초법적 살인을 저질러도 처벌받지 않을까봐 걱정이다. 안 그래도 한껏 벌어진 빈곤층과 중산층, 부유층 사이의 격차가 점점 더 커질까봐 걱정된다. 너무 많은 사람이 본인 삶에 지나치게 안주하여 이런 문제에 신경쓰지 않을까봐 걱정이다.

솔직히 말하겠다. 지난 4년 동안은 거의 모든 것에서 내 믿음이 산산조각났다. 이렇게 말하는 것 자체가 우스꽝스럽게 느껴진다. 힐러리 클린턴이 승리할 거라고 너무 확신한 나머지, 끔찍한 인간이 대통령에 당선되더라도 견제와 균형을 통해 그가 일으킬 피해를 최소화할 거라고 믿었던 내가 우습다. 트럼프가 당선된 후 우리는 그와 공화당이 체계적이고도 집요하게 본인들 계획을 실행해나가는 걸 지켜보았다. 그들은 민주주의의 기반을 있는 힘껏 파괴했다. 우리는 멕시코 국경에서 가족이 생이별하는 일부터 경제 붕괴, 이 나라를 계속해서 황폐화하는 팬데믹에 완전히 무관심한 행정부에 이르기까지 끊임없는 공포의 행렬을 지켜보았다. 이 목록에는 끝이 없다. 잔혹

시민의 의무와 책임

---

*　록산 게이는 2024년 8월 5일 코미디센트럴의 〈더 데일리 쇼The Daily Show〉에 출연해 2024년 미국 대선 후보인 카멀라 해리스를 공개적으로 지지했다.

행위는 더 큰 잔혹 행위를 낳을 뿐이다.

동시에 지난 4년은 내게 힘을 불어넣어주었다. 저들은 나를 안일한 중도좌파에서 더욱 급진적인 쪽으로 옮겨주었다. 나는 점점 더 커뮤니티 활동에 열심히 참여하고 있다. 내 사회정치적 입장이 진정 진보적인 가치를 향해 변화해가고 있음을 실감한다. 나는 예전의 내가 아니며, 비록 이 지점에 이르게 만든 상황이 진저리나게 싫지만 그 변화만은 감사하게 생각한다.

2020년 대선 기간 내내 많은 사람이 도널드 트럼프가 아닌 다른 인물이 대통령이 되기를 바랐던 이유는 말 그대로 누구든 트럼프보다는 나을 수밖에 없기 때문이다. 그가 세운 기준은 땅 밑으로 한참 꺼진 지점에 있었다. 민주당의 후보군이 좁혀지던 때, 누가 나라를 위해 가장 잘 봉사할 것인가를 고민할 시간이 있었는데, 우선으로 고려되는 후보가 있다고는 해도 트럼프를 행정부에서 퇴출하는 일이 과업의 시작에 불과하다는 사실만은 분명했다. 지금은 그런 시절이다. 조 바이든이 미국의 제46대 대통령으로 취임하면 이 나라의 상황은 개선되겠지만, 트럼프 행정부 때처럼 우리가 진보를 향해 전념하지 않는 한 많은 것이 그대로일 테다.

이것이 미국이다. 극심하게 분열되어 있으며 절망적인 결함이 있는 나라. 이 나라의 미래는 불확실하지만 희망이 전혀 없지는 않다. 나는 미래가 어떠하든 그 미래를 위해 싸울 준비가 되어 있다. 당신은 어떤가?

뉴욕타임스 2020년 11월 5일

흑인의 생명은 당연히 중요하다

지금은 침묵을 거부해야 할 순간이다.
한탄만으로는 결코 충분하지 않다.

이제 용서는 신물이 난다

나는 그 이름을 말하기도 알기도 끔찍이 싫은 인종주의자 테러리스트 딜런 루프*를 용서하지 **않는다**. 지난주 사우스캐롤라이나주 찰스턴에서 일어난 일과 나 사이에 내 인간성과 흑인이라는 속성 외에는 직접적인 연결고리가 없으나, 나는 결코 그의 범죄를 용서하지 않을 것이며, 그 선택에 추호도 거리낌이 없다.

내가 이 남자를 용서하지 않는다고 해서 그에게 어떤 권력이 부여되진 않는다. 그는 경멸할 가치도 없는 인간이므로 내 마음에 혐오가 가득하지도 않다. 나는 사형 제도를 반대하기에 그가 죽는 것을 보고 싶지도 않다. 다만 용서하지 않는다는 건 그만큼 끔찍한 행위들이 있다는 사실을 나 자신에게 상기시켜준다. 우리는 그러한 만행이 용서의 범위를 넘어선다고 여겨야 한다.

신앙생활은 삐걱거리지만 나는 모태 가톨릭이다. 하느님이 사랑의 하느님이라고 믿지만 어째서 그 사랑이 우리 자신을 구원할 만큼 강력하지 않은지는 이해할 수 없다. 어린 시절, 나는 용서엔 고백과 참회를 통한 화해가 필요하다고 배웠다. 우리 자신의 죄를 인정해야 한다고. 그리고 속죄해야 한다고. 매주 고해성사를 하러 갈 때면 나는 신부님께 어린아이다운 죄를 고백했다. 남동생들과 싸우거나 욕을 했다는, 네브래스카주의 잘 보호받는 소녀가 저지를 법한 소소한 잘못들 말이다. 고백할 죄가 없을 때는 꾸며냈는데 그 또한 죄였다. 고해성사 후에는 신도석에서 무릎을 꿇고 참회했고, 내 잘못을 돌아

흑인의 생명은 당연히 중요하다

---

* 2015년 6월 사우스캐롤라이나주 찰스턴의 한 교회에서 일어난 총기 난사 사건의 범인.

보며 더 나아지려고 노력했다. 자주 성공했는지는 확신이 없다.

공상하길 좋아했던 나는 주일 미사 시간 대부분을 상상 속에 빠져 보냈다. 기억에 남는 유일한 기도문은 "우리 아버지", 그리고 "저희에게 잘못한 이를 저희도 용서하였듯이 저희 잘못을 용서하시고"라는 구절이다. 언제나 그 구절이 마음에 걸렸다. 우리가 저지르기 쉬운 죄를 범하는 이들을 용서할 수 있다는 건 물론 좋은 생각이지만, 분명히 선을 그을 필요도 있다. 우리 대부분이 저지르지 않을 죄도 있지 않은가. 그럴 땐 어쩌면 좋은가?

용서는 내게 쉽지 않은 일이다. 그러나 용서하길 실패해도 나는 괜찮다. 전혀 후회하지 않는 자들, 화해할 의사를 추호도 내보이지 않는 자들은 특히나 용서하고 싶지 않다. 이번 테러리스트 공격의 경우 어느 누구에게도 용서할 시간이 충분하지 않았다고 생각한다. 사망자들의 시신이 아직 땅에 묻히는 중이다. 우리는 아직 그들의 이름을 외우는 중이다. 신시아 허드, 수지 잭슨, 에설 랜스, 드페인 미들턴 닥터, 클레멘타 C. 핑크니, 티완자 샌더스, 대니얼 L. 시먼스 경, 셔론다 콜먼싱글턴, 미라 톰슨.

아직 그들의 이름을 다 외우지도 못했는데 그 이름을 가진 이들을 사랑한 유가족은 딜런 루프를 용서했다. 그들은 그토록 잔혹하게 가족을 잃은 충격에서 48시간도 채 지나지 않은 시점에 법정에서 증언했다. 할아버지를 잃은 얼래나 시먼스는 이렇게 말했다. "할아버지와 다른 희생자들은 혐오자의 손에 돌아가셨지만, 당신의 영혼에 모두가 자비를 빈다는 건 그분들이 사랑으로 살았다는 증거예요. 그분들이 남긴 것 역시 사랑 안에 살아갈 거예요." 어머니를 잃은 네이딘 콜리어는 이렇게 말했다. "당신은 내게서 아주 소중한 존재를 빼앗아갔습니다. 이제 다시는 어머니와 얘기할 수 없고, 이제 다시는 어머니를 안을 수 없습니다. 하지만 나는 당신을 용서합니다. 그리고 당신의 영혼에 자비를 내립니다."

이 테러리스트를, 살인에 이른 인종차별을 용서할 수 있는 희생자 아홉 명의 가족들에게 깊은 존경심을 표한다. 나로서는 어떻게 그런 압박 속에서도 그토록 유려하게, 그토록 품위 있게 자비를 보일 수 있는지 감히 상상할 수도 없다.

아홉 명이 죽었다. 흑인 아홉 명이 사망했다. 테러 공격으로 살해당했다.

주말 사이 전국의 신문사들은 희생자 아홉 명의 유가족들이 용서를 건네는 내용으로 헤드라인을 장식했다. 주류 매체의 서사는 용서라는 개념을 적극 수용했는데, 마치 용서를 하면 이해할 수 없는 무언가를 이해할 수 있다고 믿는 듯했다.

우리는 백인성의 권력을 상기하게 된다. 예측대로, 용서라는 서사와 더불어 언론은 이 테러리스트를 인간적으로 만들려고 애썼다. 이토록 악랄한 행위에는 분명 이유가 있을 거라며 딜런 루프의 증오를 이해하려 애썼다. 총기 난사범의 보석심리에서는 한때 법정에서 N-워드*를 사용해 비난받은 적 있는 판사가 아홉 명의 사망자와 유가족뿐만 아니라 테러리스트의 친인척 역시 희생자라고 말했다. 자비

---

* 흑인 비하 표현인 Nigger를 정중하게 언급할 때 사용하는 단어.

를 구하는 데서 백인성이 지닌 권력은 무한하다.

흑인들이 고통받을 때, 용서하라는 말은 괴로우리만치 익숙한 후렴구다. 백인들은 세상이 실제보다 더 공정한 곳이라고, 인종차별은 지울 수 없는 현재의 일부가 아니라 고통스러운 과거의 흔적일 뿐이라고 주장하기 위해 이 용서의 서사를 열렬히 껴안는다.

우리 흑인들은 생존하기 위해 용서해야 한다. 인종차별이, 혹은 인종차별 앞에서 백인들의 침묵이 계속되는 한 우리는 몇 번이고 계속해서 용서해야 한다. 우리는 노예제를, 분리정책을, 짐크로법을, 린치를, 모든 영역에서의 불평등을, 무차별 수감을, 유권 자격 박탈을, 대중문화 속 불충분한 재현을, 미세공격 등을 용서해야 했다. 우리는 용서하고 용서하고 또 용서하지만, 우리에게 잘못을 저지르는 자들은 계속해서 우리에게 잘못을 저지른다.

루프의 인종차별은 무디면서도 거칠게 형성되었다. 그 반대를 증명하는 사례가 차고 넘치기에 끊임없이 "흑인들의 생명은 소중하다!"라고 외쳐야 하는 문화 속에서 배양된 생각이다. 이 테러리스트는 바로 이러한 문화에서 자라났다. 그는 친구들과 인종차별적인 농담을 주고받았다. 룸메이트와 계획을 공유했다. 이 현실을 진득하게 붙들고 앉아 이에 연루된 자들을 전부 헤아리는 것보다 용서를 말하는 게 훨씬 더 쉽다.

트라우마에 고통받는 커뮤니티의 용서를 구할 때 백인들이 진정으로 원하는 건 면죄부다. 용서로는 미국의 인종차별 죄가 결코 화해에 이를 수 없음에도 그들은 우리 모두를 감염시키는 인종차별에 대해 용서받고 싶어한다. 크고 작은 온갖 인종차별을 마주하고도 침묵한 데 대해 용서받고 싶어한다. 그토록 유구한 거짓 트라우마로부터 치유될 수 있다고 믿고 싶어한다. 인종차별이 우리 사회에 남긴 상처를 있는 그대로 마주하는 게 너무도 큰 고통일 테니 말이다. 나는 이제 용서는 신물이 난다.

뉴욕타임스 2015년 6월 23일

흑인의 생명은 당연히 중요하다

우리의 취약한 몸에 관하여

살해된 흑인들에 대해 글을 쓰는 건 넌더리가 난다. 특히나 살인자가 흑인들을 위해 일하고 그들을 보호해야 할 의무가 있는 경찰관인 경우 더더욱 지친다. 진이 다 빠진다. 나는 이러한 특유의 피로를 공포스러울 만큼 자주 느낀다. 내가 느끼는 이러한 피로감도 특권이라는 것 역시 너무 잘 알고 있다.

오늘날 우리 문화가 자행하는 가장 큰 거짓말 중 하나는 순찰차 블랙박스와 경찰 보디캠이 정의의 도구라는 주장이다. 영상 증거는 출처가 무엇이든 불의를 기록할 수 있지만, 그 명백한 증거조차 흑인을 안전하게 지켜주거나 미래의 부당함을 예방하는 경우는 드물다.

스물여덟 살 샌드라 블랜드는 이달 초 텍사스주 월러 카운티에서 주 경찰관 브라이언 T. 엔시니아의 지시로 차를 세웠다. 일상적인 교통 검문을 위해서였다. 검문당할 이유가 없었으나, 블랜드는 운전하는 흑인이었고, 흑인 여성과 남성은 피부색이라는 위반 사항 때문에 매일같이 검문을 받는 게 현실이므로.

이제 우리는 블랜드에 대해 많은 걸 안다. 프레리 뷰 A&M대학에서 새 직장을 구해 인생의 전성기를 맞이한 참이었다는 것, 올해 초 페이스북에 우울증을 겪고 있다는 글을 올렸었다는 것도. 또한 시민권 이슈와 지지 운동에 열정적이었다는 사실도. 부검 보고서에 따르면 블랜드는 구금된 지 사흘 만에 스스로 목숨을 끊었다. 내가 유독 가슴 아픈 건 블랜드의 보석금이 5,000달러였다는 점이다. 물론 큰 돈이지만, 대중이 알았더라면 가족을 도와서 기금을 모아 그를 석방할 수 있었을지도 모른다.

흑인 여성으로서 나는 이 비극을 뼛속 깊이 느낀다. 어떤 정체성을 지녔든 간에 우리 모두 그래야 한다.

최근, 출근하던 남동생과 통화하던 중이었다. 남동생은 상장기업의 최고경영자다. 출근 복장으로 BMW를 몰고 있었고, 핸즈프리 시스템을 사용중이었다. 이런 세세한 것들은 중요하지 않아야 마땅하나, 목숨을 잃은 흑인을 끊임없이 애도하고 그들을 해시태그로 추모해야 하는 세상에서는 중요하다. 바로 이 세상에서, 그 반대의 증거로 질식해가는 와중에도 정치인들이며 흑인의 생명을 하찮게 여기는 이들을 향해 흑인의 생명도 소중하다고 계속해서 상기시켜야 한다.

얘기 도중 남동생은 캘리포니아주 펠리칸베이 주립교도소에서 탈옥한 사람과 비슷하게 생겼다는 경찰관의 지시로 차를 세웠다. 말도 안 되는 소리였다. 바로 다시 전화하겠다고 동생이 말했다. 기다리는 몇 분 동안 가슴이 조여왔다. 걱정이 됐다. 휴대폰에서 눈을 떼지 못했다. 동생이 다시 전화한 건 7, 8분이 지나서였다. 동생은 농담했다. "내 차례인가 싶었다니까. 올 게 왔구나 싶더라." 동생은 아무렇지 않게 하루를 보내러 갔다. 감히 운전을 하려는 흑인에게는 일상적으로 일어나는 일이니까.

차에 탈 때마다 나는 운전면허증, 차 등록증, 보험 카드를 챙겼는지, 안전벨트를 맸는지 확인한다. 휴대폰은 거치대에 얌전히 둔다. 내 차를 멈춰 세울 때(혹시나 말고 실제로 그럴 때), 내가 법을 지키고 있는지 의심을 살 여지가 없도록 이것들을 한 번, 두 번, 세 번 확인한다. 법을 지키고 있는지의 여부는 중요하지 않다는 걸 알면서도 그렇게 한다. 법 집행관들은 오직 내 피부색만 보고, 그 피부색 안에서 범죄, 일탈, 인간성 결여를 포착한다. 스스로를 보호하기 위해 내가 할 수 있는 건 아무것도 없지만, 그럼에도 안전하다는 착각에 위안을 얻는다.

몸집도, 키도 큰 여성으로서 나는 이따금 남자로 오해받기도 한다. 나는 흑인 남성이라는 이유로 '우발적인' 살해를 당하고 싶지 않다. 그런 생각이 드는 것조차 싫다. 이것이 흑인의 몸으로 살아가는 현실이다. 이것이 제멋대로인 흑인의 몸을 지녔다는 이유로 여성성과 인간성을 박탈당하는 세상에서 살아가는 흑인 여성의 현실이다.

긴급 상황에서의 행동 지침이 있다. 여성과 어린이 먼저, 가장 취약한 이들을 가장 먼저 구해야 한다는 것. 실제 현실에서 이 행동 지침의 의미는 '백인 여성과 백인 어린이 먼저'다. 흑인 여성과 흑인 어린이는 취약성이라는 사치를 누릴 여력이 없다. 우리는 이 사실을 몇 번이고 재확인해왔다. 우리는 텍사스주 매키니에서 어린 흑인 소녀를 메다꽂듯 쓰러뜨린 경찰관 데이비드 케이스볼트를 기억한다. 우리는 스러져간 이들의 이름을 부른다. 타미르 라이스. 레니샤 맥브라이드. 너태샤 맥케나. 타니샤 앤더슨. 레키아 보이드. 목이 타도록 불러도 명단에 추가할 이름들은 아직도 숱하다.

불행한 결말을 낳은 이 교통 검문 대부분이 카메라에 찍혔다. 영상에서 엔시니아 경찰관은 블랜드더러 왜 짜증을 내느냐 묻고 그는 답했다. 질문에 답했을 뿐이다. 블랜드의 목소리는 안정적이고 자신감이 있었다. 엔시니아는 블랜드의 어조를 못마땅해했다. 마치 검문에 기뻐하기라도 해야 한다는 듯. 그는 블랜드에게 담배를 버리라고 했고 그는 거부했다. 상황은 악화됐다. 엔시니아는 테이저건을 쏘겠다고 협박했다. 블랜드는 어쩔 수 없이 차에서 내려야 했다. 그는 계속 항의했다. 수갑이 채워졌다. 끔찍한 대우를 받았다. 인간 이하의 취급을 당했다. 자신이 받은 처우에 항의했다. 자신의 권리를 알고 또 말했으나 그건 중요하지 않았다. 흑인인 블랜드의 삶과 흑인인 블랜드의 몸은 중요하지 않았다.

샌드라 블랜드가 운전하는 흑인이었다는 이유로, 경찰관이 바라는 대로 복종하지 않았다는 이유로, 일상적인 교통 검문은 사형선고가 되었다. 아무리 블랜드가 스스로 목숨을 끊었다고 해도, 그의 목에 상흔을 남긴 불의의 구조가 버젓이 존재한다.

타네히시 코츠는 절절한 새 회고록 『세상과 나 사이Between the World and Me』(2015)에서 이렇게 쓴다. "미국에는 흑인 신체를 말살하는 전통이 있다. 이는 대대로 이어져내려오는 문화유산이다." 나는 이 대담한 주장에서 한 걸음 더 나아가고 싶다. 흑인 영혼을 말살하는 것 역시 전통이다. 나는 우리 영혼이 파괴될 수 있다고 믿고 싶지 않다. 그럼에도 미국에서 흑인 여성으로 살면서 나날이, 점점 더 살아 있는 것 같지가 않다. 아직 죽지 않은 것만 같다.

뉴욕타임스 2015년 7월 24일

흑인의 생명은 당연히 중요하다

죽은 사자를 위한 눈물

다른 많은 사람과 마찬가지로 나는 짐바브웨에서 열세 살 사자 세실을 사냥해 죽인 미네소타주 출신 치과의사 소식에 충격을 받았다. 잔인하고도 몰상식한 짓이었다.

소식이 빠르게 퍼져나간 건 한 동물을 안전한 곳에서 꾀어내 도살할 수 있다는 오만한 특권, 그리고 인류의 부도덕성에 맞서 싸우지 않고도 분노를 투사할 수 있다는 점이 뒤얽힌 기묘한 연금술 때문이었다. 동물은 원죄로 더럽혀진 존재가 아니지 않은가.

트위터에 나는 이런 농담을 썼다. "이제 외출할 때 사자 의상을 입어야겠다. 그럼 총에 맞았을 때 사람들이 관심을 가지겠지."

칼럼니스트 에르마 봄벡은 언젠가 이렇게 쓴 적 있다. "웃음과 고통, 코미디와 비극, 유머와 상처는 종이 한 장 차이다."

경찰 구금 중 사망이나 경찰에 의한 살해가 발생할 때마다, 희생자가 어쨌기에 이런 짓을 당했나 궁금해하는 사람들이 늘 있다.

그 남자는 그 길을 걸어다니지 않았어야 해.

그 여자는 그 경찰에게 더 상냥하게 굴었어야 해.

공원에서 장난감 총을 가지고 놀지 말았어야 해.

사자에게는 그런 질문을 하지 않는다. 세실이 왜 사바나를 배회하고 있었는지 추측해보지 않는다.

지난 수요일, 신시내티에서 새뮤얼 듀보즈 사건에 대한 대배심 판결을 발표하는 기자회견이 있었다. 새뮤얼 듀보즈는 2015년 7월 19일, 신시내티대학교 경찰관 레이 텐싱이 쏜 총에 머리를 맞은 비무장 남성이었다. 기자회견이 열리기 전, 학교는 폭동이라는 인류의 부도덕한 행위가 일어날 것을 예상해 하루 휴교령을 내렸다.

조지프 T. 디터스 검사는 기자회견 내내 화난 티를 단단히 냈다. "몰상식하고 터무니없는 총격 사건이었습니다." 그는 이렇게 말했다.

그런 다음 영상이 나왔다. 일상적인 교통 검문 상황에서 대화를 나눈 지 2분도 채 되지 않아 텐싱 경관은 듀보즈에게 총을 겨누더니 머리에 쏜다. 듀보즈는 치명상을 입고, 운전자의 제어를 벗어난 차가 굴러가기 시작하자 텐싱 경관은 넘어진다. 경관이 다시 일어나 알아들을 수 없는 소리를 지르며 무턱대고 차를 쫓아가기 시작한다.

황당무계한 장면이다. 텐싱 경관이 이미 충돌 사고로 망가진 차를 따라잡았을 때쯤 다른 경관이 도착한다. 텐싱 경관은 듀보즈가 달아나기 시작해 총을 쐈다고 말한다. 명백한 영상 증거가 남아 있음에도 말이다. 현장에 있던 다른 경관은 일어나지도 않은 그 일을 목격했다고 보고서에 쓴다.

대체 현실에 온 것을 환영한다.

나는 그 영상을 보고 싶지 않았지만 보았다. 격한 충동을 느꼈다. 대체 무엇이 이런 파렴치한 살인을 일으켰는지 봐야 했다. 모든 게 오해나 사고이길 간절히 바랐다. 그런 어리석은 희망이 어디서 솟았는지 모르겠다.

인종과 젠더에 대한 글을 쓸 때면 종종 사람들은 사과를 건넨다.

동료 백인들을 대신해 사과드린다고 그들은 말한다.

동료 남성들을 대신해 사과드린다고도 말한다.

그들이 하고 싶은 말은 "우리가 다 그런 건 아닙니다"라는 걸, 혹은 "세상이 좀더 나은 곳이 됐으면 합니다"라는 걸 잘 알겠다.

때론 미안하다고 말하는 게 최소한 뭐라도 말하는 행위이긴 하다.

밝혀내야 할 불의를 인정하는 행위다.

그러나 이러한 사과는 사과받는 사람에게 심적인 부담을 안기기도 한다. 소외된 이들더러 당신의 감정까지 헤아려달라고 요청하는 셈이다. 당신이 세상을 있는 그대로 마주할 수 있도록 도와달라고 감정노동을 요구하는 셈이다.

부당한 일에 대해 이야기할 때면 항상 돌아오는 질문이 있다. 우린 뭘 해야 할까요? 어떻게 앞으로 나아가야 할까요? 어떻게 변화를 만들 수 있을까요?

내겐 그에 대한 답이 없다. 어느 누구에게도 답이 있진 않을 거라 생각하지만, 당신이 바라는 대로 책임에서 면해줄 수 없는 이들을 향해 사과하는 것보다는 더 많은 걸 이뤄낼 수 있는 실천이 분명 있다.

"흑인의 생명도 소중하다"는 말을 들었을 때, 한 선언이 다른 것을 부정하는 것인 양 "모든 목숨은 소중하다"는 말을 반사적으로 내뱉지 마라. 대신 유색인이 왜 자신들의 삶도 가치 있음을 세상에 상기시킬 수밖에 없는지 이해해보려고 노력하라.

타인들이 자신들의 현실을 고백할 때, 그들의 현실이 당신과 다르다고, 또는 그들의 현실이 당신을 불편하게 하고 당신이 무시하고 싶은 것을 보도록 압박한다고 그들을 즉각 외면하지 마라.

마치 연민이 유한한 자원이라도 되는 양 인간의 고통을 줄 세우지 마라. 누군가 "나는 이런 식으로 소외되고 있다"고 말한다고 당신이 그 고통과 갈망에 대해 아무것도 모른다는 걸 전제한다고 지레짐작하지 마라.

법 집행기관이나 광신적인 인종차별주의자들, 여타 폭력을 행사하는 자들의 손에 사망한 흑인들의 끝도 없는 목록은 단순한 기삿거리나 '정체성 정치'의 문제가 아니라는 사실을 알라. 이것은 바로 우리가 살고 있는 이 세상이다. 트라우마를 남기는 그 흐릿한 영상들, 흑인의 생명이 얼마나 중요치 않은 것으로 치부되는지를 보여주는 그 극명한 이미지들은 우리에게 극심한 타격을 입힌다. 영원히 사라지지 않을 것 같은 기진함을 안긴다.

인종을 비롯해 여러 차이에 대해 이야기하는 게 불가능하게 느껴진다. 그러나 우리가 어려운 대화를 나누지 않는다면, 이 나라의 인종차별적인 과거와 인종차별적인 현재 모두 결코 화해시킬 수 없을 것이다.

나는 요즘 사람들이 언제, 어떻게 공개적으로 공감을 표현하는지 생각한다. 사자 세실은 위엄 있는 동물이었으며 수많은 사람이 세실의 죽음, 인간의 잔인함, 그 몰상식함에 애도를 표한다. 어떤 이들은 가장 최근 일어난 샌드라 블랜드와 새뮤얼 듀보즈의 죽음도 애도하지만, 두 애도에 동등한 감정이 담겨 있지는 않은 듯하다. 이번주 한 심야방송 진행자는 카메라 앞에서 목숨 잃은 사람들을 향해 눈물을 보이지 않았다. 물론 그럴 필요는 없다. 다만 그는 사자를 위해선 울었다. 생각해볼 만한 지점이다. 인간도 위엄 있는 존재다. 우리 모두가 그 존엄성을 바라볼 수 있기를.

흑인의 생명은 당연히 중요하다

뉴욕타임스 2015년 7월 31일

흑인 아이들이 직면한 위험

흑인 아이는 아이여선 안 된다. 집에서도, 수영장 파티에서도, 운전하거나 차에 앉아 음악을 들을 때도, 길을 걸을 때도, 학교에서도 이들은 안전해선 안 된다. 흑인 아이들에게, 흑인들에게 존재한다는 것은 위험에 처하는 것과 동의어다. 우리 몸에는 존엄함도, 피난처도 있을 수 없다.

우리는 이 진실을 결코 잊을 수 없다. 우리는 이 진실을 결코 잊어선 안 된다.

지난 월요일, 사우스캐롤라이나주 컬럼비아에서 스프링밸리고등학교에 파견된 보안관보인 벤 필즈는 반항하는 학생이 있다며 와달라는 요청을 받고 교실로 갔다. 흑인 소녀였다. 그 학생은 교사에게 휴대폰을 내지 않았고, 이후 이어진 불합리한 일에 비하면 이는 지극히 미미한 위반이었다. 사건을 담은 영상은 최소 세 개다. 필즈가 다가갈 때 소녀는 가만히 앉아 있다. 그는 소녀를 자리에서 홱 끌어내 교실 저편으로 내던진다.

이 영상 속 잔인함은 참을 수 없는 폭력성을 드러내며 다시금, 미국에서 흑인 생명의 가치를, 그리고 특히나 흑인 아이들이 직면한 위험을 상기시킨다.

학교는 단순히 교육의 장이 아니라 통제의 장이기도 하다. 사실, 학교는 교육의 장이기 전에 이미 통제의 장이다. 또한 유색인 학생, 노동계급 학생, 어떤 이유에서든 주변화된 이들과 같은 특정 집단에게는 학교 시스템이라는 통제의 장이 심각하게 구속적이고, 숨막히고, 몹시 위험할 수 있다.

최근 연구의 통계에 따르면 사우스캐롤라이나주에서 흑인 학생은 전체 인구의 36퍼센트를 차지하는데 정학 비율은 60퍼센트인 것으로 나타났다. 교칙조차 불균등하게 적용된다는 건 좋게 표현해 실망스러운 일이며, 스프링밸리고등학교에서 일어난 일은 불균등의 개념을 훨씬 넘어선다.

이 추잡한 일이 벌어진 뒤 많은 사람이 격한 반응을 보였다. 충격과 분노 같은 감정을 드러내며 필즈의 행동을 거세게 비난했다. 그와 함께 저 어린 소녀가 어떤 행동을 했기에 저런 폭력을 당한 건지, 그 아이에게 책임을 물어야 한다는 이들도 있었다. 아, 불의의 정도를 인정하고 싶지 않을 때, 또는 잘만 처신하면 오랫동안 거부당했던 인정을 받을 수 있다고 가장하고 싶을 때 우리가 매몰되는 이 책임이라는 이상이란.

레온 로트 보안관은 보안관보의 일부 행위를 변호하며 어린 소녀도 책임질 것을 촉구했다. 또한 보안관은 보안관보의 연애 상대가 흑인 여성이라고도 언급했는데, 그런 친밀한 연결고리가 있으니 필즈가 인종차별이나 범법 행위에 대해 면죄부를 받을 수 있을 거라고 믿는 듯했다. 그러나 벤 필즈는 해고되었고 법무부는 조사에 착수했다. 결국은 정의가 실현될 거라는 미약한 희망을 품어본다.

다만 일이 벌어진 후에는 어떤 형태의 정의도 트라우마를 지워주거나 죽은 사람들을 다시 살아나게 하지 못한다는 건 필연적인 사실이다. 에릭 가너, 월터 스콧, 새뮤얼 듀보즈, 크리스천 테일러의 선례가 있으며 이 목록은 끝을 모른다. 흑인이 범죄를 저지르거나 뭔가를 위반했다고 여겨지면 가혹한 처벌을 받는다. 적법한 절차를 밟지 않은 신체적 폭력, 징역형, 그리고 죽음까지도.

상식을 넘어설 뿐 아니라 문제의 핵심도 비켜난 수많은 질문이 언제나 존재한다. 영상 촬영 직전 그 학생은 뭘 하고 있었는가? CNN 앵커 돈 레몬은 방송에서 그 질문을 던졌다. 왜 소녀는 백인 권위를 따르지 않았는가? 왜 고분고분하게 굴지 않고 규칙을 어겼는가? 이 질문은 〈더 뷰The View〉의 공동 진행자인 레이븐시몬이 생방송 도중 던진 질문이다.

이러한 상황에 놓일 때 흑인들은 수없이 같은 질문을 받는다. 왜 너희의 분수를 모르는가? 미국에서 흑인으로 산다는 건 유죄 추정의 상태로 존재한다는 것, 무죄를 증명해야 한다는 집요한 요구에 시달린다는 것이다. 우리가 따라야 할 규칙 상당수가 명백히 우리를 예속시키고, 우리에게 득이 되는 방향과 정반대로 작동하도록 설계된 이 현실을 깡그리 무시하는 사람들은 우리에게 믿을 수 없는 질문을 퍼붓는다. 규칙을 따른다고 해서 우리 존재가 받아들여지고, 평등과 정의가 구현되는 일 따위가 있을 수 없는 현실을 우리는 애써 무시한다. 존중의 정치는 망상이다.

그 소녀가 누구인지, 그리고 그를 대변하는 변호사의 말마따나 위탁 보호를 받고 있다는 사실에 관심을 갖는 사람은 거의 없었다. 보안관보가 조용히, 아니 반항적으로 앉아 있는 소녀를 보았을 때, 그 아이는 인간일 수 없었다. 복잡한 사연 따위는 가질 수 없었다. 오직 절대적인 복종만을 강요받았다. 어떤 수단을 동원해서라도 징계되어야 하는 흑인의 몸을 지녔기에 반항의 이유를 설명할 기회조차 주어지지 않았다.

권력의 집행 방식에 깊은 관심을 가졌던 철학자 미셸 푸코는 죄수들이 언제, 어디서 감시를 받는지 모르게 감시하는 감옥을 설계한 제러미 벤담에게서 영감을 받아 파놉티콘에 대해 썼다. 이러한 구조 안에서 죄수들이 언제 감시의 시선이 자신을 향할지 전혀 모르는 채로 규율이 집행된다. 권력의 위계를, 그리고 그 권력을 지키려는 모든 조직에서 파놉티콘이 어떻게 작동하는지 우리는 똑똑히 본다.

기술은 온 세상을 파놉티콘으로 만들었다. 감시하는 자와 감시당하는 자의 범위가 훨씬 넓어졌다. 우리는 매일같이 흑인의 몸을 향한 새로운 불의를 알게 되고, 많은 경우 사진과 영상 증거를 볼 수 있다. 노골적인 잔혹성이 훤히 드러난 명백한 증거가 있지만 슬프게도, 그리고 예상대로, 이 증거는 한 번도 충분했던 적이 없다. 언젠가 이 증거들, 이 숨막히고 역겨운 이미지들은 우리를 무감각하게 만들거나, 돌이킬 수 없을 정도로 가슴을 찢어놓을 것이다. 흑인의 몸은 안전하지 않다는 가혹한 사실을 우리는 숨 돌릴 틈도 없이 상기하게 된다. 우리가 아끼는 이들, 그 흑인들의 몸은 안전하지 않다.

우리는 감시자이자 감시 대상이며, 최고의 순간이든 가장 끔찍한 순간이든 언제 디지털 파일로 저장돼 널리 퍼질지, 스스로 감추도록 허락되지 않은 취약성이 언제 노출될지 모른다는 부담에 시달린다.

감시가 이토록 만연한 세상에서, 나는 흑인의 몸, 이 흑인들이 좀더 안전할 거라고 여기고 싶다. 경찰관이나 갖은 인종차별주의자들이 흑인 몸에 온당치 않은 짓을 하기 전에 숙고할 거라고 생각하고 싶다. 그런 자들이 감시의 위협에 눈 하나 깜짝 안 하고 아무렇지 않게 행동한다는 건 끔찍하고도 절망적인 현실이다. 눈에 띌 수 있음을 알면서도 그들은 인종차별, 그 지배의식에 당당하다. 구역질나는 진실을 그들은 알고 있는 것이다. 어떤 불의, 어떤 이들을 향해 가해지는 불의는 뻔히 목격되고도 그 결과는 치르지 않는다는 진실을.

뉴욕타임스 2015년 10월 29일

흑인의 죽음이 일상이 된 사회

지난 몇 년 동안 우리는 흑인의 생명을 '보호하고 (그들에게) 봉사하는*' 게 뭔지 보여주는 날것의 영상을 여럿 목격했다. 타미르 라이스, 에릭 가너, 카지에메 파월 등등. 휴대폰 카메라로 경찰이 흑인을 상대로 저지른 부당 행위를 수도 없이 되풀이해서 보게 될 줄은 누구도 상상 못했을 것이다. 경찰이 폭력을 행사하는 장면을 담은 영상이 정의 구현으로 이어지지 않을 거라고, 그리고 너무 많은 것을 보고 그에 무감각해지는 게 이렇게 쉬운 일일 줄은 상상 못했을 것이다. 이제 우리는 그 지점에 와 있다.

목록에 새로 추가된 이름이 있다. 올턴 B. 스털링, 서른일곱 살, 루이지애나주 배턴루지에서 경찰들에게 살해됨. 이 목록에 새로운 이름이 계속 추가된다는 건 비통한 현실이다. 흑인의 생명은 중요하다, 그리고 순식간에 중요하지 않게 된다.

화요일 이른 아침 스털링은 편의점 앞에서 시디를 팔고 있었다. 신고를 받고 출동했다는 경찰 두 명에게 테이저건을 맞고 쓰러졌다. 가슴과 등에 여러 발 맞았다. 그는 사망했고, 시신은 외견상 그리고 느낌상 마치 처형당한 것 같다.

아버지가 처형당했다는 사실을, 아버지가 처형당하는 이미지가 미국인들의 기억 속에 영원히 남았다는 사실을, 아버지의 처형이 정의를 가져다주지 못할 수도 있다는 사실을 평생 안고 살아갈 가족과 자녀들을 남겨두고 스털링은 떠났다. 정의는 사실 언제나 유약하게

---

* 북아메리카에서 일반적으로 쓰이는 경찰의 핵심 구호.

느껴진다. 경찰들이 착용하고 있던 보디캠은 "대롱대롱 매달려 있었다"고 경찰청 대변인 로진 맥닐리는 말했으며, 그래서 스털링을 죽음에 이르게 한 사건이 얼마나 기록되어 있는지 우리는 알 수 없다. 배턴루지 경찰서는 편의점의 CCTV도 확보했으나 아직 공개하고 있지 않다. 대변인 맥닐리는 어젯밤 해당 경찰들이 심문받지 않은 건 "보통 하루 정도 생각할 시간을 주기 때문"이라고 했다.

미주리주 퍼거슨에서 마이클 브라운이 사망한 후 '흑인의 생명도 중요하다Black Lives Matter' 운동이 일어난 지도 거의 2년이 되어간다. 경찰들이 흑인의 생명을 무참히 짓밟는 행위가 계속되는 가운데 활동가들이 최전선에서 맞서 싸운 지도 2년이 되어간다. 그런 와중, 가디언에 따르면 2016년 한 해 동안 미국에서 경찰에 의해 사망한 사람은 560명이다.

화요일 밤 스털링의 사망 소식을 들었을 때 나는 진이 다 빠졌다. 이토록 몰상식한 죽음에 대해 무슨 말을 더 할 수 있을지 모르겠어서 할말을 잃었다.

어느 행인이 촬영해 온라인에 널리 퍼진, 그 흑인 남성의 마지막 순간을 담은 휴대폰 영상을 보았다. 더 나은 판단을 했어야 했는데 올턴 스털링의 살해 장면을 보고 말았다. 관음증적이라는 걸 알면서도, 흑인 사망 사건이라는 스펙터클에 나 자신을 연루시키는 행위라는 걸 알면서도 보았다. 영상은 48초짜리로 매우 짧지만 끝없이 반복된다. 나 아닌 어떤 인간이 총에 맞아 죽는 모습을 보는 건 기괴한 일이다. 몸서리쳐질 만큼 끔찍하고, 이토록 잔혹한 불의를 마주하며 할말을 잃고 깊이 체념하고 절망하지만, 그래도 여전히 공포에 떨고 눈물을 흘릴 수 있다는 사실에 작은 위안을 얻는다.

이러한 비극은 일상이 되었으므로 우리는 이제 무슨 일이 일어날지 알고 있다. 스털링의 죽음이 담긴 영상 앞에서 우리는 목격자가 되지만, 그것만으로 정의가 실현되지는 않는다. 그의 가족과 커뮤니티는 슬픔과 분노를 유의미하게 활용할 방법을 찾을 테고, 그 과정에서 항의가 이뤄질 것이다. 스털링의 과거가 까발려지고, 그가 저지른 온갖 잘못이 조명될 것이며, 그 모든 건 경찰들이 판사, 배심원, 사형 집행인 역할까지 도맡았던 이유를 정당화할 것이다. 주차장에서 참도 적법한 절차다.

영상에서 한 경찰관이 스털링에게 총이 있다고 외치는 소리가 들린다(루이지애나주에서는 총기 소지가 허용된다). 수정헌법 제2조가 이런 때는 거의 통하지 않으니 전미총기협회에선 침묵할 가능성이 높다. 법무부에서는 이 사건을 조사할 것이다. 곧장 조사 착수를 발표했으니 뭔가 변화하고 있는 건지도 모른다. 이 사건에 연루된 경찰관 두 명이 기소될 수도 있겠지만, 최근까지의 유구한 역사가 증명하듯 이런 총격 사건에서 경찰들이 유죄판결을 받는 경우는 드물다.

불의를 인식하는 이들이 문제가 아니므로 여기서 어디로 나아가야 할지 나는 모르겠다. 문제는 군사화된, 그리고 흑인의 생명에 무감한 법 집행기관이다. 문제는 흑인을 온전하며 가치 있는 삶을 누릴 자격이 있는 인간이 아니라 범죄자로 간주하는 법 집행이다. 문제는 직무 수행 중 무고한 사람을 죽인 경찰에게 기소나 유죄판결을 하는 법이 거의 없는 사법 체계다. 문제는 이런 일이 너무 자주 일어나서 체념이나 무관심이 합리적인 대응으로 여겨진다는 사실이다.

너무 많은 사람이 흑인을 직접 겨냥해 방아쇠를 당기는 세상에 살고 있다는 건, 그 사실을 직면하는 건 몹시도 감당하기 어려운 일이다. 더이상 뭘 어떻게 해야 할지 모르겠다. 슬픔과 분노를 느끼면서도 어떻게 변화를 떠올릴 수 있는지 모르겠다. 변화가 불가능하다는 근거가 차고 넘치는데 대체 어떻게 변화가 가능하다고 믿어야 할지 모르겠다. 반대를 말하는 증거가 수두룩한데 어떻게 내 목숨이 중요하다고 느껴야 할지 모르겠다.

진정 나를 괴롭게 하는 건 올턴 스털링의 장남인 열다섯 살 남자아이가 아버지 이름을 울부짖고, 그 와중에 아이의 어머니인 퀴네타 맥밀런이 성명을 읽는 기자회견 영상이다. 아이의 울음에서 들려오는 슬픔과 상실의 크기는 우리가 무관심과 체념이라는 사치에 빠져 있어선 안 된다는 사실을 일깨워준다.

스털링의 죽음이 담긴 영상이 지나치게 익숙하게 느껴진다 하더라도, 이 아이의 날것 그대로의, 깊은 슬픔이 담긴 영상을 두고 그래선 안 된다. 우리는 계속 바라보면서 무감각과 싸우며, 경찰 폭력으로 목숨을 잃은 흑인의 자녀가 떠안은 비정상적인 짐을 함께 짊어져야 한다.

뉴욕타임스 2016년 7월 6일

기념비와 문화적 기억

기자의 대피라미드는 상상할 수 있는 가장 경이롭고 웅장한 건축물이다. 230만 개의 석회암 및 화강암 벽돌이 쌓여 하늘 높이 뻗은 이 피라미드는 파라오 쿠푸의 기념비다. 내가 본 카이로나 그 주변 다른 피라미드들도 마찬가지로 경외감을 불러일으키며, 사막의 바람과 뜨거운 태양, 그리고 세계 불가사의를 보려는 수백만 명의 방문객이 몰려오는 와중에도 수천 년 지난 지금까지 우뚝 서 있을 만큼 완벽한 비율로 지어졌다. 룩소르에서는 왕가의 계곡을 방문했는데, 지하 몇 층을 내려가니 완벽히 보존된 무덤들, 정교한 상형문자로 장식된 벽들이 나타났다. 투탕카멘, 람세스 2세, 람세스 3세, 아멘호테프가 잠들어 있는 곳이다. 핫셉수트신전은 매우 긴 계단 위에 놓여 단단한 기둥들로 떠받쳐진 모습이었는데, 이집트 파라오들이 신들을 기리고, 자신의 명예와 치세를 드높이기 위해 세운 것이기 때문이다. 한때는 룩소르신전과 카르나크신전이라는 거대한 건축물을 잇는 길에 스핑크스가 줄지어 서 있었으며, 그 스핑크스 중 일부는 여전히 건재하게 그 기념물이 상징하는 바를 지키고 있다.

인도 아그라의 타지마할은 사랑하는 아내를 기리기 위해 세운 기념비다. 로마 콜로세움은 피에 굶주린 통치자들의 뜻에 따라 대중이 즐거워하는 가운데 죽음을 무릅쓰고 싸운 검투사들의 역사가 서린, 인간의 잔인함을 드러내는 기념비다. 파리 개선문은 프랑스 군대와 프랑스 제국의 기념비로 샤를 드골 광장을 굽어보고 있다. 프랑스가 선물한 자유의여신상은 한때 이민자들에게 안전한 피난처를 약속했던, 활짝 열린 미국 국경을 상징한다.

워싱턴 D.C.에는 베트남 참전 용사 기념관이 8093제곱미터 면적의 부지에 걸쳐 있다. 6만 명에 이르는 참전 용사의 이름이 검은 화강암 판에 새겨져 있다. 베를린의 유럽 유대인 학살 추모비는 한때 서독과 동독을 갈라놓던 지점에 서 있다. 이 추모비는 2711개의 평평한 콘크리트 덩어리로 이루어져 있는데, 그 압도적인 규모만으로도 인간의 잔혹성이 여실히 드러난다. 2018년 앨라배마주 버밍햄에 최초로 린치 희생자 추모비가 세워졌다. 국립 평화와 정의 기념비는 800개의 강철 기둥으로 이루어져 있으며, 각 기둥에는 흑인 린치가 있었던 동네 이름과 그 혐오스러운 행위로 목숨을 잃은 흑인들의 이름이 쓰여 있다. 박물관에 들어서면 방문객들은 린치가 얼마나 심각했는지, 어떻게 모든 흑인이 올가미와 나무 몽둥이의 위협으로 공포에 떨었는지 상세히 알게 된다. 가나에 있는 케이프코스트성도 여전히 건재한데, 방문객들은 대서양 횡단 전 아프리카인들이 갇혀 있던 지하 감옥을 직접 걸어볼 수 있고, 그토록 끔찍한 곳에 갇혔던 이들을 위해 추모 화환을 놓고 헌화를 할 수 있는 공간도 마련돼 있다. 뉴욕 유엔 본부에는 〈귀환의 방주The Ark of Return〉—대리석을 삼각형으로 깎아 표시한 노예무역 지도와 짐바브웨에서 공수한 검은 화강암으로 조각한 인간, 그리고 얕은 못으로 이뤄져 있다—가 대서양 횡단 노예무역의 희생자들을 기리는 기념물로 역할을 다하고 있다.

〈전쟁의 소문Rumors of War〉은 예술가 케힌데 와일리가 만든 조각상이다. 모든 면에서 가히 대단한 작품이다. 후드티와 나이키 운동화 차림으로 드레드록 머리를 한 젊은 흑인 남자가 근육질 종마 위에 앉아 있다. 그는 흑인이라는 사실에 한 치의 부끄러움 없이 강인하고 위풍당당해 보인다. 적어도 내 눈엔 그렇다. 버지니아주 리치먼드에 있는 마지막 정착지로 옮겨지기 전까지 이 동상은 타임스스퀘어에, 모든 스펙터클의 한가운데에 스펙터클로서 서 있었다. 아내와 나는 그 동상을 보러 갔고, 그 엄청난 규모에 입이 떡 벌어졌다. 한 흑인 예술가가 어떻게 기념물에 대한 통념에 도전했는지, 무엇을 유구하게 기억해야 하는지 똑똑히 보았다.

역사를 통틀어 모든 문화는 살아남은 이들과 영영 잃어버린 이들, 통치를 마친 군주들, 선출된 지도자들, 전쟁과 그 전쟁에서 싸운 사람들, 그리고 그들이 숭배하는 신들을 보존하기 위해 헤아릴 수 없을 만큼 많은 자원을 쏟아부어왔다. 잔혹 행위, 혐오와 억압에 희생된 목숨들을 추모하기 시작한 건 최근의 일이다. 성공을 기억하는 것만큼이나 실패를 상기하는 일의 중요성을 우리가 깨달은 지 얼마 되지 않은 셈이다.

미국에는 남부연합을 기념하는 1700개 넘는 기념비와 공공 상징물이 아직도 남아 있다. 이들이 기념하는 건 미국의 원죄, 즉 참담한 전쟁, 백인우월주의에 희생된 목숨들, 자유와 존엄보다 인적 자원에 더 혈안이었던 사회의 수치다. 수십 년이 흐르는 동안 이 기념비들이 존재한다는 사실에 대해선 문제 제기가 거의 없었고, 이것들이 우리 사회에서 차지하는 위치에 관한 의문은 무시됐다. 옹호하는 이들의 말에 따르면 이 기념비들은 역사를 보존한다. 그러나 이러한 보존에는 대가가 따르며, 사실상 선조들의 시대에 노예를 부리고 노예제를 존속시키려 전쟁까지 벌였던 이들의 역사와는 전혀 다른 역사를 가치 있게 여기는 사람들이 있다는 사실을 끝없이 상기시킨다.

'기념비monument'라는 단어의 어원은 라틴어와 프랑스어에서 찾을 수 있으며, '일깨우다'라는 뜻의 '모네르monēre'에서 유래하는데, 사람들이 기념비를 찬양하는 이유는 역사적 과오를 되풀이하지 않으려는 게 아니라 유해한 이데올로기를 붙들고 싶어서, 그들이 아는 세상이 도전받지 않기를 원해서인 경우가 너무도 많다. 버지니아주 리치먼드의 모뉴먼트 애비뉴에는 로버트 E. 리, 스톤월 잭슨 등의 기념비들이 줄줄이 늘어서 있다. 그 거리에 한때 제퍼슨 데이비스*의 동상도 서 있었지만 미니애폴리스에서 경찰이 조지 플로이드를 살해한 사건에 항의하는 시위가 벌어졌을 때 철거됐다. 모뉴먼트 애비뉴의 동상들 뒤에는 100년도 넘은 대저택들이 줄지어 있는데, 이 동네가 만들어지던 당시에는 그곳에 백인만 거주할 수 있었고 이후 오랜 세월 동안 인종 분리가 시 조례로 명문화되어 있었으니, 으리으리한 저택들은 부와 백인성의 상징이나 다름없다. 현시대는 달라야 하는데 그렇지가 않다. 주와 시 공무원들, 그리고 지역 주민들은 남아 있는 기념비들을 어떻게 처리할지, 무엇을 기억하고 무엇을 기억에서 지워야 할지를 놓고 계속 싸우는 중이다.

미국 전역과 전 세계에서 인종적 억압과 구조적 인종차별, 그리고 이러한 상태에 의미를 부여하는 기념비들을 질리도록 겪은 사람들이 남부연합과 노예제 기념물들을 철거해나가고 있다. 이 활동가들은 똑똑히 말한다. 어떤 것들은 기억될 자격이 없으며, 어떤 기억들은 우리의 평안과 문화적 기억에 심각한 해를 끼친다고. 다른 한편으

---

* 19세기 노예제 옹호론자로서 남북전쟁 시 남부연합의 대통령을 지냈다.

로 많은 이들은 동시대인들이 몸으로 겪는 현실보다 과거에 더 집착하며 기념비 철거를 매도하고 있다. 2020년 6월 도널드 트럼프 대통령은 "미국 내 기념물, 기념관, 동상 등을 파괴, 훼손, 파손, 모독하는 자"를 기소할 수 있도록 한 「미국의 기념물, 기념관, 동상 등의 보호를 위한 행정명령」에 서명했다. 이 명령 역시 처벌의 성격을 띠며, 이 관행이 얼마나 끔찍한지 혹은 이들이 기념하는 인물이 누구인지와는 무관하게 기념물을 보호하지 않는 지자체는 예산 지원을 받지 못하게 된다.

인종차별과 억압의 상징물을 유지하려고 애쓰는 건 바라건대 악성 지지자들의 마지막 발악, 단지 피부색이 희다는 이유만으로 능력 없이도 잘 살았던 옛 남부연합 시절을 붙들려는 최후의 시도다. 모든 사람이 평등한 세상에서는 피부색으로 성공할 수 없을 게 뻔하니 말이다.

이 기념비들이 남긴 상처 속에서 우리는 새로운 것을 만들 기회를 얻었다. 지금은 단순한 변화가 아닌, 아예 새로운 사고방식이 필요한 순간이다. 우리는 끝끝내 백인우월주의를 해체하고 그 자리에 공평한 기반을 세워야 한다.

어디서부터 시작해야 할까? 각각의 개인으로선 무엇을 해야 할까? 쉬운 답은 없다. 인종차별은 수백 년이나 지속되어왔으니까. 구조적 인종차별이 실재하며, 유해하고, 우리 삶의 모든 면면에 영향을 끼친다는 사실을 마침내 깨달은 이가 점점 늘어난다고 인종차별을 하루아침에 격파할 수는 없다. 인종과 공정에 대한 우리의 사유를 다시 상상해야 하는 과제가 놓여 있지만, 지금 (백인인) 사람들이 해야 하는 일은 생각처럼 불가능하진 않으며, 모든 기회를 제한하는 억압적 체제 속 삶만큼 괴로운 건 당연히 아니다.

그렇다. 당신은 갑자기 유행하기 시작한 인종 및 인종주의에 관한 온갖 책을 읽을 수 있다. 불합리한 기소에 대해 보석금을 마련하는, 인종주의 퇴치와 시민권 보호에 헌신하는 비영리단체들에 기부금을 낼 수도 있다. 미국 전역의 경찰들이 얼마나 공격적으로, 군사주의적으로, 폭력적으로 현상 유지를 위해 애쓰는지 직접 목격하도록 시위에 참여할 수 있고 참여해야 한다. 참정권 보장, 경찰 및 교도소 폐지 등을 위해 노력하는 단체에 당신의 시간과 전문성을 들여 기여할 수도 있다. 당신이 사는 지역, 주, 연방 차원에서 정치인 후보를 지지하고 모든 선거에 투표로 참여할 수도 있다. 하지만 이건 우리 모두가 해야 할, 그야말로 집단적인 활동이다. 우리는 수많은 타인과 함께 이 세상을 살아가고 있으므로.

지금은 억압에 맞서 침묵을 거부해야 할 때다. 사람들은 심각한 편견 앞에서 너무 자주 침묵한다. 인종차별이 계속되고, 경찰 폭력이 만연하며, 미국 전역의 유권자들이 참정권을 박탈당하고 있다는 사실을 다 아는데도 할 수 있는 게 없다고 단정짓고, 안타까워하는 것으로 충분하다고 생각한다. 그런 한탄만으로는 결코 충분하지 않다. 그 누구보다 백인들이 할 수 있는 가장 중요한 행동 중 하나는 인종차별에 침묵하지 않는 일이다. 중요한 것은 인종차별과 그 영향을 적극적으로 또한 일관되게 인식하고, 차별을 목격하면 고발하며, 당신들의 특권을 이용해 할 수 있는 한 언제든 어디서든 공정을 요구하는 일이다. 당신 자신과 친구, 이웃, 동료 들과 커뮤니티, 그리고 가족이 지닌 편견에 기꺼이 책임을 져야 한다. 조력자라는 개념을 버리고, 조력자들이 지닌는 안락한 거리감을 버리고, 커뮤니티에서 가장 소외된 구성원들이 자유로운 만큼만 자유로울 수 있다고 마음먹어야 한다.

지금은 인종차별 반대자로서 적극적인 실천을 해야 할 때다. 아무리 불편하더라도, 당신이 내줄 수 있는 것보다 더 많은 게 필요하더라도 말이다. 노력으로 얻은 게 아니라 백인우월주의와 흑인들의 고통을 등에 업고 획득한 지위와 권력을 내려놓는 데는 희생과 양보가 요구될 것이다. 지금은 우리가 소중히 여기는 것과 기억할 가치가 있다고 믿는 것들을 바꿔야 할 때이기도 하다. 우리에겐 남부연합과 그 반역의 수혜를 입은 자들의 역사를 보존하는 기념비가 필요 없다. 숱한 책이 이미 그 역할을 충분히 해내고 있지 않은가.

기념비를 세우는 데는 시간과 노동이 많이 든다. 누군가가 기념해야 할 인물이나 시대 혹은 사건을 결정한다. 그들이 오벨리스크나 구조물 혹은 동상을 계획한다. 동상의 경우, 모형을 만든 다음 틀을 짜고 거푸집을 만든 후 그 안을 약 1100도에서 녹인 청동으로 채우고, 그다음 거푸집을 제거해 청동을 닦고 녹피를 입히고 제작자가 적합하다고 여기는 방식으로 청동상을 전시한다. 그 일을 있게 한 끔찍한 사고방식을 떠올리면 믿기 힘들 정도로 복잡한 과정이다. 하지만 이는 바뀔 수 있다. 우리가 소중하고 기억할 가치가 있다고 여기는 것을 바꿔낼 수 있다. 과거의 죄, 현재라는 현실, 그리고 미래의 가능성을 인식하는 문화적 기억을 만들기 위해 우리는 새로운 기념비를 세우는 법을 배울 수 있다.

〈위 프레젠트〉/〈위 트랜스퍼〉, 2020년 7월 16일

세상은 흑인더러 위축되라고 한다

앙투아네트 치노니에 은완두가 극작을 맡은 브로드웨이 연극 〈패스 오버Pass Over〉의 막이 내릴 때 나는 울고 있었다. 두 주인공 중 한 명인 키치는 자신이 욕망하는 물질적 재산을 끌어안고 연옥에 살지, 혹은 세속적인 고통이 없는 낙원에서 영생을 누릴지 선택해야 하는 상황에 직면한다. 키치가 내려야 할 결정이 간단하면서도 불가능하다는 사실에 마음이 미어졌다.

평소 나는 눈물이 많은 편은 아니다. 눈물이 날 것 같으면 최대한 참곤 한다. 내 뒤틀린 금욕주의는 스스로도 우스꽝스러운, 그리고 자존심의 약간 자기파괴적인 측면이라고 여긴다. 그러나 아름다운 책을 읽거나 영화나 티브이 쇼, 심지어 광고에서 사무치는 장면을 보게 되면 꾹꾹 억눌러왔던 내 안의 뭔가가 스르르 풀리며 눈물이 뺨을 타고 흐르기 시작한다. 나 스스로 세운 감정의 담 너머로 데려가주는 탁월한 예술작품이 고맙다.

〈패스 오버〉는 세상에 가진 거라곤 서로가 거의 전부인 두 젊은 흑인 남자 모세와 키치의 이야기로, 다냐 테이머가 연출해 어거스트 윌슨 극장에서 열렸다. 이 공연의 무대 위는 텅 비어 있다. 가로등, 우유 상자, 버려진 타이어, 철제 드럼통이 전부다. 존 마이클 힐과 나미르 스몰우드가 연기한 어디서나 거부당하는 두 남자는 서로에게 감정적 자양분을 건네주려 애쓴다. 둘은 유쾌하게 농담을 주고받는다. 희망 하나 없이 삭막한 도시에 갇혀 있지 않는 더 나은 세상을 꿈꾼다. 더 나은 곳으로 갈 수 있다pass over고 믿으려고 애쓴다.

내 남동생 조엘 게이가 두 달 하고도 열하루 전 세상을 떠났다. 그가 지금 어디에 가 있는지 모르지만 나는 조엘을 매일 그리워한다.

나는 충격에서 헤어나지 못한다. 가슴은 갈가리 찢겼다. 조엘이 없는 이 세상을 어떻게 살아나가야 할지 모르겠다. 울 수 있을 때는 울지만, 아직 슬픔에 완전히 굴복하지도 못했다. 정말로 울기 시작하면 영영 그치지 않을지도 모른다는 사실이 두려운 탓이다.

조엘과 나는 고작 세 살 차이다. 그는 내 남동생이었고, 막내인 마이클 주니어가 태어나면서 둘째가 되었다. 우리는 매우 친한, 한 팀이었다. 우리는 부모님께 마이클 주니어의 이름을 벤이라고 해달라고 빌었다. 벤 게이.* 얼마나 죽이 잘 맞았는지.

평생 동안 조엘은 모든 사람을 끌어당기는 자석 같은 존재였다. 조엘이 태어났을 때 병원 간호사들이 너무 예쁘다며 뺏어가겠다고 너스레를 떨 정도였다. 어린 시절 어머니는 식료품점이나 동물원에서 누군가가 조엘을 유괴할까봐 늘 노심초사했다.

조엘은 매력적이고 사랑스럽고 잘생겼다. 언제나 그걸 알고 있었다. 온 얼굴로 활짝 미소 지었다. 온 가슴으로 웃음을 터뜨렸다. 온 마음을 다해 사랑했다.

동생이 마흔세 살의 나이로 세상을 떠났을 때 그는 이미 오롯한 삶을 다채롭게 살던 중이었다. 유럽에서 프로 축구 선수로 뛰었다. 이제는 스물여섯 살이 된 아들을 혼자 키웠다. 의식 있는 래퍼로 잠시 활동하기도 했고, 토마토를 수확하는 농장 노동자들에게 부셸**당 더 많은 수당을 주라며 타코벨 보이콧 운동을 조직한 적도 있다. 자

세로쓰기: 흑인의 생명은 당연히 중요하다

---

* 미국인들이 많이 쓰는 통증연고의 상표명.
** 곡물이나 과일의 중량 단위로, 1부셸은 27~28킬로그램에 해당한다.

신만의 잔디 관리 회사를 운영하기도 했다.

　미국 기업계에 들어선 다음 시카고대학교에서 경영학 석사학위를 받고 승승장구한 조엘은 상장기업계 최연소 흑인 최고경영자 중 한 명으로 우뚝 섰다. 세상을 떠난 순간, 조엘은 곧 상장을 앞둔 대체에너지 회사의 대표였다.

　야망과 경쟁심이 대단한 사람이었다. 셰프가 될 수도 있었을 만큼 요리를 사랑했다. 자동차도 좋아했다. 열과 성을 다해 가족을 사랑했다. 목청이 크고 사람을 좋아하고 오만하고도 관대했다. 짜증나게 굴기도 하고 고집도 셌다. 우리는 자주 싸웠지만 조엘은 내 가장 큰 팬이었다. 어머니의 가장 친한 친구이자 아버지의 가장 친한 친구였다. 막냇동생의 가장 친한 친구이기도 했다. 그의 장례식에서 우리는 조엘의 제일 친한 친구라며 자신을 소개하는 사람을 여럿 만났다. 그는 나의 가장 친한 친구였다.

　조엘이 사는 세상은 더 거대하고 더 나은 곳이었지만, 그 역시 모든 흑인 남성이 겪어야 하는 현실에서 자유로울 순 없었다. 〈패스 오버〉 속 모세와 키치의 가능성을 가로막는 바로 그 현실 말이다. 새로운 도시로 이사할 때마다 조엘은 경찰서에 가서 자신과 아들을 소개했다. "이 아이는 제 아들입니다. 잘 봐주세요." 그렇게 말하며 그는 내 조카, 그 어린 흑인 아이를 표적이 아닌 한 명의 인간으로 대해주길 바랐다. 경찰들에게 자신과 아들이 타는 자동차의 제조사와 모델까지 일러주었다.

　이런 노력이 그가 가장 두려워했던 비극, 그러니까 헤드라인을 장식하진 않더라도 매일같이 미국에서 일어나는 일들을 막을 순 없었을 테지만, 통제 불가능한 게 지나치게 많은 세상에서 뭐라도 제어할 수 있다는 느낌을 받고 싶었으리라 여겨본다.

조엘은 세상이 요구하는 대로 위축되지 않았다. 다만 자신과 아이가 가망 없는 곳에 갇혀 있지 않다는 것은 믿고 싶어했다.

〈패스 오버〉는 인터미션이 없기에 배우들은 쉴 틈 없이 무대 위를 분주히 오가는데, 수많은 방식으로 "깜둥이"란 단어를 내뱉으며 수많은 감정을 표현하고, 때로는 광적인 대사를 쏟아낸다. 모세와 키치가 각자의 무자비한 공간에 갇혀 있는 것처럼, 관객인 우리도 95분 동안 한곳에 갇혀 있다.

두 인물은 종종 두려움에 떨며 얼어붙고, 우리는 그 이유를 지나치게 잘 안다. 흑인이라는 취약성에, 그리고 끝도 없이 그들을 따라다니며 괴롭히는 실존적 공포에 직면하고 있다는 걸.

〈패스 오버〉는 부조리하지만, 이 세상도 그렇다. 내 동생 조엘이 마주한 세상, 너무 많은 우리가 직면한 세상 말이다. 〈패스 오버〉를 본 후 지금까지 이 연극의 힘, 내면 깊은 곳에 닿아 점점 더 깊어지는 슬픔의 우물을 길어올리는 힘에 대해 생각하고 있다. 흑인 삶의 취약성에 대해, 우리가 공유하는 슬픔에 대해 더는 할 말이 없다고 느껴질 때도 앞으로 나아갈 길이 있음을 이 작품은 상기시켜주었다. 또한 우리의 힘과 품위와 기이한 지혜를 자축할 수 있음을.

연극의 마지막 순간, 한 사람은 아름답고 풍요로운 곳으로 넘어가는 한편 다른 한 사람은 이 세상과 다음 세상 사이에 확신 없이 남는 모습을 지켜보던 그 괴롭고도 미묘한 순간을 내내 생각하고 있다.

흑인이었던, 그리고 우리 가족의 찬란하게 빛나던 별이었던 내 동생에 대해서도 생각하고 있다. 조엘도 부디 아름답고 풍요로운 곳에 있기를, 나는 매일 기도한다.

뉴욕타임스 2021년 9월 29일

초인종을 잘못 누르면 살해당할 수도 있다

공공장소에 있는 게, 인간으로 사는 게, 실수할 수 있는 존재라는 게 점점 더 안전하지 않은 세상이 되어간다. 내가 말하는 건 범죄가 늘고 있다는 언론의 숨넘어갈 듯한 보도도 아니고, 미국이 망하고 있다는 보수적인 논조도 아니다. 내가 생각하는 파멸은 샌프란시스코나 시카고나 남부 국경 지대에 있지 않다. 미국의 구조에 파멸이 이미 내재해 있다. 우리 모두에게 스며들고 있다. 이 나라 전역에서 소위 선량하고 강직한 시민들이 우리의 행동양식에서 끊임없이 변화하고, 자의적이며 사적인 규범들을 돌이킬 수 없는 지경까지 강요하는 일이 숱하게 벌어진다.

미주리주 캔자스시티에서 열여섯 살 흑인 남자아이 랠프 얄이 초인종을 잘못 눌렀다. 그는 동생들을 데리러 가던 중 노스이스트 115번지가 아닌 노스이스트 115번가에서 엉뚱한 초인종을 눌렀는데, 당연히 무해한 실수였다. 여든네 살의 백인 앤드루 레스터는 소년을 향해 두 번 총을 쐈고, 랠프가 전하기로는 이렇게 말했다. "여기 돌아다니지 마라." 그의 가족이 말하기로 랠프는 피를 흘리며 다친 몸을 이끌고 소위 그 선량한 이웃들이 산다는 중산층 동네의 집을 세 군데나 전전해야 했다.

뉴욕주 북부에서 스무 살 여성 케일린 길리스는 외곽 지역에서 친구 집을 찾고 있었다. 길리스가 타고 있던 차의 운전자가 주차장 진입로에 들어서자 집주인인 예순다섯 살 케빈 모너핸은 차를 향해 총을 두 번 쏴서 길리스를 죽였다.

일리노이주에서 윌리엄 마티스는 자신의 마당에서 낙엽 청소기를 사용하던 중 이웃인 에토레 라케이와 시비가 붙었고, 경찰에 따르면 라케이에게 살해당했다.

텍사스주의 한 주차장에서 두 명의 치어리더 중 헤더 로스가 엉뚱한 차에 탔다가 총에 맞았다. 또다른 멤버인 페이턴 워싱턴도 총에 맞았다. 두 여성은 부상을 입고 살아남았다.

텍사스주 클리블랜드에서는 한 아버지가 이웃인 프란시스코 오로페사에게 아기가 자고 있으니 현관에서 총을 쏘지 말아달라고 부탁했다. 오르페사는 그 사람의 집으로 가 AR-15 소총으로 여덟 살 소년을 포함해 다섯 명을 살해한 혐의로 기소되었다. 살해당한 두 어른은 아이들을 감싸고 있었다. 아이들은 목숨을 구했다.

내슈빌 월그린에서 미타리우스 보이드는 임신 7개월차였던 트래본샤 퍼거슨이 가게 물건을 훔치고 있다고 의심했다. 경찰을 부르는 대신 그는 주차장으로 퍼거슨과 그 친구를 따라 갔고, 보이드의 말로는 둘 중 한 여성이 그의 얼굴에다 호신용 스프레이를 뿌리자 총을 쏘기 시작했다. 퍼거슨은 병원으로 급히 이송되어 응급 제왕절개 수술을 받았고 아기는 예정보다 두 달이나 일찍 태어났다.

총이 연루되지 않을 때도 있다. 지난 월요일, 마이클 잭슨을 따라하던 노숙자 조던 닐리가 뉴욕 F선 열차에서 고함을 질렀고, 일부 지하철 승객에 따르면 공격적인 행동을 보였다. "먹을 것도 없고, 마실 것도 없고, 완전 지쳤어." 닐리는 소리쳤다. "감옥 가든 종신형 받든 상관 안 해. 나 죽을 준비 됐다." 그가 사람들을 불편하게 했을까? 분명 그랬을 거다. 그러나 그저 고통에 겨운 한 사람의 말이었을 뿐이다. 누구에게도 물리적인 위해를 가하지 않았다. 불편함을 끼쳤다고 그 대가가 죽음이어선 안 되는데 그 일이 일어나고 말았다. 전직 해군이 닐리를 몇 분이나 목을 졸라 죽인 것이다. 뉴스 보도에선 자꾸만 닐리가 죽었다고 수동적으로 표현한다. 우리는 늙어 죽는다. 자동차 사고로 죽는다. 질병으로 죽는다. 누군가 우리의 목을 몇 분이나 조르면, 그보다 훨씬 더 나쁜 일이 벌어진다.

한 남자가 적극적으로 닐리를 사망에 이르게 했다. 누구도 그 몇 분 동안 닐리를 도와주지 않았다. 오히려 명백하게 전직 해군을 도우려는 두 남자는 있었지만 말이다. 전직 해군에게 닐리의 목을 놓으라고 말한 사람이 있었던가? 열차 칸에 있던 이들은 닐리의 고통보다 본인들의 불편과 불안을 더 우선시했다. 월요일 그 지하철에 있던 모든 사람은 명백히 아무 행동도 취하지 않았다는 사실과 자신들이 내보였던 무관심을 안고 살아가야 할 것이다. 너무 늦어버린 지금, 무력하게 한자리에 메다꽂힌 채 숨이 넘어가던 닐리의 그 끔찍하고 가슴 아픈 장면이 내게 남아 있다. 어떻게 이런 일이 일어날 수 있는가? 어떻게 이토록 무자비하고, 막을 수 있었던 폭력이 버젓이 발생하는가? 도대체 어떻게? 우리 모두는 납득할 만한 답을 찾을 때까지 스스로에게 이 질문을 던져야 한다.

사건 직후, 뉴욕 시장 에릭 애덤스는 닐리의 죽음이 얼마나 끔찍한지 말할 때 정치를 제쳐두지 못했다. 애덤스는 말했다. "모든 인명 손실은 비극입니다. 여기서 무슨 일이 일어난 건지 우리가 모르는 게 많습니다." 사건 순서가 매우 명확하고 영상과 사진과 목격자에 의해 입증되었음에도 그의 말은 무미건조하고 무기력했다. 모든 상실은 비극이 맞지만, 조던 닐리의 죽음이라는 이 구체적인 상실에 관해선 거의 아무것도 말해지지 않았다. 닐리의 이름을 언급하지도 않은 채

애덤스 시장은 행정부가 정신건강 문제에 예산을 덜 쓴다며 얼버무렸다. 뉴욕시 응급구조대원들이 정신건강 문제를 겪는 이들을 본의 아니게 죽게 만든 상황에서 꺼내기엔 기이한 주장이다.

목숨을 잃은 무고한 이들은 모두 잘못된 시간, 잘못된 장소에 있었다. 대부분 무장한 가해자들은 자기 입지를 지킨답시고, 혹은 사소한 잘못에 정의를 집행한답시고 대리자를 자처한다. 몇몇은 본인이 두려움을 느꼈다며 정당방위를 주장하지만, 피해자 중에는 비무장 여성들과 아이들도 있었다. 우리는 불편한 질문을 던져야 한다. 왜 남자들은 그렇게 두려움이 많은가? 왜 그렇게나 유약해서 먼저 총을 쏘거나 해를 입힌 다음에야 질문하는가? 왜 그들은 죽음에 이르게 하거나 상해를 입히는 게 인간적인 실수에 대한 적절한 대응이라고 믿는가? 겁에 질렸거나 자격지심이 있거나 분노해 있거나 반감을 품었거나 혹은 그 전부 다 해당하는 남자들과 공공의 삶을 공유하는 것은 불가능하다.

우리는 어떤 교착상태에 빠져 있다. 공공장소에서 목숨을 잃을 수도 있게 하는 행동의 목록이 매일매일 늘어나는 중이다. 총기 난사든 경찰 폭력이든 혹은 무차별 폭력 행위든, 겁에 질렸다는 남자 한 명과 마주치는 것만으로도 최악의 하루, 어쩌면 인생의 마지막 하루를 보내게 될지도 모른다. 무엇이 옳고 그른지에 대해서조차 더는 합의가 불가능하다. 노숙 문제와 난민 문제, 신체 및 정신건강 돌봄의 결핍, 식량 부족, 빈곤, 느슨한 총기법 등의 실제 문제들을 놓고 씨름하는 대신 우리는 현실을 회피하고 있다. 무방비한 폭력이 우리집 문 앞에 들이닥쳐야지만 변화를 시도할 만큼 관심을 기울일지도 모르겠다.

무해한 실수에 대한 인내심도 없고, 어떻게 전혀 악의 없는 행위마저 편견으로 뒤덮어버리는지에 대해 논의할 여지도 없다. 적법한 절차에 대한 고민도 없다. 판사, 배심원단, 사형집행인을 자처하는 자들이 우리 주변을 활보하고 있으며, 그들이 언제 배신할지 우리로서는 알 방법이 없다.

나는 특히 조던 닐리에 대해 오래도록 생각하게 될 것이다. 누가 그의 입장에 서고 누가 그러지 않는지, 그리고 후자에 속하는 자들의 가장 밑바닥에는 자기 입지가 우월하지 않다는 걸 한사코 거부하는 마음이 도사리고 있다는 사실을 생각할 것이다. 개별적으로는 참담하고 총체적으로는 우리 자신이 어떤 인간들이 되어가는지 똑똑히 보여주는 규탄이 담긴 뉴스가 매일같이 쏟아진다. 공감 능력 없는, 본인 말고 다른 생명은 일말의 존중도 하지 않는 인간들.

SNS에서 "나라면 닐리를 돕기 위해 뭐라도 했을 거다"라고 말하기는 쉽다. 도움을 요청하고, 그에게 음식이나 돈을 건네주고, 우리 모두가 마땅히 받아야 할 예의와 공감을 그에게로 확장했을 거라고 상상하기는 쉽다.

스스로 선하고 공감 능력이 뛰어난 사람이라고 생각하는 건 너무도 쉬운 일이다. 그러나 우리 같은 사람들, 스스로를 그렇게나 높이 평가하는 사람들에게는 옳은 일을 할 기회가 몇 번이고 계속해서 주어지지만, 우리는 그렇게 하지 않는다. 그런데도 언젠가 우리가 조금은 달라질 수 있을 거라는 생각을 대체 어떻게 할 수 있다는 말인가?

친애하는 남자 동료들

"내가 뭘 할 수 있을까요?"라고 묻는 남자들에게

답은 간단하다.
여성들이 오랜 세월 해왔던 증언에 참여하면 된다.
크고 작은 방식으로 여성들에게 상처 주었다고 고백하면서
앞에 나서서 "미투"라고 말하면 된다.

아버지에게도 취향이라는 게 있다

올해는 아버지께 완벽한 아버지의 날 선물을 드리고 싶었다. 아버지를 잘 알지만 선물을 고르는 건 쉽지 않다. 남성이 으레 원하거나 필요로 하는 건 거의 전부 가지고 계신데, 기본적인 옷과 집도 포함이다. 소소한 선물이나 사치품에 감동받는 사람도 아니다. 독서를 좋아하시는데—내 글을 가장 열렬히 읽는 독자다—그 외에 다른 취미랄게 별로 없다. 올해는 완벽한 아버지의 날 선물을 찾다가 아버지의 검소함보다 훨씬 더 큰 문제를 발견했다. 인터넷으로 검색을 하자마자 아버지의 날 선물 대부분이 얼마나 형편없는지 보고 화들짝 놀란거다.

아버지의 날을 맞이해 남성성을 위시하는 몇몇 선물 카테고리가 있다. 바비큐 장비, 맥주나 위스키 관련 상품, '세상에서 제일 멋진 아빠'라는 영예를 선사하는 인정 기반의 선물, 잔디 관리 도구, 전자기기 등등. 넥타이만큼이나 면도 용품, 골프 용품, 시계, 지갑, 그리고 서류가방 모양의 아이템들도 흔하게 볼 수 있다. 농담이 아니라 서류가방 모양의 접이식 바비큐 그릴과 바비큐 도구가 들어 있는 서류가방도 있다. 아버지의 날 선물 아이디어란 지루함 끝판왕이라고 할 수 있다.

제안된 선물들만 놓고 보자면 아버지들은 중요한 일을 하니 넥타이를 매는 남자다운 이들이다. 육아도 잘하고 여가시간에는 고기를 굽거나 술을 마시거나 잔디를 깎거나 최신 기기를 만지작거리는 사람들. 이들에겐 다채로운 관심사나 독특한 내적, 정서적 삶이 없다.

이러한 편협함은 우리의 문화적 상상력 안에서 모성이 얼마나 강렬하게 상정되는지를 떠올리면 더욱 선명해진다. 세상에서 제일 중요한 직업이 어머니라는 말이 하도 자주 나오다보니 이제는 무슨 사이비 종교처럼 느껴질 지경이다. 아버지는 전형적으로 거리감이 있는 반면, 어머니는 우리를 속속들이 알고 있다고 여겨지며 우리 역시 어머니를 속속들이 알고 싶어한다. 어머니의 날 선물 가이드도 클리셰 투성이지만 적어도 좀더 폭넓고 뚜렷한 선택지가 있다. 어머니의 날 선물을 보면 어머니들에게는 내적인 삶과 정서적 관계가 있음을, 어머니가 되는 방법이 하나는 아님을 알 수 있다.

사실상 남성을 향한 문화적 기대치는 여성만큼이나 다양하다. 남성은 부양자이자 보호자 역할을 해야 한다. 강인하고 감정적으로 휘둘리지 않아야 한다. 도덕적 안내자가 되어야 한다. 이러한 기대하에서는 대부분의 남성들이 그저 인간일 수 있는, 그저 존재하고 이해받을 수 있는 여지가 거의 없다. 이는 소위 **전통적인** 가정 내 성역할이 오랫동안 지속된데다 만연하기에 벌어진 상황이겠다 싶다. 남자가 여덟 시간 동안 일하고 집에 돌아오면 독한 술도 좀 마실 수 있고, 착한 자녀들은 아빠가 쉴 수 있게 조용히 해야 하며, 그 와중에 행복한 가정주부는 집안일을 한다는 관념 말이다.

내 아버지는 늘 우리 곁에 있는 분이었고 지금도 그렇다. 거의 매일 저녁 식탁에 앉아 어렸던 우리의 삶에 관심을 가져주었다. 나와 남동생들의 학교 숙제를 도와주기도 했다. 아버지와 함께 발사나무*로 현수교를 만든 적도 있다! 아버지는 우리 학교 축구팀 코치이기도

---

* 모형 물체를 만드는 데 자주 쓰이는 가벼운 열대 아메리카산 나무.

했다. 하지만 또한 수수께끼 같은 사람이었다. 여행을 많이 다니고 온종일 자리를 비우다가 여섯시가 되면 돌아왔다. 그럴 때면 아버지는 키가 크고 호리호리한 몸에 헐렁하게 걸친 양복 차림으로 서류가방을 내려놓고 나와 남동생들을 두 팔 벌려 안아주었다. 우리는 어머니와는 아주 다른 방식으로, 종종 좀더 먼 존재로 아버지를 인식했다. 우리는 넥타이며 맥주잔이며 바비큐 집게 같은 것을 아버지의 날 선물로 참 많이도 드렸다. 아주 뻔하게도, 아빠가 세상에서 제일 멋지다는 말이 적힌 직접 만든 카드와 함께 말이다. 나이가 들고, 희망컨대 조금 더 현명해진 지금, 나는 아버지를 다르게 바라본다. 아버지가 어떤 사람인지 더 명확하게 보고 이해한다. 우리 가족을 부양하기 위해 열심히 일하느라 아버지가 무엇을 놓쳐버렸는지도 알게 됐다.

　다행히 아버지들의 역할은 변화하고 있다. 퓨리서치의 발표에 따르면 "아버지가 자녀와 함께 보내는 시간은 1965년 주당 2.5시간에서 2011년 주당 7시간으로 세 배 가까이 증가했다. 같은 기간 동안 아버지가 집안일을 하는 시간은 두 배 이상 증가했다(주당 평균 4시간에서 약 10시간 정도로)." 분명 개선의 여지가 많긴 하지만 아버지들 역시 '가끔 부모' 말고 '공동 부모'가 되어가고 있다. 우리가 아버지를 어떻게 생각할지, 그리고 어떻게 축하해드릴지 그 방식을 확장한다면, 그리고 어머니처럼 아버지도 정서적이며 내적인 삶을 지닌 한 사람으로 바라보는 시간을 더 많이 가진다면, 더 많은 남성들이 가정생활에서 자신의 역할을 확장하는 데 동참할 수 있을 거라고 나는 믿는다.

　결국 이번에는 아버지에게 멋진 펜을 사드렸다. 나는 아버지가 신문을 보실 때 무릎에 앉아 몰래 따라 읽으며 글을 읽고 쓰는 법을 배왔다. 내게 처음으로 타자기를 선물해준 건 부모님이다. 글을 쓸 때마다 아버지의 손이 어떤 식으로든 내 손 위에 포개진다. 아버지로서, 또 한 인간으로서 아버지에게 감사하는 마음을 표하기에 이런 선물은 한심할 정도로 부족하지만, 짧은 순간이나마 아버지가 당신의 손 위에 포개지는 내 손을 통해 당신의 존재감을 느끼실 수 있기를 바라는 마음이다.

『더컷』 2014년 6월 13일

나쁜 남자가 만든 좋은 작품, 거부한다

나이가 들며 나는 다른 사람들에 대해, 우리가 서로에게 실패하는 지점들에 대해 더 많이 공감하려 노력한다. 물론 부족할 때가 많다. 오늘 내가 공감하려고 애쓰는 인물은 네이트 파커, 전성기를 누리려는 시점에 과거를 반성해야 하는 상황에 처한 남자다.

파커는 1831년 버지니아주에서 냇 터너가 주도한 노예 반란과 그의 삶을 일대기적으로 다룬 영화 〈국가의 탄생The Birth of a Nation〉(2016)의 각본, 감독, 제작 및 주연을 맡았다. 영화가 전하는 이야기도 중요하고, 이런 영화가 주류의 관심을 받는 것도 무척 의미 있는 일이다.

〈국가의 탄생〉은 선댄스영화제 첫 시사 당시 엄청난 화제가 됐고, 이후 폭스서치라이트가 1,750만 달러에 작품을 사들였다. 10월 개봉을 앞두고 홍보가 가열차게 이루어지면서 파커의 성폭행 전력이 새롭게 문제시되며 수면 위로 떠올랐다. 예술가와 작품을 분리할 수 있는지, 분리해야 하는지를 둘러싼 질문들이 새삼스럽게 제기되고 있다. 내 의견은 분리할 수 없다는 쪽이다.

펜실베이니아주립대학교 학생이자 레슬링 선수였던 파커와 룸메이트 진 맥자니 셀레스틴은 1999년 한 젊은 여성을 강간한 혐의로 기소됐다(그들은 합의에 의한 성관계였다고 주장했다). 모의에 가담하지 않기로 한 제삼자 태멀레인 캉가스라는 남자가 있었다. 재판 속기록에 따르면 2년 후 재판에서 캉가스는 "한 번에 네 명이 하는 건⋯⋯ 뭐랄까, 옳지 않다고 생각했다"고 말했다.

1999년 일어난 이 사건은 익숙한 얘기다. 대학 운동선수, 술, 취약한 여성, 성폭행 혐의. 익명의 여성은 자신이 술에 취해 인사불성이었고 성관계에 합의할 수도 없었다며 파커와 셀레스틴을 고소했다.

피해자는 파커와 셀레스틴, 그리고 그들의 지지자들로부터 캠퍼스 내에서 괴롭힘과 협박을 당했다고 했다. 재판 기록에 따르면 피해자는 두 번이나 자살 시도를 하고 결국 자퇴했다. 2001년 재판은 사흘이 걸렸다. 강간 사건이 재판까지 간 것 자체가 드문 일이다. 파커는 이전에 해당 피해자와 합의하에 성관계를 가진 적이 있다는 증언이 부분적으로 인정돼 무죄로 풀려났다. 셀레스틴은 성폭행 혐의로 유죄판결을 받고 징역형을 선고받았지만 결국 선고는 뒤집혔다. 피해자는 소송을 제기한 후 괴롭힘을 당했으나 어떠한 보호도 받지 못했다며 펜실베이니아주립대학교를 고소했고, 그 합의금으로 1만 7,500달러를 받았다.

파커와 셀레스틴 모두 지금은 가정이 있고 성공적인 커리어를 누린다. 둘은 지금도 친구이자 공동작업자로 남아 있다. 피해자의 경우, 어린 아들을 남기고 2012년 스스로 목숨을 끊었다. 피해자는 더 이상 스스로를 대변할 수 없다.

파커는 과거를 공개적으로 인정하라는 요구에 형편없이 대응하고 있다. 나는 그에게 공감하고 싶지만 그의 언행 하나하나가 신경을 긁는다. 이를테면 1999년 일어난 일은 자신의 삶에서 "고통스러운 순간"이었단다. 그가 그 "고통스러운 순간"을 두고 한 말 대부분은 자신이 뭘 느꼈는지, 어떤 나쁜 영향을 받았는지에 관한 거다. 너무 유아唯我적이라 믿기 힘들 지경이다.

연예 매체인 〈데드라인Deadline〉과의 인터뷰에서 파커는 이렇게 말했다. "딸이 다섯이고 사랑스러운 아내도 있습니다. 어머니를 모셔와 함께 살고요. 여동생도 넷이나 있습니다." 파커는 본인이 선량하며 어쩌면 구제받을 만하다는 확실한 증거랍시고 주변 여성들을 거론한다. 그러나 아무리 그렇게 보이고 싶다 한들, 그 여성들이 그의 과거를 지워주진 못한다. 파커는 강간 재판을 둘러싼 상황에 관해 질문받게 될 걸 알면서도 여섯 살짜리 딸을 인터뷰에 데려갔다. 기이하고 영악하며 심지어 빈정대기까지 하는 행위였다. 지금까지도 그는 자신이 잘못한 게 전혀 없다고 믿고 있지만, 본인이 "성장"했고 "변화"했다는 말은 꼬박꼬박 뱉는다.

내게도 성폭력 피해 경험이 있기에 어느 한쪽으로 치우치지 않고 이런 이야기를 논하긴 어렵지만 그래도 노력은 해보겠다. 내가 본능적으로 믿는 것은 피해자의 말인데, 강간 피해를 고발함으로써 얻을 수 있는 건 사법제도가 주는 모욕과 대중의 조롱 외에는 아무것도 없기 때문이다. 강간으로 기소된 건 중 약 2~10퍼센트만이 거짓으로 판명된다. 그리고 술에 취해 의식이 없었다고 밝힌 여성과 성관계를 갖는 것, 심지어 친구를 대동하는 것은 사법체계가 동의하든 아니든 명확히 범죄다.

성폭력에 관해선 정의正義가 어디에 있는 건지 알 수가 없다. 아무도 모를 것이다. 강간학대및근친상간전국네트워크에 따르면 1000건의 강간 중 344건만 경찰에 신고되고, 그중 63건만 체포로 이어지며, 13건이 검찰에 송치되고, 7건이 중범죄 유죄판결로 이어지며, 전체 가해자 중 6명만이 징역형을 선고받는다. 범죄자들은 진정한 재활은 전혀 기대할 수 없는 망가진 수감 제도하에서 복역한다.

그렇다면 잘못된 결정을 내리거나 범죄를 저지른 사람은 그에 대한 대가를 얼마나 오랜 시간 치러야 할까? 펜실베이니아주립대학교 사건이 벌어진 이후로 17년이 흘렀다. 파커가 계속 지적하듯 그는 무혐의 처분을 받은 게 맞다. 그렇다면 스스로 변화했으니 용서받아야 한다는 그의 말을 믿어야 할까? 파커와 셀레스틴의 행위를 감히 젊은 시절의 경솔한 일탈 정도로 치부해야 할까?

지난 8월 16일, 파커는 페이스북에 적절치 못한 참회의 글을 올렸다. "저는 더없이 참담한 심정으로 이 글을 씁니다"라는 문장으로 시작하는 이 글에서 그는 여러 차례 자신을 "신앙 있는 사람"이라고 칭했다. 피해자의 죽음에 슬픔을 표했고, 논란이 되기 전까지는 그 사실을 전혀 몰랐다고도 했다. 그는 자신이 여성의 권리를 지지한다고 단언했다. 표면적으로는 진정성 있어 보이지만 공허한 성명, 본인 스스로를 구제하는 데 필요한 말을 앵무새처럼 되풀이하는 행위에 불과하다.

파커는 자신이 열아홉 살에 잘못된 결정을 했고, 이를 통해 교훈을 얻었음을 사람들이 믿어주길 바랐을 것이다. 우리 모두는 잘못된 결정을 하니까. 그러나 잘못된 결정과 강간 혐의 사이에는 깊은 협곡과도 같은 차이가 있다. 또한 그의 표현대로 인생에서 가장 고통스러운 순간을 함께한 남자와 계속 친구로 지내면서 진정으로 얼마나 변화했을지도 의구심이 든다. 셀레스틴은 〈국가의 탄생〉 각본 크레디트에 이름을 올렸는데, 그 사실을 접할 때마다 나는 매번 아연실색한다.

나는 수년간 파커의 배우활동을 즐거운 마음으로 지켜보았다. 〈그레이트 디베이터스The Great Debaters〉(2007)에서의 역할이나 〈블랙버드Beyond the Lights〉(2014)에서의 강렬한 연기 같은 것. 동성애혐오로 읽히는 남성성에 관한 몇몇 발언은 달갑지 않았다. 예컨대 "흑인 남성성을 잃지 않기 위해" 동성애자 연기는 절대로 하지 않겠다고 말한 인터뷰가 있는데, 무슨 소린지 모르겠다. 다른 창작자들에게 그러하듯 나는 그의 재능과 결점을 함께 수용해야 한다고 여겼다.

오랫동안 우리는 나쁜 남자도 좋은 예술을 만들 수 있다는 사실을 직시해야 했다. 어떤 이들은 창작물과 창작자를 아무렇지 않게 분리해서 생각한다. 나는 그런 사람이 아니고 그렇게 되고 싶지도 않다. 사람이란 복잡한 존재이며 누군가를 그가 저지른 최악의 행동으로만 단정할 수 없다는 걸 알고 있지만, 가령 나는 이제 빌 코즈비의 수많은 성폭행 혐의를 떠올리지 않고서 〈코즈비 쇼The Cosby Show〉를 볼 수가 없다. 불현듯 그의 농담들이 하나도 웃기지 않다.

나의 흑인성과 영화 속에서 재현되는 흑인의 삶을 더 많이 보고 싶다는 욕망을 내 여성성, 내 페미니즘, 내 성폭력 경험, 내 인간성과 분리할 수 없듯, 나는 작품과 예술가를 분리할 수 없다.

〈국가의 탄생〉은 중요한 작품으로, 꼭 봐야 할 영화이자 꼭 귀기울여야 할 이야기로 회자되고 있다. 나는 아직 영화를 보지 않았고 앞으로도 보지 않을 것이다. 내 정체성을 이루는 다양한 표지를 서로 분리할 수 없듯, 아무리 좋은 작품이고 '중요한' 영화라 해도 똑같이 중요한 이야기를 지닌 여성, 이제는 세상을 떠나 스스로 말할 수 없게 되었으며 어떠한 형태의 정의도 구현할 수 없게 된 그 여성의 존엄성보다 영화를 더 중요시할 수는 없다. 아무리 공감해보려 해도 그것까지는 불가능하다.

뉴욕타임스 2016년 8월 19일

남성들이여, '유투'입니다

성폭력의 범위를 다룬 통계를 보면 언제나 등골이 서늘해지지만, 그런 통계조차도 여성들이 실제로 겪는 추행과 폭력의 진정한 너비와 범위를 포착하는 데는 거의 도움이 못 된다. 페미니즘 담론은 강간 문화에 대해 논하지만, 우리의 말을 누구보다 제대로 들어야 하는 문제의 원인 제공자인 남성들, 그리고 그들을 봐주려는 마음을 지닌 여성들은 강간 문화 자체가 존재한다는 사실에도 반기를 들고 싶어한다.

흔히들 여성이 히스테리를 부린다고 한다. 웃자고 한 소리를 웃어넘기지 못한다고. 지나치게 예민하다고. 그저 다르게 입고 다르게 행동하고 다르게 느껴야 한다고.

회의주의자들은 여성으로서 이 세상을 살아가며 겪는 냉혹한 현실을 직시하지 않기 위해 온갖 정신적 곡예를 기꺼이 수행한다.

그러다 하비 와인스타인처럼 유명하지만 널리고 널린 인간이 성범죄자라는 사실이 밝혀진다. 아니, 더 정확하게 표현하자면 공공연한 비밀이 더는 비밀로 남아 있지 않고 뉴스를 장식한다. 진상은 기괴하고 부조리하다(앞으로 누가 목욕 가운을 이전과 같은 시선으로 바라볼 수 있을까?). 더 많은 여성이 용기를 내어 유명인 혹은 그들과 같은 족속인 가해자들에게 당한 피해 경험을 공유한다. 이들이 폭로하는 이유는 우리 모두 이 시대가 우리의 증언을 필요로 한다는 걸 알고 있기 때문이다. 여기 내가 여태껏 짊어진 짐이 있다는 증언. 바로 여기 모든 여성이 짊어진 짐이 있다는 증언.

그러나 우리는 짊어지는 데 지쳤다. 할 만큼 했다. 이제 남성들이 나서야 할 때다.

솔직히 고백하자면 개인적으로든 공공연하게든 성폭력에 대해 생각하는 건 신물이 난다. 수년 동안 그것에 대해 말하고 글을 쓰고 온 갖 트윗에 답했다. 이 주제를 심신이 너덜너덜해지도록 다뤄왔지만, 언젠가 '강간 문화'라는 문구가 구시대적인 개념이 되어 우리 언어에서 완전히 사라질 날까지 이 작업을 계속해야 한다는 사실을 알고 있다. 나는 유토피아를 꿈꾸진 않지만 지금 우리가 사는 이곳보다 더 나은 세상은 감히 꿈꾼다.

우리는 더 나은 세상과 아주 멀리 떨어져 있다. 겉보기에 선의를 가진 듯한 많은 사람이 강간 문화의 계율을 믿는다는 게 부분적인 이유다. 너무 많은 사람이 악한 남자는 손에 꼽는다고 믿고 싶어한다. 너무 많은 사람이 자기 주변에는 악한 남자가 없다고 믿고 싶어한다. 너무 많은 사람이 스스로가 악한 남자라는 사실을 깨닫지 못한다. 너무 많은 사람이 성추행은 할리우드나 실리콘밸리 같은 데서만 벌어지는 문제라고 믿고 싶어한다. 실은 업계를 가리지 않고 어디서나 일어나는 게 성추행인데도. 남성들의 부당한 관심과 의도에서 벗어날 출구는 없다.

바로 그 똑같은 사람들이 여성들에게 성폭력과 성추행을 피할 수 있는 방법이 있다는 신화를 무턱대고 믿는다. 더 상냥하게 굴거나, 술을 덜 마시거나, 덜 자극적인 옷을 입거나, 미소를 짓거나, 작은 고마움을 표시하거나, 어쩌거나 저쩌거나 해야 한다고. 남자는 다 그러니까, 남자들은 너무 연약하고 성적 욕구로 가득차 있어 원초적인 충동을 주체하지 못하니까.

어떤 이들은 여성들 스스로 폭력을 피할 수 있지 않느냐고 넌지시 말한다. 정숙한 옷을 입거나 눈에 띄는 외모에 감사해하는 식으로 말이다. 혹은 도나 캐런*이 말한 것처럼 "우리 여성의 관능미와 섹슈얼리티를 오히려 총동원"하면 "그런 요구"를 피할 수 있다고 주장한다. 이렇게 뒤통수를 맞을 때마다 우리가 짊어진 짐은 점점 더 무거워진다.

이건 성폭력과 여성의 취약성을 논할 때마다 빠짐없이 등장하는 반박인데, 이러한 논리가 간과하는 것은 특정한 외모 기준에 들어맞지 않거나 특정한 옷을 입지 않았다고 해서 원치 않는 남성의 관심을 피할 수 있는 사람은 없다는 사실이다. 피할 수 있었다면 운이 좋았던 것이다.

성폭력은 권력의 문제다. 물론 성적인 요소도 일부 있겠지만 대부분의 경우 타인에게 압력을 행사함으로써 쾌감과 만족을 얻는 게 핵심이다. 이 점을 잊으면 안 된다. 안 그러면 성폭력이나 성추행을 당했음에도 '통상적으로 볼 때 매력적'이지 않은 이들은 무시되고 침묵당하거나 더 심한 경우 진실성을 의심받기 때문이다.

여성들 역시 자신이 겪은 일을 "그렇게까지 심하진 않았다"고 깎아내리곤 한다. 그냥 캣콜링**이었을지도 몰라. 그냥 남자가 나를 한 번 붙잡은 것뿐이야. 남자가 나를 벽에다 밀친 것뿐이야. 남자가 그냥 나를 강간했을 뿐이야. 무기를 가지고 있지도 않았어. 열 블록 지나선 날 따라오지 않았어. 멍도 많이 안 들었어. 나를 죽이진 않았으니 그렇게까지 심한 건 아니야. 이 나라에서 내가 겪는 일들은 세계

---

* 미국의 패션 디자이너로 패션 브랜드 DKNY를 창립했다.
** 길거리에서 낯선 사람, 주로 젊은 여성을 향해 추근거리는 말을 던지거나 휘파람을 부는 등의 성희롱.

다른 지역의 여성들이 겪는 것과는 비교도 안 돼. 이런 말들을 계속해서 반복하는 건 그런 말을 스스로에게 건네야 해서인데, 만일 우리의 현실이 얼마나 심각한지 직시하게 되면 더는 한순간도 그 짐을 짊어지지 못하게 될지 모르기 때문이다.

와인스타인의 혐의가 드러난 이후 온라인상에는 추잡한 디엠DM 발송부터 강간까지 온갖 범죄를 저지른 방송계 남자들의 명단이 익명으로 올라왔다. 그리고 그 명단은 등장하자마자 사라졌다. 나는 그 명단을 보았다. 단지 성격상 성적인 행위가 아니라는 이유로 그 명단에 들어맞지 않은 자도 몇 있지만, 개중에는 명확한 경고를 받고 공개적인 망신을 당해야 마땅한 남자들도 있었다. 내가 살고 있는 인디애나주의 작은 마을, 미디어의 영향력 바깥에 놓인 곳에서도 이미 얘기가 돌기 시작했다.

악한 남자들에 대한 공공연한 비밀은 널리고 널렸다.

명단이 유포되자 명예훼손과 익명 폭로가 윤리적인지 여부를 두고 많은 이들이 부들거렸다. 악하다는 혐의를 받은 남자 명단이 존재한다는 사실만으로도 우리가 믿어야 할 '선량한 남자들'이 피해를 입을까봐 다들 걱정이 태산이었다. 그리고 '경미한' 위반이 더 심각한 사안들과 뒤섞일 수 있다는 우려도 있었는데, 마치 여성들에게 직업적 맥락에서 적절한 행동과 적절치 못한 행동을 비판적으로 사고하거나 분별할 역량이 부족하다는 식이었다. 여성들이 겪은 고통보다 남성들이 입을 피해를 걱정하는 데 더 힘을 쏟았다. 확실한 물증을 제시해도 자신의 경험을 믿어주는 사람이 없었으므로 여성들은 자신이 겪은 질 나쁜 남자들에 대한 경고를 전하는 귓속말 네트워크를 오랜 세월 구축해왔고 그에 의지해야 했다.

한편, 여성들과 일부 남성들이 성추행과 성폭력의 경험을 폭로하는 해시태그 #metoo가 있었다. 나도, 나도, 나도. 나 역시 동참할까 싶었지만 너무 지쳐 있었다. 다쳤다고, 셀 수 없이 많은 상처를 입었다고 말하는 것 외에는 내가 겪은 폭력의 역사에 관해 할 수 있는 말이 더는 없었다. 나는 어떤 끔찍한 일도 더이상 고통으로 여겨지지 않을 만큼 상처를 입었다.

우리는 이미 피해자들의 이야기를 알고 있다. 여성들은 공개적으로든 사적으로든 언제나 상처를 증언한다. 그런데 증언이 시작되면 유독 남성들이 성폭력이 그토록 만연하다는 데 충격을 받고 놀라는데, 그건 그들이 망각이라는 사치를 누릴 수 있기 때문이다. 그런 다음 겁에 질려서는 모든 남자가 가해자는 아니고 일부 나쁜 남자들과 한데 묶이고 싶지 않다며 허겁지겁 여성들의 고통을 여성들만의 것으로 만들어버린다. 여성들이 자신들의 증언에 또 새로운 내용을 추가하지 않으려고 온갖 종류의 방어적인 행동과 전략을 취해야 할 만큼 충분히 많은 남자가 가해를 저지르고 있음에도, 남자들은 그 사실을 직면하지 않기로 선택한다. 그리고 너무 당황한 나머지 이렇게 묻는 남자들도 있다. "내가 뭘 할 수 있을까요?"

답은 간단하다.

남성들도 여성들이 오랜 세월 해왔던 증언에 참여하면 된다. 크고 작은 방식으로 여성들에게 상처 주었다고 고백하면서 앞에 나서서 "미투"라고 말하면 된다. 좁은 사무실 복도에서 여성을 몰아세웠다고, 동료들에게 외설적인 발언을 했다고, 거절을 거절로 받아들이지 않았다고, 여성이 섹스에 죄책감을 느끼게 함으로써 취약하게 만들었다고 증언하면 된다. 남성들이 폭력이나 추행을 목격하고도 외면하거나 웃어넘기거나 마음속으로 여성이 바라는 일일 거라 여겼던 경험들에 대해 이야기하는 일 역시 힘이 될 것이다. 이제는 남성들이 스스로 답을 찾기 시작할 때다. 여성들이 만들어내지도 않은 문제를 여성들끼리만 해결할 수는 없으니까.

뉴욕타임스 2017년 10월 19일

친애하는 남자 동료들

제멋대로 복귀하는 특권

#미투 운동은 활동가 타라나 버크가 처음 문구를 만든 이후 10년여 지속돼오다 2017년 대중화됐다. 하비 와인스타인, 마리오 바탈리, 맷 라워, 케빈 스페이시, 루이 C.K., 찰리 로즈를 비롯한 남자들이 성희 롱과 성추행, 그리고 심지어 강간까지 했다는 사실이 밝혀지며 책임 을 추궁당하던 게 그때다. 지난 몇 달간 여론이라는 이름의 법정에서 이 남자들의 악행에 대한 소송이 진행되었다. 몇몇은 직장을 잃었다. 하비 와인스타인은 형사 고발을 당했다. 위신은 추락했으나 이들이 떨어진 곳은 엄청나게 푹신한 지점이었다.

반면 여론은 피해자들의 말을 믿지 않았다. 피해자들은 관심을 끌 고 싶어한다는 비난을 견뎌야 했다. 정의 실현은 몹시 요원했다. 대 중 담론은 상상할 수 있는 모든 상황에서 성범죄가 심각하게 만연하 다는 사실을 인지하기보다는 #미투 운동이 너무 멀리 간 게 아니냐 는 질문에 치우쳐 있었다.

2017년 11월, 코미디언 루이 C.K.는 여성들 앞에서 동의 없이 성 기를 노출하고 자위했다는 사실을 인정한 후 이번달까지 종적을 감 췄다. 그러다 지난 일요일 밤, 뉴욕 코미디 셀러* 무대로 돌아왔다. 순진한 관객에게 본인의 존재를 받아들이도록 강요하는 방법을 새 로 찾아낸 게 분명하다. 그는 약 15분간 공연을 한 다음 기립 박수를 받았다. 수치스러운 짓거리를 시인한 지 불과 9개월 만의 일이다.

한때 권력을 누리다 그 체면에 먹칠한 다른 남자들 역시 돌아올

---

* 뉴욕 맨해튼의 유명 스탠드업 코미디 클럽.

준비를 하고 있다. 맷 라워는 다시 공론장으로 복귀하겠다고 밝혔다. 찰리 로즈와 마리오 바탈리가 곧 복귀할지도 모른다는 이야기가 오가고 있다.

이들 각각의 혐의가 밝혀진 지 채 1년이 되지 않았고, 누구 하나 공개적으로 뉘우치는 모습을 보인 적이 거의 없다. 사과를 한 경우에는 매우 신중하게 단어를 골라 법적으로 검증된 진술만 썼다. 그들은 책임을 회피했다. 스스로 잘못한 게 없다고 믿는다는 사실을 드러냈다. 더 극악무도한 건 사람들이 저 남자들에게 구원의 길을 열어달라고 #미투 운동을 향해 요청했다는 사실이다. 마치 가해자들의 구원을 돕는 일이 피해자의 일차적인 책임인 것처럼 말이다.

'한 남자가 평생 자기 잘못에 대가를 치러야 하는가?' 이는 공인이 저지른 성추행 및 강간 사건에서 정의를 논할 때 언제나 제기되는 질문이다. 자신이 저지른 짓에 대해 아무런 법적 처벌도 받지 않고 금전적으로도 거의 영향받지 않은 남자는, 그렇다면 언제까지 그 대가를 치러야 맞는가?

2018년 6월, 나는 시인이자 활동가인 아자 모넷과 최근 내가 엮은 강간 문화 관련 앤솔러지 『낫 댓 배드Not That Bad』(2018)에 관해 이야기하며 성폭력 피해자를 위한 정의는 어떠해야 하는지 대화했다. 우리는 가해자의 갱생과 피해자의 정의를 실현할 수단으로, 피해자와 가해자가 범죄와 고통을 서로 받아들이기 위해 함께 노력하는 회복적 정의에 관해 이야기를 나누었다.

나는 회복적 정의 개념이 마음에 들었다. 내가 경험한 폭력에 대해 가해자들과 이야기함으로써 정의를 실현할 수 있고, 그들이 저지른 범죄에 적절한 처벌의 수위를 결정하는 데 내가 참여할 수도 있겠구나 싶었다. 회복적 정의는 그들이 빼앗아간 내 주체성을 되찾는 과정일 수 있다. 수감 제도 역시 문제가 많지만, 나는 그 남자들이 감옥에 갇혀 내게 저지른 폭력을 오랫동안, 그리고 깊이 성찰했으면 싶기도 하다. 내가 30년간 해온 것처럼 그들 역시 자기 행동에 실질적인 대가를 치르길 바란다. 내가 견딘 것을 그들도 견디게 만들고 싶은 마음이 내게는 있다. 회복 따위에는 관심 없는 마음이 내 안에 존재한다. 마음 한구석에서 나는 복수를 원한다.

바로 이 지점이 성폭력에서 정의를 실현하기 어려운 이유다. 범죄의 여파가 평생 갈 수도 있다는 것. 만족스러운 정의 구현은 불가능할지 몰라도, 성추행과 성폭력의 피해자들에게 어떠한 정의도 실현되지 않는 경우가 너무도 많기에 우리는 분명 지금보다는 잘할 수 있다.

우리는 피해자를 위한 정의를 고민하는 일에는 힘을 거의 쏟지 않으면서, 성추행과 폭력을 저지르는 남자들을 생각하는 데 지나치게 공을 들인다. 그들이 저지른 실수 때문에 어떻게 되진 않을지 걱정한다. 그들로 인해 고통받은 이들에 대해서는 그만큼 걱정하지 않는다. 피해자보다 가해자에게 더 쉽게 공감하는 사람이 너무 많다.

잘못을 저지른 이들에게도 구원받을 길이 있어야 한다고 믿어야겠지만, 9개월 동안 재정적 안락함을 누리면서 자진해서 망명하는 방식은 결코 그 길이 아니다. #미투 운동으로 미미한 대가를 치렀을 뿐인 자들이 구원을 바라기엔 너무 이르다. 사람들은 귀환 서사를 좋아하고, 이제 막 고통과 화해하기 시작한 피해자들을 희생시키면서까지 그 서사를 찾고 싶어하는 경우도 너무 많다.

루이 C.K.를 예로 들어보자. 여성 코미디언들 앞에서 성기를 노출하고 자위행위를 한 게 다가 아니다. 그가 고용한 이들이 피해자들의 커리어에 훼방을 놓았다는 사실도 알려졌다. 그럼에도 불구하고 그는 서사의 주도권을 쥐고 있다. 규칙을 어긴 다음, 본인의 잘못에 책임을 져야 할 때는 자신만의 규칙을 만드는 식이다.

루이 C.K. 같은 인간은 자신이 저지른 일에 대해 언제까지 대가를 치러야 할까? 적어도 그가 성범죄를 저지른 피해 여성들을 침묵시키려고 애쓴 기간만큼은, 그의 가해행위로 피해자들이 스스로를 의심하고 고통받았던 기간만큼은, 그의 행각에 대해 공공연한 소문이 오갔음에도 불구하고 코미디계가 그를 감싸줬던 기간만큼은 지나야 한다.

자신이 무슨 잘못을 저질렀고 그로 인한 피해가 얼마나 심각한지 어느 정도 이해할 때까지 그는 대가를 치러야 한다. 그가 입을 막은 탓에 피해자들이 할 수 없었던 모든 일에 대해 금전적 보상을 하려고 노력해야 한다. 피해자들이 그 세월 동안 누렸어야 마땅한 직업적 기회들을 이제라도 얻을 수 있도록 도와야 한다. 피해자들의 정신건강 치료비를 그들이 필요로 할 때까지 대야 한다. 성추행, 성폭력 피해자를 돕는 비영리단체들에 기부해야 한다. 변명도, 난해한 법률 용어 사용도, 회피도 하지 않고 자신이 한 짓과 그게 잘못인 이유를 공개적으로 시인해야 한다. 모든 성추행, 성폭력 가해자가 이렇게 해야 옳다.

여론이라는 법정에서 가해자가 아닌 피해자를 위한 정의를 어떻게 구현할 수 있을지 우리는 고민해야 한다. 루이 C.K.가 여성들 앞에서 자위행위를 한 게 아니라 무슨 운동경기라도 했다는 듯 뻔뻔히 코미디 클럽에 들어가 공연했다는 사실이 고통스럽다.

범죄가 밝혀지고, 가해자가 맹비난을 받고, 머지않아 이 모든 일을 용서받은 듯 '컴백'을 기획하는 익숙한 서사를 목격하는 일은 괴롭다. 많은 이들이 복귀를 바랄 정도로 본인을 문화적으로 중요한 존재라고 여긴다는 게 괴롭다. 이 남성들과 일부 여성들이 피해자들에게 사적으로 어떠한 사죄를 했든 상관없이 체면을 지키거나 대중을 달래기 위해서가 아니라 진정으로 참회하기 위한 공개적인 행동이 있어야 한다. 그때까지 그들은 회복적 정의든 구원이든 받을 자격이 없다. 그것이 바로 그들이 저지른 잘못에 대해 치러야 할 대가다.

뉴욕타임스 2018년 8월 29일

남자들이 이보다는 잘할 줄 알았지

나는 〈성범죄수사대: SVU Law & Order: Special Victims Unit〉를 자주 본다. 내가 아는 많은 여성들도 그렇다. 19시즌에 걸친 모든 에피소드를 거의 다 봤고 대부분 여러 번 돌려봤다. 몇 번을 봤어도 에피소드 열두 편쯤은 처음부터 끝까지 그냥 정주행한다. 성폭행을 둘러싼 충격적인 이야기 구조나 세상이 끔찍하게 돌아가는 방식을 보고 있자면 종종 이 방송을 계속 보려는 의지 때문에 괴롭기도 하지만, 이 드라마에는 무척 마음에 드는 요소가 있다. 피해자들이 언제나 정의를 실현하는 건 아니지만 대개의 경우 특수수사대SVU가 이들의 말을 믿어준다. 수사대는 피해자들의 이야기에 귀를 기울이고 그들의 말을 존중한다. 정의는 여전히 요원하지만 드라마에선 가능성의 영역 안에 존재한다.

현실에선 그렇지 않다. 성범죄와 성추행이 그토록 만연하다는 걸 우리 모두 알고 있음에도 여성들의 이야기는 신뢰받지 못한다. 여성들의 경험은 여전히 축소된다. 그리고 범죄를 저지른 남성 가해자들에게는 온갖 관용을 베푼다.

지난 몇 주 동안 우리는 범죄를 저지르고 위신이 추락한 남자들의 이야기를 접했다. 작가인 존 호켄베리는 『하퍼스Harper's』에 「망명」이라는 글을 실었는데, 거기서 그는 여러 명의 여성으로부터 성희롱 혐의로 고소당한 후 잃어버린 삶을 애통해하고 있다. 그는 에세이 전반에 걸쳐 극성스럽게 자기연민을 드러내며 본인이 받은 여러 오해가 부당하다고 불만을 토로한다. 그리고는 마치 직장 내 성희롱이 무슨 대단히 로맨틱한 이야기의 서장이라도 되는 양, 낭만은 죽었다고 선언한다. 현대 여성들이 감히 스스로를 위해 목소리를 냄으로써 낭만을 저버렸다고.

성폭행 및 성희롱 혐의로 기소된 전 CBC 라디오 진행자 지안 고메시 역시 자기인식이 완전히 결여된 에세이를 썼다. 『뉴욕 리뷰 오브 북스The New York Review of Books』에 게재된 「해시태그에 대한 성찰」이라는 이 글에서 고메시는 간결하고도 함축적이다시피 한 문체로 다종다양한 범죄 및 성범죄 혐의로 기소된 이후 자신의 삶을 반추한다(그는 2016년 성폭행 혐의에 대해 무죄판결을 받았다). 그는 스스로를 비이성적인 세상에 사는 이성적인 사람으로, 자신이 만든 서사 안에서 이해받지 못하는 영웅으로 묘사한다.

더군다나 그 에세이들은 한때 내가 높이 평가했던 매체들에 실렸다. 다른 데선 훨씬 더 궁색한 글들이 발행됐는데, 자신이 행한 짓 때문에 망가진 삶은 생각하지 않고 자신의 삶이 어떻게 망가졌는지에만 몰두하는 남자들이 쓴 글들이었다.

이러한 기록에는 자신이 저지른 잘못에 책임을 지거나 진정으로 그 잘못을 인식하려는 자세를 찾아볼 수 없다. 그들은 자신들의 본모습이 드러난 사안에 관해 자격지심과 분노와 경멸을 표출한다. 이런 글을 실어주는 이들은 성추행 가해자를 지적으로 흥미로운 존재처럼 대한다. 그들은 여성들보다 망한 남성들에게 자진해서 공감을 표하는데, 여성은 고통받는 쪽이라는 문화적 편견 때문이다. 우리는 여성들의 고통을 불가피한 것으로, 고귀한 것으로 미화한다. 여성들은 지겹도록 온몸을 열어 보이며 폭로한다. 고통스러운 이야기를 공유한다. 그러나 세상은 꿈쩍도 하지 않는다.

1년 전, 하비 와인스타인의 혐의가 최초로 폭로되었을 때 나는 남성들이 깨달음의 순간에 어떤 행동을 했으면 하는지 글을 썼다. "남성들도 여성들이 오랜 세월 해왔던 증언에 참여하면 된다. 크고 작은 방식으로 여성들에게 상처 주었다고 고백하면서 앞에 나서서 '미투'라고 말하면 된다." 내가 순진했던 것 같다. 아니면 품위를 너무 믿었던 걸지도 모른다. 그러나 남자들이 스스로를 돌아보긴커녕 본인이 저지른 악행 때문에 본인이 피해를 입었다고 주장할 줄은 꿈에도 상상 못했다.

〈성범죄수사대: SVU〉를 자주 본다고 썼는데, 지난 1년 동안은 드라마보다 훨씬 더 해로운 일들이 현실에서 일어났다. 매력적인 출연진도, 이따금 주어지는 정의 실현이라는 만족스러운 보상도 없이 말이다. 매일같이 끔찍한 일을 저지른 남자들에 대한 새로운 폭로가 쏟아진다. #미투 시대에, 여성들은 남성들로 인해 어떤 고통을 겪었는지 계속해서 드러내 보였다. 우리는 다른 이들이 우리를 믿어주지 않고, 우리의 평판을 떨어뜨리고, 우리에게 모멸감을 줄 거란 걸 알면서도 그렇게 했다. 유구한 역사가 반복되는 모습을 우리는 수도 없이 지켜봤다.

1991년, 어니타 힐은 상원 법사위원회 앞에서 클래런스 토머스에게 성희롱을 당했다고 증언했다. 거짓말탐지기를 통해 힐이 진실을 말하고 있다는 사실이 확인됐다. 사람들은 어니타 힐을 믿어주지 않고, 평판을 추락시키고, 모멸감을 주었다. 토머스는 대법관에 임명돼 지금까지도 자리를 꿰차고 있다.

2018년, 다시 여기로 와보자. 또다른 여성 크리스틴 블레이시 포드가 대부분 남성으로 구성된 판사들 앞에서 대법관 후보자 브렛 캐버노에게 당한 성폭행을 증언했다. 포드 역시 거짓말탐지기로 자신의 말을 검증했다. 포드는 전 국민 앞에서 자신의 진실을 말했다. 애국심에서, 공익을 위해 용기를 내어 앞으로 나선 결과 그의 삶은 산산조각났다. 그럼에도 여전히 포드를 의심하는 자들이 있다. 믿을 만하지 않다고 일축하는 자들이 있다. 그리고 설령 그의 말을 믿는다 하더라도 그들은 포드가 겪은 피해의 경험이 캐버노 판사가 직업적 기회를 잃는 이유가 되어선 안 된다고 여긴다.

캐버노 판사는 본인의 비통함을 글로 적을 필요도 없었다. 생방송으로 전 세계 시청자들 앞에서 직접 비통함을 밝힐 수 있었으니까. 스스로를 대변하며 발언할 때 그는 분노를 표출했고 정의를 들먹였으며 자기중심적이었고 자격 운운했다. 눈물도 흘렸다. 노려보기도 했다. 〈성범죄수사대〉의 그 어떤 에피소드도 뛰어넘는, 믿기지 않을 정도로 드라마틱하고도 장엄한 퍼포먼스였다. 캐버노 판사는 자신에게 질의한 거의 모든 민주당 상원의원의 말을 가로챘다. 하비 와인스타인의 혐의가 보도된 지 1년이 지난 시점에서, 이 연방법원 판사는 자신이 대법관에 오를 자격이 있다는 신념을 털끝만큼도 의심하지 않고 방종한 망나니처럼 굴었다.

캐버노 판사는 위원회에서 진술을 하며 성범죄 혐의를 받는 바람에 본인 인생이 망가졌다고 말했는데, 이미 종신 대법관 임명이 확정되다시피 한 상태였다. 호켄베리와 고메시 역시 본인 삶이 너무 망가졌다며 한탄한다. 남자가 망가지는 기준은 굉장히 낮은 게 분명하다. 부디 우리 모두 삶이 딱 그만큼만 망가질 정도로 운이 좋기를.

역사는 다시금 반복되고 있다. 우리 사회가 여성을 믿고, 거기서 그치지 않고 여성을 해치는 짓거리를 용납 못할 만큼, 생각조차 못할 만큼 여성을 가치 있는 존재로 대우할 때까지 역사는 계속해서 끝도 없이 반복될 것이다.

뉴욕타임스 2018년 10월 5일

친애하는 남자 동료들

잔인할 정도로 솔직한 헛소리

코미디에 관해선 똑같은 논쟁이 계속해서 반복된다. 쟁점을 먼저 짚어보자. 예술 창작은 제한 없이 이루어져야 한다. 표현의 자유가 무엇보다 중요하다. 때로는 좋은 예술이 우리를 불편하게 만들며, 때로는 나쁜 사람이 좋은 작품을 만들기도 한다. 특히 코미디언들은 온 사방으로 펀치를 날릴 수 있다.

그런가 하면 이것도 사실이다. 코미디는 비평의 대상이다. 가장 유명하고 부유한 축에 속하는 코미디언들이 자신들에게 의문을 던지는 사람들을 끊임없이 모욕할지라도. 그냥 웃자고 한 소리잖아, 안 그래? 그냥 웃어넘겨. 코미디언의 말에 이의를 제기하면 문제 제기한 사람이 문제가 되는 이런 구조에서는 모든 비평이 가로막힌다. 네가 편협한 거지, 네가 '유약한' 거지, 네가 유머를 모르는 거지.

데이브 셔펠은 감히 본인의 코미디에 문제를 제기한 여성더러 "닥쳐"라고 말한 때를 회상하며 성차별적인 비속어를 쓰고, 본인이 얼마나 위트 있는 사람인지 떠벌린다. 마치 자신이 이 독창적이고도 찰진 대사를 처음 뱉은 남자인 것처럼. "널 죽여서 트렁크에 넣기 전에. 여기 아무도 없잖아." 청중은 환호하고, 셔펠은 자신이 그 여성을 진짜로 협박한 건 아니라고 덧붙인다. "그러고 싶긴 했지만 그렇게 말한 건 아니거든. 내가 그것보단 똑똑하지."

셔펠은 넷플릭스의 최신 코미디 스페셜 〈더 클로저The Closer〉에서 쇼의 상당 분량을 비판에서 교묘히 빠져나가는 데 쓴다. 코미디언이 얼마나 유약한지를 72분 동안 공공연히 보여주는 무대인 셈이다. 스탠드업 코미디계의 자칭 'GOAT(역대 최고)'는 대여섯 번 걸출한 유머를 선보이는데 그 전후로는 앞뒤가 안 맞고 잔뜩 흥분해 터져나오는 분노, 여성혐오, 동성애혐오, 트랜스젠더혐오의 장광설이 웃음기 없이 자리한다.

〈더 클로저〉에 탁월함이 있다면 그건 셔펠이 뻔하지만 우아한 수사법으로 본인 쇼에 대한 문제 제기를 부당한 것으로 몰아간다는 점이다. 그는 단지 "잔인할 정도로 솔직할" 뿐이다. 단지 아무도 대놓고 말하지 않는 걸 소리 내어 말할 뿐이다. 단지 "사실"을 지적할 뿐이다. 단지 우리가 생각이란 걸 하게 할 뿐이다. 그러나 그 코미디 쇼의 구성 자체가 정당한 비판으로부터 스스로를 격리하고 원하는 대로 아무 말이나 하기 위한 전략으로 설계되어 있다면, 그게 진짜 코미디인지 나로선 모르겠다.

쇼 내내 셔펠은 최근 몇 년간 그래왔듯 LGBTQ 커뮤니티에 유난히 집착한다. 손닿는 거리에 있는 열매라면 다 따서 아무렇게나 먹어치운다. 셔펠의 악다구니 중 상당수는 화들짝 놀랄 만큼 구시대적인데, 동성애라는 개념에 잔뜩 흥분하는 보수적인 베이비부머 세대에서나 나올 법한 발언들이다. 때로 그는 쉰 소리가 날 정도로 목소리를 깔아 위대한 지혜를 건네줄 것처럼 속삭인다. 그러나 지혜의 말은 일언반구도 없다. 가끔 오, 이런, 나 망했네, 하며 자제를 모르는 장난꾸러기 소년처럼 굴기도 한다.

온갖 헛소리 사이에는 제멋대로 안온하게 백인성을 주장하는 백인 게이 커뮤니티에 관한 흥미롭고도 정확한 관찰이 엿보이기도 한다. 인종적 평등을 향한 진전은 너무도 더딘 데 비해 성소수자 커뮤니티는 상대적으로 상당한 진보를 이루었다는 설득력 있는 통찰도 있다. 그러나 이 공식 안에 흑인 게이의 자리는 없다. 셔펠은 소외된 집단들을 서로 대립시키면서 트랜스젠더가 흑인 분장이나 다름없는 젠더 연기를 하는 거라며 냉소를 던진다.

곧이어 셔펠은 흑인 게이라면 결코 자신이 반대하는 행동을 하지 않을 거라고 말하는데, 많은 이들이 여기에 이의를 제기할 것이다. 가령 시인 사이드 존스는 〈더 클로저〉를 보며 배신감을 느꼈다고 『GQ』에 썼다. "한때 존경했던 사람에게 칼을 맞은 기분이었는데, 이제 그는 나더러 피 좀 그만 흘리라고까지 요구한다."

쇼의 말미에 셔펠은 웹스터 사전의 정의를 인용하며 페미니즘에 관해 횡설수설하고는 한술 더 떠 자신의 독서가 얼마나 일천한지 적나라하게 내보인다. "페미니스트"가 "촌스러운 다이크"라는 뜻인 줄 알았다는 낡아빠진 농담을 또 하고 있다니. 음, 이건 무슨 말인지 알겠다. 만약 내가 그의 레이더망에 있었다면 그는 나를 촌스러운 다이크, 아니면 더한 표현으로 불렀을 거다(어떤 이들은 이런 평가가 정확하다고 여길 수도 있겠다. 다행히 내 아내는 그렇게 생각하지 않는다). 그러다 드물게 제정신이 되는 순간에 셔펠은 주류 페미니즘의 역사 속 인종차별을 논한다. 드디어 제대로 방향을 잡았구나 싶을 때, 그는 #미투 운동에 대해 앞뒤가 안 맞는 악다구니를 쓰기 시작한다. 대체 뭘 말하려는 건지 종잡을 수가 없다.

셔펠이 한때 위대한 코미디언이었을지는 몰라도 지금은 그저 퇴색한 모조품에 지나지 않는다. 본인에게 중요한 플랫폼을 이용해 자신이 경멸하는 수많은 이들에 대한 불만을 쏟아내며 어떤 책임이든 교묘하게 회피하면서 말이다. 그의 메시지는 이거다. 내 사고방식이 맘에 안 들면 나 말고 너희가 문제야.

이 유해한 공연은 셔펠이 자살로 세상을 떠난 트랜스젠더 친구이자 코미디언 대프니 도먼에 대한 가슴 아픈 사연을 꺼낼 때 최고조에 이른다. 그 친구도 내 코미디를 괜찮아했는데, 감히 다른 누가 문제를 제기해? 이 이야기는 씁쓸하면서도 달콤하고 때론 웃기다가 비극으로 끝나는데, 최악인 건 셔펠이 펀치라인에 스스로 몹시 만족한다는 점이다. 친구의 죽음을 이용해먹으면서도 그는 자신이 논쟁에서 이겼다고 생각한다. 그것도 코미디를 위한답시고. 물론 우리는 도먼을 전혀 모르니 이런 식의 설명을 반박할 수도 없다. 그건 우리를 난감한 상황에 몰아넣는 일이다. 그렇게 또 한번 셔펠은 모든 반발을 차단한다.

〈더 클로저〉에서 가장 기이하고도 강력한 장면은 셔펠이 상당히 심각한 동성애혐오 발언으로 뉴스에 오른 래퍼 다베이비, 그리고 역시나…… 동성애혐오 발언으로 아카데미 시상식 진행자 자리를 잃은 적 있는 동료 코미디언 케빈 하트를 옹호하는 순간이다. 두 남자 모두 잘못된 발언으로 직업적인 대가를 치렀지만 퇴출된 적은 없다. 하트는 여전히 세계에서 가장 높은 연봉을 받는 코미디언 중 한 명이다. 다베이비는 스포티파이에서 월간 4300만 명 이상의 청취자를 자랑한다.

쇼가 끝날 무렵, 셔펠은 마지막으로 성소수자 커뮤니티를 꾸짖는다. 우리더러 그의 "사람들"을 좀 내버려두라고 애원하면서. 그 말의 의미가 명확하게 와닿지 않는다면, 〈더 클로저〉의 엔딩 크레디트에 등장하는 그와 친구들의 스냅사진을 보면 된다. 사진 속 인물들은 데이브 셔펠의 사람들이 남성도 여성도 흑인도 아니라는 사실을 확실히 보여준다. 그의 사람들은 부유한 유명인들인데, 그들이 자신들이 저지른 행동에 대한 대가를 치를 수 있다는 가능성만으로도 셔펠은 억울해한다.

뉴욕타임스 2021년 10월 13일

농담을 받아줄 필요가 없다

이것은 윌 스미스에 대한 변호가 아니며, 그가 내 변호를 필요로 하는 것도 아니다.

오히려 이 글은 모욕에 예민한 이들에 대한 변호다. 경계를 지키는 일과 인간으로 살아가는 일, 그리고 자신의 한계를 정하는 일에 대한 옹호다. 농담을 받아들이는 것, 유머 감각을 갖는 것에 끊임없이 가치를 부여하는 행위에 대한 거절이다. 사람들이 우리에게 하는 말과 행동을 전부 웃어넘겨야 한다는 기대에 대한 거부다.

나는 무던해지라는 요구를 끊임없이 받는다는 사실을 자주 떠올린다. 우리가 누구든, 무엇을 겪었으며 겪는 중이든 상관없이 단단해지라는 말을 듣는다. 너무 예민하고 민감하게 굴지 마. 심각하게 받아들이지 좀 마.

내가 말하는 건 건설적인 비판이나 책임감이 아니라, 사람들이 어떤 식으로든 타인의 기대에 어긋날 때 부딪히는 상황, 즉 꼬치꼬치 캐묻고 불필요하게 지적하는 행위를 맞닥뜨리는 일에 관한 것이다.

누구를 위해 둔감해지라는 것인가? 제멋대로 행동하고 싶어하는 사람들. 조롱받는 자가 둔감할수록 공격하는 자들은 멋대로 지껄이고 행동할 수 있다. 우리 모두가 둔감하다면 크든 작든 잔인한 행동에 누구도 책임질 필요가 없을 것이다. 어떤 이들에겐 좋은 생각이겠지.

둔감함은 코미디의 맥락에서 종종 등장한다. 잘만 하면 코미디는 인간의 유약함에 관한 재치 있고 신랄한 통찰을 건넬 수 있다. 거울을 들여다보고 스스로에게 가장 솔직해질 수 있게 해주며, 웃어넘기고 앞으로 나아가게 만든다. 잘못하면 코미디는 그 대상에게 맨몸으로 노출되는 수치심과 상처를 남긴다. 치명적일 정도는 아니더라도 상처는 상처다.

코미디언이 하고 싶은 말을 자유로이 할 수 있다는 건 두말할 필요도 없다. 예술적 허용과 표현의 자유 만세. 그러나 농담과 모욕의 대상이 되는 이들에게도 분명 그에 반응하고 대응할 모든 권리가 있어야 한다. 당신이 누구이며 무슨 일을 하고 어떻게 생겼는지를 두고 공격하는 유머가 있고, 이런 유머를 용인하거나 심지어 즐기는 행위를 숭고하다고 보는 기이한 관념이 있다. 표현의 자유란 한쪽 뺨을 맞고도 다른 쪽 뺨을 내밀며 초연하게 웃어넘겨야 할 의무와 함께 온다는 관념 말이다. 코미디언이 인종, 성폭행, 젠더 폭력을 비롯해 사람들이 딱히 재미있어하지 않는 문제들에 대해 농담하고 싶어할 때 종종 이런 관념과 마주친다. 함께 웃지 않으면 넌 유머 감각이 없는 거야. 너무 예민한 거야. 네가 문제야.

나는 더이상 둔감해지기를 열망하지 않으며 다른 이들이 그러길 기대하지도, 그런 사람들을 동경하지도 않는다. 왜냐, 때로 사람들은 농담을 받아들일 수 없기 때문이다. 어떤 상황에선, 그래, 우린 유머 감각이 없다. 우리가 너무 둔감해지면 아무것도 느낄 수 없는데, 유머 감각에 대한 기대가 가장 불합리한 지점이 바로 이거다. 그렇게 되면 우리는 잘못된 대우를 받았다거나 상처받았다는 사실을 뒤늦게 깨닫게 된다.

2022년 아카데미 시상식 방송에서 코미디언 크리스 록은 제이다 핑킷 스미스의 삭발머리를 두고 농담을 던졌다. "제이다, 사랑해요." 그가 말했다. "〈지. 아이. 제인 2〉 빨리 보고 싶네요." 핑킷 스미스의 남편인 윌 스미스를 포함해 관객들은 웃음을 터뜨렸지만 제이다는 눈을 굴리곤 표정이 굳어졌다. 두꺼운 피부가 갈라지는 순간이었다.

그 직후 무슨 일이 일어났는지는 다들 알 거다. 윌 스미스가 시상식 무대로 걸어들어가 록의 뺨을 때린 다음 자리로 돌아가 아내 이름을 입에 올리지 말라며 욕설까지 섞어가며 외쳤다. 왁자지껄한 웃음소리는 킥킥거림으로 바뀌었고 곧 침묵으로 얼어붙었다. 이게 쇼인지 실제인지 모호했다가 이내 모든 게 분명해졌다. 농담을 받아들이지 않는 한 사람이 거기 있었다. 우리는 거의 사라지다시피 얇아진 피부를 보고 있었다.

핑킷 스미스에겐 흑인 여성들에게 유독 심하게 영향을 미치는 탈모증이 있었다. 록이 핑킷 스미스의 머리카락을 조롱한 것은 천박한 행동이었다. 핑킷 스미스가 탈모증을 앓고 있는지 몰랐다고 뒤늦게 말했다지만, 록은 머리카락 때문에 고생하는 흑인 여성들을 다룬 다큐멘터리 〈굿 헤어Good Hair〉(2009)를 제작한 장본인으로서 적어도 자신의 농담이 상처가 될 수 있다는 건 알았을 것이다.

핑킷 스미스는 탈모와 벌이는 싸움에 관해 공개적으로 이야기해왔다. 탈모는 누구에게나 힘든 일이지만 성차별적이고 이미지에 신경쓰는 미국 유명인들의 세계에선, 그중에서도 외모며 의상 선택이며 관계며 꼬투리 잡을 만한 온갖 것에 끝도 없이 장황한 참견을 해대는 인간들을 견뎌야 하는 여성들에겐 유독 더 힘겨운 일이다. 휘트니 휴스턴, 브리트니 스피어스, 어맨다 바인스, 재닛 잭슨, 모니카 르윈스키, 메건 마클 같은 유명한 여성들은 그러한 꼬투리 잡기와 불합리한 기대 때문에 구석으로 내몰렸으며, 조롱과 무례와 모욕과 농담들을 받아들이기 위해 둔감해져야 했다. 공개적인 망신이 있은 지 한

참 후에 그들이 받은 부당한 대우가 재조명되고 비난이 가해진다 해도 공개적인 참회는 거의 없거나 너무 뒤늦게 이루어진다. 이미 피해는 발생했다.

폭력은 언제나 잘못이며 해결해주는 것도 거의 없다. 스미스에겐 전 세계가 보는 앞에서 타인에게 손찌검하는 것보다 더 나은 선택지가 많다. 영화예술과학아카데미는 월요일 오후 이 사건에 대한 조사를 시작했고, 스미스는 그날 저녁 인스타그램을 통해 록과 전 세계를 향해 사과했다.

그러나 윌 스미스는 아내의 괴로움을 알아차렸을 가능성이 높고, 그 자신도 유약함의 순간, 피부가 얇아지는 순간을 겪고 있었을지도 모른다. 회고록 『윌Will』(2021)에서 그는 어렸을 때 아버지의 학대로부터 어머니를 지키지 못해 죄책감을 느꼈다고 썼다. 록의 조롱은 가정 폭력과 어느 면에서든 같은 행위라 볼 수 없지만, 시상식날까지 이어진 여러 층위의 맥락과 공적이고 사적인 역사를 감안하면 스미스로서는 아내를 희생양 삼는 농담을 받아들이지 못했겠다 싶다.

나는 그 모든 층위를 고려하고 싶다. 유머의 대상이 되는 데 지친 핑킷 스미스, 여러 잘못된 결정을 내린 스미스, 폭력을 당한 직후 평정을 유지하려 애쓴 록까지. 유감스럽게도 이 사건은 사람들이 자신의 출신, 의견, 그리고 친밀감을 제각기 투영하는 일종의 로르샤흐 테스트*가 되고 말았다. 그러한 담론 안에서 잊힌 것은, 비록 실망스

---

* 좌우대칭의 불규칙한 잉크 무늬가 어떤 모양으로 보이는지 확인해 그 사람의 성격과 정신 상태 등을 판단하는 인격 진단 검사.

러운 지점들이 있긴 했으나, 이번 사건이 흑인 여성이 공개적으로 변호를 받은 아주 드문 순간을 보여주었다는 사실이다.

예컨대 지난주에도 한 여성이 거의 아무런 보호도 받지 못한 채 엄청나게 무너져야 하는 상황에 내몰렸다. 대법관 인준 청문회에서 판사이자 저명한 법학자인 커탄지 브라운 잭슨은 공화당 상원의원들로부터 온갖 모욕과 인종차별, 여성혐오가 뒤섞인 터무니없는 질문을 견뎌냈는데, 의원들의 질의는 질문이 아닌 자기과시에 가까웠다. 잭슨 판사는 침착하고 의연한 태도로 상찬을 받았다.

많은 흑인 여성에게 그 장면은 고통스러운 광경이었다. 우리는 사적인 공간에서든 일터에서든 그런 식의 꼬투리 잡기, 심문, 무례를 겪는다는 게 뭔지 알기 때문이다. 우리는 그런 트집 잡기를 묵묵히 견디는 법을 알고 있다. 우리는 잭슨 판사가 취해야 할 유일한 자세는 평정을 유지하고 참을성을 가지며 휘둘리지 않는 것임을 알고 있었다. 또한 코리 부커 상원의원을 제외한 모든 민주당 의원이 민주당 출신 대통령이 지명한 후보를 보호하는 데 실패했다는 사실도 알아차렸다. 상원 법사위원회는 잭슨 판사의 존엄성보다 격식을 더 중시한 게 분명하다.

2022년 크리틱스초이스어워즈에서도 무던한 태도를 볼 수 있었다. 영화감독 제인 캠피언이 테니스 스타 비너스 윌리엄스와 세레나 윌리엄스를 가리키며 "그들은 나처럼 남자들과 겨루지 않는다"는 망발을 했을 때다. 그 괴상하고 불필요하며 잘못된 주장이 왜 나왔든지 간에(준비된 발언이 전혀 아니고 아드레날린의 과도한 분비 때문에 순간적으로 튀어나온 말일 거다), 윌리엄스 자매는 둔감해질 것을, 본인들을 모욕한 농담을 받아들일 것을 강요당했다. 카메라가 자신들을 향하자 자매는 약간 놀라면서도 재미있는 일이 벌어졌다는 듯 미소 지으며 평정심을 지켰다. 캠피언은 다음날 사과했다. 그후로도 윌리엄스 자매는 지나치게 자애로웠다. 그들은 더없이 두꺼운 피부로 입에 담을 수도 없는 무수한 모욕과 앞으로 겪게 될 모욕을 전부 견뎌낼 것이다. 이런 식이어선 안 된다.

그렇다, 물론 이들은 전부 공인이다. 유명인을 비롯해 대중의 시선을 받는 이들이라면 비판과 조롱에 흔들리지 않는 자세는 필수다. 그러나 피부가 얼마나 두껍든지 간에, 얼마나 많은 부와 유명세와 권력을 가졌든 간에, 조롱의 표적이 되는 건 재미있는 일이 아니다. 때론 견딜 수 없는 일이다. 대부분의 흑인 여성들처럼 끝도 없는 농담과 모욕과 무례의 대상이 된다면 평생에 걸쳐 두껍게 단련해온 피부도 갈라질 수 있다. 우리는 단지 인간일 뿐이며, 우리를 사랑하는 이들 역시 마찬가지다.

뉴욕타임스 2022년 3월 29일

보고 읽고 질문하라

차이를 쓰는 것은 어려운 과제다.

차이를 글로 잘 쓰기 위해선
공감 능력, 즉 재현하고자 하는 대상의
인간성을 존중하는 능력이 필요하다.

엄청난 분노, 엄청난 질주

영화 〈분노의 질주The Fast and the Furious〉(2001)에는 빈 디젤이 연기한 도미닉 '돔' 토레토가 화가 머리끝까지 나서는 가슴을 쫙 펴고 클래식 아메리칸 머슬카를 타고 질주하는 장면이 있다. 그는 흙먼지와 피로 얼룩진 티셔츠를 입었고(얘기하자면 길다), 얼굴은 단단히 굳어 있으며, 복수의 응징을 하러 가는 중이기에 질주의 목적은 확실하다. 돔의 친구가 살해당했고(이것도 얘기하자면 길다), 돔은 원한을 꼭 갚아야 직성이 풀리는 유형의 인간이다. 특히나 가족이나 다름없는 친구들이 연루된 경우엔 더더욱. 미국식 강인함에 버무린 테스토스테론이 뚝뚝 떨어지는 이 장면은 '분노의 질주' 시리즈(현재 6편까지 나왔다)가 멋진 이유를 잘 보여주는 예시다.[*]

확실히 해둘 게 있다. 각 편의 플롯은 허술하고 꽤나 터무니없다. 이 영화는 개연성에 시간을 허비하지 않는데, 논리를 몽땅 저버리는 데도 서사가 진행된다는 게 놀랍다. 캐릭터를 만드는 척도 안 한다. 연기가 훌륭한 장면은 거의 드물고 나무토막처럼 뻣뻣한 배우들이 표정만 과하게 짓는데다, 미셸 로드리게즈는 등장할 때마다 입술을 비틀어 비웃음 띤 얼굴만 잔뜩 보여준다. 주인공들은 운전하는 동안 자주 혼잣말을 하는데, 대부분 경기 상대에게 퍼붓는 욕이다. 운전대를 꽉 붙들고 전방의 도로만 뚫어져라 주시하는 운전자의 엄중한 얼굴을 보여주기도 한다. 가끔은 웃음이 터질 만큼 밑도 끝도 없는 대사가 튀어나오기도 한다. 예컨대 1편에서 (한때 래퍼였던) 자 룰은 아

보고 읽고 질문하라

---

* 이 글이 발표된 2013년 이후 네 편이 더 개봉했다.

름다운 여인 둘과 삼자 섹스를 하기 위해 레이싱에 참가했다가 "모니카, 안돼애애애애"라고 뇌까리며 경주에서 나가떨어진다.

매 편마다 여성들은 신나게 대상화된다. 몸을 겨우 가리는 세트 의상을 입고서, 가죽인지 비닐인지 엄청난 가슴과 엉덩이를 간신히 덮은 옷 쪼가리가 금방이라도 벗겨질 듯, 두세 명씩 짝을 지어 몸을 흔들어댄다. 그런 동작이 전혀 걸맞지 않은 상황에서도 말이다. 여자들은 자동차 보닛 위에 드러눕기도 하고, 몸에 달라붙는 셔츠 차림으로 근육을 불끈거리며 마초성을 뿜어내는 남자 운전자들 뒤에서 추파를 던진다. 대사를 맡은 여성이 있다 하더라도 거의 예외 없이 남성의 여동생이거나 썸 타는 상대다. 액션 영화들은 여성이 위험에 빠지지 않으면 뭘 어떻게 해야 할지 모르기 때문에 영화 속 여성들은 언젠가 반드시 위태로워지게 되어 있다.

한편 남성과 자동차도 대상화된다. 별의별 핑계로 남성들은 셔츠를 훌렁훌렁 벗어 흠잡을 데 없이 탄탄한 복근을 드러낸다. 시리즈의 후반으로 갈수록 그 우람한 남자들은 광택나는…… 뭔지 모를 물질을 흩뿌린 채 등장하는데, 그로써 근육질 몸매가 더욱 멋지게 도드라진다. 여섯 편 모두에서 빠른 자동차들이 포르노처럼 등장한다. 반짝거리는 페인트, 흠 하나 없는 크롬, 강력한 엔진, 황당할 정도로 표면이며 부품 여기저기 잔뜩 새겨진 브랜드까지. 자동차를 향한 영화의 시선이 너무 격하다보니 때로는 저 완벽한 실체를 제발 좀 조용히 감상할 수는 없냐며 내 눈을 돌리고 싶어진다. 음향은 늘 노련하다. 피스톤 폭발 소리, 기어 변속 소리는 하나하나 정확하고 선명하게 들린다. 그 자체로 몹시 에로틱하다.

잠깐, 내가 너무 앞서나간 듯하다. 잘 모르는 이들을 위해 설명하자면 '분노의 질주' 시리즈는 길거리 레이싱 이야기다. 〈웨스트 사이드 스토리West Side Story〉(1961), 로빈 후드 신화, 〈아웃사이더The Outsiders〉(1983), 〈베스트 키드The Karate Kid〉(2010), 〈오션스 일레븐 Ocean's Eleven〉(2001), 그리고 열광적인 춤과 거들먹거리는 태도로 갈등을 해결하는 댄스 영화들을 지독하게 또 휘황찬란하게 뒤섞은 작품이라고 보면 된다. 언제나 약간의 로맨스, 흥미진진한 현장, 공격적인 힙합 사운드트랙, 충성심을 몹시 중시하는 플롯(위기의 순간 길거리 레이서들은 서로 뭉친다)이 있고, 그 모든 게 어우러져 어떤 집단을 선택할지, 각자가 진정 무엇을 추구하는지 깨닫게 한다.

1편에서 브라이언 오코너(폴 워커 분)는 로스앤젤레스의 야심 찬 잠복 경찰로, 도미닉 토레토(빈 디젤 분)가 이끄는 길거리 레이서 갱단에 잠입해 연쇄 트럭 탈취 사건의 배후를 캐내려 한다. 갱단에는 돔의 여동생 미아(조다나 브루스터 분), 레티(미셸 로드리게스 분), 빈스(맷 슐츠 분), 그리고 제시(채드 린드버그 분)도 있다. 다들 사회 부적응자이지만 돔의 리더십하에 가족이 됐고 가족이 곧 전부다. 기적적으로 텅 빈 밤거리에서 레이싱을 하는데, 그 외에는 차고에서 자동차 정비를 하거나 뒤뜰에서 바비큐 파티를 하며 식전 기도도 빼놓지 않는다. 그들에겐 멕시코인들이나 아시아계 경쟁자들이 있는데, 대부분의 싸움은 예상 가능한 바로 그 지점에서 일어난다. 도로 위, 매우 빠르게 달리는 차들과 함께. 이들이 경주를 벌이는 이유는 돈과 거주증 때문인데, 명예를 얻기 위해서이기도 하다. 돔은 대머리에 근육이 울룩불룩한 나쁜 남자 스타일로, 틈날 때마다 레이싱 비유로 삶의 싸구려 지혜 따위를 전한다. 그에게도 과거는 있다. 경주중 아버지를 죽인 남자를 때려죽일 뻔한 뒤 2년 동안 롬폭교도소에 수감돼 있었다. 토레토 집안엔 속도를 향한 욕망이 대대로 이어진다. 영화 내내 돔은 절대로 감옥에는 돌아가지 않겠다고 똑똑히 선언한다. 눈이 번쩍 뜨이는 자동차 추격전과 레이스가 벌어진다. 진정 자동차광들의 로망 같은 영화다. 결말에 이르러 브라이언은 돔에게 친밀감 비슷한 것을 느끼곤 그를 놓아준다. 자신의 진정한 충성심은 레이스, 그리고 가족에 있다나.

마이애미를 배경으로 한 2편에는 브라이언 오코너를 제외하곤 완전히 새로운 출연진이 등장한다. 할리우드라는 데가 그렇다. 다작 계약으로 묶어두지 않으면 배우들을 언제 다시 불러올 수 있을지 절대 장담 못한다. 플로리다주 남부를 배경으로 삼는 영화라면 반드시 마약 거래를 다뤄야 한다는 무언의 규칙 비슷한 것이 이 작품에도 어김없이 적용된다. 브라이언은 토레토를 놓아줬다는 이유로 경찰직을 박탈당하고 길거리 레이서들과 어울린다. 그러다 무슨 이유에서인지 갑자기 FBI와 미국 세관에 고용된다! 거기서 임무를 잘해내면 예전의 평판을 되찾을 수 있을 거라나 뭐라나. 브라이언은 나쁜 마약상 카터 베론(콜 하우저 분)을 체포하기 위해 어린 시절 친구인 로만 피어스(타이리스 깁슨 분)와 손을 잡는다. 루다크리스의 멋들어진 모발도 톡톡히 분량을 차지한다. 에바 멘데스는 베론의 여자친구인 척하는 위장 요원인데, 동시에 남자의 구애 상대로 위험에 빠지는 인물이기도 하다. 그것도 남자 둘씩이나. 영화의 하이라이트는 아마도 브라이언과 로만이 자동차를 타고 움직이는 요트 위로 돌진하는 마지막 장면이 아닐까. 그 일은 진짜 일어나며, 정말 장관이다.

3편인 '도쿄 드리프트'에서는 태평양을 건너 도쿄로 향하는데 또 출연진이 싹 바뀐다. 〈분노의 질주〉판 〈베스트 키드〉 1, 2 같은 거다. 션 보즈웰(루카스 블랙이 맡았는데 〈베벌리힐스 아이들Beverly Hills 90210〉의 개브리엘 카테리스에 버금가게 당치도 않은 고등학생 역할이다)은 앨라배마주 출신의 길거리 레이싱을 하는 말썽꾼으로, 군인 아버지와 함께 살면서 정신 좀 차리라는 뜻에서 도쿄로 보내졌다. 그는 곧장, 정말이지 곧장 도쿄의 모든 길거리 레이서를 찾아낸다. 트윙키(바우 와우 분)와 한(성강 분)이 그의 패거리이며, DK(브라이언 티 분)라는 남자와 라이벌이 된다. 싸우는 이유는 당연히 한 여자다. 도쿄에는 놀라운 점이 하나 있는데, 마술적인 기술이 있다는 거다. 바로 차의 뒷부분이 앞부분보다 먼저 공중에 뜨는 드리프트 기술. 설명을 제대로 한 건지 모르겠는데 자동차를 잘 모르니 어쩌겠나. 어쨌든 션은 '왁스 바르기와 왁스 닦기'*와 흡사한 방식으로 드리프트에 통달해야 하는 상황이다. 결국 그는 기술을 배워 도쿄 길거리 레이싱의 일인자가 된다. 〈베스트 키드〉의 주인공 다니엘 상さん처럼 션 역시 좋아하는 여자를 위해, 자존심과 명예를 위해, 모든 것을 걸고 DK와의 레이스에서 길거리 레이싱판 크레인 킥과도 같은 기술을 선보인다. 그 과정에서 한은 죽는데, 연속극에 흔히 있을 법한 죽음이다. 션은 다시 일어설 것이다. 이 작품과 함께 '분노의 질주' 시리즈만의 기가 막힌 관습,

---

* 영화 〈베스트 키드〉의 유명한 장면으로, 오른손으로 왁스를 바르고 왼손으로 왁스를 닦아내는 연습을 반복함으로써 완벽해질 수 있다는 가르침이다.

그러니까 입이 떡 벌어지는 결말이 드러난다. 션이 장악한 도쿄에 대결 신청자가 나타난다? 딩동댕. 한을 가족으로 여기는 도미닉 토레토다.

이 시리즈가 특히 가관인 건 한 영화에서 다음 영화로 이어지는 플롯의 연속성에 거의 쥐뿔도 신경쓰지 않는다는 점이다. 1편과 같은 제목인 〈분노의 질주〉 4편에서 1편 출연진들이 다시 한데 모인 건 이 시리즈에 출연해야만 커리어가 쌓인다는 걸 깨달았기 때문이다. 우리는 이제 1편이 개봉한 지 5년이 지난 시점에 왔다. 하지만 '도쿄 드리프트'는 아직 벌어지지 않았다. 조금만 더 기다려달라.

〈분노의 질주〉 4편이 도미니카공화국에서 시작되므로 국제적인 스케일은 계속된다. 거기서 돔과 패거리는 유조선을 탈취하고 있다. 한과 레티 그리고 몇몇 새로운 친구도 함께. 도미니카공화국에서도 길거리 레이싱은 격하게 벌어지지만, 양심의 가책을 느낀 돔이 레티가 자고 있을 때 떠나기 때문에 레이싱 장면의 비중은 적다. 로스앤젤레스로 돌아온 브라이언 오코너는 어찌된 영문인지 법 행정관으로 복직한다. 이전엔 경찰이었다가 이제는 FBI 요원이 된 건지 뭔지. 정확한 건 아무도 모른다. 돔은 멕시코에 숨어 있다가 미아의 전화를 받는다. 레티가 살해당했다는 소식이다(너무 화내진 마시라. 다시 살아날 수도 있지 않은가). 돔은 여러 국가기관의 감시를 받는 상황인데도 로스앤젤레스로 돌아온다. 애인이 왜 죽었는지 알아내겠다고 결심한다. 대부분의 등장 장면에서 그는 민소매 러닝셔츠 차림으로 굉장한 팔뚝을 과시하는데 우리로선 오히려 좋다. 브라이언이 미아(한때 연인) 그리고 돔(한때 친구)과 재회할 때는 긴장감이 감돌지만,

이내 이들은 멕시코의 브라가 카르텔에 맞서는 동지가 된다. 브라가 패거리에서 일하지만 돔에게 관심이 있는 섹시한 여성 지젤도 등장해 영웅들의 고난 극복을 돕는다. 말미에 이르러 돔은 수년의 징역형을 선고받지만, 동지들이 그를 교도소 버스에서 끌어낸다.

지금부터 상황이 진짜 재밌어진다. 5편 '패스트 파이브'에서 모든 인물은 브라질 리우데자네이루에서 도주중이다. 리우인지 알 수 있는 힌트는 물론 브라질 예수상이다. 미아는 임신했다(어떻게 아느냐고? 영화 규칙이 있지 않은가, 토끼기). 빈스는 돌아왔지만 여전히 음침하고 약간 유다처럼 군다. 이들은 전부 '더 록'이라는 작자에게 쫓기는 상태인데, 영화 내내 그는 촉촉하고 반짝거리고 근육으로 땡땡해서 언제 저 몸에 흠집이 날지 궁금해지지 않을 수 없다. 추격전 도중 열차 강도 사건이 일어나고, 어느 순간에는 돔과 브라이언이 달리던 차에서 협곡 너머 강으로 뛰어내린다. 빈민가를 가로질러 달리기 경주가 벌어진다. '더 록'의 몸이 요리조리 휘어지고 돔의 티셔츠는 점점 더 몸에 들러붙는다. 온갖 복잡한 사건을 거치며 돔과 브라이언은 저 강력한 악당이 원하는 게 자신들이라는 걸 깨닫는다. 모두가 신나는 판에 함께할 수 있도록 팀을 꾸려야 한다. 타이리스, 루다크리스, 그리고 4편에 나왔던 도미니카공화국 남자 두 명, 3편에 나왔던 한, 4편에 나왔던 지젤까지. 〈웨스트 사이드 스토리〉의 〈퀸텟Quintet〉과 비슷한데 좀더 낫다. 결국 이 강력한 갱단은 '더 록'과 힘을 합쳐 어마어마한 돈을 훔쳐 달아난다. 잠깐만, 기다려! 아직도 끝나지 않았다. 맨 마지막에 이르러 '더 록'은 미국으로 돌아가고 에바 멘데스(2편에 나왔던 인물인 거 실화?!)가 카메오로 등장해 '더 록'에게 사진들이 담긴 파일을 하나 건네주는데, 누구 사진일까요, 바로 레티다. 레티가 돌아왔다아아아!

〈분노의 질주〉 6편은 거의 비슷하지만 더 화려하다. 브라이언과 미아 사이에 아이가 태어나는데, 이런 말을 하긴 싫지만, 전혀 귀엽지 않다. 모두가 부당하게 얻은 이득을 만끽하던 중, 돔은 '패스트 파이브'에서 만난 브라질 경찰인 여자와 연인이 된다. 이 영화에선 사람들이 법 집행 기관에 대가도 치르지 않고 들락날락거리니 이상할 건 없다. 그때 '더 록'이 전화를 걸어와 레티가 살아 있다며, 어마어마하게 나쁜 남자인 쇼 밑에서 일하고 있다는 증거를 일러준다. 그는 완전한 면책특권을 주겠다며 갱단더러 도와달라고 한다. 모두가 분연히 일어나 무슨 일이 벌어지고 있는 건지 알아내고, 악당과 그 길거리 범죄자 레이서들을 잡으러 런던으로 향한다. 루다크리스가 돌아왔고, 타이리스, 그리고 이젠 커플이 된 한과 지젤도 왔다. 여성 종합격투기 선수인 지나 카라노가 '더 록'과 함께 일하는 법 집행관으로 등장해 영화 말미에 반전을 선보인다. 지젤이 죽는 순간은 좀 슬프기도 하고, 내가 눈물이 난 건 결국 그 장면이 '도쿄 드리프트'에서 한이 죽는 장면과 각도만 다를 뿐 똑같이 나온다는 점 때문이다. 알고 보니 한과 충돌한 차의 운전자가 바로 제이슨 스트라선이 연기한 쇼의 남동생이라는 사실이 밝혀진 거다. 믿어지는가? 기가 막히고 코가 막힌다.

이 시리즈를 싸구려 팝콘 영화로 치부하기는 쉽다. 좀 우스운 게 사실이다. 〈분노의 질주〉 6편에서 갱단은 엄청나게 비싼 차를 타고 런던을 돌아다니며, 그 와중에 월마트에서 구할 수 있을 법한 무전기로 소통한다. 제작진 중 누구도 이 점을 문제삼지 않았던 것 같은데 사실은 문제다. 자동차에 온 관심을 쏟느라 다른 디테일은 아무렇지도 않게 무시하다니.

이런 영화에서 간과되는 게 있는데, 바로 다문화 캐스팅이다. 대만 출신 감독 저스틴 린이 '도쿄 드리프트' 이후 본인 영화를 연출하게 된 것도 주목할 만하다. 매 편마다 여러 인종이 스크린에 등장한다. 유색인이 단순히 악당으로 등장하는 게 아니라 대사가 있는 다채로운 역할을 맡는다. 그렇다고 이 시리즈가 헛발질하지 않았다거나, 납작한 묘사를 하지 않았다는 건 아니다. 가령 2편에서 영화는 꽤나 식상하게도 아이티인들과 자메이카인들을 혼동하는데, 이는 충분히 피할 수 있는 일이었다. 그래도 멜라닌 색소가 좀 있는 배우들이 나오는 영화를 본다는 것 자체로 환기가 된다. 이 점이 신선하다는 건 슬픈 일이다.

한 역을 맡은 배우 성강은 〈커밍순닷넷CommingSoon.net〉과의 인터뷰에서 이렇게 말했다. "'도쿄 드리프트' 이전까지 할리우드 영화에서 아시아인을 보는 상징적인 시각은 쿵푸를 하는 사람, 야쿠자, 아니면 천재 기술자였다. 대등한 동료라기보다는 비웃음거리가 되는, 우습게 그려지는 대상이었다. 지금 나는 전 세계를 돌아다니며 한에게 공감하는 이들을 만나고 있다. 그는 가치관 면에서 내가 닮고 싶은 사람이다. 그냥 같이 어울리고 싶은 남자다. 아시아인 어쩌고는 완전히 사라진다."

인종이 사라지길 바라는 마음은 영화(와 티브이 쇼와 문학과 삶)에서 수도 없이 접하는 납작한 인종적 캐리커처를 넘어서는 역할을 맡고 싶은 많은 유색인 배우들에겐 익숙한 마음이다. 훌륭한 영화는 관객에게 사라질 기회도 건네준다. 조명이 꺼지면 우리는 3미터 높이의 환하고 아름다운 영상 속으로 사라진다. 다른 시간, 다른 공간으로 뛰어든다. 잠시나마 우리 각자의 삶에서 벗어날 수 있다. '분노의 질주' 시리즈의 가장 재미난 점은 배우와 관객이 함께 사라질 수 있다는 것이다. 아, 우리는 정말이지 굉장한 시간을 보내게 된다.

〈토스트〉 2013년 7월 10일

보잘것없고 하찮은
미첼 잭슨, 『잔여의 세월』(2013)

미첼 S. 잭슨의 강렬한 데뷔작『잔여의 세월The Residue Years』을 펼친 사람이라면 주인공 챔프 토머스와 그의 어머니 그레이스가 어떤 결말을 맞이할지 끝까지 읽지 않고도 알 수 있다. 이후 이어질 이야기와 유기적으로 이어지는 드문 경우인 이 소설의 프롤로그에서 한 어머니가 감옥에 있는 아들을 면회하러 간다. 이 장면은 이 작품만의 불가능한 희망으로 가득한 서사 자체와 대조되어 통렬한 무력감을 불러일으킨다.

챔프와 그레이스가 챕터마다 번갈아 화자로 등장하는『잔여의 세월』에는 오리건주 포틀랜드의 한 흑인 가족이 가정을 유지하기 위해 고군분투하는 이야기가 담겨 있다. 마약 중독 재활원에서 막 나온 그레이스는 멀쩡한 정신으로 자녀들을 되찾아 자신이 저지른 모든 잘못을 만회하고 싶어한다. 명석한 큰아들 챔프는 대학에 다니며 사랑하는 여자친구와 함께 살고 있는데, 애인을 자주 서운하게 한다. 챔프의 두 남동생은 아버지와 함께 살고 있으며 어머니에게 너무 크게 실망한 자식들이 그러하듯 그레이스와 거리를 두기 시작한다. 그레이스와 챔프 모두 가족이 다시 한데 뭉치면 더 나은 뭔가가 이뤄질 수 있다고 믿는다.

『잔여의 세월』은 빈곤과 중독의 굴레에 관한 이야기이기도 하기에 도심 흑인 동네에 마약이 끼치는 폐해가 살벌하게 그려진다. 챔프는 가족을 부양하기 위해 마약을 파는데, 돈을 벌어다주는데다 그에겐 장남으로서의 책임도 있기에 스스로 잘못이라 여기지 않는다. 그에겐 꿈도 있다. 가장 행복했던 시절 살았던 집을 매입하는 것. 지금은 그 집에 다른 가족이 살고 있고 매물로 나와 있는 것도 아니지만.

그레이스는 적법한 직장을 얻지만, 늘 발목을 잡던 마약의 영향에서 결코 멀리 있지 않다. 도처에 유혹이 득시글거리고, 대부분의 상황에서 그그레이스는 홀로 그 유혹에 맞서야 한다. 이 소설의 진가는 그레이스와 챔프가 얼마나 절박하게 손을 뻗든 결코 닿을 수 없는 가족을 향한 여정 자체다. 그들의 서사는 견딜 수 없이 참혹하며, 그만큼 뭉클하다.

잭슨은 구어체가 짙은 문장을 쓰기에 페이지마다 타악기의 에너지를 품은 언어가 넘실거린다. 챔프가 남동생들을 이발소에 데려간 장면을 보자. "KJ는 새로운 머리 모양에 마음이 복잡하다. 어깨를 움츠리곤 나를 쳐다본다. 내 동생이란 놈은 늘, 지겹게도 불만투성이지. 하지만 빈자리를 되찾을 확률은 0.00퍼센트이니 오늘은 가까운 거리에서도 안심할 수 없다. 조금만 더 잘라주쇼, 나는 내 자리에서 말한다. 이놈이 맘에 안 든대."

여기엔 온기와 재치, 그리고 미국 사회에서 인종과 가난이 교차하는 지점에 관해 어렵게 얻은 지혜가 있다. 직장을 구하기 전까지 그레이스는 감옥에서 보낸 복잡한 과거와 씨름한다. 고용주 대부분은 '복잡한' 것에 관심이 없으니까. 마침내 패스트푸드점에 일자리를 구했을 때도 얼마 안 되는 월급으로 재판 비용과 벌금을 내면서 스스로를 먹여살려야 한다. 올라갈 길도, 빠져나갈 출구도 보이지 않는다.

한편 챔프는 항상 자신의 선택지에 명백한 한계가 있다는 걸 알고 있다. 고등학교 때 농구를 했지만 선수가 되기엔 실력이 부족했다. 이름을 날리지 않았을뿐더러 별명도 없었다. "내 말은, 별명을 갖는다는 건 세례를 받는다는 뜻이다. 기회가 있다는 뜻이고, 좀 해보라고 다른 사람들이 말해주는 거라고. 대부분의 인간들보다 한번 더 기회를 얻는 거지. 그러니까 선택받은 자들만 별명이 있는 게 당연해. 대다수에게 농구는 남들보다 더 나은 삶을 살기 위한, 더 큰 성공을 위한 유일한 기회다. 의미 있는 삶이라는 걸 사수할 수 있는 기회라고." 불운한 상황에서도 의미 있는 삶을 움켜쥐려 애쓰는 챔프의 모습은 이 소설이 희망과 절망 사이를 아슬아슬하게 디디는 또하나의 방식이다.

이 작품에서 가장 마음을 뒤흔드는 건 소설 곳곳에 배치된 텅 빈 문서 양식들이다. 마약 판매 계약서, 교회의 새 신도 등록 신청서, 자녀 양육권 진정서, 경찰 보고서 등등. 이런 서류들은 맥락 없이 자리하지만, 우리를 위해 헌신해야 할 기관들이 오히려 우리를 거꾸러뜨린다는 사실을 일러준다.

『잔여의 세월』은 자전적인 소설이며, 당연하게도 잭슨은 인물을 향한 애정이 너무 큰 나머지 플롯을 희생하기도 한다. 그는 허구보다 진실에 더 전념한다. 독자는 그레이스와 챔프를 속속들이 알게 된다. 그들이 하는 모든 실패를, 그들이 품는 희망이 얼마나 절실한지를 훤히 알게 된다. 바로 그것이 여러모로 이 소설의 핵심이지만, 독자가 알고 싶어하는 것과 작가가 기억하고 싶은 것 사이에서 후자를 선택한 장면들에서는 이야기가 지지부진해지고 만다.

흑인들의 삶을 중심에 둔 작품이기에 『잔여의 세월』이 인종에 '관한' 이야기라고 생각하기가 쉽다. 이 추측이 환원주의적이기는 해도, 어떻게 가난이 결국 벗어나고 싶은 바로 그 지점에 사람을 단단히 옭아매는지 날것 그대로, 그리고 냉정하게 직시한다는 점에서 아예 틀린 말은 아니다. 스피치 심화 수업에서 챔프는 마약 관련 범죄를 다룰 때 인종적으로 불공정한 형사처벌이 이뤄진다는 내용을 발표한다. 한 학생이 모든 게 인종 때문은 아니지 않냐는 말을 하자, 챔프는 이렇게 답한다. "그래, 모든 게 인종 때문은 아니지. 근데 만약 진짜 그렇다면 어쩔래?"

뉴욕타임스 2013년 8월 16일

여름이 왔고, 숱하게 주입받은 대로라면 해변에 갈 때다. 해변의 늘씬한 몸들, 해변에서 책 읽기, 조그만 종이우산으로 장식한 기다란 잔에 담긴 과일맛 해변 음료들, 플라스틱 칼 모양 꼬챙이에 끼워진 생과일 등등. 작열하는 태양, 따뜻한 모래, 피부에 소금기를 남기는 더없이 맑은 물까지, 이상적인 해변의 정취다. 단지 이 모든 게 신기루일 때가 잦을 뿐.

나는 해변을 잘 안다.

어렸을 때 부모님은 여름이면 나와 남동생들을 포르토프랭스에 데려갔는데, 선조들의 나라를 우리에게 알려주고 싶다는 마음에서였다. 아이티는 섬나라라 어디에나 해변이 있다. 아이티 사람들은 해변에 까다롭고 심지어 오만하게 굴기까지 한다. 우리는 다른 카리브해 섬이나 하와이(미국 본토의 '해변'은 부디 논외로 하자)의 해변을 비웃는데, 전 세계 어디에도 아이티만큼 물이 깨끗하고 따뜻한 곳은 없다는 확신이 있기 때문이다. 여기만큼 모래가 하얀 곳도, 따끈한 피부를 기꺼이 품어주는 곳도 없다.

아이티에선 해변이 지천이기에 부러 몸을 만들 필요도 없고, 해변에서의 독서는 그냥 일상이다. 여기 미국에서도 해안가에 사는 사람들은 비슷하다. 플로리다주에 사는 내 부모님 댁에서 해변까지의 거리는 8킬로미터밖에 되지 않는다. 부모님은 그곳에 15년 넘게 살았다. 딱 한 번 해변을 찾았을 때는 멀리서 온 손님들을 데려가기 위해서였다.

하지만 나머지 다른 사람들에게 해변은 다른 식의 끌어당기는 힘이 있다. 미국인의 61퍼센트는 근처에 해변이라곤 없는 곳에 산다.

우리는 거의 보기도 힘든 이 장소에 대해 놀라울 정도로 많은 이야기를 들으며 산다. 우리는 젊은 여성들과 그 뒤를 졸졸 따라다니며 즐거이 노니는 남성들의 머리칼이 햇빛을 받아 금색으로 반짝이는 모습이 담긴 광고며 방송이며 영화를 본다. 해변에서의 긴 산책은 낭만적인 저녁나절의 성배처럼 여겨진다. 해변은 일종의 유토피아, 우리의 모든 꿈이 실현되는 장소가 된다.

나는 해변을 잘 알지만 딱히 좋아하진 않는다. 몸 곳곳에 모래가 들어가는 게 싫다. 모래 자체가 싫다. 온도 조절이 전혀 되지 않는 햇빛이며 더위도 전혀 좋아하지 않는다. 다른 사람들을 보는 것도 별로다. 끈적거리는 아이들, 탄탄한 몸매에 몸을 가릴 듯 말 듯한 수영복을 입은 젊은이들, 덜 탄탄한 몸을 지닌 사람들이 그 광경을 쓸쓸히 바라보는 모습까지도. 반려동물을 데려오는 사람들도 있는데 나는 딱히 동물을 좋아하지도 않는다. 아뇨, 당신 강아지를 쓰다듬고 싶지 않네요.

10분만 지나도 지루해진다. 대체 해변에서 뭘 해야 한단 말인가? 나는 흑인이라 일광욕을 머리로는 이해하지만 직접 해보고 싶지는 않다. 햇볕에 얼마나 오래 누워 있어야 하는 거지? 꼬챙이에 꽂아 굽는 고기처럼 내 몸을 언제 뒤집어야 좋지? 당신들이 말하는 자외선 차단제는 얼마나 자주 발라야 하고?

나는 수영복이 싫다. 천은 손바닥만한데다, 그래선 안 되는 지점까지 말려올라가곤 하니까. 해변 맞춤형 몸은 매우 구체적인, 날씬하고 탄력적이며 태닝한 몸이므로 수영복이란 건 숱한 다른 몸에는 알맞지 않다. 나머지 몸들은, 감히 바닷가에 나오겠다면, 목부터 발끝까지 가리는 카프탄*을 입어야 할 것이다. 해변에서 수영복을 입는다는 건 내게 공포를 유발하는 일이다. 가릴 옷가지가 없으니 살이 너무 삐져나와 조롱거리가 되거나, 아니면 시대의 입맛에 따라 잔인함을 유머로 포장하는 웹사이트에 아마추어가 찍은 사진 속 주인공이 되겠지. 나는 그렇게까지 용감한 사람은 아니다.

해안가에 잔잔히 찰랑거리는 물은 물론 좋지만, 솔직히 물 안에 들어가는 건 별로 구미가 당기지 않는다. 바닥에 생물체들과 미끌미끌한 해초나 날카로운 물체가 있기 일쑤다. 수영장과 달리 해변은 염소 처리가 되지 않고, 많은 사람들이 바다를 거대한 개인 화장실처럼 쓴다고 나는 꽤나 확신한다. 엄청난 양의 물은 그만큼의 잠재적인 기만을 담고 있다. 참, 상어도 있지.

모래사장이라고 해서 더 나을 건 없다. 해변 의자들은 키 큰 사람에겐 특히 더 불편하다. 내 발은 의자 끄트머리를 빠져나가 허공에서 달랑거리곤 한다. 기다란 접이식 의자 같은 것에 앉으면 몸의 일부가 폴리에스테르 재질에 짓눌려 움푹 팬 자국이 남는다. 해변에서 책 읽기도 고역이다. 편안한 자세를 찾으려고 계속 뒤척여야 하고, 책에 모래가 들어가면 줄곧 털어내야 하고, 눈을 따갑게 만드는 햇볕도 차단해야 하고, 바람이라도 세게 불면 페이지를 단단히 붙들어야 하니까. 몇 분도 지나지 않아 선글라스가 미끄러져내린다.

한번은 키웨스트로 차를 몰고 갔는데, 시끄럽고 지저분하며 술이 넘쳐난다는 점에서 해변의 뉴올리언스 같은 곳이었다. 미 대륙 최남

---

* 전통적으로 동아시아와 이슬람권에서 많이 입던, 긴소매에 무릎 아래까지 내려오는 옷.

단에 자리한 이 도시에서 나는 다른 관광객들처럼 기나긴 줄을 서서 기다렸다가 표지석을 끌어안고 사진을 찍었다. 파도 모양의 기이한 모래 위로 조심스레 발을 내디뎠다. 그리고 생각했다. **예쁘고 좋은 건 다 알겠는데, 이런 경험은 다시 안 해보고 죽어도 괜찮을 듯.** 해변은 실제보다 이론으로 접할 때 더 아름답다.

여름 자체도 실제보다 이론으로 접할 때 더 낫다. 화려한 잡지에서 아무리 과대 포장하려 한들 말이다. 이들이 외치는 "여름을 준비하세요!"라는 문구의 실상은 이거다. "들쑥날쑥한 날씨와 엄청난 습도와 실망감과 미뤄진 꿈들에 대비하세요!"

매년 여름이면 나는 장대한 계획을 세운다. 나는 가르치는 사람이고, 학기 내내 동료들과 함께 이번 봄학기가 끝나면 뭘 할 건지 심사숙고한 바를 나눈다. 책을 읽을 거라고, 개인적으로 읽고 싶었던 책을 읽는 귀한 호사를 누릴 거라고. 학회 대신 여행을 갈 거라고. 그리고 물론 가을학기 준비도 성실히 할 거라고. 이번 여름, 7월 중순이 된 지금까지 내가 한 거라곤 푸드네트워크에서 틀어주는 〈맨발의 콘테사Barefoot Contessa〉 정주행이 전부다.

결코 원하는 대로 되진 않겠지만 우리는 이런 식의 여름, 해변, 그리고 만족감을 주는 상상 속 계획들을 붙들 수밖에 없다. 더 나은 판단을 할 수 있음에도 나 역시 이 환상에, 이 떨리는 욕망에 취약하다. 우리가 결코 도달할 수 없는 목가적인 경험이지만, 어쩐지 그것은 곳곳에 남아 있다.

뉴욕타임스 2014년 7월 16일

피 흘리는 산문들
메건 다움, 『말할 수 없는 것』(2014)

켄드릭 라마는 〈시적인 정의Poetic Justice〉라는 곡에서 이런 랩을 한다. "당신들은 공감해줄 기분인가, 내 펜에선 피가 뚝뚝 떨어지는데." 이 에세이가 딱 그렇다. 에세이스트의 펜에서 피가 흐르고, 개인적인 삶을 잉크 삼아 공감이라는 반응을 이끌어내는 책. 사적인 에세이에 우리는 너무 많은 걸 바라는데, 그 욕망에는 일면 야만적인 구석이 있다. 우리는 에세이스트가 날것 그대로를 드러내길 바란다. 독자를 위해 얼마나 기꺼이 피 흘릴 수 있는지 보고 싶어한다. 이 욕망은 에세이 작가들에게 흥미로운 긴장을 불러일으킨다. 얼마나 피를 흘릴 것인가, 그리고 스스로를 위해선 얼마나 피를 아낄 것인가?

이 긴장감은 메건 다움의 새 에세이집『말할 수 없는 것The Unspeak-able』에서 톡톡히 드러난다. 다움은 피를 흘리긴 하지만, 아이를 갖기를 꺼리는 마음, 흔히 예상할 법한 애도를 과장되게 전시하지 않으면서 어머니의 힘겨운 죽음을 목도하는 일, 요리 및 미식 문화에 대한 혐오감 등, 여러 이유로 말할 수 없는 주제들을 집요하게 파고들 수 있을 만큼만이다. 메건 다움의 또다른 유명 에세이집『나의 낭비된 청춘My Misspent Youth』(2001)과 마찬가지로 이 에세이들도 자기비하와 차이를 쓰는 것 사이의 섬세한 줄타기를 보여준다. 이 진솔함이 책 마지막 장을 덮을 때쯤 작가를 다 알았다 싶게 만들 수도 있지만, 꼭 그렇지만은 않다. 다움은 서문에서 글쓰기를 위해 자기 삶을 채굴하는 일의 양가성을 두고 이렇게 쓴다. "결국 내가 언제나 다시 펼치게 되는, 가장 오래 남는 작품이자 가장 강력한 반응을 이끌어내는 작품은 '외부 세계'가 나라는 화자와 중요한 동반자 관계를 빚어내는 작품이다." 독자의 기억 속에 다움을 가장 또렷이 각인시키는 작품은 그가 피를 흘리는 작품이다.

전반적으로 이 에세이집은 어마어마하며, 명쾌하고, 설득력이 있다. 다움은 자신만만한 태도로 예상을 우아하게 비껴가며 글을 쓴다. 스스로에 관해 가장 말할 수 없는 것을, 혹은 말할 수 없다고 간주되는 것을, 혹은 말할 수 없을 거라고 독자가 여기는 것을 드러낸다. 한 가지 질문이 계속 맴돈다. 다움이 쓰는 소재가 정말로 말할 수 없는 것일까, 아니면 단지 사람들의 복잡하고도 예상치 못한 반응을 이끌어내는 것들인 걸까?

표현할 수 없는 것에 대해 목소리를 낸다는 주장에는 허세가 들어 있다. "난 다른 사람들이 용기가 없어 말 못하는 진실을 말하고 있어"라거나 "나를 좀 봐! 제일 볼품없는 나 자신을 기꺼이 보여주잖아"라고 말하는 듯하다.

가장 강렬한 에세이인 「모친 살해」에서 다움은 고통스럽게 죽음을 맞이하는 어머니 곁을 지켰던 이야기를 쓴다. 전에도 봤던 소재다. 부모의 임종을 지키는 책임감 강한 딸, 애도와 화해가 이뤄지는 성스러운 시간. 그러나 「모친 살해」는 그런 글이 아니다. 독자의 기대를 노골적으로 배반하며 어머니가 언제 죽을까 하는 조바심, 마침내 돌아가셨을 때의 안도감에 대해 쓴다. 다움의 어머니는 당신 어머니가 암에 걸렸다는 사실을 알게 된 바로 그 주에 돌아가셨을 때 아무 느낌도 없었다고 말했었다. 글을 거듭하며 비밀이 하나씩 드러날수록 다움이 점점 더 강렬한 고백을 하고 있다는 느낌, 말할 수 없는 것들을 말하고 있다는 느낌이 든다. 그러나 대부분의 경우 다움은 어떠한 감정적 반응도 적절할 수 없는 끔찍한 상황에 갇힌 한 명의 미약한 인간으로 보인다. 다움의 기록은 불쾌감보다 해방감을 준다. 상실을 견디는 데 하나의 방식만 있지 않음을 보여주므로.

여러 에세이에 걸쳐 다움이 탐구하는 어려운 주제는 결혼과 여타 인간관계의 양면성이다. 다움은 현재 결혼했지만 스스로 결혼할 거라곤 꿈에도 생각지 않던 부류였음을 분명히 밝힌다. 이 주제가 반복된다는 게 인상적인데, 마치 자신이 사랑에 대해 느끼는 바를 스스로에게 혹은 독자에게 납득시키려는 것 같기도 하고, 어쩌면 행동과 말 사이의 모순을 인식하려는 것 같기도 하다. 개를 향한 애정을 담은 「개는 예외」에서 다움은 이렇게 쓴다. "내가 진정으로 하려는 말은 내가 사람들과 연결될 수 없다는 사실, 혹은 연결되길 바라지 않는다는 사실, 혹은 죽기 직전 사랑하는 사람이 곁에 있다는 생각에 혼란보다 위안을 얻는 사람이 되기 위해 필요한 것들을 하고 싶지 않거나 할 수 없다는 사실이다." 그럼에도 다움은 이런 관계들에 유난히 양가감정을 느끼는 것 같지는 않아 보인다. 멘토링을 통해 아이들과 연결되려 하고, 이후엔 위탁 보호 자원봉사 활동에도 참여한다. 임신을 하고 나선 태아를 끝까지 품을 생각이었지만 유산하게 된다. 남편이 아이를 갖고 싶다는 의사를 내비치자 입양을 고민하기도 한다. 「혼수상태의 일기」를 보면, 병에 걸려 얼마간 말을 할 수 없게 되었을 때 남편이 곁에 있다는 사실에 딱히 양가감정을 느끼진 않는 듯하다.

이것이 내밀한 에세이가 주는 또다른 긴장감이다. 장르의 특성상 우리는 타인의 경험을 판단하는 일에 초대된다. 있든 없든 그 안에서 모순을 찾아내라고 등을 떠밀린다.

「명예 다이크」라는 글도 언급하지 않을 수 없다. 다움은 "내 인생의 어느 한 시기, 대충 서른두 살에서 서른다섯 살 사이의 나를 본 사람이라면 누구나 레즈비언이라고 생각하던 때가 있었다"라고 쓴다. "굉장히 짧고 삐죽삐죽한 머리 모양에 척 테일러 운동화를 세 켤레나 갖고 있었고 탱크톱에 카고팬츠를 줄기차게 입었으며 은색 액세서리를 즐겼다…… 발가락 반지도 있었다. 스바루 스테이션왜건을 몰았고." 다움은 자신을 이렇게 부른다. "'야심찬 레즈비언', 달리 표현하자면 더 과하게 다이크처럼 하고 다니면서 더욱더 독특하면서도 영원히 수수께끼 같은 매력을 지닌, 기본적으론 헤테로 계집애."

세련되고 유머러스한 어조를 보면 웃으라고 쓴 글일 수도 있겠지만, 대체로 이성애자 여성이 자기 입맛에 맞는 레즈비언적 캐리커처를 멋대로 전유하는 것처럼 읽힌다. 나머지 글이 엄중하며 진솔한 자기성찰을 담고 있는 데 비하면 이 글은 그에 한참 못 미친다.

다움이 탁월하며 예리한 에세이스트인 것은 의심할 여지가 없다. 나는 앞으로도 다움의 작품을 계속 챙겨 읽을 것이다. 말할 수 없는 것에 관한 질문으로 돌아온 다움은 자신의 가장 좋은 점들과 나쁜 점들을 수용하게 된 스스로를 만나게 된다. 우리 문화에서는 바로 그것이 말할 수 없는 것일지도 모르겠다. 불완전함 그 자체, 그 인간적인 면을 인정하는 것 말이다.

뉴욕타임스 2014년 12월 10일

결혼이라는 굴레
제니 오필, 『사색의 부서』(2014)

핀란드 속담에 따르면 사랑은 결혼이라는 열매를 맺는 꽃이라고 한다. 그런데 동시대 문학에서 그 열매는 자주 상하기 마련이고, 그 희미하게 나는 썩은 냄새로 인해 수없이 많은 소설은 평생 한 사람에게 충실하며 아이를 키우는 (때로는 그러지 않는) 일이 매우 어렵고 복잡하며 도통 알 수 없는 노력이라는 관념의 탐구를 목표로 삼는다. 그러한 관념은 신화이자, 종종 결혼의 진실인 경우가 허다하며, 소설가들은 이를 담아낼 정확한 언어를 찾기 위해 영원히 고군분투한다.

제니 오필의 두번째 소설 『사색의 부서Dept. of Speculation』는 결혼생활의 여정을 기이한, 때론 반짝이는 산문 파편들을 통해 보여준다. 한 작가가 브루클린에 살고 있다. 한 작가가 브루클린에 살고 있고, 사랑에 빠진다. 브루클린에 사는 한 작가가 결혼해 아이를 낳는다. 브루클린에 사는 결혼한 작가는 계속 살아가고, 그러다 빈대가 창궐한다. 소설 곳곳에서 레나타 아들러의 『스피드보트Speedboat』(1976)를 떠올릴 수 있지만 지독한 맛은 덜하다. 겉으로 보기에 중요한 정보들이 헤아리기 어려울 정도로 여기저기 퍼져 있다. 하나하나가 만족스럽든 아니든 간에 그 파편들은 그 자체로서만이 아니라 더 큰 무언가의 일부로서 존재한다. 『사색의 부서』는 빠르게 전개되는데, 하나의 파편이 왜 존재하는지, 그리고 다른 파편들과는 어떻게 연결되는지 계속 이해하려 애쓰게 된다는 점에서 즐거운 도전이다.

화자가 들려주는, "불교에서는 121가지의 의식 상태가 있다고 한다. 그중 불행이나 고통이 수반되는 상태는 세 가지뿐이다. 우리 대부분은 그 세 가지 상태를 오가며 살아간다"라는 생각에서 불교라는 관념 자체가 무게를 지닌다. 이 정보가 뭔가의 실마리인 거 아닐까?

결혼이든 사랑이든 인생이든 그 어떤 것에서든 분명 의미가 있을 테지만 그 의미의 정확한 본질은 결코 완전히 드러나지 않는다. 그럼에도 오필은 뛰어난 속도감을 보여주는 영리한 작가다. 여기저기 흩어진 퍼즐조각들을 무시하려는 순간, 작가는 근사한 애정의 장면을 보여준다. 예컨대 화자가 연애 초기를 회상하는 대목을 보자. "나는 재밌는 주머니가 잔뜩 달린 따뜻한 코트를 샀다. 당신은 그 모든 주머니에 손을 넣었다." 이런 디테일은 커플의 역사와 그 내밀함을 환하게 비춘다.

오필은 이런 파편들, 관찰들과 마음의 잔해로부터 이야기를 만들어낸다. 이 소설에는 여동생과 철학자 친구가 등장한다. 그 중심에는 화자와 남자, 그 여자가 사랑에 빠지고 결혼하고 함께 아이를 갖고 종국에는 그 여자를 실망시키는 남자가 있다. 둘의 결혼생활이 흘러가는 동안 직장, 친구들과의 저녁식사, 잠 못 이루는 밤이 이어진다. 현대 브루클린에서의 사랑 이야기는 빈대 없이 완성될 수 없으니 그러한 도시 비극도 어김없이 등장한다. 완성하지 못한 두번째 소설은 화자와 독자 모두를 괴롭히는 위협으로 다가온다. 이 소설은 무엇일까? 그것을 쓰지 못한 이유는 무엇일까? 소설의 구성상 이 특별한 지점은 매우 자기 지시적인 요소로 보인다. 첫 소설에 관한 기억이 거의 사라진 후 다음 작품에 대한 조용하고도 집요한 압박과 씨름해야 하는 작가들에게 보내는 윙크와 '그 마음 알지' 하는 끄덕임 같은.

『사색의 부서』가 특히 매력적인 부분은 새로운 모성을 이야기하는 방식이다. 아득한 기쁨과 외로움과 극심한 피로감, 비현실적일 정도로 자그마하고 까다로운 생명체를 중심으로 화자의 세계가 새로

이 재편되는 일 말이다. 그리고 소설의 리듬을 드디어 이해했다고 생각한 순간, 오필은 엄청난 대사를 선보인다. "그런데 그애의 머리카락 냄새. 내 손을 꽉 쥐는 방식. 치료제와도 같았다. 잠시나마 나는 생각할 필요에서 벗어났다. 동물적 본능만이 차올랐다." 이 구절에는 원초적 에너지가, 날것의 모성이라는 충동에 도리 없이 굴복하는 현대 여성이 겪는 갈등이 엿보인다.

이 원초적인 에너지로부터 소설에서 가장 매력적인 인물이 모습을 드러낸다. 바로 아이였을 때부터 죽 조숙하되 지나치게 감상적이지는 않은, 적절한 애정을 보이며 신중한 태도를 잃지 않는 이름 없는 딸이 현재진행형인 이 이야기 안에서 가장 흥미로운 인물이다. 그러다 슬프게도 나이가 들어가며 이야기의 주변으로 떠밀려간다. 결혼생활도 그만큼 오래되었고, 서사란 필연적으로 다른 방향으로 나아가야 하므로.

어쩌면 이 책은 '당신'과 '나'의 이야기, 그 여자와 그 남자의 이야기, 그리고 마침내 '당신' '나' '우리'의 이야기로 나아가는지 모른다. 작가는 그만큼 우아하게 시점을 전환하며 소설을 능란하게 끌고 나간다. 초반부에 우리는 결혼생활에 참여하게 되고 결혼생활이 무너지기 시작하면서는 그 관계를 멀찍이서 지켜보게 된다. 이제 아내라고 일컬어지는 여성은 산산이 부서지는 결혼생활 안에서 자신의 역할을 가늠하고, 자신의 분노에 적절하고도 옳은 형태는 무엇일지 고민하며, 그 과정에서 배신과 극도의 망설임, 그리고 자기회의를 경험하기도 한다.

배신을 당하면서 아내의 고통과 슬픔은 한층 더 비꼬는 투로 서술

된다. 독자가 쉽게 공감하는 이유는 그 아내가 절절하게 흥미로운 인물이기 때문이다. 새로이 드러나는 결점 하나하나가 그의 매력을 더한다. 사실 독자는 아내가 어떻게 생각하고 느끼고 세상을 헤쳐나가는지 모든 것을 속속들이 알고 있다. 오히려 남편의 미미한 존재감 때문에 결혼 자체에 대해 뭔가를 느끼기는 어렵다. 남편은 아내의 생각 속에서 액세서리이자 단역배우에 불과하다.

우리가 '당신'이라는 남편에 대해 뭐라도 알게 되는 건 아내가 남편을 흠 없는 사람이라고 묘사함으로써 자신의 결점을 드러낼 때다. "내 남편이 친절하다는 건 다들 잘 알지…… 오하이오주에서 왔거든. 버스 기사에게 고맙다는 말을 잊지 않고, 수하물 찾는 곳에서 새치기하는 법이 없다는 뜻이지." 그런 다음 이렇게 덧붙인다. "남편이 존경할 만한 사람이라는 건 다른 데서도 알 수 있어. 뭔가 고장나면 바로 고치려고 해. 온갖 것들이 계속해서 고장난다는 걸 얼마나 견딜 수 없어 하는지, 결코…… 엔트로피를 이길 수 없다는 생각은 전혀 안 해." 남편을 이런 식으로 묘사하는 건 다분히 의도적으로 보인다.

그가 이렇게 배우자 이상의 존경하는 사람으로 꽤나 장대하게 추켜세워졌으니 당연히 추락할 수밖에 없다. 하지만 어쩌면 바로 그 점이 사랑과 결혼에서 일어나는 일일지도 모른다. 거리를 두면 존경할 수 있지만, 너무 가까워져 그 실체를 보게 되면 외면하게 되지 않던가.

부부가 관계를 회복하려 애쓸 때, 아내는 점점 더 복잡한 인물이 되어가는 반면 남편은 자주 심술을 부리는 등 심각할 정도로 모호해진다. 좋은 의미에서든 나쁜 의미에서든 이 책은 두 사람의 결혼 이야기가 아니라, 아내의 입장에서 쓴 결혼 이야기다. 이 관계에 대해 다른 시각에서 쓴 이야기를 읽을 수 있다면 흥미롭겠다. 남편이자 아버지인 인물도 더 많이 알게 된다면 말이다. 그러나 오필은 끝까지 아내의 결혼 이야기만으로도 충분하다고, 어쩌면 그것이 유일하게 중요하다고 여기게 만든다. 책을 다 읽고 나면 마다가스카르섬의 또 다른 속담 하나가 떠오른다. 결혼은 단단한 매듭이 아니라 술술 풀리는 매듭일지어다.

뉴욕타임스 2014년 2월 7일

음식 방송의 가학적 즐거움

나는 승부욕이 많다. 보통은 잘 참으려고 하지만 아, 마음 깊은 곳에선 이길 수 있는 건 모두 이겨버리고 싶다. 어렸을 때 나는 누구보다 높은 점수를 받아야 했고, 질문이 던져지면 선생님이 흡족해할 만한 답을 누구보다 빠르게 말해야 했다. 그렇다, 나는 그런 소녀였다. 스크래블* 전국 랭킹을 갖고 있기도 한데 성적이 썩 만족스럽진 않다. 다른 단어광들과 마주앉으면 코를 납작하게 눌러주고 싶어진다. 고속도로에서 운전할 때, 다른 작가들의 커리어를 들여다볼 때, 킨들로 책을 읽고 있는데 반납 기한까지 여덟 시간 남았다는 알림이 뜰 때 내 안에서 경쟁심이 발동한다. 도전장을 받는 순간이다. 나는 여섯 시간 안에 완독하겠다고 결심한다.

경쟁할 때 우리는 자신의 뛰어남을 증명하려고 애쓴다. 이기면 이렇게 말한다. "이건 완전히 숙달했지, 그리고 난 잘해." 이런 돌진은 유혹적이다. 이를 갈망하는 건 나만은 아니며, 어쩌면 도움될 게 별로 없어 보이는 분야에서도 경연 대회가 문화적 활동의 중심이 된 건 그 때문일 것이다. 철자법 대회며 포커, 브리지 게임 대회는 그다지 놀랍지 않다. 그런데 경연 대회는 더 멀리 가기 시작한다. 먹기 대회, 팔씨름 대회, 퀴디치, 황소와 함께 달리기, 심지어 가위바위보 챔피언십까지. 경기장이 얼마나 이국적이든 평범하든 간에 누군가는 최고가 되고 싶어한다.

우리가 무궁무진한 요리 방송의 시대에, 이 땅의 최고 요리사를

---

* 철자가 적힌 플라스틱 조각들로 글자 만들기를 하는 보드게임.

최종적으로 가려내는 방송이 나날이 복잡해지고 많아지는 시대에 이른 건 어쩌면 불가피한 일이었을지도 모르겠다. 이 방송들은 굴욕적이거나 끔찍한 상황이 벌어질 수도 있도록 구성돼 아리따운 사람들의 행진 그 이상을 보여줌으로써 리얼리티쇼에 대한 만족을 모르는 문화적 욕구를 충족시킨다. 우리는 스펙터클을 원하지만 때로는 그 스펙터클에도 목적의식이 있기를 바란다. 음식은 맛있기도 하니 정성스럽게 준비되는 음식을 지켜보며 마조히즘적인 스릴을 느끼는 동시에 저런 진미는 평생에 한 번 맛볼까 말까 하다는 사실도 깨닫는다.

이 열풍은 1993년 〈아이언 셰프Iron Chef〉가 일본에서 첫선을 보인 20여 년 전에 시작됐다. 이후 이 프로그램을 푸드네트워크가 사들여 미국에서 방영했는데, 초창기에는 고질라 영화를 연상시키는 더빙 범벅이더니 조금씩 미국화된 모조품이 탄생했다. 전제는 단순하고도 정교했다. 카가 회장이라는 남자가 현대식 도구와 없는 게 없는 식료품 저장실로 꾸며진 '주방 경기장'에서 요리 전투를 연다. 에피소드마다 각자의 분야에서 대가인 철인 셰프들이 각양각색의 명성을 자랑하는 신예 셰프들과 겨룬다. 참가자들은 미스터리한 재료를 사용해 가장 인상적인 음식을 준비해서 '누구의 요리가 최고인지'를 가리는 임무를 해내야 한다. 하나 더, 셰프들에겐 딱 한 시간만 주어진다. 인위적인 시간제한만큼 경쟁의 스릴을 끌어내는 건 없지.

그럴듯한 전제는 아니지만, 쇼의 실황중계며 온갖 슬로모션, 가령 튀김기에 식재료가 떨어지는 장면들은 마치 코앞에서 실제로 벌어지는 것처럼 느껴진다. 유행이 한참 지난, 때로는 당혹스럽기까지 한 아슈라 굴, 블루풋 닭 등등의 재료를 활용해 어떤 요리를 만들어내는지 보는 건 언제나 흥미진진했다. 심사위원들은 요리를 먹은 경험을 세세하게 설명한다. 우리는 집에서 티브이로 그 기쁨을 지켜보며 더 많은 걸 원한다.

이후 몇 년 동안 요리 경쟁 프로그램은 요란한 산업이 되었다. 2006년 브라보의 〈톱 셰프Top Chef〉 방영 이후 관심이 확 늘었다. 매 시즌 셰프들이 칼을 갈며 미국의 도시(뉴올리언스, 뉴욕, 마이애미, 시카고, 시애틀)에 모여든다. 참가자들은 다른 리얼리티쇼에서처럼 공동생활을 하지만 〈톱 셰프〉의 메인은 요리다. 각 에피소드는 '즉석요리' 도전으로 시작되는데 종종 유명인을 심사위원으로 섭외한다. 참가자들, 아니 참가 셰프들은 돼지 껍질이나 이미 포장된 햄치즈샌드위치 등 편의점에서 구할 수 있는 재료들로 완벽한 오믈렛, 완벽한 햄버거, 완벽한 아뮤즈부슈*를 만들어야 한다. 즉석요리 우승자는 승리의 기쁨은 물론이고 이어질 탈락자 결정전에서 재료 선택의 우선권이나 추가 준비 시간 등 이점을 얻는다.

탈락자 결정전이 이 쇼의 핵심이다. 참가 셰프들은 유명인을 위한 식사, 학생들을 위해 건강과 맛 모두 챙긴 점심밥, 축제 관객들을 위한 오르되브르**등을 준비한다. 〈아이언 셰프〉와 마찬가지로 〈톱 셰프〉는 참가자들이 상금이나 경력에서의 기회보다 더 큰 무언가를 위해 싸우는 것처럼 보이게 만든다. 뭐랄까, 요리사로서의 명예 같은

---

* 식당에서 내는 무료 애피타이저.
** 전채 요리를 뜻하는 프랑스어.

것 말이다.

〈톱 셰프〉가 성공할 수 있었던 건 격식을 차린 절제미를 한 겹 씌운 리얼리티쇼였기 때문이다. 물론 셰프들 사이에서 극적인 상황이 벌어지기도 한다. 하지만 음식이 핵심이며, 그 방식은 포르노적이다. 호된 시련의 연속인 쇼에서 만들어지는 음식에 더해 우리는 아름답게 연출되는 요리의 자태, 그리고 심사위원들이 시식 후 요리의 장점에 대해 열광적으로 (혹은 무심하게) 말을 늘어놓는 것까지 빠짐없이 보게 된다.

모든 요리 경연 방송이 다 예의바른 건 아니다. 영국에서 시작된 〈헬스 키친Hell's Kitchen〉에는 요란스러운 영국 셰프 고든 램지가 군림한다. 알려진 바로 우승자는 고급 레스토랑의 수석 셰프 자리를 얻게 된다. 포맷이 재밌다. 시즌 초기 참가자들은 팀으로 나뉘어 '성공적인 저녁식사 서비스 운영'이라는 단 하나의 임무를 부여받는다. 스포일러 주의! 무사히 운영이 끝나는 법은 거의 없다. 램지는 무슨 주방 폭군처럼 참가자들이 비프 웰링턴이나 수플레 등을 만드는 동안 끝도 없이 명령하고 윽박지른다. 램지가 걸걸한 스타카토 목소리로 "리소토 세 개, 제발 좀" 하고 고함치는 모습은 웃긴다. 그러는 내내 참가자들은 리얼리티쇼의 번쩍거리는 화면 너머에서 오랫동안 전문가로서 해온 일들에 비참하게 실패한다.

다른 방송사에서도 요리 경연 프로그램을 시도하고 있지만 푸드네트워크가 여전히 선두에 있다. 앨런 살킨은 최근 저서 『프롬 스크래치From Scratch』(2013)에서 이 방송사가 두각을 나타내기 시작한 시기를 표로 보여준다. 1990년대 후반에는 〈에머릴 라이브Emeril Live〉나

〈몰토 마리오Molto Mario〉 같은, 유명인들에 기댄 쇼가 제작비는 많이 드는 데 비해 시청률은 낮아지던 추세였다. 책에 수록된 매력적인 일화 중 하나에서 살킨은 경쟁 프로그램 〈춉트Chopped〉가 어떻게 시작됐는지 들려주는데, 그 배경이 생각보다도 더 요상하다. 이 쇼는 어느 '거물'이 자기 성城에서 디너파티를 연다는 설정으로 시작된다. 살킨은 이렇게 쓴다. "오만한 존 클리즈처럼 생긴 그 거물의 집사는 성의 주방에서 저녁식사를 차리는 특권을 놓고 경쟁할 네 명의 수셰프를 뽑는다. 대회는 애피타이저, 메인 코스, 디저트라는 3라운드로 진행된다. 한 라운드가 끝나면 심사단이 평가해 셰프 한 명을 탈락시킨다. 탈락한 셰프의 음식은 카메라 앞에서 개 밥그릇에 담겨 집사의 굶주린 치와와에게 먹인다."

그런데 맙소사, 촬영 도중 피코라는 이름의 개가 문제가 됐다. 하루종일 뭘 먹이면 개가 탈이 날 게 뻔했다. 이 기이한 요소들은 한데 어우러지지 못했다. 자극이 너무 심했던 거다. 제대로 진행된 건 참가자 네 명이 모든 걸 매우 심각하게 받아들였다는 점이었다. 푸드네트워크 프로듀서 린다 리아는 이렇게 말했다. "이 셰프들은 자신들의 삶에서 옳은 선택을 내렸다는 사실을 증명하기 위해 이 대회에 절박한 심정으로 참가해 경쟁했다." 시청자들의 마음을 사로잡은 건 탁월해지기 위해, 최고가 되기 위해 분투하는 셰프들의 모습이었다.

나는 올해로 시즌 20을 맞이한 〈춉트〉에 언제나 매료된다. 푸드네트워크의 한 시즌은 짧기로 악명이 높기에 한 해에도 여러 시즌이 방영된다. 각 코스가 시작될 때마다 주어진 재료들이 담긴 비밀 바구니를 붙들고 어떻게 하면 돋보일지 씨름하는 셰프들의 모습을 보며 우리는 아찔한 기대감에 사로잡힌다.

초반부 한 에피소드의 오프닝 라운드에서 셰프들은 주꾸미, 청경채, 굴소스, 구운 파프리카로 요리를 만들어야 했다. 이어서 오리 가슴살, 파, 생강, 꿀이라는 재료로 넘어갔다. 마지막으로 최종 2인이 된 두 셰프가 자두, 동물 모양 비스킷, 크림치즈를 디저트로 내라는 주문을 받았다. 바구니 안의 재료들이 20분 안에 풀어야 할 퍼즐로 탈바꿈한다는 점이 주는 가학적인 쾌감이 있다. 요리 분야의 루빅큐브 같다고나 할까.

저명한 셰프들로 구성된 심사단은 이들을 엄중하게 평가한다. 심사 테이블에 앉아 참가자들이 뜨거운 스토브 앞에서 고군분투할 동안 해설과 조언을 건넨다. 주어진 시간이 끝나가면 어떤 심사위원들은 "그냥 접시에 올려" 혹은 "그걸 싹 갈아"라고 말하곤 한다. 그들이 셰프들의 운명을 결정하는 건 맞지만, 그저 참가 셰프들에게 최고의 결과물을 바라는 것처럼 보이기도 한다.

〈춉트〉는 탈락한 셰프들이 돌아와 패배를 만회할 수 있는 에피소드도 만들었다. 이제는 관습이 된 셀럽 중심의 전형적인 쇼 외에도 새로운 『춉드 요리책The Chopped Cookbook』(2014)이 출간되기도 했다. 이 책에선 독자들에게 "가진 것을 활용해 맛있는 요리를 만들라"고 권유하며 "대부분의 미국인들이 매주 슈퍼마켓에서 구입하는 재료에 초점을 맞춘다"고 한다. 레시피와 꿀팁 덕에 저녁식사 준비가 미션 바구니보다 한결 더 현실적으로 변한다. 이 책과 우리네 주방용품을 활용하는 것만으로도 굉장한 잠재력을 선보일 수 있다는 암시가 그 요리책에 담겨 있다. 더는 평생 못 먹어볼 음식에 욕망을 품을 필요 없다고. 스스로 만족스러운 식사를 할 수 있다고. 적어도 중산층은 음식에 대한 새로운 사고방식을 지닐 수 있고 더 나은 요리를 맛볼 수 있는 전례없는 기회를 갖게 되었다고.

시장이 커지면서 요리 경연 프로그램은 점점 더 흥미진진해지고 복잡해지고 있다. 〈푸드코트 워Food Court Wars〉에서는 두 팀이 1년 짜리 푸드코트 임대권을 놓고 싸운다. 〈가이스 그로서리 게임Guy's Grocery Games〉에서는 셰프들이 식료품 코너를 가로지르는 경주가 펼쳐진다. 푸드네트워크의 대들보 격인 올턴 브라운이 진행하는 〈컷스로트 키친Cutthroat Kitchen〉에서는 셰프들이 동료 경쟁자들에게 줄 수 있는 극악한 장애물을 두고 경쟁하게 부추기는데, 상황은 순식간에 통제 불능이 된다. 〈스위트 지니어스Sweet Genius〉에서는 파티시에들이 컨베이어벨트 위의 기묘하고 당혹스러운 재료들과 함께 재미난 시간을 보낸다. 〈워스트 쿡스 인 아메리카Worst Cooks in America〉에서는 주방에 있을 일이 전혀 없는 사람들끼리 대결을 펼치는가 하면, 〈그레이트 푸드트럭 레이스The Great Food Truck Race〉에서는 미국 전역을 무대로 창업을 원하는 팀들이 푸드트럭을 얻기 위해 경쟁을 벌인다. 참가자들이 해안 경비대의 쾌속정 내 조리실, 아메리카 선주민 고유의 도구를 사용해 사막에서, 혹은 조리도구를 짊어지고 산에 올라 요리를 만드는 〈익스트림 셰프Extreme Chef〉도 잊지 말자.

음식 방송이 우리의 상상력을 사로잡는 이유는 무엇일까? 우리는 분명 요리 경쟁의 시대에 살고 있지만, 동시에 슬로푸드와 현지에서 조달한 유기농 식재료의 시대에도 살고 있다. 적어도 중산층은 음식에 대한 새로운 사고방식을 지니고 있고, 더 나은 요리를 소비할 수 있는 유례없는 기회를 갖게 되었다.

비록 특권적이고 공상적이긴 해도 음식은 단순히 생계 수단이 아니라 중요한 문화적 대화의 일부로서 점점 더 중요해지고 있다. 사람들이 경쟁하는 걸 지켜보는 것을 넘어 우리는 그 방송을 보면서 탁월한 요리에 대한 통찰을 얻게 된다.

〈톱 셰프〉의 한 시즌에서 참가자 하나가 벨루테 만드는 법에 대해 이야기한 적이 있다. 벨루테는 닭고기나 송아지 육수, 혹은 생선 육수에 크림과 버터와 밀가루를 넣어 걸쭉하게 만든 수프나 소스를 뜻하는 메뉴다. 혀끝에서 느껴지는 '벨루테'라는 단어의 관능적인 감각이 몹시 마음에 들었고, 채식주의자임에도 그 감각에 집착하게 되어 기회가 생길 때마다 그 단어를 썼다. 채식주의자를 위한 벨루테 레시피를 찾아서 만들어보기도 했다. 대단한 뭔가를 완성해냈다고 보긴 어렵지만 확실히 레퍼토리가 넓어진 건 사실이었다.

이 방송들이 어떤 욕구를, 우리가 감히 먹지 못하는 음식에 대한 갈망을 반영한다고 느끼지 않을 수 없다. 우리가 먹거리와 긴밀한 관계를 맺고 있다는 건 부정할 수 없는 사실이다. 몸을 가진 이상 그 몸을 먹여야 하는 것이다. 그러나 우리 몸은 너무 많이 먹으면 탈이 나고 만다.

이 방송들 외에도 우리 주변은 다이어트 제품과 자극적인 간식 광고로 넘쳐난다. 우리는 화려한 잡지에서 체중 감량에 관한 기사를 읽는다. 셀룰라이트를 걱정하고 칼로리를 계산한다. 어쩌면 우리가 이런 방송을 보는 건 결코 채워지지 않을 허기를 달래기 위해서인지도 모른다. 어쩌면 유약한 몸에 해가 되지 않을 아름다운 음식을 소비하기 위해서인지도.

『아메리칸 프로스펙트』 2014년 4월 24일

공개 구혼이 로맨틱할 수 있을까

남자와 여자가 만난다. 남자와 여자가 사랑에 빠진다. 남자와 여자는 결혼한다, 어쩌고저쩌고. 또는 이렇게 말해보자. 남자가 (또는 여자가) 스물다섯 명의 여자를 (또는 남자를) 만난다. 남자와 여자는 카메라, 프로듀서들, 수백만 시청자들 앞에서 사랑에 빠지는 연기를 한다. 봄이 왔고, 사람들이 열광적으로 사랑에 빠지는 시기이자 사랑에 빠진 사람들이 평생을 약속하는 시기다. 뺨이 발그레한 신부, 긴장한 신랑, 호화로운 결혼식은 전부 〈배첼러〉와 〈배첼러레트The Bachelorette〉 같은 티브이 쇼에서 보여주는 과한 의례의 압축 버전들이다.

2002년부터 이 두 프로그램은 엄선된 기업가, 제약회사 직원, 치위생사, 트레이너 등등으로 꾸려진 그룹 안에 '천생연분'이 기다린다는 헐거운 전제를 바탕으로 한 구애 의식을 기괴하게 묘사해왔다.

나는 한 번도 나 자신을 공주라고 상상해본 적이 없다. 백마 탄 왕자를 원한 적도 없다. 그러나 평생 행복하게 살았다는 말과 비슷한 뭔가를 갈망하기는 한다. 그런 판타지는 진작 접어뒀어야 했는데 그러지 못한다. 나는 동화에 매혹된다.

그림 형제가 쓴 '아셴푸텔' 혹은 '신데렐라'라는 제목의 동화에서 부유한 아버지를 둔 신데렐라는 의붓어머니와 이복언니들의 잔인한 변덕에 시달린다. 왕이 무도회를 열자, 흰 비둘기 한 마리가 신데렐라에게 드레스와 구두를 가져다주며 무도회에 가게 해준다. 사흘 밤 동안 가장 아름다운 드레스를 입고서 신데렐라는 왕자와 춤을 춘다. 왕자는 사랑에 빠지지만, 사흘째 되는 날 신데렐라는 황금 구두 한 짝을 남기고 도망친다. 왕자는 구두를 들고 신데렐라의 집으로 찾아온다. 의붓어머니는 자기 딸에게 구두에 발이 들어갈 수 있게 발가락을 자르라고 한다. 속임수는 탄로난다. 둘째 언니도 구두에 맞추려고 발뒤꿈치를 잘라냈지만 그 역시도 속임수라는 게 드러난다. 그러다 왕자가 부엌에 숨어 있던 신데렐라를 발견하는데, 신데렐라의 발은 구두에 딱 맞는다. 둘은 결혼하고 이복언니들은 비둘기들에게 눈을 쪼여 시력을 잃고 만다.

이 동화의 암울한 버전과 희망찬 버전 모두에서 여성이 진정한 사랑과 평생의 행복을 얻기 위해서는 고통받을 수밖에 없다. 탑에 갇히거나 독이 든 사과를 먹거나 물레로 지푸라기에서 황금 실을 뽑아내야 한다. 한 번도 아니고 두 번이나 상대가 속아넘어갈 때까지 기다려야 남성에게 발견되어 손을 맞잡을 수 있다. 〈배첼러〉의 어느 시즌을 보든 출연한 여성들은 그 경험이 동화 같았다고 외친다. 리얼리티쇼의 교묘한 술수를 견디며 평생 행복할 수 있다는 약속을 좇는다. 자주 술에 취하는 다른 여성들과 함께 말이다. 황금 구두를 신으려고 발에 피를 내는 대신, 그들은 에피소드마다 존엄성이라는 피를 흘린다.

이 방송은 화학작용이 없거나 타이밍이 안 맞거나 단순히 남자가 여자에게 그렇게까지 관심이 없는 상황에서도 사랑을 믿으라고 등떠민다. 관계가 맺어질락 말락 했던 장면들의 결말은 진부한 만큼이나 모욕적이다. 참가자들은 한 사람씩 떠날 때면 눈이 벌겋게 충혈되고 입술이 파르르 떨리며 마스카라가 번진 채, 리무진의 푹신한 가죽 시트에 몸을 맡긴다. 이십대 초중반인 젊은 여성들은 하소연하듯 이렇게 말한다. "아무도 못 찾을 것 같아요." 그런 고급 차를 손쉽게 빌릴 수 없는 사람이 들으면 다소 이해가 안 갈 법한 한탄이다.

나는 서른아홉 살이다. 싱글이고, 흑인 여성이다. 전문 학위가 좀 지나치게 많다. 뉴스를 보다보면 진정한 사랑을 찾을 가망이 없다는 생각만 강해진다. 내겐 지금이야말로 동화를 믿어봐야 할 때다. 사랑할 사람을 찾는 게 불가능하더라도 그 불가능 속에 함께 있을 수 있는 사람을 어떻게든 찾으려고 끈질기게 헤매고 있다. 여성들에게 동화가 얼마나 유해한지, 너무도 연약한 사랑의 맹세를 위해 얼마나 많은 희생이 요구되는지 알고 있음에도 나는 〈배첼러〉와 〈배첼러레트〉를 본다. 내 불신과 상식을 잠시 치워둔다. 내 안의 페미니즘을 음소거한다. 혁명과는 달리, 연애가 공공연히 티브이로 중계되는 상황에서라면, 또 태닝한 피부와 몸매를 자랑하는 스물다섯 명의 잠재적 연인들 사이에서라면 남성이든 여성이든 단 몇 주 안에 사랑을 찾을 수 있다는 생각을 믿게 된다. 내게는 없을지 모르지만, 다른 누군가에게는 진정한 사랑이 있다고 생각하면 외로움을 승화할 수 있을 테니까.

〈배첼러〉는 부와 토지, 사회적 지위를 확보하려는 목적으로 부모나 다른 투자자들이 구혼을 지도하던 청교도 시대를 떠올리게 한다. 당시 사랑은 결혼의 필수 조건이 아니었다. 청교도들은 보다 더 합리적인 고려 사항들에 집중했다. 좀 다르긴 해도 〈배첼러〉에는 이러한 합리적인 고민의 양상이 분명 존재한다. 이 사람은 매력적인가? 기본적인 문장을 구사할 수 있는가? 스펙터클을 위해 기꺼이 자신을 희생할 의향이 있는가? 다만 이제는 적절한 짝을 찾아주려 나서는 이들이 방송 프로듀서들이다.

식민지 시대[*]에 구혼하는 커플은 옷을 말쑥하게 차려입고 목 끝까지 각자의 이불을 덮은 채 번들링 보드^{**}를 사이에 두고 밤을 보냈다. 둘은 서로에게 달콤한 말을 속삭일 순 있었지만 다른 욕구는 전혀 충족할 수 없었다. 이와 비슷하게, 카메라의 집요한 시선과 프로듀서들의 교묘한 방해에도 〈배첼러〉와 〈배첼러레트〉 속 커플들은 얌전히 한데 묶여 있다가 마지막 에피소드쯤 되면 '판타지 스위트'를 방문할 수 있게 된다. 카메라는 뒤로 빠진다. 다음날 아침, 출연자들은 카메라를 바라보며 "밤새 얘기 나눴어요"라든지 "완벽했어요" 같은 말을 한다. 시청자들은 드디어 '섹스를 했다'는 걸 알게 된다.

　그런데 지난 시즌 〈배첼러〉에서 동화의 흐름이 뚝 끊겼다. 두 여성이 만남을 거부한 것이다. 샤를 조인트는 배첼러인 후안 파블로에게 매력을 강하게 느꼈지만 그가 자신에게 지적인 자극을 주지는 못한다며 하차했다. 그다음주에 재개한 방송에서 앤디 도프먼이 후안 파블로와 함께 판타지 스위트에 다녀왔다. 다음날 아침 도프먼은 대본에 없는 말을 했다. "판타지 스위트는 악몽으로 변했어요. 제가 정말 좋아하지 않는 면을 보게 됐고, 밤새 그냥 재앙 같았어요." 도프먼 역시 하차했다. 후안 파블로 자신도 방송 진행자들의 압박, 자신이 선택한 여성에게 사랑한다고 말하라는 압박에 굴하지 않고 백마 탄 왕자가 되기를 거부했다. 마침내 허울좋은 동화에 균열이 생겼다.

---

[*]　미국의 식민지 시대는 1607년 대영제국이 버지니아를 첫번째 식민지로 삼은 이후부터 1776년 13개 식민지가 독립을 선언해 미국을 건국하기까지의 역사를 뜻한다.

^{**}　식민지 시대 당시 커플이 하룻밤 동안 침대를 공유하는 것을 '번들링'이라 칭했고, 신체 접촉을 막기 위해 중간에 설치한 칸막이를 '번들링 보드'라고 불렀다.

로맨틱코미디와 로맨스 소설은 줄곧 아름다운 거짓말을 건넨다. 커플은 양면적인 태도를 가지고 만나거나, 서로를 싫어하거나, 사랑의 감정이 한쪽에만 깃들어 있다가 상대에게 들킨다. 그러다 어떤 일에선지 사랑에 빠지게 되고, 장애물이 있긴 하지만 전부 극복할 수 있고 극복하게 된다. 진정한 사랑은 언제나 고통과 희생을 감수할 때 가능하니까. 마침내, 그리고 필연적으로, 절절하고 낭만적인 사랑의 선언이 이뤄지고 평생 행복하게 살았다는 결말에 이른다. 이 순간은 중독적이며, 씁쓸하면서도 묘한 만족감을 준다. 우리 자신의 연애가 저 아름다운 거짓말에 한없이 미치지 못하기에 생기는 공허감을 채워준다. 물론 우리는 그보다는 잘 안다. 우리는 이런 방송이며 로맨틱코미디며 로맨스 소설들, 그리고 밸런타인데이의 지나친 소비주의를 비난한다. "사랑은 그런 식으로 이루어지는 게 아니지"라고 말하면서. 대부분 사랑은 그런 식으로 이루어지지 않는다. 사랑은 지저분하고 울퉁불퉁한 것이다. 대체로 사랑이란 영영 규정할 수 없는 무언가다.

그렇게 우리는 다음주 월요일, 정교하게 연출된 구애 루틴을 다 거치고 대본을 숙지한 새로운 배첼러레트가 사랑을 할 준비가 되었다며, 진정한 사랑이 어딘가에 있다는 걸 안다며, 진부하기 짝이 없는 홀마크식 사랑*을 받게 될 거라고 말하는 모습을 보게 될 것이다. 스펙터클을 조롱하는 동시에 공허한 마음을 채워보려 은밀히 애쓰

---

* 미국 홀마크 채널에서 대중적인 로맨틱코미디를 방영한다는 점에서 착안한 표현.

면서 말이다. 우리는 겉으로 드러내는 것보다 냉소적이지 않다. 한 사람과 평생을 함께한다는 건 지옥이라는 진실을 숱한 증거들이 말해주고 있음에도, 계속해서 데이트하고 비참한 사랑에 빠지며 결혼하고 이혼하고 또다시 시도할 것이다. 텅 빈 내면을 오롯이 떠안은 채 혼자 죽기를 바라는 사람은 많지 않다. 〈배첼러〉와 〈배첼러레트〉가 진실로 굴욕감을 주는 건, 로맨틱코미디의 우스꽝스러운 연출과 로맨스 소설 속 압도적인 열정과 마찬가지로, 우리의 가장 연약한 지점을 그들이 잘 알고 있다는 사실이다. 제작진은 바로 그 지점을 정확히 노린다.

뉴욕타임스 2014년 5월 10일

차이와 공감
조이스 캐럴 오츠, 『희생』(2015)

차이를 쓰는 것은, 특히나 문학에서는 어려운 과제다. 어떻게 남성이 여성에 관해, 여성이 남성에 관해 쓰는가? 어떻게 하나의 인종이나 민족성을 지닌 작가가 다른 인종이나 민족성을 지닌 사람들에 관해 쓸 수 있을까? 더 중요한 건, 작가는 어떻게 인물들을 캐리커처나 스테레오타입으로 환원시키지 않으면서 차이를 다룰 수 있을까? 어떤 이들은 이 과제를 침착하게 돌파한다. 막 떠오른 건 빌 쳉의 『서던 크로스 더 도그Southern Cross the Dog』(2013)나 루이스 어드리크의 『라운드 하우스The Round House』(2015)다. 어떤 이들은 실패한다. 흑인 여성이 자신의 피부색을 바퀴벌레와 비교하는 장면이 나오는 캐스린 스토킷의 『헬프The Help』(2011)가 그 예다. 차이를 글로 잘 쓰기 위해선 공감 능력, 즉 재현하고자 하는 대상의 인간성을 존중하는 능력이 필요하다.

1987년 11월 말, 타와나 브롤리라는 여성이 뉴욕주 북부의 고향에서 인종차별과 여성혐오의 직격탄을 맞고, 배설물을 뒤집어쓴 채 발견됐다. 이 십대 소녀는 경찰관들과 (나중에 덧붙이기로는) 지방검사보를 포함한 여러 백인 남자에게 납치돼 강간을 당했다고 진술했다. 이 끔찍한 이야기는 빠르게 전국 헤드라인을 장식했다.

앨 샤프턴과 두 명의 변호사, 올턴 매덕스와 C. 버넌 메이슨이 젊은 여성을 대변하고 브롤리의 이익을 '관리'하겠다며 나섰다. 그런데 브롤리의 진술에는 허점이 있었고, 사건은 빠르게 인종적 갈등에 불을 붙였다(물론 인종차별을 상기시키는 모든 것은 "인종적 갈등에 불을 붙이기" 마련이다). 1년쯤 지났을 때, 대배심은 브롤리가 거짓말을 한 것으로 확정 지었다. 이 사건은 인종, 계급, 성폭력, 미국 사법제도의 승자와 패자 등 너무도 많은 복잡한 문제를 다루기에 오늘날까지도 논쟁거리다.

조이스 캐럴 오츠의 신작 소설 『희생The Sacrifice』은 브롤리의 이야기를 허구적으로 재구성한 작품으로, 뉴저지주 파스케인의 레드록 지역을 배경으로 하며 실제 범죄의 팬픽션이라 할 수 있을 만큼 실제 벌어진 사건에 기반을 두고 있다. 소설은 에드네타 프라이가 레드록 거리에서 미친 듯이 딸을 찾아 헤매는 장면으로 시작된다. 이후 여러 인물의 시점을 넘나들며 진실이 밝혀지지 않은 상황에서 한 공동체가 어떻게 비극에 대응하는지 그려낸다. 기라성 같은 인물들의 중심에는 폐공장에서 피투성이에 멍이 잔뜩 든 채 발견된 젊은 여성 시빌라 프라이가 있다.

그 밖의 인물로는 잔혹한 피해를 입은 시빌라를 발견한 대체교사 에이다 퍼스트, 사건을 맡은 '히스패닉계 미국인' 형사 이네스 이글레시아스, 첫번째 아내를 숨지게 한 시빌라의 의붓아버지 아니스 슈트, 시빌라를 대변하러 온 목사 매러스 코닐리어스 머드릭과 그와 쌍둥이 형제인 변호사 바이런 랜돌프 머드릭, 강간범 중 한 명으로 지목된 청년 제럴드 잔, 그리고 이후에 시빌라의 편에 서는 무슬림 공동체 리더 블랙 프린스가 있다. 이야기가 전개되면서 거의 모든 인물은 무언가를 희생한다. 신의, 희망, 존엄성, 진실, 정의.

강렬한 장면이 없지 않다. 에드네타가 앨 샤프턴의 대역이나 마찬가지인 매러스 머드릭 목사를 만나는 장면이 특히 인상적이다. "에드네타는 그렇게까지 잘생기고 우아하며 남자다운 남자를 본 적이 없었다. 눈부시게 환한 미소, 윤이 나는 캐러멜색 피부, 윗입술에 얹힌 잘 다듬은 콧수염이 또렷이 각인되었다. 머드릭 목사는 어두운색의 부드러운 울 소재로 만든 스리피스 정장에 좀더 가벼운 재질의 조끼, 하얀 실크 셔츠, 그리고 호화롭고 근사한 연어색 실크 넥타이를 매고 있었다." 이 인물은 말하는 방식이며 처신하는 태도에서도 흠잡을 데 없이 그려지며, 분노라는 스펙터클에 조화를 더한다.

오츠는 야심 차다. 작가로서 오츠는 신중하고 인내심 있게 서사를 구축해가며 이러한 도덕극이 어떻게 일어날 수 있는지 보여준다. 가정 폭력, 흑인 커뮤니티 내의 피부색 차별주의*, 흑인들 사이에서뿐만 아니라 파스케인 지역의 흑인 대 백인 계급 문제 등 사회적인 문제를 제법 많이 다룬다. 경찰이 아니스 슈트의 차를 세우는 장면은 상당한 통찰력을 지닌다. 오츠는 흑인 운전자의 실상을 날카롭게 성찰한다. 오츠는 이렇게 쓴다. "선택지는 두 개다. 침묵하거나 고분고분하게 굴거나. 침묵하면 경찰에게 음침하고 위험한 인간이라 오해받을 수 있다. 고분고분하게 굴면 조롱하는 것으로 오해받을 수 있다."

에이다 퍼스트를 통해 오츠는 흑인민권운동의 역사를 간략히 짚으며 엄중하고 다소 거들먹거리는 설교에 의존한다. "에이다는 그 법안이 마침내 통과되었을 때 레드록 주민들이 얼마나 기뻐했는지 떠올렸다. 당시 린든 존슨은 모두의 영웅이었다. 흑인을 옹호하다 암살당한 존 F. 케네디 대통령에 대한 기억도 강렬했다. 물론 마틴 루서

---

* colorism. 같은 민족, 인종 집단 내에서 일어나는 피부색이 어두운 사람에 대한 편견 혹은 차별.

킹 목사, 로버트 케네디, 맬컴 엑스 등 사회정의를 향한 신념 때문에 암살당한 이들도 있었다."

그러나 이 소설에는 문제가 수두룩하다. 오츠는 인물의 상세한 초상을 그리는 데 부담스러울 정도로 가까워지다가 결과적으로는 뒷걸음치고 만다. 이 인물들이 품은 사랑, 성취, 수용, 고통의 유예 등 너무도 많은 갈망이 탐구되지 않고 도리어 무시된다. 여러 갈래로 뻗어나가는 서사는 잘 매듭지어지지 않으며, 이 이야기들을 어떻게 버릴 것인지에 대한 고민도 없다. 어설픈 정치적 발언은 너무 노골적이라 스토리텔링에 방해가 된다. 오츠는 특정 단어와 문구를 괄호 안에 묶어 문장을 산만하게 만드는 특이한 습관이 있는데, 그 목적이 무엇인지는 끝내 불분명하다.

신체 묘사도 문제적이다. 이 소설에는 검은 피부와 곱슬머리가 왕왕 등장한다. 오츠는 특히 에드네타 프라이의 가쁜 숨소리와 고혈압을 묘사하는 데 집착한다. 묘사가 더해질수록 독자에게는 인물 자체가 아니라 그 인물을 만든 작가가 각인된다. 마치 쿠엔틴 타란티노가 쓴 각본이라도 되는 양 N-워드도 남발하는데, 그럴듯한 맥락이 없는 경우가 허다하다.

또하나 당혹스러운 건 시빌라의 가슴에 휘갈겨쓰인 "니그라nigra"라는 단어다. 1980년대 뉴저지주에서는, 아니 언제 어디서든 흑인을 가리키는 말로도 백인을 가리키는 말로도 사용된 적 없는 단어다.

하지만 가장 중요한 문제는 따로 있다. 작가들은 정중하게, 지적으로 어느 정도의 정확성을 기한다는 전제 아래 차이를 넘어 글을 쓸 수 있으며 또 그래야만 한다. 전적으로 성공적이진 않더라도 대개의 경우 선의의 노력과 공감을 보이는 것으로 충분하다. 『희생』에는 바로 그 공감이 결여되어 있다. 흑인이나 노동자계층의 경험을 백과사전을 슥 읽어보고서야 이해한 누군가가 추측한 것처럼, 이 소설 속 차이들은 캐리커처로 취급되는 경우가 너무 잦다.

몇몇 흑인 인물은 아프리카계 미국인들이 쓰는 영어A.A.V.E, African-American Vernacular English와 유사한 사투리로 말하지만, 실제 A.A.V.E에는 문법과 음운 체계가 엄연히 존재하는데도 인물들의 말투에는 일관성이 없고 구문 규칙도 없어 보인다. 에드네타 프라이의 말하기에서 그 문제가 가장 두드러진다. 에드네타는 짧은 'i' 발음을 하지 않는데(가끔은 나머지 모음도 발음하지 않는다), 같은 문장 내에서조차 그 사투리가 일관되지 않다. 예컨대 이글레시아스 경사에게 불평하는 장면의 대사를 보자. "내 딸이 건강한지가 제일 중요하다우. 우리 애가 어떻게 죽었는지 잘 알아내야 디야, 그 권한을 잘못 쓰지 말랑게. 이거 경고유, 경관님."* 이 불일치는 점점 더 심각해지며 나중에는 모욕감이 들 정도다.

공감 부족은 사회적 문제일 뿐 아니라 문학적 문제이기도 하며, 이 소설의 가장 큰 실패는 뉘앙스를 완전히 무시한 데 있다. 오츠는 차이를 창조적 실험처럼 치부하면서 그 실험의 영향력이 어떠할지에 대해선 충분히 고민하지 않는다. 소설의 마지막에 이르면 서사는 에이다 퍼스트가 처음 발견했을 때 시빌라가 얼마나 심각한 폭력을

---

* 영어로 쓰인 사투리를 한국어로 옮기는 과정에서 한국 여러 지역의 사투리를 혼용하는 방식을 취했다.

입은 상태였는지, 한 십대가 어떻게 그토록 심각한 파급력을 가진 이야기를 지어냈는지, 어떻게 분열된 공동체가 한층 더 분열되는지 설명하려 든다. 보통 이런 결말은 만족감을 주기 마련이다. 현실에선 도무지 답을 찾을 수 없는 문제에 답을 내는 소설을 읽으면 기쁘지 않은가. 그러나 맙소사, 오츠가 중요한 문제들을 너무도 무책임하게, 공감이라곤 전혀 없이 다루는 바람에 현실의 모호함과 혼란은 조금도 해소되지 않는다.

뉴욕타임스 2015년 1월 30일

코카인이 목소리를 얻다
제임스 해너햄, 『딜리셔스 푸드』(2015)

크랙 코카인이 이야기에 등장하면 독자는 보통 몰락이 있겠구나 예상한다. 마약의 희생양이 된 이들의 이야기는 너무도 흔해서 마약에 손대본 적도 없는 사람들조차 스스로를 전문가라고 여길 정도다. 코카인 중독자를 훤히 안다는 듯 이야기를 늘어놓는 사람도 많다. 이를테면 수척하고, 머리는 헝클어지고, 또 한번 할 수만 있다면 뭐든 닥치는 대로 할 태세인 사람들이라고.

제임스 해너햄의 두번째 소설 『딜리셔스 푸드Delicious Foods』에서 코카인은 두 가지 의미에서 존재감이 크다. 젊은 과부 달린 하디슨은 코카인 중독자이며, 소설의 주된 서술자를 맡는 스코티는 코카인을 의인화한 인물이다(그렇다, 코카인 자체가 소설의 화자 중 한 명이다). 이는 전형적인, 오롯이 비참한 코카인 중독 서사에 반가운 변화다. 해너햄은 대개의 중독 서사에 만연한 흔한 동정과 혐오를 비껴가는 대신 코카인이 지닌 힘의 원천을 파고든다. 어떻게 사용자들을 굴복시키는지, 어떤 목소리를 지녔는지를.

서두에서 열일곱 살 에디는, 루이지애나주로 추정되지만 확실치는 않은 어딘가에서 도주중이다. 그는 어린 시절 대부분을 보냈던 농장을 떠나온 참이며, 쫓기고 있다는 두려움에 사로잡혀 있다. 돈줄은 끊겼고, 훔친 차와 184달러로 버티기 위해 죽기 살기로 애쓰는 중이다. 이 흡인력 있고도 혼란스러운 도입부는 많은 질문을 불러일으키는데, 가장 중요한 질문은 이거다. 에디는 어쩌다 이런 상황에 처하게 된 걸까? 해너햄의 매혹적인 소설은 이 질문에 놀라운 방식으로 답하기 위해 시간을 거슬러올라간다.

에디의 부모인 달린과 냇은 베트남전쟁이 끝난 후 그램블링주립대학교에서 만난 아프리카계 미국인 학생이었다. 냇은 달린이 속한 여학생 사교 클럽 회원 중 한 명인 헤이즐과 사귀는 중인데, 달린과 바람을 피우게 된다. 황홀한 시절이었다. "그와의 밀회는 달린을 흥분시켰다. 피부가 말 그대로 기쁨으로 팽팽해졌다." 어느 주말 헤이즐이 농구 경기를 보러 가는 줄 아는 두 사람은 슈리브포트의 민박집에 숨어들어 마침내 섹스를 한다. 더할 나위 없는 행복에 빠져 있다가 헤이즐에게 발각된다. 둘은 내쫓기고, 특히 달린은 무리에서 배척된다. 물론 냇도 한때 친구라고 부르던 이들에게서 사사로운 괴로움이며 물리적 폭력까지 견딘다.

상황이 너무 나빠져 달린과 냇은 슈리브포트의 센터너리칼리지로 전학을 간다. 그간 견뎌낸 시련으로 인해 두 사람은 서로에게 떼려야 뗄 수 없는 관계가 된다. 달린은 말한다. "우린 이제 한몸인 셈이야." 대학 졸업 후 두 사람은 루이지애나주 오비스에 정착하고 달린은 에디를 낳는다. 부부는 마운트 호프 식료품점을 열고 자신들의 삶을 꾸려나간다. 그러다 냇은 정치 활동에 관심을 갖게 되고, 마을 사람들에게서 약간의 경계심을 동반한 환대를 받는다. 해너햄은 이렇게 쓴다. "사람들 대부분은 지역사회를 한데 모으려는 냇의 결단력, 기금 모금 활동, 유권자 등록 운동에 경탄했지만 급진적인 변화는 기대하지 않았다."

에디가 여섯 살이 되기 직전, 경찰 둘이 하디슨의 집을 찾아온다. 냇이 살해당했다. 소식을 듣자마자 달린은 헤어날 수 없는 슬픔에 빠져든다. 처음에는 냇과 함께 일구던 삶과 비슷하게 살아보려고 노력하지만 금세 무너져내린다. 모자는 휴스턴으로 이사가고, 거기서 달린은 코카인을 하게 되며, 계속 마약을 얻기 위해 길거리 성매매를 시작한다. 중독에 빠진 달린은 에디를 버리고, 아들은 어머니를 찾기 위해 휴스턴의 지하세계로 발을 들인다.

한편 달린은 우여곡절 끝에 루이지애나주로 돌아온다. 거기서 마약과 술을 쉽게 구할 수 있는 '딜리셔스 푸드'라는 농장에서 기간계약노역*이라고밖에 설명할 수 없는 조건에서 일해야 하는 상황에 놓인다. 일련의 기묘한 사건들을 겪은 끝에 에디는 제 발로 '딜리셔스 푸드'를 찾아간다. 다시금 어머니의 삶 안에 자신의 자리를 만들지만, 달린은 이제 다른 무엇보다도 마약밖에 눈에 뵈는 게 없는 상태다.

『딜리셔스 푸드』는 1990년대 말 남부 지역에서 흑인으로 살아간다는 게 어떤 의미인지를 포착해낸다. 해너햄의 문장은 경이로울 만큼 밀도 있으며, 어설픈 작가라면 해내지 못했을 우아한 관찰로 가득하다. 이 소설에는 어둠에 맞서는 엄청난 온기가 있다. 달린의 행동에 질겁할 수도 있겠지만, 작가는 어떤 상황들이 달린의 운명을 빚어냈는지 드러낸다. 그러면서도 몹시 입체적인 인물을 창조해낸다. 조연들조차 섬세한 디테일로 그려진다. 예를 들어 스파크플러그 맥컨은 "이 지역에서 가장 솔직하게 화내는 남자"다.

무엇보다 가장 대단한 건 에디의 시점으로 세상을 보는, 도무지 갈피를 잡을 수 없는 경험들을 그가 어떻게든 소화해보려는 장면들

---

* 특정 기한 동안 급여 없이 일하게끔 계약된 노동으로, 현대판 노예제라는 비판을 받는다.

이다. 달린이 '딜리셔스 푸드'의 주인 섹스터스와 친해지기 시작하자, 어린 에디는 "문 너머로 둘의 가쁜 숨소리와 섹스터스의 입에서 터져나오는 날것의 신음소리, 낮은 목소리들과 속삭임, 줄곧 주님을 부르는 외침을 들으며 스스로 결론을 내렸다. 처음에는 그저 두 사람이 함께 기도하고 있는 거라고 생각해보려 했다."

스코티라는 인물을 통해 코카인에 목소리를 부여하겠다는 해너햄의 결정은 활기 넘치고 창조적인 글쓰기로 나타난다. 스코티는 으스대는 성격에 능청스러운 유머 감각을 가졌으며, 그가 서술을 시작하면 독자는 곧장 집중하게 된다. 텍사스주를 묘사하는 이런 구절을 보라. "텍사스는 멍청했어, 미안하지만. 땡볕에 그을린 먹보들이며 싸구려 저택들이 널려 있잖아. 코끼리나 코뿔소같이 거대하고 현란한 차들에, 후레자식들 다섯에 하나꼴로 중고품 할인점이나 전당포를 하는 곳."

스코티는 부드러우면서도 무자비한 복합적인 인물이다. 그렇긴 해도 서술의 상당 부분을 인간이 아닌 의인화한 마약이 맡는다는 사실을 알아차리는 건 무척 혼란스러운 일이다. 불신을 유예하는 데도 한계가 있으니 말이다. 소설의 성급한 결말까지도 믿음에 도전한다. 에디가 안전한, 거의 목가적인 삶으로 향하는 길을 찾았을 때, 작가는 소설을 끝내야 한다는 생각을 하면서도 자신이 만든 몰입감 넘치는 세계에서 어떻게 스스로 빠져나올지 몰랐던 것 같다.

그러나 이러한 실수에도 전반적으로 볼 때 중독과 노동 착취, 그리고 사랑에 관한 공감이 넘치며 재미난 이 소설의 가치는 떨어지지 않는다. 해너햄은 익숙한 이야기를 가장 낯선 방식으로 들려준다.

255 　『딜리셔스 푸드』는 문장에서 느껴지는 진정성과 유머뿐 아니라 대
담한 서사적 도전의 일환으로 읽혀야 마땅하다.

『북포럼』 2015년 4/5월호

보고 읽고 질문하라

오스카, 백인이 너무 많다

다양성 혹은 다양성 결여에 대해 논의할 때 우리는 이를 '문제'라고 부른다. 해당 산업, 해당 조직, 해당 집단에 젠더 문제 혹은 인종 문제 혹은 여타 다양성 관련 문제가 있다고 말이다. 이 문제가 매우 중요하고 만연한데다 가장 큰 영향을 받는 이들에게는 개인적인 문제이기도 하므로 우리는 문제를 파악하고 철저하게, 가끔은 논쟁하듯 이야기를 나눈다.

또 한 해가 지나 또 한번의 오스카상 후보들이 발표됐다. 2년 연속으로 흑인 배우가 단 한 명도 명단에 오르지 못했다. 이 뿌리깊은 흑인 수상 후보의 부재는 영화예술과학아카데미가* 유색인 배우들, 각본가들, 감독들을 비롯한 제작진들을 간과해온 장건한 역사로 인해 더욱 심화되었다.

할리우드에는 인종 문제가 있다. 할리우드에는 항상 인종 문제가 있어왔다. 영화 산업은 다양한 출연진이 등장한 영화가 박스오피스에서 아무리 성공을 거두어도 유색인 관객들을 무시하며 그로써 자기 무덤을 파고 있다. 유색인 관객들이 자신이 보는 영화에 자신의 삶이 반영되기를 바란다는 그 단순한 사실을 이 업계는 계속해서 무시하고 있다. 대표성이 그렇게 어려운 요구이던가?

나는 영화를 사랑한다고 당당히 말할 수 있다. 언제나 그래왔다. 영화적 스펙터클은 매번 나를 사로잡는다. 탄소 냉동된 '한 솔로'와 자신을 묶은 쇠사슬로 '자바 더 헛'의 목을 조르는 '레아 공주'. 〈영광

---

* 이하 아카데미로 표기한다.

의 깃발Glory〉(1989)에서 존엄을 추구하는 트립 이병의 저항정신. 〈프리티 우먼Pretty Woman〉(1990)에서 '비비언 워드' 역을 맡은 줄리아 로버츠가 자신을 모욕한 로데오 드라이브의 부티크에 다른 상점들의 물건이 담긴 쇼핑백을 잔뜩 들고 의기양양하게 돌아가는 장면— 엄청난 실수다, 정말이지. 〈러브 앤 바스켓볼Love&Basketball〉(2000)에서 남편과 딸의 응원을 받으며 센터로 뛰는 모니카 라이트맥콜. 〈분노의 질주〉 7편에 나오는 화물 비행기 안의 낙하산과 자동차 추격전 앙상블.

영화를 볼 때 나는 스스로를 잊어버린다. 몸 안에 전율이 흐른다. 〈헝거게임The Hunger Games〉(2012)을 볼 때는 감정을 주체할 수가 없어서 벌떡 일어나 소리를 지르고 싶었다. 〈위플래쉬Whiplash〉(2014)를 보면서는 아연실색했다. 〈베스트 맨 홀리데이The Best Man Holiday〉(1999)를 한 번도 아니고 세번째 봤을 때도 노스탤지어와 슬픔이 파도처럼 밀려왔다. 영화 한 편을 만들기 위해 수많은 인력과 훈련이 한데 어우러져야 한다는 사실이 경이롭다. 최고든 최악이든 영화는 내게 지울 수 없는 추억과 크나큰 기쁨을 선사한다. 영화는 탈출을 가능케 한다. 작가로서 내가 열망하는 예술 형식이다.

그러나 영화에는 나와 비슷한 사람이 자주 나오지 않기에 그 열망은 좌절된다. 나는 뉴욕에서 자연 채광이 아주 좋은 비현실적으로 큰 아파트에 살면서 생업에는 많은 시간을 쓰지 않는 것 같은, 사랑 타령하는 어여쁜 여자에 관한 시나리오를 쓰는 데는 관심 없다. 브루클린에서든 몬태나주나 사우스다코타주에서든 자아를 찾거나 억울한 일에 복수하려고 여정을 떠나는 백인 남자에 관한 이야기를 쓰는 데도 관심 없다. 영화판에 나같이 생긴 사람이 설 자리가 없어 보인다고 나의 글쓰기나 직업이 방해받진 않지만, 나는 머리 위의 강철 천장을 매 순간 끊임없이 의식하고 있다.

2012년 기준 아카데미시상식 투표자의 94퍼센트가 백인, 그중 77퍼센트가 남성이었다. 영화를 만들고, 각본을 쓰고, 영화를 편집하고, 제작하고, 출연하는 사람들의 인구학적 통계 역시 마찬가지로 극명하다. 2014년 로스앤젤레스 캘리포니아대학교에서 발표한 할리우드 내 다양성에 관한 보고서에 따르면 2011년 주연배우 중 유색인은 단 10.5퍼센트에 불과했고, 같은 해에 각본을 쓴 유색인은 7.6퍼센트뿐이었다.

올해 오스카상 후보들이 발표됐을 때 나는 놀라지 않았다. 피곤했다. 라이언 쿠글러가 감독상 후보에 오르지 못하고, 마이클 B. 조던이 〈크리드Creed〉(2015)에서 펼친 열연에도 남우주연상 후보에서 빠진 걸 보고는 피곤한 와중에도 실망스러웠다. 그 두 사람이 후보에 올랐다고 해도 오스카상 후보 명단은 참을 수 없을 정도로 백인 위주였을 거라는 생각에 절망했다.

유색인은 암묵적으로든 명시적으로든 또 한번 우리 이야기와 세상을 보는 우리의 시선은 그다지 가치 있지 않다는 메시지를 받는다. 지난 몇 년간 받은 인정의 부스러기에 만족해야 한다는 메시지를.

어쩌면 희망이 있을지도 모른다. 백인으로 도배된 후보자 명단이 공개된 지 일주일이 조금 지난 금요일, 아카데미 운영위원회는 이 문제를 해결할 수 있도록 변화를 만들겠다고 발표했다. 2020년까지 아카데미 회원 중 여성과 유색인의 수를 두 배로 늘리겠다고 밝혔다.

회원은 10년마다 투표 자격을 점검받고, 그 10년간 업계에서 활동하지 않았다면 회원 자격이 취소될 수 있다고. 이러한 조치가 즉각적인 해결책은 아니고, 문제를 개선하는 데 별 도움이 안 될 수도 있지만, 최소한 아카데미가 문제를 인식하고 있다는 점에서는 의미가 있다. 그러는 한편 우리는 현재 할리우드의 인종 문제를 똑바로 직시해야 한다.

2016년 오스카상 후보 발표 후 일어난 논란에는 언제나처럼 분노와 역겨움뿐 아니라 일각의 무관심과 은근한 경멸까지 섞여 있다. 선댄스영화제를 만든 영화감독 로버트 레드퍼드는 이렇게 말했다. "난 그 부분에 집중하지 않겠다. 나에게는 작품이 중요하고, 어떤 보상이 주어지든 그건 좋은 일이다. 하지만 그 부분에 대해선 생각하지 않는다." 물론 레드퍼드는 이미 오스카상을 받았기 때문에 '그 부분'에 대해선 생각할 필요 없는 특권을 누릴 수 있다.

올해 여우주연상 후보에 오른 샬럿 램플링은 할리우드의 다양성과 관련한 모든 논의가 백인을 향한 인종차별이라고 주장하며 이렇게 물었다. "그렇다고 어디에나 소수자가 많아야 한다는 주장을 받아들여야 하나요?" 이 질문을 곱씹어보자. 뭐라고 하는지 들어나보자.

마이클 케인 역시 본인도 첫 오스카상을 받기까지 오랜 시간이 걸렸으니 흑인 배우들도 인내심을 가져달라고 당부하는 기발한 통찰을 보여줬다. 그는 이렇게 덧붙였다. "어쨌든 흑인이라는 이유만으로 특정 배우에 투표할 수는 없지 않습니까. '사람은 별로지만 흑인이니까 투표할 거야'라고 말할 순 없는 노릇이죠." 케인은 다양성을 향한 열망이 평범함을 격상하려는 열망과 동일하다는 오래된 유언비어를 다시금 상기해주었다.

여기, 백인 피부색을 하나의 규범으로 위치 짓고, 다른 누구보다 먼저 인정받고 고려되어야 할 가치로, 재현되어야 할 집단의 표식으로 만들려는 듯 보이는 업계 베테랑 세 명이 있다.

후보 발표 이후 영화감독 스파이크 리와 배우 제이다 핑킷 스미스, 핑킷 스미스의 남편 윌 스미스는 항의의 뜻으로 다음달 있을 시상식에 참석하지 않겠다고 선언했다.

보이콧의 핵심은 뭔가가 걸려 있어야 한다는 거다. 아카데미 시상식에 가지 않으면 무엇이 위태로워지는지 나로선 잘 모르겠다. 문제의 본질은 후보를 선정하는 아카데미에 있는 게 아니지만, 백인 감독을 선호하고 흑인의 경험 중 투쟁을 중심에 두는 '다양성' 영화에만 상을 주는 경향이 있는 회원들에게는 반드시 비판적인 시선을 돌려야 한다. 이들은 훨씬 더 크고 병든 산업의 일부일 뿐이다.

문제의 본질은 유색인이 제작한 영화 자체가 충분하지 않다는 점이다. 한창 진행중인 작품이랄 게 몇 없다. 흑인 배우들과 감독들만이 아니라 다른 인종이나 민족성을 지닌 예술가들도 아카데미에서 간과된다. 이 문제에 대해 우리는 자주 논의하지만, 그 대화는 절망적일 정도로 협소한 반경 내에서 이루어진다. 영화계에서 정당한 위치를 요구하는 많은 이들이 있지만 동시에 '문제'에 대한 대화를 계속 이어나가야 하는 부담, 그리고 해결책을 제시해야 한다는 부담 역시 우리 몫이다.

유색인 배우들과 감독들은 자신이 선택한 입장을 취할 수 있으며 그래야 마땅하지만, 영화 산업 내 백인들은 안일하게 특권을 누리는

데 시간을 그만 쓰고 더 적극적으로 나서야 한다. 백인 배우들과 감독들은 인터뷰에서 사려 깊은 말 몇 마디 하는 것 이상의 역할을 해야 한다. 그들이야말로 여전히 해결되지 않고 있는 실질적인 다양성의 문제를 분명하게 인식해야 한다. 그들 역시 아카데미 시상식에 불참해야 한다. 카메라 앞뒤가 전부 단색의 인종으로 구성된 프로젝트는 거절해야 한다. 그들 역시 이 문제를 자신들의 일로 받아들여야 한다.

오스카상을 보이콧하겠다면 유색인이 등장하는 영화의 흥행을 무시하기로 작정한 영화사도 보이콧해야 한다. 유색인이 출연한 영화의 제작을 꺼리는 제작사들도 보이콧해야 한다. 우리는 백인의 경험 너머의 삶을 예외가 아닌 원칙으로 받아들이지 않는 이 체계를 보이콧해야 한다. 영화 애호가로서, 유색인의 목소리가 더 들리고 궁극적으론 스크린에 재현될 수 있도록 하기 위해 이렇게까지 강경하게 선을 긋는 게 내게 즐거울 리 없다. 그러나 우리에게 선택의 여지를 거의 주지 않은 건 할리우드다.

상상 속 흑인의 삶
조디 피코, 『작지만 위대한 일들』(2016)

조디 피코의 신작 소설 『작지만 위대한 일들Small Great Things』 말미에 실린 무척 솔직한 「작가의 말」에서 피코는 자신이 오랫동안 미국의 인종차별에 관한 책을 쓰고 싶었다고 말한다. 피코는 처음부터 자신의 위치가 "백인이자 특권계급"이라는 점을 분명히 밝힐 만큼 영리하다. 자신이 진행한 엄밀한 자료조사와 인터뷰한 사람들을 언급하는데, 그중에는 흑인 여성과 스킨헤드*도 있다. 흑인 여성들에 대해 피코는 이렇게 쓴다. "나는 이 여성들을 여정에 초대하고 싶었고, 그 대가로 그들은 화답하며 내게 선물을 주었다. 흑인으로 살아간다는 게 어떤 것인지 자신들의 경험을 나눠준 것이다."

이 글에는 스스로 상정한 독자(백인)에 대한 고찰과 자신의 인종차별에 대한 성찰이 풍성하게 담겨 있다. 피코는 인종차별에 대해 이야기하기는 어렵지만 "백인인 우리는 이 논의를 서로 더 많이 해야 한다. 그래야—바라건대—더 많은 이들이 어깨너머로 그 이야기를 듣고, 대화가 퍼져나갈 수 있을 것"이라고 쓰며 「작가의 말」을 마무리한다.

피코의 의도는 분명 좋아 보인다. 관건은 좋은 의도가 좋은 소설로 이어질 수 있는가다. 『작지만 위대한 일들』은 여러 면에서 전형적인 피코식 소설이다. 동시대 사회문제를 첨예하게 다루고, 흥미롭고도 공감되는 인물들을 빚어내며, 손에 땀을 쥐게 하는 법정 드라마를

---

* 영국 노동자계급 청년 사이에서 유래한, 머리를 짧게 깎거나 삭발한 스타일. 이후 나치즘이나 극우 인종주의자들이 차용하면서 점차 이들을 가리키는 용어로 변화했다.

펼친다는 점에서 말이다.

    십대 아들을 둔 흑인 여성 루스 제퍼슨은 스무 해 넘게 분만실 간호사로 일하고 있는데, 어느 날 백인우월주의자인 터크와 브리타니 바우어 부부가 첫아이 데이비스를 낳으러 산부인과 병동에 온다. 터크는 루스에게 아기에게 접근하지 말 것을 요구하지만, 루스는 분만실 일손이 부족해 홀로 데이비스와 있다가 아이의 숨이 멎는 걸 발견한다. 그 순간, 루스는 자신의 인간성을 지키며 간호사 선서를 따를지, 아니면 아기에게 가까이 가지 말라던 바우어 부부의 요구에 따를지 선택의 기로에 놓인다. 결국 루스는 두 가지 모두를 따르지만 심각한 결과를 맞이할 수밖에 없다. 예상 가능하게도 그 부모에겐 비난할 대상이 필요하니까. 얼마 지나지 않아 루스의 간호사 면허는 정지된다. 중범죄 혐의로 기소된 루스의 운명은 이제 국선변호사인 백인 여성 케네디 매쿼리의 손에 달려 있다.

    피코는 흥미로운 이야기를 들려주는 법을 아는 작가이기에 소설은 힘차게 나아간다. 이 작가는 자신이 만든 인물을 속속들이 이해한다. 그리고 서사에도 꼭 그만큼 빠삭하다. 조사한 자료를 다룰 때 피코는 자신이 연구한 것을 때로 과도할 만큼 많이 집어넣는데, 마치 이렇게 말하는 듯하다. "여기 쓰는 모든 것에 대해 내가 얼마나 잘 알고 있는지 봐." 그렇지만 이런 준비 작업과 열의가 작품의 가치를 떨어뜨리지는 않는다. 나로선 제대로 알지 못하면서 쓰는 작가보다는 지나치게 많은 것을 아는 작가의 글을 더 읽고 싶다.

    『작지만 위대한 일들』이 특히 빛을 발하는 지점은 피코가 터크 바우어의 시각을 보여줄 때다. 작가는 혐오스러운 이념을 지닌 이 남자를 결점이 있으나 인간적인 인물로 그린다. 그는 백인우월주의자이지만 누군가의 남편이자 아버지이기도 하다. 독자는 그의 분노와 무력감을 바라보고, 이야기가 전개됨에 따라 그가 어떻게 혐오를 학습해왔고, 어떻게 브리타니와 만나 사랑에 빠졌으며, 아들을 위한 복수를 어떻게 유일한 목표로 삼았는지 알게 된다. 가끔은 터크의 이야기가 백인우월주의 운동의 역사처럼 느껴지지만, 작금의 정치 상황을 떠올려보면 꽤나 선견지명이 있고 가치 있다고 여겨진다.

그리고 루스의 국선변호인 케네디가 있다. 케네디는 (당연히) 완벽한 남자로 보이는 외과의사와 결혼했다. 둘 사이에는 (당연히) 사랑스럽고 어른스러운 딸이 하나 있다. 케네디는 좌충우돌하지만 (당연히) 사랑이 많고 사랑받는 아내이자 어머니다. 소설의 막바지에 이르면 케네디는 억지로 직면하기 전까진 인종차별의 심각성을 깨닫지 못하는 선의의 백인들을 대변하는 존재가 된다. 케네디의 급작스러운 변화는 지나치게 부자연스럽고 안일하게 그려진다. 심지어 최후 변론 장면에선 이렇게 말하기도 한다. "여러분, 저는 이 사건을 맡기 전까진 스스로 인종차별주의자라고 생각하지 않았습니다. 이제는 압니다. 제가 인종차별주의자라는 것을요." 아, 그러시구나.

인종 그 자체를 놓고 보자면 이 소설은 내내 갈팡질팡한다. 가장 개연성 없는 인물이 바로 루스다. 루스의 흑인성은 인간미 없이 단순하게 서술되거나 과도하게 묘사된다. 피코가 진행한 자료조사며 인터뷰는 당연히 인정하지만, 연구한다고 무조건 진정성을 얻는 건 아니다. 루스와 여동생 아디사를 홀로 할렘에서 키운 어머니는 부유한 백인 가족의 가정부로 일한다. 루스의 피부색은 좀더 밝고 아디사 쪽

은 좀더 어둡다(아디사의 예전 이름은 레이철인데 이십대에 깨달음을 얻더
니 흑인 조상들과의 연결고리를 드러내는 이름으로 바꿨다). 즉, 아디사가
전투적인 인물이라면 루스는 좀더 화합을 바라는 인물이다. 루스와
루스의 가족을 들여다볼수록 이들 인물 묘사는 흑인 빙고판처럼 다
가온다. 작가가 책 한 권에 흑인에 대한 모든 걸 집어넣으려고 인종
관련 문제의 체크리스트를 작성하는 것 같다는 소리다. 피부색 차별,
직업 차별, 인종 분리, 흑인들이 품은 야망에 대한 의구심, 미세 공격,
복지 정책, 백인 중심적인 공간을 두고 벌이는 협상, 진정한 흑인성
의 경계, 그리고 안 다루면 섭섭할 인종과 사법제도까지. 빙고!

트레이번 마틴 살해 사건이나 테니스 선수 제임스 블레이크를 범
죄자로 오인해 체포한 사건 등 현실을 참조한 사건이 벌어지기도
한다(블레이크는 뜬금없이 '말릭 태든'이라는 이름으로 등장하지만). 앨 샤
프턴*을 연상시키는 인물은 월리스 머시다. "그의 거친 흰머리는 감
전된 것처럼 쭈뼛쭈뼛 뻗쳐 있다. 그는 맞서 싸우는 모든 명백한 불
의에 연대하여 대항하자는 의미로 주먹을 불끈 쥐어 들어올린다."
빙고!

모든 게 과하게, 그리고 교훈을 주겠다고 필사적으로 애쓰는 것
같다. 이는 흑인 경험을 섬세하게 이해해야 하는 백인 독자를 대상으
로 쓰고 있다는 피코의 절절한 인식에서 비롯된 것으로 보인다. 바로
이것이 차이를 가로지르는 글쓰기, 혹은 정치적인 소설 쓰기가 진정

---

* 미국 목사이자 흑인민권운동가.

어려워지는 지점이다. 글이 정치에 압도되면 그건 소설 아닌 무언가가 되고 만다.

루스의 재판이 진행되는 장면에선 확실히 작가가 가장 편안함을 느끼는 곳이 재판정이라는 공간임을 알 수 있다. 독자는 방대한 분량의 법적 증거와 증언들을 접한다. 때론 법정 녹취록을 읽고 있는 게 아닌가 싶기도 한데, 그렇다면 실로 몹시 흥미진진한 녹취록이 아닐 수 없다. 터크와 브리타니 바우어가 나타나고, 브리타니는 비탄에 못 이겨 방청석에서 이따금 울음을 터뜨린다. 루스의 아들은 어머니가 위태로운 상황에 처했다는 사실과 재판 과정에서 드러나는 폭로로 인해 괴로워하기 시작한다.

법적 공방은 계속 이어진다. 그러다 결말에 이르면, 너무 심하게 예상을 빗나간데다 과한 반전이 나오는 바람에 전반적으로 설득력 있고 의도도 좋은 작품이 망가지고 만다. 정말이지 그 반전만 떠올리면 지금도 고개를 절레절레 젓게 되는데, 작가가 너무 멀리 갔다 싶으면서도 왜 그렇게 썼는지 이해가 되기 때문이다. 반전의 순간부터 마지막까지 서사는 폭로와 해결과 극적인 깨달음이 버무려지며 허겁지겁 마무리된다.

결국 결점에도 불구하고 『작지만 위대한 일들』에 관대해지는 건 아무래도 「작가의 말」 덕이다. 피코는 현대 미국 사회의 인종 문제를 다루고 싶었고, 정말로 다뤘다. 소설은 혼란스럽지만 우리의 인종적 환경도 마찬가지다. 쓰기를 시도했다는 데 대해, 그 시도를 뒷받침하기 위해 열심히 자료조사를 한 데 대해, 좋은 의도를 품은 데 대해, 자신이 잘못 생각한 부분을 인정한 데 대해 피코에게 박수를 쳐주고 싶다. 피코의 결함 많은 소설은 예상 독자들에게 호평을 받을 것이다. 다음번에 또 인종을 다루게 된다면―다음번이 있기를 바란다―그들뿐 아니라 우리 모두를 설득할 수 있는 방식을 작가가 찾으리라 믿는다.

뉴욕타임스 2016년 10월 11일

보고 읽고 질문하라

노예제 팬픽션은 관심 없다

그간 많은 소설가들이 노예제를 재해석하거나 대체역사를 만들어내려는 시도를 해왔으며 성공 여부는 제각각이었다. 이를테면 남북전쟁이 일어나지 않았다거나, 혹은 영영 끝나지 않는다거나, 혹은 남부연합이 승리했다면 어땠을까를 가정하는 식이다.

가장 최근에는 벤 H. 윈터스가 소설 『언더그라운드 에어라인 Underground Airlines』(2016)에서 노예제가 미국 네 개 주에 여전히 존재하고, 남북전쟁이 발발하지 않았으며, 인종 분리가 미 전역에서 일상인 대체역사를 그려냈다. 흥미로운 전제라고 생각하지만, 흥미로운 전제가 으레 그렇듯 이 질문을 던지게 된다. 그 대가는 무엇인가?

남북전쟁이 끝난 지도 150년이 넘었건만 어떤 이들은 여전히 남북전쟁 이전 시대에 살고 있다는 느낌을 받을 때가 많다. 미국의 여러 지역에서, 그리고 최근 도널드 트럼프의 폴란드 방문에서 보이듯 세계 각지에서도 남부연합기가 자랑스레 펄럭이고 있다. 이번달에는 버지니아주 샬러츠빌에서 KKK단원들이 도심 공원 내 로버트 E. 리* 동상 철거에 항의한답시고 시위를 벌였다. 남부연합이 남북전쟁에서 패했다는 사실을 인정하길 거부하는 건 이들이 처음도 아니고 마지막도 아닐 것이다.

2017년 5월, 워싱턴D.C. 국립아프리카계미국인 역사문화박물관에서 열린 인종 분리를 주제로 한 전시에서 교수형에 쓰이는 올가미가

---

* 미국 남북전쟁 동안 총사령관을 맡아 남부연합군을 이끈 버지니아주 출신의 장군. 당시 다수의 흑인을 노예로 소유하고 흑인의 투표권을 반대하는 등, 대표적인 인종차별주의자였다.

발견됐다. 몇 달간 워싱턴D.C. 곳곳에서 발견된 세 개의 올가미 중 하나였다. 필라델피아에서는 올가미가 나무에 내걸린 채 발견됐다. 올가미 관련 사건은 메릴랜드주, 루이지애나주, 노스캐롤라이나주, 플로리다주에서도 발생했다. 고요하고 교활한 폭력 행위이자, 인종적 증오가 버젓이 살아 숨쉬고 있음을 상기시키는 사건이다.

남북전쟁을 재구성한다는 서사들이 실제로 있었던 일을 거의 그대로 재현하다시피 할 때마다 의문이 든다. 지금도 뻔히 노예제의 흔적이 남아 있고 그 흔적들을 없애느라 분투하고 있는데 왜 사람들은 노예제가 만연한 현실을 상상하는 일에 구태여 힘을 쏟는 걸까? 흑인 수감률, 인종적으로 극명하게 분리된 나라, 임금과 사망률의 격차, 그리고 경찰이 흑인의 목숨을 빼앗고도 아무런 처벌을 받지 않아 끊임없이 위태로워지는 흑인들의 삶, 우리는 여기서 노예제의 흔적을 본다.

지난주 HBO는 〈왕좌의 게임Game of Thrones〉 제작자 데이비드 베니오프와 D. B. 와이스가 제작한 새 시리즈에 또 한번 굳이 그 힘을 쏟겠다고 발표했다. 드라마 〈컨페더레이트Confederate〉에서 남부연합은 미연방에서 탈퇴하고, 메이슨-딕슨 선*이 비무장지대가 되며, 남부 땅에서 노예제는 법제화된다. 흑인 방송작가이자 프로듀서인 니셸 트램블 스펠먼과 맬컴 스펠먼도 이 프로젝트에 참여한다. 이들은 작

---

* 미국이 영국의 식민지였던 1763년부터 1767년 사이에 영국의 천문학자이자 측량사인 찰스 메이슨과 제러마이아 딕슨이 메릴랜드주의 영주와 펜실베이니아주의 영주 간 식민지 분쟁을 해결하기 위해 설정한 선으로, 노예제가 폐지되기 전까지 노예제가 있는 주와 없는 주를 가르는 경계였다.

품 이력이 화려한 만큼 이 작품에서도 분명 상당한 전문성을 발휘할 거다.

그러나 〈컨페더레이트〉에 대한 소식을 처음 접했을 때 나는 극심한 피로를 느꼈는데, 그건 이미 노예제 서사에 오랫동안 지쳐 있던 탓이다. 이건 개인적인 선호의 영역이며 어떤 예술작품이 만들어져야 할지, 만들어져서는 안 될지를 가르는 기준은 될 수 없다. 내 관심을 사로잡고, 사유하게 만들고, 왜 그 시대의 이야기를 지금도 말해야 하는지를 상기시키는 작품들은 분명 있다. 옥타비아 버틀러의 『킨Kindred』(1979)이나 콜슨 화이트헤드의 『언더그라운드 레일로드 The Underground Railroad』(2016)가 그런 작품이다. 두 작품 모두 흑인 작가들이 쓴 것으로, 노예제를 두뇌 운동의 일환으로 소비하지도 않고, 그저 지독하게 억압적인 제도로 노골적으로 표현하지도 않으며, 그 대신 사변소설이라는 형식으로 역사를 재해석하는 방식을 보여준다는 사실은 결코 우연이 아닐 것이다.

〈컨페더레이트〉가 유색인에게 거의 대사를 주지 않으며 성폭력을 굳이 보여주거나 대수롭지 않게 여기는 작품을 만든 두 백인 남성의 머리에서 나왔다는 점 때문에 내 피로감은 배가된다. 그들의 창의적인 손아귀에서 노예가 된 흑인의 몸을 상상하면 몸서리가 쳐진다. 그리고 이 프로젝트를 승인한 사람들, 좋은 아이디어라고 칭찬한 사람이 몇이나 될지 떠올리면 피로감은 기하급수적으로 커진다.

이 드라마는 억압이 만연한 세상에서 상상력이 얼마나 제한되는지를 여실히 보여준다. 저 창작자들은 남북전쟁에서 남부연합이 승리하고 흑인들이 계속 노예화되는 세상을 상상할 순 있지만, 남북전쟁 이후 상황이 완전히 다른 방향으로 흘러가서 예컨대 백인들이 노예가 되는 세상은 상상할 수 없거나 상상하기를 꺼린다. 노예제 자체가 아예 존재하지 않았을 세상도 마찬가지다. 영국과 프랑스 등 유럽 국가들이 미국을 식민화하며 일으킨 분쟁에서 아메리카 원주민이 승리를 거두었다면 그 드라마에선 무슨 일이 벌어질까? 만약 멕시코-미국 전쟁에서 멕시코가 승리했다면, 그래서 텍사스주와 캘리포니아주가 멕시코 땅이 되었다면?

대체역사물을 만드는 이들이 우리가 이미 알고 있는 역사를 그저 되풀이하며 심지어 그 역사에 반복해서 친근감을 보인다는 사실을 맞닥뜨릴 때마다 어이가 없다. 그들은 백인들이 번영을 누리고 유색인은 계속 억압받는 역사를 재현하고 있을 뿐이다.

각본가 파일럿 비루엣이 말했듯 〈컨페더레이트〉는 노예제 팬픽션이다. 물론 조도를 낮춘 화면, 압도적인 촬영술, 정교한 의상까지 눈호강은 할 수 있을 거다. 대사는 명쾌할 테고 서사적 갈등은 무척 매력적으로 보일 거다. HBO는 명작에 돈을 아끼지 않는다.

나는 〈컨페더레이트〉에서 노예제의 뼈아픈 역사가 진취적인 역량으로 재탄생할 거라 믿어 의심치 않는다. 출연진은 수도 없이 진행되는 인터뷰에서 옳은 말을 할 것이다. 사람들은 그걸 볼 테고, 삶은 계속될 것이며, 백인들이 억압받는 타자를 보며 괴로워하기보다 본인들이 억압받는 것을 상상하는 세상에선 어떤 일이 일어날지 우리는 여전히 알지 못할 것이다.

작가로서 나는 결코 창조성에 제약을 두고 싶지도 않고, 단순히 어떤 사람이 그 사람이라는 이유로 들어서지 못할 영역이 있다고 생각하지도 않는다. 베니오프와 와이스는 백인이고, 그들에게도 다른 이들만큼이나 노예제를 재해석한 작품을 만들 권리가 있다. 그렇게 말해야 한다는 걸 머리로는 알지만 마음으로는 전혀 받아들일 수가 없다.

창조성에는 제약이 없으나 책임은 따른다. 우리는 사회정치적 맥락에서 격리된 진공상태에서 예술작품을 만들지 않는다. 우리는 극명하게 분열된 나라에 살고 있고, 그 분열을 메울 능력이 수치스러울 정도로 부족한 대통령을 두고 있다. 이 정권 덕에 대담해진 이들이 〈컨페더레이트〉 같은 드라마를 보고 그 메시지를 경각심이 아닌 영감의 원천으로 받아들일 것 같다는 걱정을 멈출 수가 없다.*

도널드 트럼프 행정부의 밑바닥을 모르는 무능과 부끄러움을 모르는 인종차별을 목도하며, 버락 오바마가 대통령직에서 물러난 지 며칠이나 지났는지 세어보곤 한다. 월요일 기준으로 186일이 지났다.

대통령으로서 오바마에 대해 다양하게 비판할 수 있겠지만, 두 번의 임기 내내 그는 이 나라를 잘 꾸렸다. 오바마는 유능하고 똑똑했다. 여러 분야에서 진전을 이루었다. 더러 내가 동의할 수 없는 결정을 내리기도 했지만, 그가 대통령직을 수행할 역량이 없다는 걱정은 해본 적 없다. 그에게 모르는 것을 이해할 역량이 없다거나 그 앎의 격차를 해소하기 위해 필요한 조치를 취할 역량이 없을까봐 우려한

---

* 드라마 〈컨페더레이트〉는 노예제 팬픽션이라는 비판을 거세게 받았으며, 2017년 중반 #NoConfederate라는 해시태그가 트위터 미국 1위, 세계 2위에 오르기도 했다. 결국 시리즈 제작 계획은 무산되었다.

적도 없다. 전반적으로 나는 그의 태도, 매력, 화술, 그리고 미국을 변화가 가능한 곳이라고 느끼게 만드는 능력이 탁월하다고 생각했다.

우리는 그 모든 걸 잃었다. 아니, 기억은 전부 간직한 채 오바마와 그 행정부가 보여준 모든 것이 존재하지 않는다는 끔찍한 사실을 강제로 직면할 수밖에 없다. 더 큰 문제는 트럼프가 대통령으로 있는 매일매일, 티브이에서 온갖 나쁜 역사가 되풀이되는 모습을 지켜봐야 하는 위험이 코앞에 닥쳤다는 사실이다.

뉴욕타임스 2017년 7월 25일

보고 읽고 질문하라

『앵무새 죽이기』가 왜 중요하다는 걸까

톰 샌토피에트로, 『'앵무새 죽이기'가 왜 중요한가』(2018)

『앵무새 죽이기To Kill a Mockingbird』(1960)는 매우 많은 이들이 우러러 보는 책이자, 노스탤지어에 잠기게 하는 책이다. 나는 그들 중 한 명이 아니다. 『앵무새 죽이기』는 대공황 시대 남부를 배경으로 한 하퍼 리의 성장소설로, 화자인 진 루이즈 '스카우트' 핀치는 변호사인 아버지 애티커스가 가상의 마을 앨라배마주 메이콤에서 백인 여성을 강간한 혐의로 억울하게 누명을 쓴 흑인 남성 톰 로빈슨을 어떻게 변호했는지에 관한 이야기를 들려준다. 소설의 막바지에 로빈슨은 탈옥을 시도하다 살해당한다. 스카우트는 자신이 이 일에서 완전히 결백하지 않다는 사실을 깨닫고, 처음으로 자신을 둘러싼 세상의 인종적 역학을 진정으로 이해하게 된다.

내게 『앵무새 죽이기』는 딱히 매력적인 작품이 아니다. 정교하게 그려진 몇몇 장면, 그리고 리의 건조한 유머와 지성은 높게 산다. 첫 페이지에서 리는 이렇게 쓴다. "남부인으로서 우리 집안 사람들 중 일부는 기록된 조상 중 누구도 헤이스팅스전투*에 참여하지 않았다는 사실을 수치스러워했다." 이 한 문장은 핀치 가문과 남부, 그리고 과거로부터 현재까지 지속되는 관계에 대해 매우 많은 것을 일러준다. 스카우트는 인상적인 인물이지만, 그 깊이가 다른 인물들에게까지 확장되는 경우는 드물다. 애티커스는 비현실적일 정도로 이상적인 아버지이자 정의의 수호자로 그려진다. 로빈슨, 핀치 가족의 가정

---

* 1066년 영국 헤이스팅스에서 노르망디공국의 정복왕 윌리엄과 잉글랜드 국왕 해럴드의 군대가 맞붙은 전투로, 잉글랜드군이 패했다. 윌리엄이 사실상 영국 정복에 성공했음을 상징하는 이 전투는 영국인으로서의 혈통을 중시하는 작중 등장인물(영국 출신으로 미국 남부에 정착한 백인)에게는 중요한 의미를 지닌다고 볼 수 있다.

부인 칼푸르니아 등 흑인 인물들은 대부분 그 주변의 백인들이 여러 생각과 감정을 투사하는 인물로 등장한다. 이들은 서사적 장치일 뿐, 온전한 인간으로 인식되지 못한다.

N-워드는 여기저기서 거리낌없이 사용되며, 일상적으로든 노골적으로든 숨이 턱 막히는 인종차별 사례도 더러 등장한다. 물론 이 책도 '시대의 산물'이니, 그 시대와 당시 살아간 인간들이 정말이지 끔찍했다는 것만 말하겠다. 이야기 자체에 관해선 내가 어떻게 여기든 중요하지 않다. 내가 흑인이라 양가감정을 느끼는지도 모른다. 나는 대상 독자가 아니니 말이다. 내 입장에선 인종차별의 파괴적인 속성을 진정으로 이해하기 위해 인종차별의 파괴적인 속성을 진정으로 이해해가는 어린 백인 소녀의 이야기를 읽을 필요는 없다. 직접 겪은 경험으로 충분하고도 넘치니까.

그 점에서 톰 샌토피에트로가 쓴 『'앵무새 죽이기'가 왜 중요한가 Why 'To Kill a Mockingbird' Matters』를 논해볼 수 있겠다. 제목에서 드러나듯 이 고전이 지난 58년간 꾸준히 사랑받는 이유가 세월이 흘러도 변치 않는 메시지를 담아냈기 때문이라고 주장하는 책이다. 『앵무새 죽이기』가 오랫동안 인기를 누려왔으며 하퍼 리의 유일한 다른 작품 『파수꾼Go Set a Watchman』(2015)까지 성공을 거두었다는 사실은 분명 이 주장을 뒷받침한다. 그러나 샌토피에트로의 책은 그러지 못한다.

제목부터가 오해를 불러일으킨다. 나는 이 책이 소설 자체가 지닌 미덕을 복합적이고도 일관된 방식으로 논증할 거라 예상했다. 그런데 작가는 넬 하퍼 리의 생애와 1962년 제작된 동명의 영화에 얽힌 이야기를 미주알고주알 설명하는 데 대부분을 할애한다. 약간의 가벼운 문학비평을 덧붙이긴 했다. 이 책은 인종차별의 폐해를 아직도 이해하지 못해서 이 책을 통해 통찰을 얻어야 할 것만 같은 백인들을 빼면 누구에게도 『앵무새 죽이기』가 대체 왜 중요한지 설득력 있는 주장을 하려고도, 실제로 하지도 않는다.

샌토피에트로는 확실히 조사를 많이 했으며 엄정한 지식을 탁월하게 풀어놓는다. 나는 이 책을 읽고 하퍼 리에 대해 훨씬 더 많이 알게 됐다. 작가는 리의 고향인 앨라배마주 먼로빌에 대해, 리의 성장 과정에 대해 애정을 담아 쓰고, 리 본인의 삶과 소설의 가장 중요한 요소들 사이의 연결고리를 제법 설득력 있게 밝혀낸다. 리가 이 책을 집필하고 출간하게 된 맥락뿐 아니라 당시 비평가들의 반응까지 상세하게 소개한다. 작가가 시간과 공을 들여 리의 고된 구상 과정과 퇴고 과정을 서술하는 지점들은 흥미로웠다. 가장 놀라운 내용은 리가 굉장한 야심가였다는 부분이다. 리는 자신의 책과 영화 모두 성공을 거둘 수 있도록 많은 투자를 했다.

샌토피에트로는 책 상당 부분을 바로 그 영화에 할애한다. 그 바람에 나로선 이 책이 각색에 관한 문화사만을 다루는 게 아닌지 의구심이 들기 시작했다. 샌토피에트로는 이전에도 〈사운드 오브 뮤직 The Sound of Music〉(1965)이나 〈대부The Godfather〉(1972)등 많은 사랑을 받은 영화들의 각색에 관한 책을 쓴 바 있다. 이 책에서도 그는 제작자와 각본가, 출연진, 세트 디자이너에 관한 정보부터 영화가 비평가들과 대중과 리 본인에게 어떤 반응을 얻었는지까지 상세히 서술한다. 그는 그레고리 펙이 애티커스 역에 딱 맞는 배우라고 상찬하기도 하고, 스카우트와 오빠 젬, 친구 딜을 연기할 아역 배우들을 선발하는 과정을 줄줄이 읊는다. 더 나아가 이 영화에 관여한 모든 이가 영화 개봉 후 어떻게 살았는지까지도 상술한다. 이 재료들은 전부 살짝씩 흥미로운 구석이 있지만, 작가는 왜 『앵무새 죽이기』가 중요한지 논증하는 데는 실패한다.

무엇보다도 책의 구조가 기이하다. 장마다 온갖 여담이 쏟아지는데 그중 일부는 잘 짜인 서사의 요소라기보다는 쓰레기 정보처럼 여겨진다. 장끼리도 명확하게 연결되지 않는다. 11장은 각색 측면에서 영화의 미덕을, 13장은 하퍼 리의 개인적인 성격을 다루는데 12장에선 "『앵무새 죽이기』는 인종차별적인가?" 같은 질문을 던지는 식이다(그 질문에 대한 내 답은 '그렇다'이다). 구성에 관한 이러한 판단, 그리고 그가 한두 차례 인용한 스티븐 손드하임의 거슬리는 말들은 그저 당혹스럽다. 철저한 조사가 감탄스럽긴 하지만 조사한 바를 전달하는 방식에 대해서는 고민이 부족했다고 본다.

후반부에 이르러서야 샌토피에트로는 마침내 이 영향력 있는 미국 소설이 어떤 중요성을 지니는지 주장하려고 시도한다. 우선 이 책이 거둔 상업적 성공을 통계로 제시한다. "40개국 언어로 번역된 이 소설은 매년 약 75만 부씩 판매되고 있다. 1960년 이후 전 세계적으로 총 4000만 부 이상의 판매 실적을 올렸으며, 2016년 하퍼 리가 사망하던 시점의 연간 인세는 300만 달러가 넘었다." 이렇게까지 오랫동안 꾸준히 팔린 책은 드물다. 『앵무새 죽이기』는 또한 "70퍼센트가 넘는 미국 고등학교"에서 필독서로 지정돼 있다. 이 숫자는 물론 인상적이지만, 보편성과 탁월함은 동의어가 아니다(그리고 두 가지 모두 중요성과 반드시 같이 가는 것도 아니다).

또 샌토피에트로는 우리가 여전히 흑인뿐 아니라 멕시코인, 시리아 난민 등을 향한 인종적 편견이 만연한 세상에 살고 있다고 지적한다. 이 작가는 인종 문제에 관한 시대정신에 무지하지 않다. 그러나 그가 이 소설이 그 문제를 적절히 담아냈다고 여기는 건 이상한 일이다. 그는 과감한 주장을 펼친다. "『앵무새 죽이기』는 문학의 핵심 임무에 충실하다. 즉, 다양한 공동체와 문화를 보여줌으로써 세계관을 확장하는 것이다." 누명을 쓰고 수감된 흑인 남성의 이야기를 다룬다는 점에서는 맞는 말이지만, 중요한 건 소설이 그것을 어떤 식으로 보여주는지를 질문하는 일이다. 흑인 인물들을 얄팍하게 그려낸 점, 그들이 자기 자신의 이야기가 아닌 스카우트의 이야기를 위한 도구로 쓰인다는 점을 생각해보면 독자인 우리는 단순히 '보여주기' 이상의 기준을 지녀야 한다.

샌토피에트로는 『앵무새 죽이기'가 왜 중요한가』의 마지막 지점에서 노스탤지어의 힘을 언급하는데, 그의 가장 예리한 관찰이 드러나는 부분이다. "『앵무새 죽이기』를 향한 꾸준한 관심과 반응은 오늘날 극도로 결여된 공동체의식을 분명하게 보여주는 하퍼 리의 능력과 불가분의 관계에 있는 듯하다." 이어서 그는 사람들이 전자기기만 들여다보며 너무 많은 시간을 고립된 채 보내는 바람에 이웃이나 공동체와의 소통이 얼마나 무너지고 있는지 논하는 대목으로 넘어간다. 1960년 소설이 출간된 후 문화가 얼마나 많이 변화했는지 인정하면서도 티브이와 영화에 "어둡고 망가진 캐릭터"가 많이 등장하는 사태를 애통해한다. 그에게서 가장 강하게 전해지는 건 더 단순했던 시절을 향한 열망이다. 그리고 그 열망은 매우 백인적인 열망이다.

그 시절의 역사는 백인들에게나 친절했으니 말이다. 모두가 서로를 알고, 자신의 위치를 알고, 삶을 보장받는 울타리 쳐진 안전한 공동체를 갈망하는 건 백인들이다. 확실히 샌토피에트로는 자신을 스카우트, 젬, 딜과 더 동일시한다. 예컨대 마을 사람들이 대놓고 거리감을 내보이고 불신의 눈초리를 쏘아대던, 그래서 그 단순한 시절을 딱히 그리워하지 않을 듯한 마을의 은둔자 부 래들리보다는 말이다.

그런 다음 저자는 왜 이 책, 『'앵무새 죽이기'가 왜 중요한가』를 진지하게 받아들이기 어려운지 분명하게 보여준다. "『앵무새 죽이기』에 그려진 미국은 확실히 더 인종차별적이고 억압적인 사회로, 여성과 동성애자, 소수자와 '정상'이라는 일반적인 정의에 들어맞지 않는 거의 모든 이의 욕망과 소망에는 귀를 틀어막는다." 이 문장은 기술적으론 맞지만, 이 나라가 지금도 직면하고 있는 인종 갈등의 심각성을 간과한다. 샌토피에트로는 샬러츠빌 폭동 당시 트럼프 대통령과 그의 리더십 부족, 그리고 『앵무새 죽이기』에 대한 흑인들의 반응(혹은 반응의 부재)을 슬쩍 언급하긴 하지만, 그 내용은 곁가지에 불과하며 더 깊이 탐구되지 않는다. 『'앵무새 죽이기'가 왜 중요한가』는 기초조사가 탄탄할지언정 지적인 분석은 그렇지 못하며, 이 책은 그로 인해 수난을 겪는다.

뉴욕타임스 2018년 6월 18일

보고 읽고 질문하라

문제 많은 예술가의 문제적 작품

어린 시절 나는 〈코즈비 쇼〉*를 사랑했다. 남동생들과 나는 일주일에 한 시간만 티브이를 볼 수 있었는데 그건 빌 코즈비와 그의 티브이 속 가족들을 보는 데 그 시간의 일부를 쓸 수 있다는 뜻이었다. 중산층 흑인 소녀였던 나는 내 삶의 일부가 투영되는 경험을 통해 긍지를 느꼈다. 이러한 재현은 무척 드물고 꼭 필요하며 너무나도 의미 있는 일이었다. 코즈비가 내게 미친 영향은 한없이 강력하다.

나이가 들어 코즈비가 성폭력을 일삼았다는 얘기를 듣기 시작했을 때 나는 외면하고 싶었다. 클리프 헉스터블** 같은 인물을 연기한 남자가 성범죄자일 수 있다니, 불가능한 조합 같았다. 그러나 나는 고통을 당했다고 말하는 이들을 믿으려고 노력한다. 성폭력 피해자로 나서려면 어떤 용기가 필요한지 나는 알고 있다. 가해자가 유명인일 경우 피해자는 얻는 건 거의 없이 모든 걸 걸어야 한다. 코즈비가 얼마나 심각한 범죄를 저질렀는지 만천하에 드러났을 때, 나는 여전히 그의 예술적 유산을 높이 사려는 사람들의 태도만큼이나 피해를 당한 여성들의 수에 아찔한 충격을 받았다.

코즈비의 작품을 떠올릴 때마다 나는 그가 가해한 여성들을 기억한다. 그의 유명세라는 금빛 쇠창살에 갇혀 있던 그들의 침묵도 기억한다. 내 경우, 코즈비가 남긴 예술적 유산은 그가 초래한 고통 앞에서 무의미해진다. 그래야만 한다. 그는 한때 위대한 작품을 만들었지

---

* 1984년부터 1992년까지 미국 NBC에서 방영한 아프리카계 미국인 가족의 삶을 다룬 시트콤. 한국에는 '코즈비 가족 만세'라는 제목으로 소개되었다.

** 〈코즈비 쇼〉에서 빌 코즈비가 연기한 인물.

만 스스로 그 작품을 파괴했다. 파괴의 책임은 오롯이 전적으로 그에게 있다. 그 점을 애석해하는 건 자유지만, 피해자의 존엄을 훼손해선 안 된다.

2017년 말, 침묵의 댐이 무너지며 전례없이 수많은 여성과 남성이 목소리를 내기 시작했다. 문화예술계의 남성 권력자들에게 폭행, 성희롱, 협박, 침묵 강요, 그 밖에 온갖 모욕적인 대우를 받았다는 증언이 쏟아져나왔다. 과연 그래야만 하는가에 대한 논쟁은 지금도 불가해하리만치 계속되고 있긴 하지만, 이 증언들로 숱한 유산이 무의미해졌다.

천재성에는 그에 따른 대가가 따르기 마련이며, 이제 더는 이 대가를 무시한 채 창조적 천재성의 제단에 경배를 올릴 수 없다. 사실 이 교훈은 오래전에 얻었어야 했는데, 지금도 여전히 '변덕스러운'데다 '불안정한' 남자들을 매력적으로 보는 분위기가 존재한다.

이런 남자들을 받아주는 곳은 많다. 그들은 높은 인기 덕에 어느 정도 면책권을 받는다. 탁월한 작품을 만든다는 이유로, 카리스마가 넘친다는 이유로, 자신들이 원하는 건 무엇이든 쟁취하며 문화적 관습에 반하는 모습이 매력적이라는 이유로, 우리는 그들의 죄를 사한다. 빌 코즈비, 우디 앨런, 로만 폴란스키, 조니 뎁, 케빈 스페이시, 하비 와인스타인, 러셀 시먼스 등등 여성들과 남성들의 고통 위에 성공을 쌓아올린 남자들, 자신들의 성공을 위해 고통을 깔아뭉갠 남자들 모두에게 이제는 이렇게 말해야 한다. 눈감아주어도 될 정도의 위대한 예술작품이나 유산 따위는 없다고.

나는 더이상 예술적 유산을 고민하지 않는다. 가해자들이나 억울해하는 남자들의 작품을 무시하는 건 어려운 일이 아니다. 가해자들의 유산을 두고 괴로워한다는 건 좋은 작품을 위해서라면 피해자들이 어느 정도는 대가를 치러도 된다는 뜻이므로. 진실은, 어떠한 30분짜리 방송도 누군가의 고통에 보상이 될 만큼 대단치 않다는 것이다. 대신 나는 얼마나 많은 여성들의 커리어가 망가졌는지를 떠올린다. '천재'랍시고 피해자의 야망과 존엄보다 본인의 권력욕과 통제욕을 채우는 데만 혈안이 돼 있던 남자들 때문에 얼마나 많은 이들이 꿈을 포기해야 했는지를 떠올린다. 악한 남자들이 부귀영화를 누리게 해준 침묵, 수십 년 동안이나 강요된 그 침묵과 협박과 착취를 전부 기억한다. 그렇게 떠올리고 기억하고 나면 형편없는 남자들의 위대한 예술이라 치부되는 것들 따위에는 아무 생각도 들지 않는다.

어느 분야나 탁월하고 독창적이며 신비로우면서도 타인들을 존중할 줄 아는 창조적인 사람은 많다. 예술적인 천재성은 결코 희귀하지 않으며, 우리는 그런 이들이 만든 작품을 향해 돌아설 수 있고 그래야만 한다.

『마리끌레르』 2018년 2월 6일

〈로잰〉 리부트의 참을 수 없는 점

예술가와 예술작품을 분리하는 건 때로 무척 어렵다. 로잰 바의 경우, 로잰의 삶을 바탕으로 만들어져 비평가들의 찬사를 받은 티브이 쇼와 로잰을 떼어놓고 생각하기란 불가능에 가깝다. 나는 로잰이 유해하고, 트랜스혐오적이며, 인종차별적이고, 편협하다고 생각하기에 리부트를 볼 생각은 없었다. 내가 정말 좋아했던 쇼의 첫 아홉 시즌 동안 로잰이 보여주었던 모든 매력과 지성은 요즈음 특히 트위터에서 드러나는 로잰 바의 현재 페르소나에서는 코빼기도 찾아볼 수 없다. 로잰은 도널드 트럼프 지지자로서 미국을 위대하게 만들겠다는 생각을 당당히 표출하며 자신이 행사한 표로 상황을 뒤흔들 거라고 주장하고 있다. 음모론 트윗을 써대고 페미니즘을 욕하고 이슬람혐오 표현을 공유하기도 한다.

한때 신랄하고 도발적이었던 로잰이 이제 어처구니없고 공격적인 인간이 됐다. 로잰의 의견은 뒤죽박죽이고 일관성이 없다. 신중한 태도로 사회정치 이슈에 관여하기보다는 진부하고 얄팍한 도발을 하는 데 더 힘을 쏟는다. 아무리 머리를 굴려도 근 몇 년간 로잰 바가 보인 언행이 입맛에 맞을 순 없다.

그럼에도 불구하고 로잰 바의 유명한 방송 자아인 로잰 코너에게 무슨 일이 일어났을지 호기심이 동했다. 기존 〈로잰Roseanne〉은 영리하고 유쾌하며 획기적인 시트콤으로 황금시간대에 방송되며 중요한 주제들을 풍성하게 다루었다. 20년이 지난 지금 코너 부부가 어떻게 살고 있을지 궁금했다.

내가 발견한 건 2014년 이래로 지상파 최고치인 1800만 명 이상이 시청한 이 시트콤 속 갈등이 현재의 정치 상황과 똑같다는 거였다. 주인공인 로잰이 도널드 트럼프에게 투표한 이유는 그가 '일자리' 얘기를 하기 때문이었다. 그 일자리 때문에 로잰은 다른 수많은 것을 희생했다. 일자리 창출에 대한 약속, 그리고 백인 노동자계층만이 이 나라에서 고군분투하는 유일한 사람들이라는 신화는 현재 우리 정치의 상당 부분을 움직이는 동력이며, 바로 이 시트콤에서 여실히 드러난다.

〈로잰〉 리부트의 첫 두 에피소드는 여러모로 훌륭하다. 인정하긴 싫지만 제작의 거의 모든 요소가 탁월하다. 코너네 거실 한가운데엔 여전히 낡아빠진, 상징적인 소파가 자리를 차지하고 앉아 친숙함을 자아내고, 돌아온 기존 출연진은 반가운 친밀감을 선사한다. 물론 넉넉한 부와 고급 피부 관리, 어쩌면 의료 시술 때문인지 생각보다 나이들어 보이진 않지만.

코너 부부의 둘째 딸인 달린은 자신의 두 자녀 해리스와 마크를 데리고 집으로 돌아오는데 마크는 젠더비순응*으로 정체화한 인물이다. 코너 부부의 아들 디제이는 군복무중으로, 시리아 파병을 마치고 얼마 전 돌아왔다. 직접 등장하진 않지만 디제이의 아내는 여전히 해외파병중이고, 아내가 없는 동안 디제이가 흑인 딸을 키운다. 로잰과 배우 로리 멧캐프가 연기한 로잰의 여동생 재키는 2016년 선거 이후 1년간 소원해졌는데, 집에 찾아온 재키는 '고약한 여자Nasty Woman'라고 쓰인 티셔츠를 입고 분홍색 고양이 모자**를 쓰고 있다.

---

* gender nonconforming. 규범적 젠더 역할에 부분적으로든 전적으로든 순응하지 않는 사람을 뜻한다.

아무렴 그렇겠지.

코너 부부는 늘 겪어온 경제적 곤경에 여전히 시달린다. 달린은 일자리를 잃었다. 로잰과 댄은 나이들어가고 있고, 많은 미국인들이 그러하듯 제대로 된 의료 서비스를 받을 여력이 없어 이런저런 약을 나눠 먹는다. 코너 부부의 첫째 딸인 베키는 대리모가 되어 난자를 5만 달러에 팔려고 한다. 달린의 아들 마크는 젠더 정체성 때문에 학교에서 괴롭힘을 당한다. 이 시트콤은 논쟁적인 주제를 피하지는 않는데, 이 방식은 효과를 거둘 때도 있고 아닐 때도 있다. 코너 부부는 전형적인 노동자계층 가족으로 묘사되고 그들이 겪는 온갖 문제는 공감을 불러일으키지만, 다른 한편으로는 코너 가족을 현대 미국 가정의 전형으로 만들기 위해 시트콤에서 다루고 싶은 '진짜 문제'의 체크리스트를 만들어 하나씩 지워나가는 건 아닌가 싶기도 하다.

특히 디제이의 딸인 메리의 존재감이 영 어색하다. 메리가 등장할 때면 분명히 분위기가 이전과 미묘하게 달라지지만, 시트콤에서는 이 어색함을 어떤 식으로도 언급하지 않는다. 마치 코너 부부가 차이를 얼마나 편안하게 받아들이는지 보여주려는 것만 같다. 하지만 메리는 대사가 없고 카메라에 잡히는 시간도 거의 없다. 메리가 어쩌다 코너 가족의 일원이 되었는지, 그리고 모두가 도널드 트럼프에게 투표했을 게 뻔한, 백인이 절대다수인 일리노이주의 작은 마을에서 메리가 어떻게 살아가고 있는지에 대한 정보는 거의 주어지지 않는다.

** 여성과 인권을 위한 사회운동 진영에서 만든, 위쪽이 고양이 귀처럼 뾰족하게 나온 분홍색 니트 모자를 말한다.

어린 메리는 그저 빠져 있는 무언가를 지시하는 존재, 형식적으로 끼워맞춘 존재, 신뢰의 한계를 아등바등 드러내는 존재일 뿐이다.

주류 매체에서 노동자계층에 대해 논할 때, 그들은 이들 노동자계층이 누구보다 진정한 미국인인 양 이상화하고 낭만화하는 경향이 있다. 마치 다른 모든 이는 가짜 장애물과 씨름하고 있다는 듯, 그들이 '진짜'이며 그들이 겪는 문제들이야말로 '진짜' 문제라고 말이다. 트럼프를 뽑은 유권자들을 다루는 숨가쁜 언론 보도와 〈로잰〉 리부트를 두고 쏟아지는 온라인 대화에서도 이런 태도를 본다. 여기서 말해지지 않는 것은 우리의 문화적 상상력 안에서 노동자계층은 백인으로 상정된다는 점이다. 진짜 미국 노동자계층은 다양한 인종과 민족성으로 구성되어 있음에도 말이다.

시트콤을 홍보하기 위해 텔레비전비평가협회 패널로 참석한 로잰바는 "트럼프를 당선시킨 건 노동자계층"이라고 말했다.

이 신화는 여전하지만 그저 신화에 불과하다. 연소득 5만 달러 미만 유권자 중 41퍼센트가 트럼프에게 투표했지만, 53퍼센트는 힐러리 클린턴에게 투표했다. 연소득 5만 달러부터 10만 달러 사이의 유권자 중 49퍼센트가 트럼프에게 투표했고, 47퍼센트가 클린턴에게 투표했다. 트럼프를 뽑은 유권자의 중위소득은 7만 2,000달러, 클린턴을 뽑은 유권자의 중위소득은 6만 1,000달러였다. 중산층과 백인 부유층의 상당수가 트럼프의 당선에 기여한 거다.

시트콤에서 정치적 견해 차이를 두고 대화를 나누던 중 로잰은 재키더러 자신이 트럼프에게 투표한 건 "일자리 얘기를 해서"라고 말한다. 그 대사가 로잰의 정치 성향을 말해주는 유일한 정보다. 만약 우리가 로잰이 놓인 삶의 상황을 믿고자 한다면, 로잰이 트럼프에 투표하게 한 이유는 불충분한 의료 서비스, 불안정한 손주들, 생계를 위한 노력 등 몇 개의 불분명한 단어가 전부다.

자기 이익을 좇아 위험한 정치적 선택을 하는 사람들에게 어떻게 다가갈 수 있을까? 재키와 마침내 화해할 때, 로잰은 사과하지도 인정하지도 않고 "널 용서해"라고 말할 따름이다. 재키는 그 말을 하기까지 로잰이 느꼈을 어려움을 이해한다. 확실히 위험하고 근시안적인 정치적 선택을 내리는 사람들에겐 다가갈 수 없다. 재키처럼 양보하거나, 아니면 다른 사람들도 그러길 바라면서 저항하는 수밖에 없다.

2014년 출간된 『나쁜 페미니스트』에서 나는 결점이 있어도 페미니스트가 될 수 있다고 스스로를 승인하는 일에 대해 썼다. 문제적인 대중문화를 소비하지 말아야 한다는 걸 알면서도, 그것들이 얼마나 해로운 영향을 미치는지 알면서도 때때로 내가 어떻게 그런 문화를 소비하는지에 대해 썼다. 나는 여전히 원칙을 지니면서도 그 원칙에서 벗어난 것들을 즐길 수 있는 여지가 있다고 믿는다. 그러나 그후 몇 년이 흐르는 동안 나는 책임에 대해, 그리고 우리의 선택이 불러오는 파급효과에 대해서도 고민하게 되었다. 더 나은 것을 요구하지 않은 채 문제적인 대중문화를 계속 소비한다면 아무것도 변하지 않으리라.

〈로잰〉 리부트의 첫 두 에피소드를 시청하면서 책임에 대해 다시금 생각했다. 물론 웃기도 했고 코너 가족을 다시 화면으로 만날 수 있어 기뻤다. 이 시트콤은 훌륭하군, 그게 내 첫 반응이었다. 하지만 내가 로잰 바라는 사람에 대해 알고 있는 것들, 공인으로서 로잰의 현재 페르소나가 얼마나 유해하고 위험한지에 대한 생각을 떨쳐버릴 수가 없었다. 코너 가족이 트랜스젠더 커뮤니티를 대놓고 반대하는 인물을 대통령으로 뽑아놓고서 학교에서 젠더 정체성 때문에 괴롭힘을 당하는 마크를 도와주려 힘을 합하는 모습이 이해되지 않았다. 그들은 흑인 손녀의 삶을 하찮게 치부하는 대선 후보에게 투표했다. 그들은 자신들의 정치적 선택이 미칠 영향에서 가장 취약한 가족 구성원을 사랑의 힘으로 보호할 수 있다는 듯 군다. 그럴 수는 없다.

이 허구의 가족과 현실에 실재하는 이 시트콤의 제작자는 트럼프의 뒤틀리고 유해한 정치 이데올로기를 더욱 정상화하고 있다. 문제적인 대중문화를 소비할 수 있는 때도 있지만 지금은 아니다. 나는 〈로잰〉 리부트의 첫 두 에피소드를 봤지만, 여기서 멈출 작정이다. 미미한 선 긋기이지만 여기서부터 시작이다.

뉴욕타임스 2018년 3월 29일

지난 화요일, 로잰 바는 트위터에 이렇게 썼다. "무슬림형제단과 〈혹성탈출〉의 원숭이들이 아이를 가지면 = vj*." 이 메시지는 버락 오바마 대통령의 전 선임고문인 밸러리 재럿을 겨냥한 것으로, 로잰 바는 여기서 흑인과 영장류에 관한 유구한 인종차별적 관념을 이용했다. 그런 다음 바는 첼시 클린턴이 소로스 가문 사람과 결혼할 거라는 잘못된 헛소리를 공유했다.

로잰 바는 수년 동안 온라인에서 이런 유의 행각을 벌여왔다. 하지만 이번에는 즉각적이고 격렬한 반발이 일었다. 바는 농담이 전혀 아니었던 자신의 '농담'에 대해 사과하고는, 마치 트위터가 자신의 인종차별적 행위에 책임이 있다는 듯 트위터를 떠나겠다고 했다. 하지만 사과로는 충분하지 않았다. 바의 소속사인 ICM파트너스는 그를 대변하지 않겠다고 선언했다. 〈로잰〉 리부트의 자문 프로듀서로 참여한 코미디언 완다 사이크스도 하차하겠다고 발표했다. 단 몇 시간 만에 ABC는 〈로잰〉 리부트를 퇴출했고, TV랜드, CMT, 파라마운트 채널도 오리지널 시리즈의 재방송을 중단했다.

오랜만에 주류 방송사가 옳은 일을 한 셈이다. 하지만 그전까지는 단단히 잘못했다. 로잰 바가 인종차별, 이슬람혐오, 여성혐오 발언을 일삼고 온갖 위험천만한 음모론을 적극 퍼뜨린다는 사실은 새로운 정보가 아니다. 〈로잰〉 리부트를 승인했을 때 ABC는 이 사실을 이미 알고 있었다. 시트콤 시청률에 기세등등해져 시즌 2를 재빨리 리부

---

* 밸러리 재럿Valerie Jarrett의 이니셜.

트했을 때도 ABC는 이 사실을 알고 있었다.

출연진, 작가, 프로듀서들도 작업에 참여하기로 했을 때 바의 입장을 알고 있었다. 공동제작자가 인종차별적인데도 모든 관계자는 이 시트콤을 지지하기로 결정했다. 본인의 직업적인 야망이나 지상파 방송으로 복귀하겠다는 욕망, 금전적 이익을 위해 엄연한 사실을 묵과하기로 했다. 관계자들 모두가 마침내 인종차별을 직시하고 곧바로 이에 대처한 것은 바가 즉각적인 골칫거리로 떠오르고 나서부터다.

나는 〈로잰〉 리부트의 처음 두 에피소드를 재밌게 보았지만 바가 대변하는 생각을 알면서도 계속 시청할 수는 없었다. 나는 오리지널 〈로잰〉이 한창 방영중일 때도 봤었다. 노동자계층으로서 코너 가족이 공동체의 이익을 위해 힘을 합쳐 노력하던 모습을 기억한다. 그들은 자유주의자로 보였는데, 리부트 버전의 로잰이 노동자계층 트럼프 지지자인 것과는 영 딴판이다. 물론 코너 가족이 정치 성향을 바꾸어 공화당원이 됐다고 해도 그게 문제는 아니다.

문제는 트럼프가 증오를 자극해 권력을 쌓은 유해한 대통령이라는 점이다. 그는 보수주의와 인종주의가 동의어인 것처럼 굴지만 사실은 그렇지 않다. 문제는 유명 시트콤의 주연이 트럼프 지지자라는 사실이 인종주의와 여성혐오와 외국인혐오를 정상화한다는 점이다.

트럼프 대통령은 종종 바의 트위터 피드에서 살아 있는 화신처럼 여겨지며, 가장 열렬한 지지자들 상당수는 그 안에서 왁자지껄하게 떠든다. 그들은 인종차별주의자가 될 수 있는 자유와 허가를 얻어 신나게 누린다. 〈로잰〉 리부트는 백인들이 공공장소에서 흑인의 몸을 단속하는 짓을 편안하게 느끼고 본인들에게 그럴 자격이 있다고 여기게 하는 문화적 계기를 만드는 데 기여했다.

최근 들어 나는 이러한 단속에 대해, 그리고 역사적으로 흑인들이 자신들의 몸에 백인들이 권리를 행사하는 문제를 두고 어떻게 협상을 벌여왔는지에 대해 많이 생각한다. 『흑인 운전자를 위한 그린북The Negro Motorist Green book』(1936)은 짐크로법 시대에 흑인들이 자동차로 미국 전역을 여행할 때 안전하게 주유를 하고 밥을 먹고 잠을 잘 수 있는 곳을 일러주기 위해 발간된 연간 안내서다. 『흑인 운전자를 위한 그린북』은 정말로 필요해서 만들어졌으며, 1966년 발행이 중단되긴 했지만 최근 사건들을 보면 흑인이 안전할 수 있는 장소를 알려주는 안내서가 여전히 필요하다는 게 확실해졌다. 최근의 사건들을 보건대 그 안내서는 상당히 얇아질 거라는 사실도 분명해졌다.

흑인 예일대학교 대학원생인 롤라데 시온볼라가 기숙사 휴게실에서 낮잠을 자고 있었는데 한 백인 여성이 다가와 여기서 자면 안 된다며 경찰을 불렀다. 시온볼라는 본인이 다니는 학교, 본인이 지내는 기숙사에 있을 권리가 있다는 사실을 증명해 보여야 했다.

남부 캘리포니아주에서는 흑인 여성 세 명이 에어비앤비 숙소에서 체크아웃을 하고 차에 짐을 싣던 중 갑자기 경찰차들에 둘러싸였다. 한 백인 여성이 짐을 든 흑인들을 보고 범죄자라고 생각했고, 그들이 자신을 향해 미소 짓거나 손을 흔들어주지 않자 경찰에 신고한 거다.

세인트루이스의 노드스트롬랙*에서 졸업 파티 의상을 쇼핑하던 십대 흑인 세 명 곁에는 매장 직원 두 명이 내내 따라다녔다. 그들이 구매한 물품을 들고 밖으로 나서자 경찰이 기다리고 있었다.

펜실베이니아주에서는 흑인 여성 다섯 명이 골프를 치고 있었는데, 신고된 바에 따르면 그들이 골프를 너무 느리게 친다는 이유로 경찰이 출동했다.

캘리포니아주 오클랜드에서는 흑인들이 공공장소에서 바비큐 파티를 하고 있었는데, 숯불 그릴을 사용한다는 이유로 백인 여성이 경찰에 신고했다.

지난달 필라델피아에서는 흑인 남성 두 명이 스타벅스에서 업무 관련 미팅을 하려고 상대방을 기다리던 중 경찰에 체포됐는데, 흑인 주제에 스타벅스에 앉아 있었다는 게 이유였다.

매 사건마다 백인들은 공공장소에서 흑인의 몸을 단속하는 일을 자처했다. 백인들이 자신들에게 그럴 자격이 있다고 믿는 이유는 흑인에게 허용되는 행동을 자의적으로 정하고 그 경계를 그어온 인종 차별 때문이다. 인종차별주의가 그들에게 자격이 있다고 믿게 한다. 한 집단이 다른 집단에 우월감을 갖게 만들고 지배권이 있다고 상상하게 만드는 것이다.

바가 끔찍한 트윗을 쓴 당일, 스타벅스는 회사 이미지를 쇄신하고 필라델피아 매장에서의 일이 다시는 발생하지 않게 하려는 캠페인의 일환으로 미국 내 모든 매장을 몇 시간 동안 닫고 인종적 편견 관련 교육을 실시했다.

---

* 미국의 할인 백화점 체인.

바의 트윗에 대한 생각을 물었을 때 오바마 대통령의 전 선임고문 재럿은 "이번 일은 반드시 교훈으로 삼아야 합니다"라고 말했다. 분명 품위 있는 발언이지만, 백인들이 흑인의 신체를 함부로 평가하고 단속할 자격이 있다고 느끼지 않게 되기까지 도대체 얼마나 더 많은 교훈이 필요하단 말인가? 또 암묵적으로든 노골적으로든 이런 단속을 부추기는 대중문화를 얼마나 더 오래 소비할 것인가?

로잰 바는 본인 생각을 자유롭게 말할 순 있으나 그 결과로부터 자유롭지는 않다. 이제 그 대가를 치르고 있고, 많은 사람이 ABC의 신속한 조치를 칭찬한다. 그러나 리부트가 지나온 여정 가운데 어느 시점에서든 〈로잰〉에 참여한 이들이 한 짓은 결코 떳떳하다고 볼 수 없다. 물론 이 시점에 일자리를 잃은 모든 사람, 특히 장비팀, 조명팀, 촬영팀, 제작팀 등에 속한, 유명 인사가 아닌 방송계 종사자들의 처지에는 공감한다. 그러나 의사 결정권자들이 이 시트콤과 로잰 바를 지지할 때 그의 혐오 발언의 대상이 된 이들에겐 과연 얼마나 공감했는지 묻고 싶다. 손톱만큼도 공감하지 않은 듯 보인다. 심지어 최근 방송사 임원회의에서도 ABC 경영진은 바의 트위터를 두고 농담을 주고받았다.

ABC엔터테인먼트의 채닝 던기 사장은 성명에서 "로잰의 트위터는 혐오를 조장하며 불쾌하고 우리의 가치와 일치하지 않으므로 시트콤 방영을 중단하기로 했다"고 밝혔다. ABC의 모기업인 디즈니의 회장 겸 최고경영자인 밥 아이거는 "지금 해야 할 일은 단 하나다. 그것은 옳은 일을 하는 것"이라고 말했다. 출연자이자 프로듀서인 세라 길버트는 프로그램 종영을 안타까워하며 이렇게 말했다. "밸러리 재럿을 향한 로잰의 최근 발언뿐 아니라 여러 언행은 혐오스럽고, 이는 출연진과 제작진 및 프로그램 관계자들의 신념과는 다르다."

이 모든 발언은 양심적이고 정의롭게 들린다. 마치 ABC가 올바른 일을 위해 힘쓰고 있는 것처럼 보이게끔 한다. 출연진과 제작진이 시트콤 주연배우와는 전혀 다른 사람들인 것처럼 여겨지게 만든다. 이러한 성명은 정교하게 고안된, 본인들에게 유리한 망상에 지나지 않는다. ABC는 시트콤 〈블랙키시Blackish〉가 미국 프로미식축구리그NFL에서 벌어진 애국가 시위를 다루었다는 이유로 방영을 보류했던 바로 그 방송사다.

ABC가 애초에 〈로잰〉 리부트를 제작하지 않았다면 그때는 어떤 성명을 발표했을지 그게 더 궁금해진다.

뉴욕타임스 2018년 5월 29일

최근 넷플릭스에서 선보인 〈채울 수 없는Insatiable〉은 좋은 작품이 될 수도 있었다. 고등학교를 무대로 펼쳐지는 신랄한 사회풍자 코미디를 표방한 이 드라마는 과체중의 소녀가 심각한 왕따를 당하다가 극적인 운명의 전환을 겪는 내용이다. 초등학교와 중학교 때 따돌림을 당했던 사람으로서 나는 약자가 성장해 최고의 복수로서 성공을 이루는 이야기에 특별한 애착이 있다. 나와 같은 많은 이들은 우리를 괴롭힌 자들에게 복수하길 열망했다. 간접적으로는 우리가 늘 바라던 아름답고 성공한 사람이 되는 방식으로, 또 직접적으로는 가해자들이 끔찍한 일을 당하는 방식으로 말이다. 나는 이 드라마를 즐길 만반의 준비가 되어 있었다.

2018년 7월 〈채울 수 없는〉의 예고편이 공개되자마자 비만공포증 fatphobia을 두고 곧장 반발이 일었다. 넷플릭스에 방영 중지를 요청하는 〈체인지닷오알지change.org〉 청원에 지금까지 23만 3000명 이상이 서명했다. 나도 요청을 받았지만, 드라마를 내린다고 그 기저에 자리한 문제가 해결되진 않을 것이고, 또한 제작자들에게는 나쁘고 무책임하며 문제적인 작품을 만들 권리도 있으므로 서명하지 않았다.

내게는 예고편이 드라마 전체를 대변하는 건 아닐지도 모른다는 실낱같은 희망도 있었다. 아, 정녕 그랬다. 알고 보니 내가 생각한 것보다 훨씬 더, 위험하다고까진 할 수 없다면 유해하고 문제 많은 작품이었다.

〈채울 수 없는〉은 게으르고 모욕적인 전제를 깔고 시작한다. 주인공인 패티 블라델은 파일럿 방송 초반에 '방송용 뚱보'로 등장하는데, 그건 드라마 제작자들이 시청자 정서상 딱 경악하지 않을 정도라고 상상한 만큼만 뚱뚱한 젊은 여성을 내세웠다는 의미다. 패티는 레인 브라이언트* 사이즈에도 못 미친다. XL 아니면 XXL 사이즈나 될까 말까. 이 캐릭터를 연기하는 배우 데비 라이언은 턱에 보형물을 덧대고 울퉁불퉁한 베개를 배에다 집어넣었지만 설득력이 있을 리 없다. 패티는 펑퍼짐한 옷을 입은 마른 여자처럼 보이는데, 드라마에서 패티를 뚱뚱한 소녀로 믿게 하려는 노력조차 기울이지 않았다는 점부터 거슬린다.

에피소드의 첫 10분 동안 뚱뚱한 소녀를 겨냥한 온갖 고정관념이 고스란히 드러난다. 패티는 같은 반 애들에게 놀림과 괴롭힘을 당한다. 체육 시간에는 며칠 동안 굶다가 기절해버리는데, 그 장면은 웃기려고 만든 거겠지만 전혀 웃기지 않다. 현실에선 수많은 여성과 여자아이들이 달성이 거의 불가능한 수준으로 날씬해지려고 여전히 굶고 있으니까. 패티는 연애 못하는 신세를 한탄하며 "다른 구멍만 속 편하게 채우고 있다"고 말하고는, 이어 폭식하는 모습을 보여준다.

패티에게는 가장 친한 친구 노니(키미 실즈 분)가 있는데, 노니는 패티를 도리 없이 짝사랑하고 있다. 또 가끔은 좋은 부모지만 대체로는 그렇지 않은 알코올의존증인 어머니가 있고, 패티는 공허를 채우려고 음식을 먹는다. 좋아하는 남학생에게 어색하게 데이트 신청을 했다가 거절당한 패티는 편의점 앞 길가에 앉아 초코바를 먹는다. 어느 노숙자(대니얼 토머스 메이 분)가 다가와 몸무게 어쩌고 하며 패티

---

* 플러스 사이즈 여성 의류를 판매하는 미국 브랜드.

를 모욕하고, 얼굴을 주먹으로 때려 패티의 턱뼈가 부러진다. 3개월 동안 턱을 꽁꽁 싸매고 지내느라 체중이 30킬로그램이나 줄어든 패티는 엄청나게 매력적으로 변한다. 미운 오리 새끼가 날씬한 백조가 된 것이다. 폭력 사건은 패티에게 일어난 가장 좋은 일로 포장된다.

상황은 더욱더 좋지 않은 방향으로 기괴해진다. 새로운 몸과 새로운 삶을 채 즐기기도 전에 패티는 노숙자와의 언쟁 때 폭행을 저지른 혐의로 법정에 가게 된다. 여기서 변호사이자 미인대회 코치이기도 한 밥 암스트롱(댈러스 로버츠 분)이 등장하는데, 그는 자신이 코치한 젊은 여성 중 한 명인 딕시 싱클레어(아이린 최 분)를 성추행한 혐의로 기소된 후 명예 회복을 위해 패티의 소송을 맡는다. 하긴, 성폭행 유머보다 더 재밌는 게 뭐가 있겠나.

얼마 지나지 않아 밥은 패티를 미인대회 우승자로 만드는 게 진정한 구원의 길임을 깨닫고, 패티는 자신이 미인대회 우승자가 되는 게 진정한 구원의 길임을 깨닫는다. 퍽이나. 밥 암스트롱의 소아성애 혐의 외에도 딕시의 어머니인 레지나 싱클레어(아든 마이런 분)와 성관계를 갖는 밥의 아들 브릭(마이클 프로보스트 분)의 법정 강간 플롯도 있다. 이 드라마는 신중하게 다뤄야 할 주제들을 위험할 정도로 무신경하게 다룬다.

에피소드가 하나씩 추가될 때마다 플롯은 부족할 일이 없다. 이 드라마는 그야말로 과잉에 탐닉한다. 패티가 새로운 자아에 적응하는 과정에서 온갖 황당무계한 우여곡절이 벌어진다. 밥 또한 결혼생활 문제, 브릭과의 문제, 철천지원수였다가 결국 연인이 되는 밥 바너드(크리스토퍼 고럼 분)와의 문제 등 숱한 변화를 통과한다. 시즌이 끝날 때쯤이면 〈채울 수 없는〉은 광기 그 자체를 선보인다. 줄거리는 신빙성을 깡그리 무시한 채 획획 바뀌고 결코 답을 낼 수 없는 질문만 잔뜩 던져댄다. 제작상의 문제도, 일관적이지 않은 부분도 너무 많다. 한 자동차 장면에서 시청자들은 그 차가 렌트카라는 걸 단번에 알아차리는데, 소품부에서 '금연' 스티커를 대시보드에서 떼어낼 생각을 하지 않았기 때문이다. 드라마가 괜찮았다면 이런 디테일을 눈치채지 못했을 텐데, 참, 괜찮지가 않았다.

〈채울 수 없는〉의 작가들은 과체중이든, 퀴어든, 흑인이든, 그 밖에 다른 무엇을 그려낼 때든, 본인들이 달가워하지 않는 인간상의 전형을 한 번도 못 만나본 게 틀림없다. 과체중을 모욕하는 궁색한 농담이나 비유가 모든 에피소드에 등장한다. 3화에서 패티에게 안전한 장소는 가재 먹기 대회장으로 제시된다. 당연하고말고.

모든 에피소드에 재밌는 농담도 있다는 건 인정하지만, 기억나는 건 아무것도 없다. 출연진 대부분은 자신에게 주어진 빈약한 소재를 가지고 할 수 있는 한 최선을 다한다. 하지만 이 드라마는 코미디에 드라마, 풍자, 익살극까지 너무 많은 걸 하려 하고, 그중 어느 것 하나 제대로 해내지 못한다. 대체로 이 드라마는 흥미로운 구석이라곤 하나 없이 천박하고 하찮다.

패티의 정서적 성장을 돕는 역할은 주로 소수자들이 맡는다. 드라마에서 가장 인상적인 캐릭터 중 한 명인 노니는 이성애자 절친을 애타게 짝사랑하는 퀴어 청소년이라는, 역대급으로 지겨운 비유의 희생양으로 전락한다. 이 작품에서 노니의 고통은 무신경하게 웃음거리로 다루어져 민망한 순간이 여러 번이다. 노니는 마침내 디(애슐리 D. 캘리 분)라는 새로운 연애 상대를 찾는데, 디는 대학생 역할이지만 불가사의하게도 훨씬 더 나이들어 보인다. 모든 장면에서 디는 전혀 노니의 여자친구로 보이지 않는다. 제정신인가 싶을 정도로 정신 사나운 미스캐스팅이다.

디는 노니가 자신의 정체성을 받아들일 수 있게 돕고 필요할 때 멋들어진 조언을 건네주는 매지컬 니그로*처럼 기능한다. 어느 장면에서 디는 이렇게 말한다. "내면이 못생겼다면 날씬한 건 아무 의미도 없어." 닳아빠지긴 했어도 좋은 말이다. 하지만 "마른 몸은 마법"이라고 줄기차게 말하는 드라마에서 이 대사를 진지하게 받아들이긴 영 어렵다.

이 드라마는 욕망, 그것도 채울 수 없는 욕망과 너무 많이, 지나치게 많은 걸 원하는 마음에 관한 드라마여야 했다. 그러나 패티는 딱히 채울 줄 모르는 것 같지 않다. 채울 줄 모르는 건 패티를 둘러싼 모든 인물이다. 밥 암스트롱은 미인대회 우승자를 코치하고 싶은 마음이 간절하고, 아내와의 결혼을 유지하면서도 애인인 밥 바너드를 만나고 싶어한다. 밥의 아내인 코럴리(얼리사 밀라노 분)는 존경받는 사교계 인사가 되기를 갈망하고, 자신만의 커리어를 원하면서, 남편과 밥 바너드를 동시에 욕망한다. 노니는 그저 패티가 자기를 사랑해주길, 자신의 고백을 들어주길 바란다.

그런데 정작 패티는 12화가 지나도록 뭘 원하는지 명확하지가 않

---

* 백인 주인공을 도와주다가 희생되거나 신비하게 사라지는 흑인 캐릭터.

다. 대신 여기저기 휘젓고다니며 민폐를 끼치고 한때 자신이 당했던 사건 사고를 똑같이 저지른다. 패티는 무의식 속 자아와 나르시시즘에 사로잡혀 있지만, 이 드라마는 패티가 한때 가장 심각한 비극인 뚱뚱한 몸을 겪었으니 그런 행동들은 죄다 용인할 수 있다는 식이다.

〈채울 수 없는〉의 제작자인 로런 거시스는 방영 이후 인터뷰를 통해 이 드라마를 만들게 된 계기를 여러 번 밝힌 바 있다. 『할리우드 리포터The Hollywood Reporter』와의 인터뷰에선 각본가들과 본인 경험담까지 들려주면서 〈채울 수 없는〉의 작가실에는 "섭식장애를 겪는 남성과 여성"이 여럿이었다고 털어놓았다. 거시스는 드라마 속 패티가 겪는 문제를 본인도 대부분 겪었다고 고백한다. 좋은 의도이고 좋은 말이다. 그러나 섭식장애를 이해하는 것, 그리고 비만과 체중 감량을 섬세하게 이해하고 또 묘사하는 일은 서로 다르다. 거시스는 이 차이를 깨닫지 못한 듯하다. 나는 〈채울 수 없는〉 작가실에 비만인 작가가 있느냐고 넷플릭스에 문의해봤지만 답변을 받지 못했다.

〈채울 수 없는〉의 가장 큰 잘못은 상상력의 심각한 부족이다. 이성애자 남성이 진심으로 미인대회 출전자들을 사랑할 수 있고 젊은 여성을 코치하면서 자신의 남성성에 확신을 가질 수 있다는 점을, 혹은 어린 레즈비언이 이성애자 절친을 짝사랑하지 않을 만큼 스스로를 아껴줄 수 있다는 점을, 혹은 뚱뚱한 소녀가 체중 감량 없이도 행복하고 건강하고 괜찮은 삶을 살 수 있다는 점을 이 드라마는 상상하지 못한다. 이 드라마는 패티가 뚱뚱하던 시절 패티가 아니라 다른 사람들이 문제였을지 모른다는 상상을 추호도 하지 못한다. 어쩌면 패티가 복수할 수 있는 가장 확실한 방법은 어떤 사이즈를 입든 스스로를 사랑하는 것임을, 어떤 사이즈를 입든 사랑받는 사람에게 사랑스럽게 보이는 것임을, 뚱뚱해도 아름다운 게 아니라 뚱뚱한 몸이기에 아름다운 것임을 이 드라마는 상상하지 못한다.

2화에서 패티는 자기 턱을 부러뜨린 노숙인 남자와 호텔방에 함께 가서 무슨 이유에서인지 복수의 행위로 섹스를 한 뒤, 자기가 그를 죽였다고 생각한다. 왜 그게 복수인가? 누가 알아준단 말인가? 곤경에서 벗어날 방법을 찾으려 애쓰며 패티는 "내 인생은 이제 막 시작됐는데"라고 한탄하는데, 이 장면은 시리즈 전체에서 가장 실망스럽고 괴로운 순간이다. 드라마 제작진과 이 세상이 비만을 얼마나 심각한 문제로 여기고 반드시 극복해야 할 장애물로 여기는지가 여실히 드러나기 때문이다. 이건 엔터테인먼트가 아니다. 엄청나게 해로운 메시지다.

〈채울 수 없는〉은 비만과 부모의 방임, 사회의 외면, 성인이 되는 일의 어려움, 투명인간 취급을 받는 데 대한 고통, 가장 중요한 필요와 욕구가 채워지지 않는다는 게 어떤 의미인지를 탐구할 수 있는 귀한 기회를 수도 없이 놓친다. 결국 이 드라마의 실패는 시청자인 우리에게도 채워지지 않는 공허를 남긴다. 어쩌면 그 점에선 이 제목이 적절한지도.

뉴욕타임스 2018년 8월 23일

토니 모리슨의 유산

토니 모리슨은 누구와도 비교할 수 없는 존재다. 언제나 그럴 것이다. 소설가이자 에세이스트, 여성이자 현자였던 모리슨은 탁월한 품위를 지닌 천재였다. 과장이 아니다. 그저 사실일 뿐.

파리에서 뉴욕으로 향하는 비행기 안에서 한 친구로부터 모리슨의 별세 소식을 메시지로 전해듣자마자 나는 아득해졌고, 슬픔에 잠겼고, 모리슨의 축복과도 같은 업적에 감사한 마음이 벅차올랐다. 모리슨이 팔십대에 접어들었다는 걸 알고는 있었지만 나는 그가 최초로 불멸의 존재가 되어주길 바랐다.

그럼에도 불구하고 모리슨의 의심할 여지 없는 유산에 대한 존경과 애정의 말들이 곧장 쏟아져나오는 것을 보니 힘이 났다. 그가 위대한 이들 중에서도 생전에 인정받을 만큼 운이 좋았던 인물이라는 사실도 위안이 되었다.

지난 몇 달간 나는 모리슨이 쓴 에세이와 연설문을 엮은 책『보이지 않는 잉크The Source of Self-Regard』(2019)를 천천히 읽고 있다. 그의 작품을 음미하고 싶다. 빛나는 예지력과 명료한 힘의 정수를, 그 힘이 어떻게 쓰이는지를, 그 힘 앞에 누가 머리를 조아리거나 망가지는지를.

많은 글이 트럼프 시대 훨씬 전에 쓰였는데도 현시대를 완벽하게 포착해낸다. "권력을 위한 마케팅"으로서 파시즘의 부상, 그리고 "인간성을 잃을 위험에는 더 깊은 인간성으로 맞서야 한다"는 진리 말이다.

또한 나는『보이지 않는 잉크』를 읽으면서 트럼프 시대에 벌어지는 현상들에 대응할, 적절한 동시에 몹시 붙잡기 어려운 언어를 찾고 있었다. 트럼프 대통령이 백인 민족주의를 얼싸안고, 정부가 용납할 수 없는 가족 분리 정책과 수용 시설 운영을 유지하며, 정치인들은 총기 폭력 앞에서 생각에 빠지거나 기도만 할 뿐이고, 여성들의 재생산권과 신체 자율성이 어느 때보다 위태로우며, 그 밖에 이 나라에서 벌어지는 온갖 압도적이고 끔찍한 일들 말이다.

우리 중 가장 취약한 이들은 매우 큰 위기에 직면해 있고, 이 모든 불의 앞에 침묵한다는 건 용인될 수 없다. 그러다 토니 모리슨을 읽으면 이런 생각이 든다. "모리슨처럼 쓸 수 있을 때까진 아무 말도 하지 말아야지."

2015년, 나는 한 항공사 잡지에 실릴 글을 위해 다른 사람도 아니고 무려 모리슨을 인터뷰할 기회를 얻었다. 모리슨은 친절하고 우아하며 매력적이고 유쾌했다. 경외감이 드는 게 당연했다. 하지만 인터뷰 내내 나는 신이 아니라 절대적으로 인간적인, 그리고 꼭 그만큼 몹시 깊은 인상을 남기는 기이한 천재성을 지닌 여성과 대화하고 있다는 느낌을 받았다. 이날 대화에서 가장 기억에 남은 건 야망이 여전히 모리슨에게 몹시 중요하다는 것, "야망 없이는 아무것도 못할 것 같다"는 말이었다.

나는 거의 모든 인터뷰를 이 질문으로 끝마치곤 한다. "당신의 글쓰기에서 가장 마음에 드는 부분은 무엇인가요?" 많은 작가들은 스스로를, 그리고 본인 작품을 좋게 생각한다는 사실을 인정하기 꺼려해 답을 얼버무리거나 회피하곤 한다. 모리슨은 주저하는 법도, 모호하게 말하는 법도 없었다. 모리슨은 "더 많이 말하고 덜 쓰는" 자신의 능력과 "독자에게 공간을 마련해주고 싶다는 욕망"을 스스로 높이 평가했다.

그 순간부터 내가 지닌 야망에 대해서도 한결 편안해질 수 있었다. 더 많이 말하고 덜 쓰고 싶다는 열망을 나도 품게 되었다. 때로는 실패했고 때로는 성공했다.

글쓰는 흑인 여성으로서 내 모든 것은 토니 모리슨의 작품에서 시작됐고 앞으로도 그럴 것이다. 나의 언어는 모리슨의 모든 작품으로부터, 그중에서도 『가장 파란 눈The Bluest Eye』(1970), 『솔로몬의 노래 Song of Solomon』(1977), 『술라Sula』(1989) 그리고 특히나 『빌러비드 Beloved』(1987)로부터 빚어졌다. 페콜라 브리드러브. 메이컨 데드 3세. 술라 피스. 세스.* 잊을 수 없는 인물들과 잊을 수 없는 이야기들.

모리슨의 작품을 처음 읽었을 때, 나는 그의 작품이 흑인 여성의 몸으로 살아간다는 의미를 비춰내면서도 그것을 훌쩍 넘어선다는 사실을 알아차렸다. 나는 장대한 위엄과 무한한 가능성을 보았다. 위험을 무릅쓰더라도 안이한 선택은 하지 않고, 용감하고도 담대하며, 자신의 기술을 능란하게 구사하는 작가를 보았다. 『뉴요커The New Yorker』에 실릴 작가 소개를 위해 힐튼 앨스와 나눈 대화에서 모리슨은 이렇게 말했다. "흑인 여성 작가라는 건 글을 쓰기에 결코 얕지 않은, 풍요로운 공간입니다. 그러니 기꺼이 그 수식어를 받아들입니다. 흑인 여성이라는 수식어는 내 상상력을 제한하는 게 아니라 확장해줍니다. 백인 남성 작가인 것보다 풍요롭지요. 내가 더 많이 알고 더

---

* 토니 모리스의 소설에 등장하는 주인공. 순서대로 『가장 파란 눈』『솔로몬의 노래』『술라』『빌러비드』의 주인공들이다.

많이 경험했으니까요."

　모리슨은 나를 비롯해 모든 세대의 흑인 작가들에게 우리가 풍요로운 위치에서 글을 쓴다는 사실을 일깨워주었다. 우리가 타인들에게 중요한 존재가 되려면 먼저 우리 자신에게 중요한 존재가 되어야 한다는 사실을 몸소 보여주었다. 창작인 동시에 필수적인 정치적 행위인 글쓰기에서는 부끄러울 게 아무것도 없다는 사실을 드러내주었다.

　흑인 소녀들과 흑인 여성들에 대해 당당하게 글을 쓸 수 있음을, 우리 삶이 중요하지 않다고 말하는 세상에서 우리 삶에 꼭 필요하고 의미 있는 것들을 말하는 법을 일러준 사람이 모리슨이었다. 모리슨은 모든 소설에서 흑인성을 중심에 두었지만 결코 그것을 이상화하지 않았다.

　대신 모리슨은 흑인을 위해 자신이 할 수 있는 가장 진실한 방식으로 썼다. 모리슨은 우리의 일원으로서 우리를 위한 글을 썼으며, 우리의 문화와 우리의 삶, 우리의 승리, 우리의 고통, 우리의 실패들을 섬세하고도 복합적이며 진정성 있고 진솔한 방식으로 재현했다. 우리가 목소리를 내고, 취약한 이들에게 해를 가하는 권력구조에 맞서는 게 중요하다는 사실을 보여주었다.

　탁월한 책, 이야기, 에세이와 연설은 확실히 모리슨의 유산 중 중요한 일부다. 모리슨이 쌓아올린 드높은 영예는 언제나 그가 남긴 이야기의 일부가 될 것이다.

　그러나 아마 모리슨의 가장 큰 유산은 그의 발자취를 따라 자신만의 유산을 만들어가는 수많은 흑인 작가 사이에 존재하는 직접적인 계보일 터이다. 모리슨은 작가이자 여성으로서 내 가능성의 범위를 넓혀준 사람이다. 나는 그 선물을 결코 다 갚을 수 없다.

토니 모리슨처럼 어마어마한 재능을 지닌 인물이 세상을 떠나면 그를 신격화하며 마치 초자연적 존재로 기억하고 싶기 마련이다. 특히 모리슨의 글쓰기는 몹시 강력하기에 그러기는 더 쉽다. 모리슨은 나무랄 데 없는 완벽한 문장을 썼다. 힘들이지 않고 지혜를 건네주었다. 주목하라고 명하고 존경을 요구했다. 믿을 수 없이 근사한, 열정적이고도 울림 있는 이야기들을 들려주었다. 모리슨의 위대한 유산은 영원히 회자되고 그의 작품은 영원히 존재할 것이다.

그러나 모리슨의 탁월함이 초월적인 힘에서 온다고 여기는 건 그가 살아낸 실제 삶을 깎아내리는 일이다. 모리슨이 얼마나 치열하게 작업했는지, 후대의 우리가 따라갈 수 있도록 얼마나 많은 유리 천장을 부숴야 했는지를 말이다.

모리슨이 상근 편집자로 일하며 혼자 두 아들을 키우면서 데뷔작인 『가장 푸른 눈』을 썼다는 사실을 종종 떠올린다. 보통 사람이라면 숨이 턱턱 막힐 법한 상황에서조차 작가로서 맹렬하게 살아냈음을 이러한 진실이 알려준다.

1970년대에 토니 모리슨을 찍은 사진이 한 장 있다. 왕관 같은 아프로 머리*를 하고 실크 캐미솔 드레스를 입은 모습이다. 모리슨은 허리에 손을 대고 환하게 웃으며 춤을 추고 있다. 기쁨에 찬 모리슨

---

* 1970년대에 흑인들 사이에 특히 유행했던 둥근 곱슬머리 모양.

307 은 아름답게도 인간적으로 보인다.

우리가 토니 모리슨의 유산을 기릴 수 있는 최고의 방법은 그를 놀랍고도 눈부신, 몹시도 인간적인 여성으로 기억하는 것이다. 모리슨을 비범하게 만든 건 바로 그의 인간성이다.

뉴욕타임스 2019년 8월 9일

보고 읽고 질문하라

흑인 히어로를 기리는 방법

2020년 8월, 암 투병을 하던 채드윅 보즈먼의 사망은 충격적인 사건이었다. 마블 시리즈의 블랙 팬서로 활약하며 보즈먼은 대단한 인물로 부상했으며, 특히 영화에서 자신들이 영웅으로 그려지는 경우를 거의 본 적 없던 흑인들에게는 더욱 그 의미가 컸다.

블랙 팬서의 자질을 갖춘 티찰라 왕으로서 보즈먼은 우리의 문화적 상상력을 확장해주었다. 그는 식민 지배를 받지 않은 흑인 국가이자 세계에서 가장 기술적으로 진보한 와칸다의 왕이었다. 보즈먼은 이 모든 게 가능해 보이게 만들었다. 탁월한 배우가 탁월한 배역을 맡은 셈이다. 보즈먼은 슈퍼히어로 역에 너무도 잘 어울렸고, 그래서 많은 이들은 다른 누구도 티찰라 역을 맡을 순 없다고, 그래선 안 된다고 주장했다.

실제로 지난 2020년 마블스튜디오의 대표 케빈 파이기는 보즈먼을 존중하는 뜻에서 해당 역할을 새로 캐스팅하지 않겠다고 발표했다. 그러나 할리우드에서 손댈 수 없는 건 지적재산권뿐이며, 시리즈는 계속돼야 한다. 마블은 2022년 11월 후속편 〈블랙 팬서: 와칸다 포에버Black Panther: Wakanda Forever〉를 개봉할 예정이며, 라이언 쿠글러가 감독으로 돌아온다.

지난달 샌디에이고 코믹콘인터내셔널에서 공개된 이 영화의 티저 예고편은 황홀하지만 동시에 수수께끼 같다. 1편에서 여자친구 나키아, 어머니 라몬다, 여동생 슈리, 경호원인 전사 오코예 등, 블랙 팬서의 곁에 있던 여성 인물들에게 초점을 맞추는 한편 티찰라의 존재감은 기념벽화처럼 옅다. 시리즈는 물론 계속돼야 하지만, 설령 블랙 팬서가 계속 살아간다 해도 사랑 듬뿍 받는 이 캐릭터는 이야기 속 미래에 적극적으로 뛰어들진 못할 듯하다.

신화 속에서 티찰라 왕은 마법의 약초에서 얻은 힘과 더불어 조상들로부터 블랙 팬서라는 칭호를 물려받았다. 그러니 논리적으로는 티찰라가 죽으면 얼마든지 다른 사람에게 왕위를 줄 수 있다. 예고편 말미에 앞으로 돌진하는 두 다리, 오른팔에서 뻗어나온 막강한 다섯 개의 발톱과 같이 검은 옷을 입은 인물의 일부가 아주 잠깐 등장해 또다른 블랙 팬서의 등장을 암시했다(예고편이 공개되자마자 인터넷상에서는 그게 누구일지를 두고 추측이 무성했다).

예고편이 공개되자 SNS에는 #티찰라캐스팅다시해라#recastTChalla라는 해시태그가 등장했다. 팬들은 배트맨, 원더우먼, 스파이더맨, 매그니토 등 백인 슈퍼히어로를 계속해서 새로 캐스팅하듯이 티찰라 역할도 다른 배우가 맡아야 한다고 주장했다. 새 캐스팅을 지지하는 이들은 묻는다. 보즈먼의 죽음은 비극이지만 아직 이야기가 한참 남아 있는 상징적인 흑인 캐릭터까지 여기서 끝나야 하느냐고.

6만 명 넘는 서명을 받은 청원에서는 마블에 "채드윅 보즈먼의 비극적인 죽음을 허구적 서사의 플롯 장치로 쓰지 말 것"과 마블 시네마틱 유니버스 안에 "티찰라 왕이 계속 등장하게 할 것"을 요구하고 있다. 〈체인지닷오알지〉에 청원을 올린 사람은 "마블스튜디오가 티찰라를 지워버린다면 그에게 자신을 투사했던 관객들(특히 흑인 소년들과 남성들)을 잃게 될 것"이라고 주장한다.

언뜻 보면 이는 점점 더 많은 것을 요구하는 팬덤이 할리우드의 스토리텔링에 영향력을 행사하려는 또하나의 시도로 보일 수 있지만, 티찰라 왕을 다시 캐스팅하자는 움직임을 추동하는 강력한 갈망은 채드윅 보즈먼이 대변하던 이미지를 붙들고 싶다는 열망에 가깝다. 특히 흑인 팬들 사이에는 티찰라 왕 없이는 블랙 팬서의 서사가 힘과 잠재력 모두 잃을 수 있다는, 진심에서 우러난 두려움이 존재한다. 티찰라를 다시 캐스팅하라는 요구의 기저에 깔린 아픔이 내게는 느껴진다. 나는 그들에게 공감한다.

슈퍼히어로 팬덤은 복잡하고 야성적이다. 팬들은 열정이 넘치고 자신들이 사랑하는 이야기가 어떻게 진행되어야 할지에 관해 상당히 고지식한 의견을 서슴없이 주장하기도 한다(타네히시 코츠와 와칸다 세계관을 배경으로 한 만화 시리즈를 공동 집필하며 이걸 직접 겪었다).

최근 몇 년 사이 영화 제작자들은 이런 팬들의 욕망을 인지하고 그에 순순히 따르는 선택, 이른바 '팬 서비스'를 점점 더 많이 하고 있다. 잘 적용되면 팬 서비스는 매력적일 수 있다. 팬들 입장에선 자신들의 요구가 보이고 들린다는 느낌을 받을 수 있다. 거대한 창작 작업에 본인들도 작은 기여를 했다고 믿을 수도 있다. 그런데 최악의 경우, 팬 서비스는 착취적이거나 성차별적이거나 인종차별적일 수도 있다. 팬들의 의견에 영합함으로써 영화나 방송에 뚜렷한 관점이나 창조적인 비전이 없는 것처럼 느껴지는 경우도 수두룩하며, 대중의 인정을 원하는 제작자의 절박한 마음이 좋은 스토리텔링이나 창작의 야심보다 더 우선시되는 경우도 많다.

마블과 쿠글러 감독에게 모두를 만족시킬 수 있는 선택지는 없었다. 만약 티찰라 왕을 다시 캐스팅했다면 많은 이들은 보즈먼이 세상을 떠난 지 얼마 되지도 않았는데 너무 빨리 결정을 내렸다고 나무랐을 거다. 다른 곳에서 임무를 수행하고 있다는 둥 이유를 만들어 영화에서 사라지게 했다면 그의 부재가 어색하게 느껴졌을 거다. 이번 영화에서처럼 티찰라를 죽여버리는 건, 이미 많은 이들의 분노를 샀다.

안타깝게도 다음 블랙 팬서의 휘장을 걸치게 될 인물 혹은 배우가 누구든지 간에 그는 팬들의 의심과 실망, 그리고 조롱의 대상이 될 것이다. 특히 일부 사람들이 추측하는 대로 새로운 블랙 팬서가 여성일 경우는 더더욱 그렇다. 여자라니, 당치도 않지(이런 경우는 헤아릴 수 없이 많다. 대표적으로 '스타워즈' 시리즈에서 유색인 배우들은 일부 팬들이 상상한 성간 미래의 영웅이 될 수 있는 존재가 아니라는 이유로 부당한 괴롭힘을 견뎌왔다)!

지금으로서는 제작자들이 최선의 선택을 내린 셈이다. 아무리 재능 있는 배우라도 보즈먼이 남긴 거대한 족적을 따르리라고 기대하긴 어렵다. 새 티찰라 왕은 원작에 대한 우리의 기억과 영원히 대결하게 될 것이다. 후계자는 대체할 수 없는 것을 대체하기 위해 어떤 식으로든 보즈먼의 근사한 면모와 무게감을 전해야 할 것이다. 그리고 새 왕을 연기하는 배우가 보즈먼과 비슷하지 않다는 이유로 관객들을 실망시킨다면, 격한 분노의 대상이 될 것이다. 누구에게도 적진의 한가운데로 걸어들어가라고 쉽사리 요구해선 안 된다.

#티찰라캐스팅다시해라 운동은 선의로 진행되는 듯 보인다. 그러나 근본적인 문제는 어느 영화의 배역을 다시 캐스팅할지 말지가 아니라, 그 재현이 무엇을 요구하는지다. 2018년 개봉한 〈블랙 팬서〉는 획기적인 흑인 슈퍼히어로가 이끄는 대작 영화로서 팬들의 엄청난 기대를 한몸에 받았다. 이는 한 캐릭터, 한 배우, 한 영화가 짊어지기엔 너무 무거운 기대였다. 흑인들에게는, 청원서에 언급된 남성들과

소년들뿐 아니라 여성과 소녀들 역시 즐겁게 볼 수 있는, 그리고 자신을 투영해볼 수도 있는 슈퍼히어로가 한 명 이상 필요하다. 다른 인종과 민족성, 문화와 정체성을 지닌 이들에게도 마찬가지다. 우리는 마블에 티찰라를 다시 캐스팅하라고 요구할 게 아니라 히어로의 명단을 늘려달라고 요구해야 한다. 우리는 더 크게 생각하고 더 많은 것을 요구해야 한다.

다음 〈블랙 팬서〉 영화에서 무슨 일이 일어나든 #티찰라캐스팅다시해라 지지자들은 결국 소원을 이루게 될지도 모른다. 최근 몇 년 사이 마블은 여러 현실이 공존할 수 있도록(그리고 지적재산권의 무한한 확장이 가능하도록) 멀티버스 개념을 도입했다. 멀티버스에서는 티찰라가 살아 있고, 블랙 팬서로서 세상을 구하고 있을지도 모른다. 그런 이야기를 아직은 꿈꿀 수 있다.

한편 우리 역시 더 너른 상상의 나래를 펼칠 수 있다. 우리가 동경하는 영웅이 꼭 티찰라 한 명일 필요는 없다. 최근 점진적이지만 분명한 진전이 있었다. 마블의 '스파이더버스Spider-Verse' 시리즈에는 흑인이자 푸에르토리코 출신으로 브루클린에 사는 마일스 모랄레스가 스파이더맨으로 등장한다. 무슬림 슈퍼히어로 카말라 칸은 디즈니플러스에서 미스 마블로 나온다. 캡틴아메리카는 앤서니 매키가 연기한 흑인 영웅 팔콘에게 자신의 방패를 물려줬다. 이제는 샹치와 아메리카 차베즈도 있고, DC에는 누비아*와 사이보그도 등장한다. 마블

* DC 코믹스 최초의 여성 흑인 히어로.

과 DC 외에도 영화감독이자 시나리오 작가인 에이바 듀버네이, 배우이자 작가인 민디 케일링과 미카엘라 코엘, 티브이 프로그램 제작자 숀다 라임스 등 다양한 창작자들이 새롭고도 풍요로운 세계관과 인간 영웅주의의 지평을 탐구하는 중이다. 또한 고개를 돌려보면 우리 주변에도 영웅들이 있다. 매일같이 놀라운 일을 해내는 우리 공동체의 영웅들 말이다.

11월이 되면 우리는 새로운 블랙 팬서를 만날 테고, 그는 다시금 부당하리만큼 무거운 재현의 부담을 짊어질 것이다. 운이 좋다면 이 배우 역시 우리에게 재미를 선사하고 영감을 주며 우리의 상상력에 불을 지펴주리라. 채드윅 보즈먼이 남긴 영화적 유산을 기리기에 이보다 더 좋은 방법은 없는 것 같다.

뉴욕타임스 2022년 8월 6일

미술품 수집과의 낯선 조우

미술품 수집에 입문하는 일이란 마치 안무가 전혀 익숙지 않은데 다음 동작을 전부 예상해주길 바라는 파트너와 어쩌다보니 정교한 춤을 비틀거리듯 추는 것과 비슷하다. 영 어색하고 상상한 것보다 훨씬 어려울 수도 있지만 그래도 당신은 그 스텝을 몸에 익히고 싶다.

내 부모님은 평생 아이티 미술품을 수집해오셨다. 아이티의 삶과 문화를 생생하게 묘사한 그림들, 특히 유화 작품들에 둘러싸여 자랐고, 그중엔 커다란 그림도 더러 있었다. 이모할머니 카르멜은 포르토프랭스에 갤러리를 소유하고 있었는데, 여름에 우리 가족이 방문하면 자유로이 갤러리를 둘러보게 해주었고 우리는 그림과 조각품에 감탄했다. 하지만 비즈니스로서의 예술은 접한 적 없었다. 나이가 들어 영문학을 전공하고 결국 문예창작 교수가 되었으니 미술품 수집은 나와는 꽤나 먼 일이 된 듯했다. 박물관이나 갤러리에서 예술작품을 감상하는 건 확실히 좋아했지만 작품을 소유할 수 있다는 생각은 한 번도 해본 적 없었다. 미술품의 가격대라는 건 40달러짜리 포스터 아니면 광란의 경매에서 수백만 달러에 팔리는 바스키아 작품 정도만 알고 있었던 거다.

그러던 중 20년 넘게 수집가로 살아온 내 아내 데비를 만났다. 그의 집, 아니 이제는 우리의 집을 둘러보면 진품이든 복제품이든 흥미로운 오브제든 미술품이 어디에나 놓여 있다. 서로 더 깊이 알아가게 되면서 나는 어떻게 컬렉션을 꾸렸는지 물었고, 데비는 1990년대에 빠듯한 상황에서 500달러로 작품 한 점을 사는 일부터 시작했다는 이야기를 해주었다. 거기서부터 형편이 허락하는 선에서 마음에 드는 미술품을 구매하기 시작했다. 그때나 지금이나 데비의 취향은 매우 확고하다. 실험적인 예술, 그리고 타이포그래피가 있는 작품이라면 다 좋아한다. 가끔 데비는 우리집을 "글씨의 집"이라고 부르는데, 어디를 둘러봐도 읽히길 바란다는 듯 글씨가 쓰인 작품이 가득하기 때문이다. 데비는 여성과 퀴어 예술가들을 더 선호하지만 컬렉션에는 정말 다양한 작가가 있다. 언제나 바라보고 생각할 만한 흥미로운 요소가 있다. 이전보다 집에서 더 많은 시간을 보내면서 나는 예술작품과 함께 사는 즐거움, 무수한 방식으로 예술작품 안에 푹 파묻혀 사는 삶의 즐거움을 새삼 상기하게 되었다.

내 컬렉션으로 말할 것 같으면 좀 순진하게 시작됐다. 어느 날 저녁 데비는 〈아트시Artsy〉라는 웹사이트를 알려주었다. 둘러보기 시작한 지 두어 시간 지났을까, 무시무시한 일이 벌어졌다. 미술품 뉴스! 아티스트 기획 특집! 경매! 내가 처음 구입한 건 (아마도) 칼릴 로버트 어빙의 2019년작 〈영화 속 음악 기념관[(환영 인사 상영 이어짐) 매일의 의식 및 헌정(테러)]Music Memorial in Film [(Greeting Screening Chained) Daily Ritual & tribute (TERROR)]〉였는데, 산업용 세라믹 타일 위에 콜라주한 작품이었다. 그러다 다른 미술품 사이트도 방문하게 되었고, 새로운 작가들을 발견하고 그들의 작품을 감상하기 시작했다. 뉴욕에 있을 때 지내는 첼시에는 갤러리가 지천으로 있고, 가끔 머무는 로스앤젤레스에는 좀 멀리 떨어져 있긴 하지만 못지않게 시의적이고 흥미진진한 작품을 전시하는 갤러리가 있다.

내 컬렉션의 기본 원칙은 함께 살고 싶은 미술품을 고르는 것이다. 물론 내게도 구체적인 수집 관심사가 있다. 흑인 예술가들, 여성, LGBTQ 예술가들, 그리고 그러한 정체성들이 교차하는 이들의 작품에 끌린다. 콜라주와 혼합 매체 작품, 구상미술, 섬유공예가 좋다. 이런 관심사가 있기는 해도 스스로 제한을 두진 않는다. 마음에 훅 들어오는 작품이 있고 구입할 만한 여력이 있다면 컬렉션 안에 들이려 하는 편이다.

열렬한 미술품 수집가들은 컬렉션에 관한 조언을 건넬 때 사랑하는 작품을 사라고 말하곤 한다. 물론 귀한 조언이지만 일이 그렇게 단순하진 않다. 이런 말은 미술품을 투자나 사회적 자본을 축적하는 수단으로만 여기지 말고 진심으로 아낄 수 있는, 연결감을 느낄 수 있는 작품을 구입하라는 뜻이다. 그런데 한편으론 신출내기 수집가들이 이미 미술계의 작동 방식을 이해할 거라 가정하기에 조언자들이 미처 일러주지 않는 부분이 있다. 처음 이 세계에 발을 들였을 때 나는 좀 순진했다. 뭔가가 매물로 나오고 내가 그것을 갖고 싶으면 간단히 거래가 이루어지겠거니 생각했다. 하지만 그런 경우는 거의 없다. 미술품 구입의 관행이란…… 외부자가 보면 어리둥절할 일이 대부분이다. 쥐죽은듯 고요하고 텅 빈 갤러리로 들어서는 일부터 덜컥 겁이 날 수 있다. 엄격하게 운영되는 경우가 대부분이니 속으로만 작품을 감상하라는 뜻인가 싶다. 머리부터 발끝까지 검은색으로 갖춰 입은 청년 한둘이 책상처럼 생긴 구조물 뒤에 앉아 일하고 있을지도 모른다. 운이 좋다면 읽을거리가 조금 놓여 있을 수도 있고, 아주, 아주 운이 좋다면 가격표가 붙어 있을 수도 있다. 하지만 대부분의 경우 알아서 해야 하며, 당신이 한눈에도 미술품 수집가처럼 보이지 않는 경우는 더더욱 그렇다.

천장이 높은 동굴 같은 데서 열리는 아트페어에 가면 이 부스 저

부스 돌아다니며 전시품을 둘러볼 수 있는데, 한 작가의 작품이 늘어서 있을 수도 있고 특정 갤러리에서 선보이는 작가들의 작품선이 있을 수도 있다. 세련된 안경에 비싼 디자이너 액세서리를 걸친 많은 사람들이 이리저리 서성거리며 자신들이 본 작품에 대해 논하거나 이 페어 자체가 지루하다는 등의 의견을 경쟁하듯 앞다투어 큰 소리로 표출한다. 다시 한번 말하지만 이런 분위기 속에서 수집가처럼 보이지 않는다면 당신은 그냥 투명인간이나 다름없다.

작품을 직접 보고 그 정교한 솜씨와 제작 방식, 붓질이며 캔버스에 칠해진 물감층의 질감까지 눈에 담는 일만큼 좋은 건 없지만, 온라인으로 미술품을 볼 때의 단순함에도 괜찮은 면이 있다. 어디에 있든 편하게, 미술계의 사회적 관행을 파악해야 하는 어색함 없이 둘러볼 수 있으니 말이다. 최근 몇 년 사이 나는 전시중인 작품이나 작가 관련 정보를 충분히 알려주는 갤러리들을 정말이지 좋아하게 되었다. 메일링 서비스에 가입하는 건 끔찍해하며 꺼리는 편인데, 딱 하나 예외가 바로 갤러리다. 이들의 뉴스레터는 목적이 명확하기도 하고, 전시 미리보기 메일의 경우 원하는 정보 대부분을 PDF나 온라인 감상실에서 편리하게 얻을 수 있다.

모든 커뮤니티에는 명시된 규칙과 암묵적인 규칙이 존재하며, 미술품 수집을 위해서도 그걸 이해해야 한다. 모든 갤러리가 같진 않다. 규모가 작은 곳, 허세 넘치는 곳, 사명을 내세우는 곳 등 다양하고, 그중에는 세계에서 가장 화려한 도시들에 지부를 두고 일류 작가들을 대리하는 초대형 갤러리도 있다. 죽음의 별* 같은 거다. 원본 미술품 한두 점을 소장하고 싶어하는 소규모 수집가가 있는가 하면 미술품을 삶의 기쁨이 아닌 투자로 여기는 사람들도 있고, 물론 그 사이에 온갖 다양한 수집가들이 존재한다.

미술품을 구입할 때 모두가 같은 가격을 지불하는 것도 아니다. 모든 수집가가 원하는 작품을 사들일 수 있는 것도 아니다. 약간의 가격 협상은 가능하지만 그 협상 과정은 까다롭기 마련인데, 갤러리가 큰 폭의 할인율을 오롯이 부담하지 않는 한 작가 입장에선 자신의 귀한 노동과 창작에 대한 대가를 덜 받게 되기 때문이다. 하지만 협상 단계에 들어서기 전에 먼저 상대해야 할 것은 판매용으로 나왔다고 무조건 구매할 수 있는 건 아니라는 현실이다. 갤러리스트들은 작가와 갤러리 측의 이익을 대변하므로 되도록 '중요한' 컬렉션이나 박물관, 혹은 다른 기관에 작품을 놓고 싶어한다.

만약 당신이 갤러리와 아무런 관계가 없는 대개의 경우 갤러리측에선 당신에 관한 더 많은 정보를 요청할 수 있다. 그럴 때 그들이 진짜 원하는 건 당신의 컬렉션과 그 출처가 어디인지 더 많이 알아내 당신이 (그들의 자의적인 기준에 따라) 해당 작품을 관리할 만한 사람인지 확인하는 일이다. 한번은 어느 갤러리스트가 나에 대해 좀더 자세히 말해달라고 부탁한 적이 있다. 이 세계가 어떻게 돌아가는지 몰랐던 때라 방대한 이력에 조미료를 잔뜩 넣은 메일을 후닥닥 보냈는데, 예상했다시피 답장은 영영 오지 않았다. 또 한번은 좋아하는 작가의 특정 작품을 구매하려 했더니 갤러리측에서 그 작품은 자신들

---

* 　영화 '스타워즈' 시리즈에 나오는 은하제국의 비밀병기로 '데스 스타'라고도 불린다.

과 지속적인 관계를 맺고 있는 고객들을 위해 판매를 보류해둔 거라고 했다. 대신 내가 모르는 다른 작가의 작품을 사겠느냐고 제안했는데, 일단 원치 않는 작품을 구매해두고 언젠가 정말 원하는 작품을 살 기회를 얻으라는 뜻이었던 듯하다.

이제는 이러한 관행 중 일부는 이유가 있다는 걸 안다. 예술가들은 당연히 자신의 작품이 어디로 가고 어떻게 될지 어느 정도 통제하길 원한다. 본인 작품이 중고시장에서 너무 빨리 팔리지 않게끔 보호하길 원한다. 미술계에서 자신의 입지를 사수하길 원한다. 그리고 갤러리들 역시 소속 작가를 보호하고 싶어한다. 하지만 위신에 기대는 세상에선, 특히 그 위신이란 건 우리 모두 이런저런 방식으로 안고 살아가는 편견에 취약할 수밖에 없기에 어떤 수집가들의 목소리는 손쓸 수도 없이 묵살되기도 한다. 2020년 프리즈 로스앤젤레스 VIP 프리뷰 행사장에 로스앤젤레스 출신 작가 제너비브 게이너드는 등쪽에 "흑인 수집가들에게 판매"라는 문구를 새긴 베이지색 드레스를 입고 등장했다. 스스로를 홍보하기 위한 행동이 아니었다. 예술 접근성에 대한 대화의 물꼬를 트려는 하나의 방법이었다. 그러나 이런 대화가 변화로 이어지기는 영 쉽지 않은 듯하다.

『가고시안쿼털리』 2022년 겨울호

남 일에 참견하기

"아주 고유한 관점을 가진 여성들을 보고 싶어요."
나는 말한다.

맷수커스는 주저 없이 답한다.
"그게 나일 수도 있겠네요."

마돈나, 그의 봄이 기지개를 켜다

마돈나는 맛없는 와인을 못 참는다. 뉴욕 자택의 멋지게 꾸며진 거실에 앉아 잔잔하게 흘러나오는 니나 시몬의 노래를 들으며 나는 깨달았다. 정말이지, 마돈나의 집은 냄새가 굉장하다. 아마도 구운 닭고기 요리가 저택 어딘가에 자리한 주방에서 만들어지는 듯 뭔가 맛있는 냄새가 나고, 재스민향 같은 게 은은히 공기 중에 감돈다. 마돈나를 기다리는 동안 마돈나의 일정 매니저와 홍보 담당자와 나는 근사한 크림색 의자에 기대 이야기를 나누었는데, 그 의자가 놓인 곳, 먼지 한 톨 없는 검은색 나무 바닥 위에는 내가 본 가장 커다란 러그가 깔려 있었다. 내 뒤에 자리한 벽에는 헬무트 뉴튼의 〈총과 여자Girl with Gun〉가 걸려 있었는데, 흐트러진 침대 끄트머리에 앉아 옷은 거의 걸치지 않은 채 총을 빨고 있는 여자가 담긴 흑백사진이다. 당연하지.

마돈나는 늦었지만 마돈나니까 상관없었다. 시간이 뭐 그렇게 중요한가? 마돈나는 도착하자마자 몹시 미안해했고, 우리는 곧장 인터뷰를 시작했다. 그는 마이애미비치에 있는 아트바젤에서 기금 모금 행사를 기획중이었고, 여느 완벽주의자와 마찬가지로 서빙될 와인을 맛보고 싶어했다. 마돈나는 바닥에 무릎을 꿇고 앉아 다양한 레드와인, 화이트와인, 로제와인을, 혹은 그의 표현에 따르면 "여름 물"을 두고 고심했다. "록산," 마돈나가 말했다. "오늘밤엔 그 드레스 안 입어도 돼요."* 그제야 나는 참았던 숨을 내뱉었다. 익숙한 농담이다.

---

* 마돈나의 농담은 영국의 록 밴드 '폴리스'가 부른 노래 〈록산Roxanne〉의 한 구절이다. Roxanne, you don't have to wear that dress tonight.

내 이름은 유명한 노래 몇 곡에나 들어가 있으니. 나는 빙긋 웃고 말했다. "그럼요, 안 입을게요." 어느 순간 마돈나는 유난히 골칫거리인 와인에 대한 내 의견을 묻겠다며 독을 넣진 않았다고 맹세하면서 자신의 잔을 건넸다. 나는 그를 믿고 한 모금 마셨다. 솔직히 그 와인은 끔찍했고, ─식초 같은 맛이었다─병에 적힌 연도는 2016년이었기에 아직 와인이라고 할 수도 없었다. 와인의 기미 정도랄까.

마돈나는 멀티태스킹에 몹시 능하다. 와인을 고르면서 나와 장대한 대화를 나누었고 얼마 지나지 않아 형편없는 와인을 모두 골라냈다. "평범한 건 다 갖다 치워요." 마돈나가 건장한 젊은 청년 더스틴에게 말한다. 이 모든 와인을 서빙한 그는 평범한 게 본인 잘못이 아닌데도 평범해서 죄송하다고 사과한다. "맛없는 와인을 마시기 전에 난 파산하고 말 거예요." 마돈나의 선언에 나는 전적으로 동의했다. 남은 저녁나절 내내 마돈나가 와인에 대한 의견을 피력해줬으면 싶었다. 더스틴은 곧장 크리스털 디캔터에 좋은 와인을 담아 가져왔다. 나도 마셨고, 그건 정말, 몹시 맛났다.

대화를 나눌 날을 기다리면서 그간 마돈나가 한 번도 받지 않은 질문이라는 게 있을지 계속 고민했다. 30년 넘는 시간 동안 대중문화에 한 획을 그은 인물 아닌가. 궁금한 게 많았다. 무슨 말이냐면, 나는 마돈나의 음악과 함께 자랐다. 말 잘 듣는 가톨릭 소녀였던 나는 〈라이크 어 프레이어Like a Prayer〉에 푹 빠져 있었고, 성변화*와 에

---

* transubstantiation. 성찬의 빵과 포도주가 피와 살로 변했다는 가톨릭 교리. 화체설이라고도 한다.

로티시즘을 엮어낸 방식에 경탄했다. '이매큘레이트 컬렉션The Immac-ulate Collection' 음반은 끝도 없이 돌려 들었다. 내가 열여덟 살이 되자마자 출간된 그의 책 『섹스Sex』(1992)도 탐독했다. 나는 마돈나의 사생활에 매료됐다. 그의 정력과 예술적 발전을 존경했다. 하지만 바보 같은 질문은 하고 싶지 않았다. 사생활을 캐묻고 싶지는 않았다. 내가 할 일이 캐묻는 거긴 하지만.

한 시간 동안 우리는 수많은 주제로 이야기를 나누었는데, 처음에는 다가올 영화 작업 〈러브드Loved〉 얘기부터 꺼냈다. 앤드루 숀 그리어의 소설 『그레타 웰스의 믿을 수 없는 삶The Impossible Lives of Greta Wells』(2013)을 각색한 작품이다. 마돈나의 커피 테이블 위에는 영화에 필요한 연구 자료가 가득 담긴 바인더들이 놓여 있었다. 촬영 후보지들, 의상 등등. 마돈나는 철저한 사람이다. 실제로 시나리오를 공동 집필했으며 연출도 맡을 예정이다. 소설은 주인공이 시간을 넘나들며 자신이 살 수도 있었던 세 가지 삶을 조율하는 여정을 따라간다. 또한 서로 다른 삶들 속에서 그레타와 게이인 쌍둥이 오빠 펠릭스의 관계에도 초점을 맞춘다. "내가 늘 관심을 갖고 옹호해온 굉장히 중요한 주제들을 많이 다루고 있어요. 여성의 권리, 동성애자의 권리, 시민의 권리를 위해, 항상 약자를 위해 싸우는 거요." 마돈나는 말한다. "난 항상 억압받는다고 느껴왔거든요. 많은 사람들이 이렇게 말하겠죠. '나 참, 그런 말을 하다니 우습지도 않군. 당신은 성공한 백인에 부유한 팝스타잖아.' 하지만 나는 커리어 내내 온갖 불쾌한 일을 겪어왔고, 그 이유 중 상당 부분은 내가 여성이고 관습적인 삶을 거부하기 때문이었어요. 난 무척 파격적인 가족을 꾸렸거든요. 나보다 서른 살쯤 어린 연인들을 두고 있고요. 이게 사람들을 굉장히 불편하게 만들어요. 내가 하는 모든 일을 사람들이 무척 불편해 하는 것 같아요. 왜 이 책에 그렇게 끌렸을까? 왜 이 책을 영화로 각색하고 싶었을까? 그건 정말 여러 면에서 이 책이 내게 와닿았고, 중요한 주제를 정말 많이 다루기 때문이에요. 그 어느 때보다도 지금 가장 시의적인 이야기라고 봐요."

록산: 영화, 음악, 글쓰기 등 예술가로서 당신의 작품이 정치적이라고 생각하나요?

마돈나: 전적으로요.

록산: 어떻게요?

마돈나: 내가 정치적이니까요. 나는 표현의 자유를 믿고 검열은 믿지 않아요. 나는 만인의 평등한 권리를 믿어요. 그리고 여성들이 자신의 섹슈얼리티와 성적인 표현을 가질 수 있어야 한다고 믿고요. 원하는 대로 말하고, 느끼고, 원하는 사람이 될 수 있는 나이가 정해져 있다고 생각하지 않아요. 내 커리어를 보면 알 수 있죠. 내 책『섹스』도 그렇고 내가 쓴 곡들, 〈라이크 어 프레이어〉 뮤직비디오에서 흑인 성인聖人과 키스하는 장면이라던가 '에로티카Erotica' 앨범에서 탐구한 주제도 그렇고요. 나이가 더 들고 글쓰기와 자기표현에 능숙해지면서 '아메리칸 라이프American Life' 앨범 시대로 오는데, 정치와 정부 얘

기, 이 나라 정치가 얼마나 엉망인지에 대해 얘기하기 시작했어요. 유명세와 할리우드와 아름다운 사람들에 대한 환상에 대해서도요.

록산: 대선이 끝난 지 이제 2주쯤 지났죠. 도널드 트럼프가 미국 대통령으로 당선됐을 때 기분이 어땠나요? 놀라셨나요?

마돈나: 선거일 밤 가장 친한 친구 중 한 명인 에이전트와 함께 식탁에 앉아서 간절하게 기도했어요. 기도를 했다니까요. 친구가 컴퓨터로 상황을 봤어요. 그의 친구가 힐러리 클린턴의 선거캠프에서 일하고 있어 시시각각 개표 상황을 공유받는 중이었거든요. 근데 어느 순간 이러더라고요. "별로 안 좋아 보여." 호러 쇼를 보는 줄 알았어요. 그때부터 친구는 코란을 읽기 시작했고 나는 조하르*를 읽었어요. 우리는 모든 걸 다 하는 중이었어요. 촛불을 켜고, 명상을 하고, 기도하고, 할 수만 있다면 우리 목숨을 신에게 영원히 바치겠다고 뇌까리면서요. 그러곤 잠이 들었는데, 그날 밤부터 지금까지 매일 아침 일어날 때마다 내 가슴을 갈기갈기 찢어놓은 사람과 헤어지는 느낌이에요. 일어나서 잠깐은 내가 나인 것 같다가, 이런 생각이 치밀어요. "아, 내가 너무 사랑한 사람이 내 마음을 진창으로 만들었어. 내 가슴은 폐허가 됐고 다 망가졌고 아무것도 남지 않았어. 난 길을 잃었어." 매일 아침 그렇게 느껴요. 일어나면 곧장 생각하죠. "잠시만.

---

* 14세기경의 유대교 신비주의 경전.

도널드 트럼프가 대통령이라니. 악몽이 아니라니. 정말 일어난 일이라니." 애인에게 대차게 차인 동시에 악몽에 갇힌 기분이에요.

록산: 이제 뭘 해야 할까요?

마돈나: 어쨌든 나는 지금까지 뭔가를 어느 정도는 이미 해왔다고 생각해요. 그렇지만 지금보다 훨씬 더 목소리를 내야 하고, 좀 덜 비밀스러워질 필요가 있겠죠. 업계의 모두가 어쩜 그렇게 조용한지, 너무 충격적이에요. 그러니까, 한 줌의 사람들을 제외하면 연예계에선 지금 일어나는 일에 대해 발언하는 사람이 너무 없어요. 아무도 정치적 입장을 취하거나 의견을 표명하지 않아요.

록산: 왜 그런다고 생각하세요?

마돈나: 중립적인 입장을 취해서 인기를 유지하려는 거죠. 무슨 말이냐면, 의견을 냈을 때 다른 사람들이 동조해주지 않으면 일거리를 얻지 못할 수가 있어요. 블랙리스트에 오를 수도 있고요. 인스타그램 팔로워가 떨어져나갈 수도 있죠. 커리어에 해를 끼칠 일은 얼마든지 있어요. 모두가 정말 두려워하고 있어요. 아직 본인들 일상에 영향을 미치지 않는다는 이유로 아무도 뭔가를 하지 않는 거죠.

록산: 그렇게 많은 걸 이뤄냈는데 어떻게 계속 동기부여를 하나요?

마돈나: 예술은 나를 살아 있게 해줘요. 어머니가 돌아가신 후로는 내내 비탄에 잠겨 있고 상심해 있었어요. 사람들이 내가 얼마나 성공했다고 여기든 상관없이 커리어에서도 힘든 일이 많았어요. 연인과 가족과 사회의 배신으로부터 살아남을 수 있었던 유일한 방법은 예술가로서 창작하는 거였어요.

록산: 예술을 빼면 무엇이 작업을 계속할 수 있는 원동력인가요?

마돈나: 사람들에게 영감을 주고 싶어하는 마음이요. 사람들의 마음을 움직이고 다른 시선으로 삶을 바라보게 해주고 싶어요. 발전에 기여한다는 건 창조의 일부가 되거나 파괴의 일부가 되는 일이라고 생각해요. 설명하기 어려운데, 숨쉬기 같은 거죠. 그러니 창작을 하지 않는다는 건 상상할 수가 없어요. 전남편과도 그런 논쟁을 하곤 했는데, 남편은 묻곤 했죠. "왜 또 이걸 해야 해? 왜 또 앨범을 내야 해? 왜 투어를 가야 해? 왜 영화를 만들어야 해?" 나는 이렇게 대꾸했어요. "내가 왜 나 자신을 설명해야 해?" 그런 질문을 받는다는 건 매우 성차별적인 일이라고 봐요.

록산: 네. 아무도 남자들에겐 묻지 않으니까요.

마돈나: 스티븐 스필버그에게 왜 아직도 영화를 만드느냐고 누가 물어본 적 있나요? 충분히 성공했잖아요? 돈도 벌 만큼 벌었고. 온 세상에 이름을 알렸고. 파블로 피카소에게 누가 "그래요, 당신은 여

든 살이에요. 그림은 충분히 그리지 않았나요?"라고 물은 적 있어요? 없단 말이죠. 난 그 질문이 너무 지겨워요. 그냥 이해가 안 돼요. 더 이상 하고 싶지 않아지면 다 관두겠죠. 아이디어가 고갈되면 그만둘 거예요. 당신들이 날 죽이면 그만둘 거라고. 어떤가요?

록산: 새로운 이정표를 세운 뒤에 예전과 같은 기쁨을 느끼세요? 아니면 좀 덤덤해지나요?

마돈나: 늘 짜릿해요. 〈시크릿 프로젝트 레볼루션Secret Project Revolution[2013년 마돈나가 사진작가 스티븐 클라인과 함께 예술적 자유를 주제로 연출한 단편영화]을 만들었을 땐 엄청 즐거웠는데, 굉장히 정치적인 목소리를 담았기 때문이에요. 그리고 라이브 공연을 할 때마다 예술적인 영감을 한껏 얻고 흥분을 느껴요. 음반만 만들었다면 할 수 없었을 많은 것을 말과 행동으로 보여줄 수 있거든요. 서른다섯 살이 넘으면 '톱40' 차트에서 음악 듣는 법을 모르니 그런 분들에겐 공연에 오는 게 내 음악을 들을 수 있는 유일한 방법인 경우가 많아요. 공연하는 건 늘 신나요. 마이크를 들고 서서 얘기하는 게 점점 더 좋아져요. 난 말하는 걸 좋아하거든요. 관객과 함께 노는 게 좋아요. 〈광대의 눈물Tears of a Clown〉[음악과 스토리텔링이 결합된 마돈나의 최근 쇼]에서 하기 시작한 게 그거예요. 난 광대 자체도, 광대가 상징하는 바도 너무 좋아요. 광대는 웃음을 주는 존재지만 필연적으로 뭔가를 숨기고 있죠. 나는 내 삶이 그렇다고 생각해요. 에이미 슈머와 데이브 셔펠, 크리스 록에게 조만간 내가 스탠드업을 할 테니 긴장하라고 계속

말하고 있어요. 곧 따라갈 거예요.

록산: 요즘은 뭘 읽으세요?

마돈나: 몇 권 읽고 있는데요. 한 책을 두고 다른 책이랑 바람피우는 때가 많아요. 한 권을 붙들고 끝까지 가보는 게 좋은 거니까 딱히 괜찮은 습관은 아닌데 나는 책 바람둥이에요. 지금은 앨리스 호프먼의 『도브키퍼The Dovekeeprs』(2011)를 읽고 있는데, 그전에는 앤서니 도어의 『우리가 볼 수 없는 모든 빛All the Light We Cannot See』(2014)을 읽던 중이었어요. 동시에, 최근에 나온 건 아니지만 이자크 디네센의 『아웃 오브 아프리카Out of Africa』(1937)도 읽고 있었고요.

록산: 『하퍼스바자』의 편집자가 말해준 건데 이 잡지에 실릴 영상을 찍을 때 『아름답고도 저주받은 사람들The Beautiful and Damned』(1922)의 일부를 발췌해서 낭독하셨다고요. 왜 그 책을 선택했는지 궁금해요.

마돈나: 나는 스콧 피츠제럴드를 숭배하고 그의 글을 좋아해요. 우리가 찍는 영상이 그의 단편소설들, 그리고 당대의 퇴폐주의뿐 아니라 표현의 결핍과도 연결된다고 느꼈어요. 여성들이 스스로를 표현할 수 없는 상태와도 긴밀하게 연관되고요. 그들이 바로 아름답고 저주받은 사람들이었죠.

록산: 마지막 질문이 있어요. 당신이 만든 작품에서 가장 마음에

드는 점은 뭔가요?

　마돈나: 내가 뭘 만들고 있느냐에 따라 다른데요. 나는 한계를 뛰어넘는 걸 좋아해요. 하지만 단지 그것만을 위해서 하는 건 싫어요. 도발을 위한 도발은 좋아하지 않아요. 도발적인 건 좋아해요. 사람들이 생각해보게 만드는 게 좋고요. 사람들의 마음을 움직이는 것도 좋아요. 그리고 이 세 가지를 한꺼번에, 단번에 해낼 수 있다면 진실로 뭔가를 성취한 것 같은 기분이 들어요.

『하퍼스바자』 2017년 1월 10일

찰리 허넘, 올 것이 왔다

실제로 보면 찰리 허넘은 잔인하리만치 잘생겼고 사려 깊은 인상이다. 조각 같은 얼굴에 형형한 푸른 눈동자까지. 청바지에 흰색 티셔츠, 그 위에 군청색 케이블 니트 스웨터를 걸친 그는 신중하게 옷차림을 선택한 듯 보인다. 우리는 웨스트할리우드에 있는 그린블랫츠 델리에서 만나 2층 테이블에 자리잡고 마주앉는다. 바로 뒤 테이블에서 두 남자가 쩌렁쩌렁한 소리로 얘기하고 있는데, 그중 한 명은 자기 목소리가 닿는 곳에 있는 모든 이에게 본인이 얼마나 대단한 야심을 가졌는지 알려주고 싶어하는 게 분명하다. 업계 사람들을 잘 안다고 떠벌리는데, 여기는 할리우드이니 그 '업계'라는 게 연예계라고 추측하지 않을 수 없다.

반면 허넘은 이목을 끌기 위한 행동은 일절 하지 않는다. 꽤 성공한 배우이자 믿을 수 없을 만큼 잘생긴 남자이므로 이미 받는 눈길보다 더 많은 관심이 필요하진 않다. 그는 스스로의 매력을 잘 아는 사람처럼 자신감 있게 행동한다. 대화 내내 허넘이 몹시 정중한 자세로 이야기에 몰입했기에 나는 그가 정말 진실하게 인터뷰에 임하고 있거나 혹은 내가 생각했던 것보다 더욱더 훌륭한 배우겠다 싶었다. 영국 억양도 얼마나 듣기 좋던지.

당연히 우리는 예상한 주제들을 다루었다. 그가 최근 매우 재밌게 읽은 책(패트릭 드윗의 『시스터스 브라더스The Sisters Brothers』였다), 최근 만든 요리(샥슈카인데 우리는 새로운 프리타타라고 부르기로 했다), 최근 인상 깊게 본 영화(관객을 향한 존중과 진정한 절제를 보여준 〈문라이트 Moonlight〉) 등등. 나는 그가 주짓수 수련을 하고 있으며 종합격투기 MMA 경기를 본다는 사실, 그리고 〈그레이의 50가지 그림자50 Shades of Gray〉에서 하차한 이유를 묻는 질문에 정말 질렸다는 사실을 알게 되었다(다행히 나는 인터뷰 전에 구글링으로 그 이유를 알아냈다).

2008년부터 2014년까지 방영된 FX의 드라마 〈선즈 오브 아나키 Sons of Anarchy〉에서 허넘은 잭슨 텔러 역을 맡았다. 오토바이 갱단의 자신만만한 리더이자 어쩐지 순수한 내면을 지닌 텔러는 가정을 건사하면서, 갱단 활동을 달가워하지 않는 여성을 사랑하면서, 어딘가 불가항력적인 인물인 어머니를 대하면서 아버지가 자신에게 남긴 유산이 무엇인지 이해하려고 노력하는 인물이다. 텔러의 어깨는 무겁고, 허넘은 그 무게감을 잘 전했다. 그리고 빈티지 가죽 재킷과 흰 티셔츠, 청바지 차림이 몹시 잘 어울리기도 했다. 3년이 지난 후에도 텔러라는 인물은 여전히 그에게 영향을 미치고 있다. "[드라마가 끝나고] 그를 내 삶에서 떠나보내는 슬픔을 겪으며 진짜 애도처럼 느껴질 정도로 괴로운 시간을 보냈어요." 그는 말한다. "그 인물을 연기했다는 게, 오랫동안 그를 품고 있었다는 게 저에게 얼마나 큰 영향을 미쳤는지 깊이 생각하게 됐습니다."

자신의 이름을 가장 널리 알린 그 역할을 뒤로하고 허넘은 자신이 쌓아가고픈 커리어가 무엇인지 신중하게 생각중이다. 그의 말을 빌리자면 그는 "내가 뭘 할 수 있는지에 대한 사람들의 인식을 바꾸고 싶다". 이 통찰의 순간이 무척 흥미로워서 그가 어떻게 인식되고 있는 것 같은지 물었다. 뭐라고 답할지 고민하며 그는 침묵한다. 앞서 말했듯, 그는 매우 사려 깊다. 말을 함부로 뱉지 않는다. 그는 이렇게 답한다. "다른 사람들이 나를 어떻게 인식하는지는 많이 생각하지 않으려고 해요. 이제 막 자의식을 구축하기 시작했고, 내 정체성에 자신감을 얻기 위해 애쓰는 중이라서요. 하지만 사람들은 내게 진짜 능력이 있다는 걸 알아주고 그걸 알려주기도 해요. 어떤 이들은 나를 여전히 미소년 정도로만 치부하기도 하고요."

올 것이 왔다. 누가 봐도 명백한 그의 미모에 대해 터놓고 얘기 나눌 수 있다니 속이 시원하다. 나는 묻는다. "당신은 매력적인 남자, 섹스 심볼처럼 여겨지죠. 그런 점이 답답한가요, 아니면 부수적인 피해 정도로 여겨지나요?" 허넘의 답은 굉장한 자기객관화를 보여준다. "부수적인 피해인 동시에 엄청난 기회이기도 해요. 시각 매체이니만큼 좀더 보기 좋다면 배역을 따기도 훨씬 쉽죠. 하지만 일단 세트장에 들어가면 모든 장면이 다 해결해야 할 도전이 되는 게 현실이에요."

분명 허넘은 최근 자신이 선택한 역할이 해결해야 할 장면을 알아가고 있다. 5월에 개봉할 〈킹 아서King Arthur〉에서 찰리 허넘은 가이 리치 감독이 재해석한 아서왕 전설의 주인공을 맡는다. 허넘은 우리가 예상하는 것과 다른 아서를 톡톡히 보여준다. 그가 연기한 아서는 거만하고 우유부단하며, 고아로 버려져 힘겨운 길거리 생활을 하다 성매매 업소에서 일하는 여성들의 손에 자란다. 허넘은 새롭게 해석한 아서왕에 흥미를 느꼈다. "거친 삶으로 단련된 길거리 소년이 전혀 생각지도 않았던 소명을, 의무를, 운명을 마주하고 통과하는" 연기에 마음이 동했다. 그런데 그보다 앞서 허넘은 가이 리치와 일해보고 싶었다. 처음 만났을 때 "진정한 사랑의 축제"를 나누었다고. 첫 만남 이야기가 굉장히 로맨틱하게 들린다고 하자 허넘은 덤덤하게 대꾸한다. "그렇죠? 첫눈에 반했어요."

허넘은 이번달 개봉하는 〈잃어버린 도시 Z The Lost City Of Z〉(2016)에도 출연한다. 1900년대 초 영국 탐험가 퍼시벌 포셋이 가족을 비롯해 거의 모든 걸 희생해가며 아마존의 전설적인 도시를 찾으러 떠난 실화를 토대로 한 작품이다. 표면적으로 보면 허넘이 맡은 역할들 사이에 연결고리를 찾기 어려울 수 있지만, 여러 작품에서 공통적으로 드러나는 건 미묘하고도 복잡하며 강력한 부자 관계다. 허넘은 자신에게 아버지와의 관계가 굉장히 중요해서 그런 역할에 끌린다고 말한다. "남자의 삶의 여정이라는 프리즘을 통해 인간 조건을 살펴보는 데 관심이 있는데, 제 생각에 남자들 대부분에게 그런 조건은 아버지와의 관계와 연결돼 있어요." 나는 좀더 밀고 나가 허넘과 아버지의 관계에 대해 묻고 싶지만, 어깨를 꼿꼿이 펴고 앉은 그는 너무 깊은 이야기는 꺼내고 싶지 않은 듯하다.

그래도 그는 자신이 얼마나 일을 사랑하는지는 기꺼이 털어놓는다. "연기할 때 인생이 가장 의미 있어져요. 한 이야기를 처음부터 끝까지 온전히 전달하는 데 몰입하는 일이 저를 살아 있게 해요." 허넘은 현실로 돌아오기 어려울 만큼 그 과정에 몰두할 때가 많다. "잔인해요. 다시 둘을 합체시키는 건 진짜 못할 짓이에요. 점점 더 쉬워지겠지 생각하는데 그렇지가 않아요. 여자친구도 이것 때문에 힘들어하고…… 어떻게 재회할지에 대해 온갖 기대와 그리움과 희망을 갖고 있거든요. 저한테 현실로 복귀하는 건 항상 중심을 되찾고 여자친구를 위한 사람이 되기 위해 필사적으로 노력하는 과정이에요."

허넘은 맡은 역할에 푹 빠지는 걸 좋아하기에 현실로의 복귀가 쉽지만은 않다. "영화 산업의 가장 큰 장점 중 하나는 백만 개의 삶을 살아보면서 다양한 문화와 삶의 방식을 경험할 수 있다는 거예요." 그는 말한다. 물론 범죄자가 되어야 했던 〈선즈 오브 아나키〉에선 딱히 몰입할 수 없었다는 점을 명확히 해둔다. "그땐 진짜로 몰입하지 못했나요?" 내가 묻는다. 우리는 웃고, 마침내 그는 인정한다. "글쎄요, 가끔은 했네요." 다시금 그저 기다리기만 하면 나오는 그의 담담한 유머를 엿볼 수 있는 지점이다.

작년 크리스마스 직전, 그가 차기작 〈파피용Papillon〉(1973년 개봉한 탈옥 영화의 2017년 리메이크 작으로, 허넘은 스티브 매퀸이 맡았던 역이었다) 촬영을 끝마쳤을 때, 여자친구는 그에게 최후통첩을 했다. 해야 할 일은 다 하되, 나를 마주할 준비가 될 때까지 집에 오지 마. 그는 먼저 긴장을 좀 풀기 위해 잉글랜드에 여행을 갔다가 여자친구와 함께 사는 로스앤젤레스로 돌아갔는데, 그동안 "어떤 관계든 얼마나 깨지기 쉬운지"를 생각해볼 시간을 가졌다. 이런 자극적인 곁길로 이따금 빠지기도 하며 우리의 대화는 이어졌고, 그는 결국 인정했다. "어린 시절 이상한 실존주의에 빠져서 허우적대던 애였는데 [이때 그는 웃었다] 커서는 이상한 실존주의에 빠진 어른이 됐네요. 이게 다 무슨 의미인지 이해하는 데 계속해서 집착했거든요……"

허넘에게 적어도 조금의 위안을 선사한 것은 책, 그리고 결국 연기였다. "영화 작업을 한다는 건 의미 있고 흥미진진하게 시간을 보내는 일이구나 싶어요. 실존적인 위기도 약간은 줄일 수 있는 방법이고요. 무슨 말인지 아시겠죠. 지금도 그렇게 느껴요. 세계적으로 볼 때는 엄청 중요하거나 대대적인 일은 결코 아니지만, 저한테는 엄청, 엄청 중요해요."

『인스타일』 2017년 4월호

니키 미나즈, 비트의 주인

뉴욕 패션위크 첫날, 배터리파크시티의 리츠칼튼호텔 로비에서 니키 미나즈를 기다린다. 나는 일찍 도착해 스타일리스트들이 디자이너 의류가 꽉꽉 들어찬 행어를 엘리베이터 밖으로 밀어내는 모습을 지켜본다. 그게 실은 알렉산더 왕이 만든 것들이며 디자이너 쇼를 위해 미나즈에게 입힐 의상들이었다는 건 나중에 알게 된다.

미나즈의 스위트룸 현관에는 옷으로 터질 듯한 행어가 또 있다. 안쪽으로 들어가니 날씬한 미용사가 흐느적거리듯 움직이며 기다란 백금발 가발을 빗고 있다. 그의 옷차림은 무척이나 근사한데 특히 검은색 가죽 바지는, 이런 표현이 그 바지에 실례가 될 것 같을 정도로 기막히게 멋지다. 가발을 빗는 손길이 너무나 조심스럽고 다정해서 나는 불현듯 저 가발이 되고 싶어진다. 부드러운 가발 돌봄의 현장에서 몇 발자국 떨어진 곳에선 메이크업 아티스트가 각종 화장품이며 브러시며 도구들을 정리하고 있다. 모두 숨죽인 목소리로 중얼거린다.

미나즈가 옆방에서 들어선다. 맨얼굴에 보송보송한 흰색 목욕 가운을 입은 미나즈는 자그마한 경이로움 그 자체다. 가벼운 악수로 인사를 나눈 뒤, 미나즈는 내게 아이라인을 그려도 괜찮겠냐고 묻는다. 진짜 질문은 아니고 나도 안 된다고 하지 않는다. 미나즈가 의자에 앉자 메이크업 아티스트가 미나즈의 트레이드마크인 과장된 캣츠아이를 까만색 아이라이너로 그리기 시작한다.

미나즈가 거느린 사람들의 수에 나는 깜짝 놀란다. 서로 다른 두 사람인 일정 매니저와 개인 비서, 스타일리스트도 있다. 스위트룸 바로 바깥 복도에는 재단사를 비롯한 두어 명이 본인 차례가 오길 기다리고 있다. 미나즈는 굉장히 많은 전문가들을 끌어당기는 중심에 있으며 그 책임감을 가뿐히 감당한다.

눈화장이 끝난 뒤 미나즈는 옆 소파에 앉아 원하는 모양으로 가운 매무새를 다듬는다. 앉은 자세에서 위엄이 느껴진다. 목욕 가운 차림이라는 건 하등 중요하지 않다. 여왕은 어떻게 해도 여왕이니까. 스타일리스트가 그날 저녁 참석할 디너파티와 출간기념회 행사에 입고 갈 의상 후보들을 보여주기 시작한다. 몸에 꼭 달라붙고 긴 트레인*이 달린 시스루 드레스, 가죽으로 만든 화려한 패턴의 블랙 앤드 화이트 발망 드레스, 그리고 몇 벌 더 있다. 나는 말 그대로 인간 옷장을 보유한 미나즈의 저 세상 사치에 입이 떡 벌어진다.

마침내 미나즈는 내게로 고개를 돌리며 관심을 준다. "시작해도 될까요?" 여태껏 내내 기다린 게 나 때문이라는 듯 묻는다. 나는 황송한 마음으로 박수를 치고 싶어진다. 예에에, 여왕님, 그들처럼 말하고 싶어진다.

커리어 내내 미나즈는 또래 팝스타들 사이선 보기 드문 원칙과 지성을 보여줬다. 미나즈 자신이 내게 "말로 표현할 수 없는 미지의 요인"이라 설명한 것을 가지고 있는 거다. 오니카 타냐 마라즈는 1982년 트리니다드토바고의 세인트제임스에서 태어나 다섯 살 때 가족과 함께 뉴욕 퀸즈로 이민을 왔다. 여러 래퍼와 함께 노래하고

---

* 치마나 드레스 뒤쪽에 꼬리처럼 길게 달린 부분.

임시직 일을 하며 음악 경력을 쌓기 시작했다. 웨이트리스 일을 할 때는 주문받을 때 쓰는 메모장에 꾸준히 가사를 적었다. 그 시절을 회상하는 미나즈의 목소리에 순수한 기쁨이 묻어난다. "주문을 받다가 손님의 옷차림이나 말투, 행동만 보고도 가사가 떠오를 때가 있어요. 그러면 주방에 가서 적어 바지 뒷주머니나 앞치마 안에 넣어뒀는데, 일이 끝날 때쯤이면 랩이 적힌 종이가 여기저기 굴러다니곤 했어요."

그후로 미나즈의 커리어는 이정표 쌓기가 됐다. 2009년 미나즈는 릴 웨인이 만든 레이블 '영 머니'와 계약한 최초의 여성 아티스트가 됐다. 그뒤로 세 개의 믹스테이프와 세 개의 정규 앨범, 2010년 '핑크 프라이데이Pink Friday', 2012년 '핑크 프라이데이: 로만 리로디드Pink Friday: Roman Reloaded', 2014년 '더 핑크 프린트The Pink Print'를 발표했고, 2017년 3월에는 어리사 프랭클린이 거의 40년 동안 보유해온 기록을 꺾고 빌보드 핫100 목록에 최다 진입한 여성 가수(76회)로 이름을 올렸다. 성공적으로, 그리고 꾸준히 팝 영역을 넘나드는 보기 드문 힙합 아티스트이기도 하다. 미나즈, M.I.A., 마돈나는 2012년 슈퍼볼에서 함께 만든 싱글 〈기브 미 올 유어 러빈Give Me All Your Luvin〉을 공연했다. 며칠 후에는 그래미 시상식에서 솔로 공연을 펼쳤다. 댄스곡 〈스타십Starships〉은 미국음반산업협회로부터 100만 장 이상 판매고를 기록한 음반에 부여하는 플래티넘 인증을 여섯 번이나 받았다. 2016년에는 심지어 아리아나 그란데와 함께 〈사이드 투 사이드Side to Side〉라는 곡을 작업하기도 했는데, 그란데가 기존에 갖고 있던 건전한 이미지 때문에 다들 예상치 못한 콜라보였지만 이 곡 역시 트리플 플래티넘 인증을 달성했다. 미나즈는 멋과 섹슈얼리티를 자제하는 법이 없다. 가끔 공상을 하다가 〈사이드 투 사이드〉에 나오는 "자지 자전거dick bicycle" 같은 단어나 "나랑 하고 싶으면 세 명이 어울려야 할 거야If you wanna ménage I got a tricycle" 같은 가사에 감탄하는데, 그란데가 한때 "한바탕 섹스riding를 하고 난 뒤의 고통"이라고 묘사한 노래치고는 지독하게 영리하고 웃기고 상스러우면서도 정확한 가사들이다.

미나즈의 음악은 다양한 성역대와 억양으로 뱉어내는 강력한 가사가 특징이다. 라임은 대담하고 공격적인 것부터 교태 섞이고 음탕하면서도 관능적인 것까지 다양하며 여성들에게 힘을 북돋는 메시지도 살짝 담겨 있다. 어떤 때는 숨막힐 정도로 빠른 랩을 구사하는데 딕션은 늘 흠잡을 데가 없다. 그의 음악엔 위트와 묘한 유머가 있다. 2014년 싱글 〈온리Only〉에 나오는 이런 가사를 보라. "내 남자는 배불러, 방금 먹었어, 난 촬영tape만 안 한다면 누구도 피하지duck 않아) / 그래, 방금 건 덕테이프duct tape로 펀치라인을 노린 거야." 미나즈는 힙합을 더 즐겁고 에너지 넘치고 강력한 장르로 그 정의를 확장했다.

그건 그렇고 니키 미나즈는 감기에 걸렸다. 아픈 사람 붙잡고 내가 무슨 짓을 한 건지 모르겠지만 어쨌든 인터뷰는 진행됐다. 우리가 만난 날, 미나즈는 감기몸살 때문에 곧 있을 필리프 플라인의 런웨이 쇼 리허설에 불참한 상태였고 테라플루와 나이퀼을 먹으며 쉬는 참이었다. 뉴욕으로 비행기를 타고 온 것도 도움이 되진 않았다. 미나즈는 마이애미(요즘 대부분의 시간을 보내는 지역)에서 네번째 정규 앨범을 작업하는 중인데, 지금으로선 알 사람만 아는 비밀이긴 하지만 타이틀곡이 "엄청, 엄청 상징적"이라고 한다.

스튜디오에서 작업하다가 감기에 걸린 거였다. 사람들은 늘 에어컨을 빵빵하게 틀다가 갑자기 껐다가 다시 또 빵빵하게 트니까. 온도 조절의 악순환이 원인이었다. 그러던 중 이틀 밤을 꼬박 스튜디오에서 보내게 됐는데, "곡을 쓰고 녹음하고, 그걸 다시 들으면서 이 세 단계 모두를 즐길 수 있는" 귀한 시간이기 때문이다.

이 자리까지 오는 데 오랜 시간이 걸렸다고 미나즈는 내게 말한다. 그리고 지금은 "소리만 듣고도 앨범이 어떤 식으로 들릴지 아는 경지에 이르렀어요. 이 앨범이 내 팬들에게 어떻게 다가갈지 알아요. 이번 앨범엔 내 인생의 모든 게 한 바퀴 돌아 제자리를 찾은 지금, 내가 정말 진심으로 행복해진 순간을 담았어요. 거의 축하하는 느낌이에요. 지난 앨범 '핑크 프린트'는 일기장을 보여주는 것 같았거든요. 어떤 것들에 관한 한 챕터를 마무리하고 새 챕터를 시작할 때, 내가 행복한지 슬픈지 알 수 없는 상태였어요. 불안한 감정에 대한 곡들을 쓴 거죠. 지금은 지난 2년 동안 내 인생에 무슨 일이 있었는지 말할 수 있어요. 이젠 내가 누군지 알아요. 이번 앨범을 통해 니키 미나즈라는 사람을 알아가고 있고 그가 소중해요."

미나즈의 대중적 이미지와 페르소나는 면밀하게 큐레이팅된다. 타블로이드 신문들이 그의 직업과 사생활을 집요하게 쫓아다녔으니 나는 미나즈의 전 남자친구이자 음악 산업 관련 리얼리티 시리즈 〈러브 앤 힙합Love & Hip Hop: New York〉에 출연하는 사파리 새뮤얼스에 관해선, 그리고 그가 드레이크에게 기회를 줄지 말지에 관해선 묻지 않기로 한다. 있는 힘껏 열심히 참는다. 내부의 몇몇을 빼면 진짜 니키 미나즈가 누구인지 알 사람은 없을 거다.

종잡을 수 없는 이미지는 눈길을 사로잡는 그의 분신들로 인해 더욱 증폭된다. 하라주쿠 바비(분홍색에 집착하는 패셔니스타로, 미나즈의 최장수 페르소나), 니키 테레사('힐러'로 알려진 인물), 노골적으로 선정적인 니키 르윈스키 등등. 심지어 미나즈를 약간 과장되게 표현한 버전의 남성 페르소나 로만 졸란스키도 있다. 미나즈는 고음으로 쨰쨱거리는 소리부터 나직하게 으르렁대는 소리까지 다양한 음역대를 소화할 수 있는 목소리를 가졌다. 노래를 부를 때든 일반적인 대화를 나눌 때든 그는 밸리 걸* 말투부터 카리브제도 방언까지 다양한 억양을 가지고 노는 걸 좋아한다. 나랑 대화를 나누는 중에도 몇 번 영국 억양을 쓰다가 아무렇지도 않게 평소 말투로 돌아왔는데, 퀸즈 출신임을 드러내는 약간은 단조로운 듯한 억양이었다. 대중 앞에 설 때는 극적인 화장, 극적인 의상, 극적인 무지개색 가발을 선호한다. 그가 무대 안팎에서 연기를 펼치고 있다는 의미다. 인터뷰 내내 미나즈는 완벽한 자기인식을 유지하며, 의식적이지 않은 때는 단 한 순간도 없다. 무슨 말을 하건 가능한 모든 결과를 계산해보는 듯 내 질문에 곧장 답하지 않는다. 인터뷰가 끝날 때쯤 나는 그 맹렬한 영리함에 감명받는다.

---

* 캘리포니아주 샌퍼난도밸리에서 전형적으로 볼 수 있는 사치스러운 여성을 일컫는 용어.

다만 음악 이야기를 할 때는 가장 활기차고 자유로워 보이는데, 미나즈는 음악을 매우 심오하고 복잡한 것으로 여긴다. 위대한 래퍼가 되기 위한 필요조건에 대해서는 의견이 확고했다. "지적으로 들리나? 플로가 전환되는가? 비트를 장악하고 있는가? 저는 이런 걸 중시해요." 제이지나 릴 웨인, 폭시 브라운 같은 사람들. "이 세 사람은 저한테 엄청 큰 영향을 줬어요. 곡을 쓸 때 그들을 늘 머릿속에 떠올려요." 그는 말한다. "나한테 그들의 일면이 다 있는 것 같아요."

미나즈 본인은 누구에게 영향을 미쳤다고 생각하는지 궁금해진다. 그는 2년 전쯤 카녜이 웨스트가 해준 말을 들려준다. "'내가 들어본 모든 젊은 여성 랩에서 니키가 들린다.' 누구 랩에서 들리느냐고 묻진 않았는데, 엄청 큰 칭찬이었어요. 가끔은 그런 게 나한테만 들리나 싶거든요."

미나즈는 커리어에서 또다른 거대한 분기점을 목전에 두고 있는 듯하고, 스스로도 그 사실을 알고 있다. "레이블에서 앨범을 내기 시작한 이래로 지금이 제일 영감 넘치고 자유롭고 신나는 시기예요." 아티스트로서 자신의 성장에 대해서도 깊이 성찰한다. 믹스테이프를 제작하다가 스튜디오 앨범을 내게 된, 이런 변화로 창작의 기쁨이 줄었는지 묻자 그는 답한다. "네, 왜냐하면…… 아티스트 스스로가 그렇게 돼버리거든요. 레이블 탓은 안 할래요. 그냥 생각이 너무 많아져요. 작은 작업을 혼자서 할 때는 내가 나 자신으로 있을 수 있고, 미칠 수 있어요. 음반사와 함께 일하기 시작하면 좀더 대단한 사운드가 필요하다고 생각하게 돼요. 너무 눈치보지 않던 시절로 돌아가고 싶었어요. 가끔은 단순해도 괜찮잖아요."

나는 새로이 자신감을 찾고 직감을 믿게 되기까지 어떤 노력을 했느냐고 물어본다. "나는 내가 가진 재능을 온 마음으로 믿어요." 미나즈가 말한다. 하지만 이런 자신감은 쉽게 얻을 수 있는 게 아니다. "가끔은 아침에 일어나서 이런 생각을 해요. '이 일 더는 못하겠다.' 뭔지 알죠? 나도 그런 때가 있었어요. '이 정도면 충분한가?' 같은 의문을 품을 때도 많았죠." 하지만 미나즈는 스스로에게 "평범한 여성이라면 못 견디는 것들을 견디는 능력"이 있다고 믿는다.

이만큼의 커리어를 쌓고 보니, 미나즈는 자신의 어려움과도 어느 정도 화해할 수 있게 됐다. "여기까지 오는 데 수많은 장애물이 있었다는 게 오히려 좋아요. 나한테 이 자리에 오를 자격이 있다고 생각할 수 있으니까요." 그는 자신이 맞서 싸워야 했던 것들을 솔직하게 털어놓는다. "처음부터 불리한 게 너무 많았죠. 흑인이고, 여성이고, 여성 래퍼잖아요. 모두가 좋아하는 MC의 트랙에 내 이름을 올려도, 혹은 내 트랙에 그 MC의 이름을 올려도 이 판에선 나를 MC로, 작사가로, 작곡가로 인정하지 않으려는 것 같았어요. 나와 비슷한 시기에 활동을 시작한 남자들은 훨씬 더 빨리 타이틀을 얻고 누구의 눈치도 보지 않는데 나는 백번은 더 증명해야 했어요."

남성 중심 업계에서 성공한 여성들에게서 비슷한 이야기를 들은 적 있던 터라 나는 미나즈의 이야기에 감명받는다. 그러니까, 그들의 위대함을 빚어낸 것은 그들의 끈기와 인내다. 그러나 무엇보다도 미나즈가 버틸 수 있었던 이유는 언제나 자신의 재능을 통제할 수 있기 때문이다. 그의 작업도, 성공도 결코 우연이 아니다. 대화를 마치고 방을 나서니 복도에는 아까보다 더 많은 이들이 그의 부름을 기

347   다리고 있다. 미나즈는 비트의 주도권을 단단히 쥐고 있다.

뉴욕타임스 2017년 10월 16일

남
일
에

참
견
하
기

멀리나 맷수커스, 두려움 모르는 시선

현대 영화감독들은 재밌으면서도 우리가 살고 있는 세계에 반응하는 흑인 예술작품을 어떻게 만들 수 있을까? 멀리나 맷수커스 감독과 마주앉는 순간에 나를 사로잡고 있던 질문이다. 대화를 나누기 직전에 맷수커스의 장편 데뷔작 개봉 전 상영회를 다녀온 참이었다. 어안이 벙벙한 작품이었다. 엔딩 크레디트가 올라갈 때 나는 흐느껴 울었다. 만신창이가 된 기분이었다. 조디 터너스미스와 대니얼 컬루야가 주연을 맡은 로맨틱 스릴러 〈퀸 앤 슬림Queen & Slim〉(2019)은 내가 여태껏 본 영화를 통틀어 가장 흑인다운 영화였다. 정치적이면서도 마음을 사로잡는 이 작품은 우리가 살고 있는 이 세상을 향한 명백한 응수다. 경찰 폭력이 만연하고도 편재한 현실, 여전히 엄청나게 많은 이들을 향해 흑인의 목숨도 소중하다는 사실을 상기시켜야 하는 현실 말이다.

맷수커스를 만나는 장소는 웨스트할리우드에 있는 '더 윙The Wing'의 회의실이다. 무슨 이유에서인지 천장 조명이 켜지지 않는다. 테이블 위로는 촛불이 일렁이고, 햇빛이 유리창으로 들어와 우리를 다른 공간과 분리시킨다. 다른 상황이었다면 낭만적으로 보일 수도 있을 설정이다. 서른여덟 살의 맷수커스는 차분하고 자신감 있는 모습이다. 이야기를 나눌수록 맷수커스는 점점 더 패기가 넘치고, 예술적 야망을 점점 더 열성적으로 이야기한다.

"나는 역사를 만들고 싶어요. 작가주의 감독이 되고 싶어요." 맷수커스는 웃으며 말하지만 더할 나위 없이 진지하다. "그리고 다른 유색인 감독과 창작자들이 작품을 만들 수 있는 기회를 주고, 목소리를 낼 수 있는 창구를 만들어주고 싶어요. 그렇게 할 수 있다면 제일 뿌듯할 거예요."

뮤직비디오 감독으로 두각을 드러냈으나 맷수커스는 세상에 맞서고 세상을 변화시키려는 무기라는 점에서 모든 장르의 영상 작업을 대등하게 중시한다. "성명서를 내는 것과 대화 장면을 만들어 보는 사람들이 스스로 생각하게 함으로써 변화를 만들어내는 것, 이 둘 사이에서 줄타기를 하려고 해요." 그는 말한다. "목표는 언제나 변화와 즐거움이에요. 두 가지를 동시에 할 수 있다면 그게 저한테는 최고의 성공이죠."

"소재를 생각할 때도 그 두 가지를 항상 제일 먼저 고민해요." 그는 덧붙인다. "아름답고도 재밌는, 끝내주는 이야기를 들려주고 싶어요. 투쟁을 말하면서도 아름다운 이야기요. 흑인들을 스크린에 보여주는 것 자체가 정치적이에요. 영화 속에서 우리는 딱히 드러나지 않잖아요. 존재하는 것만으로도 가치가 있어요."

맷수커스는 예술적인 야심과 정치적인 야심 사이에 균형을 맞추는 방법을 진지하게 고민하는데 이러한 본능은 부모님에게서 왔다. 두 분 다 "70년대에 굉장히 정치적인 활동을 많이 하셨어요. 매우 좌파적이셨죠"라고 그는 말한다. "목소리를 내고 투쟁에 참여하라는 말을 들으며 자랐어요."

1981년 브롱크스에서 목수인 아버지와 교육학 교수인 어머니 사이에서 태어난 맷수커스는 아버지에게서 사진을 배웠다. 고등학교 때 사진 수업을 듣기 시작하면서 도시 곳곳과 뉴저지주 해안까지 돌아다니며 눈에 띄는 모든 것을 촬영하게 되었고, "아름다운 이미지를 만들기 위해" 구도를 잡는 감각을 연마했다. 뉴욕대학교에서 수학을 전공했지만 "미적분II를 수강하고 나선 수학이 끔찍하게 싫어졌다"고 한다. 곧 사진에서 영상으로 방향을 틀었는데, 그건 "이미지를 언어로 승화시키는" 작업처럼 여겨졌기 때문이다.

맷수커스의 첫 영화는 "엄청 구린 영화"였고, 뉴욕 미트패킹 디스트릭트에서 여성이 어떻게 비춰지는지를 담았다. "영화라는 매체와 사랑에 빠지게 됐어요"라고 맷수커스는 그때의 경험을 회상한다. "그 필름은 불태워버렸어요." 첫 작업의 사본은 남아 있지 않지만 맷수커스는 다른 영상 작업을 시작했고, 수업을 계속 들으며 취향과 미감을 발전시켜나갔다. 16년 전, 로스앤젤레스로 와서 대학원에 다니기 시작했는데, 흑인 여성이 대학원 학위가 없으면 안 된다는 어머니의 설득에 못 이겼기 때문이라고 한다(결국 2005년 미국영화연구소에서 학위를 땄다).

대학원 졸업 후 맷수커스가 의뢰 받아 처음 제작한 뮤직비디오는 스쿠비와 폴 월이 출연한 2006년 레드 핸디드의 〈댐 걸스Dem Girls〉로, 날것의 느낌이지만 매혹적이다. 카메라는 감독이 원하는 정확한 지점에 시선을 향한다. 그 이후 10년 동안 맷수커스는 다작하는 감독으로서 야망만큼이나 맹렬한 재능과 상상력을 겸비한 뮤직비디오계의 장인으로 거듭났고, 제니퍼 로페즈, 루다크리스, 얼리샤 키스, 레이디 가가, 케이티 페리, 솔렌지, 리애나, 그리고 여러 차례 함께한 가장 유명한 협업자인 비욘세를 포함해 세계적인 뮤지션들과 협업했다.

맷수커스처럼 나 역시 MTV세대로, 1980년대 초 뮤직비디오를 방송하기 시작했을 때 나는 어린아이였다. 처음에 세상은 이 형식을 어떻게 받아들여야 할지 잘 몰랐다. 비디오는 마케팅 도구인가? 창의적인 시도인가? 아니면 그 둘을 섞은 건가? 머지않아 이 질문에 대한 답은 중요하지 않게 됐다. 뮤직비디오는 아티스트가 팬들에게 더 쉽게 다가갈 수 있게 해주었다. 음악에 입체감을 더했고, 뮤직비디오라는 장르에 머물지 않고 감독들이 자신의 기술을 숏폼으로 표현하는 쇼케이스의 장이 됐다.

맷수커스의 비디오 작업은 몸을 겨우 가리는 옷을 입은 아름다운 여성들의 촉촉하고 투명한 피부, 번쩍거리는 자동차들, 금목걸이, 남성미를 뽐내는 태도와 허세까지 힙합 비디오의 모든 장치를 담고 있지만 그 장치들 속에서도 맷수커스는 언제나 자신만의 미학을 표현해낸다. 밝고 채도 높은 색, 선명한 이미지, 항상 프레임의 중앙에서 무게중심을 잡는 아티스트. 흑인들과 흑인 커뮤니티를 향한 깊은 존중이 카메라에 고스란히 담긴다. 맷수커스의 연출 스타일은 자신만만하다. 그는 자신의 영향력을 드러내는 것을 두려워하지 않는다. 그는 레퍼런스를 중시한다.

스눕독의 〈센슈얼 시덕션Sensual Seduction〉(2008) 뮤직비디오에선 시각적인 위트와 복고풍 미학을 보여준다. 리애나의 〈루드 보이Rude Boy〉(2009)에는 댄스홀 문화, 앤디 워홀과 바스키아의 작품들이 레퍼런스로 등장한다. 비욘세의 〈프리티 허츠Pretty Hurts〉(2013)에서 맷수커스는 경직된 미의 기준에 맞추려 할 때 여성이 치르는 대가를 강렬하게 표현한다. 맷수커스는 광고 작업을 할 때도 브랜드의 에토스를 해석하는 데에 선견지명을 보여준다. 렉서스의 '차선 변경' 광고에서 카메라워크는 굉장한 속도감을 보여주는데, 투박하면서도 생생한 이미지다. 나이키의 '이퀄리티' 광고에는 르브론 제임스, 세리나 윌리엄스, 메건 러피노 등 브랜드 최고의 스타들이 출연하는데, 주로 클리블랜드에서 촬영된 꾸밈없는 이미지와 압도적인 트래킹 숏을 보여주는 이 흑백 영상은 광고라기보다는 단편영화에 가깝다.

맷수커스의 작품이 지닌 내러티브의 정교함은 시간이 지나며 기하급수적으로 확장되었고, 마침내 그는 HBO의 〈인시큐어Insecure〉의 여러 에피소드와 넷플릭스의 〈마스터 오브 제로Master of None〉의 두 에피소드 등을 연출하는 티브이 쇼 감독이 됐다. 하지만 다른 것보다 맷수커스가 창작의 새로운 지평을 열고 수익성 있는 기회를 쟁취한 것은 2016년 비욘세의 획기적인 비주얼 앨범 '레모네이드Lemonade'의 수록곡 〈포메이션Formation〉의 뮤직비디오와 수년간의 다른 혁신적인 뮤직비디오를 연출한 덕분이었다.

〈포메이션〉의 콘셉트를 구상할 때 맷수커스는 다른 작업과 마찬가지로 토니 모리슨부터 영화 〈먼지의 딸들Daughters of the Dust〉(1991)에 이르기까지 폭넓고 광범위한 레퍼런스를 끌어왔다. 그렇게 탄생한 영상은 장르를 초월해 킬러 비트에 맞춰 흑인성의 승리와 비극을 보여주는, 소울이 담긴 예술적 명상이 되었다. 〈포메이션〉은 나흘에 걸쳐 촬영됐으며 2016년 칸 라이언즈 시상식에서 뮤직비디오 그랑프리를 수상한 후 큰 반향을 불러일으켰다. 맷수커스는 숏폼에서 롱폼으로 이행해가는 도전적이고 때론 힘겨운 과정을 거칠 준비가 되어 있었다.

맷수커스가 처음 〈퀸 앤 슬림〉과 인연을 맺은 건 배우 겸 작가 겸 감독 겸 프로듀서인 리나 웨이스를 통해서인데, 둘은 함께 맷수커스가 연출한 〈마스터 오브 제로〉의 '추수감사절' 에피소드를 공동 집필한 적이 있었다. 웨이스가 프로젝트를 제안했고, 맷수커스는 개인적인 관계 때문에 직업적인 결정을 내리는 걸 좋아하지 않음에도 불구하고 시나리오를 읽고 나서 연출하기 알맞은 장편영화를 찾았다는 걸 알게 됐다.

"딱 맞는 걸 찾고 있었거든요." 맷수커스는 말한다. "뭔가 할말이 있다는 점에서 정치적인 작품을 찾고 있었어요. 강하고 독특하면서도 영향력이 있는 작품이요."

11월 27일 개봉할 〈퀸 앤 슬림〉은 모든 프레임이 맷수커스 고유의 시선과 공명하는 굉장한 데뷔작이다. 웨이스가 쓴 각본은 정교하며 서정적이다. 비평가들은 〈퀸 앤 슬림〉을 〈우리에게 내일은 없다Bonnie and Clyde〉(1967)와 비교하고 싶은 충동을 느끼겠지만, 두 작품의 공통점은 피상적인 것일 뿐이다. 퀸과 슬림은 범죄를 저지르고 싶다는 타고난 성향 때문이 아니라 통계에 포섭되는 걸 원치 않기에 도망친다. 작품의 예술성과 이 영화가 극화한 참혹한 정치적 현실은 손쉬운 비교를 거부한다. 영화는 그 자체로 존재한다.

클로디어 랭킨은 2014년 출간된 날카로운 문화비평서 『시티즌Citizen』에서 한 페이지를 할애해 대부분 경찰에 의해 살해된 흑인들을 추모한다. 랭킨은 이렇게 쓴다. 조던 러셀 데이비스를 추모하며. 에릭 가너를 추모하며. 존 크로퍼드를 추모하며. 마이클 브라운을 추모하며. 라쿤 맥도널드를 추모하며. 아카이 걸리를 추모하며. 재쇄 때마다 이름들이 계속 추가되는, 결코 잊을 수 없는 추모 공간이다. 〈퀸 앤 슬림〉은 이러한 맥락에서 시작된다. 한 젊은 흑인 커플이 첫 데이트를 위해 식당에서 만난다. 귀가하며 결코 이루어지지 않을 관계의 어색한 기류를 느끼던 두 사람은 백인 경찰의 지시로 차를 멈춰 세운다. 흑인 관객에겐 너무도 익숙한 방식으로 상황은 악화되기 시작한다. 거기서부터 긴장감은 거침없이 누적된다. 나는 그 장면 이후로 어떻게든 흑인성에 대한 새로운 내러티브가 쓰이길 바라는 마음으로 숨죽이고 영화를 지켜보았다.

영화는 독실하고 끈끈한 클리블랜드 출신 슬림의 가족부터 뉴올리언스 출신 퀸의 재향군인 삼촌에 이르기까지, 미국 흑인의 다양성을 비춘다. 맷수커스는 흑인 피부를 지닌 이들의 영광을 조명한다. 이 영화에서 가장 신선한 점 중 하나는 백인들이 주변부에 배치된다는 것이다. 그들에겐 대사도 몇 줄 없다. 영화는 이 이야기가 백인들에 관한 게 아님을 분명히 한다.

목숨을 걸고 싸우는 퀸과 슬림 사이에 내적 갈등이 있긴 해도 이 영화는 사랑 이야기다. 남부로 내려갈수록 퀸과 슬림은 서로에게 더욱 다정해진다. "어두운 피부색을 지닌 두 사람이 서로 사랑하고 그 안에서 아름다움을 발견하는 걸 보여주고 싶었어요." 맷수커스는 말한다. "어린 소녀들이 퀸에게서 자신의 모습을 발견하고 퀸이 근사하다는 걸 알길 바랐고요."

맷수커스에게 핍진성은 중요하다. "삶을 진정성 있게 묘사하고 그 안에서 아름다움을 발견하는 걸 좋아한다"는 맷수커스의 말대로, 그는 최대한 많은 아름다움을 찾기 위해 영화 전체를 세트 없이 현장에서 촬영했다. 뉴올리언스의 눅눅한 권태부터 시골 길가의 주크조인트*, 플로리다주의 온화한 안락함까지, 남부 지역은 영화에서 주연

354

배우들만큼이나 중요한 존재감을 드러낸다.

"내러티브 초반에는 굉장히 냉랭한 느낌을 주다가 두 사람의 관계가 가까워지면서 온기를 얻길 바랐어요. 주인공들이 겪는 여정과 시각적으로 평행을 이루는 방식으로요." 그는 말한다. "그리고 이 영화가 노예 탈출의 일종의 역서사라는 점을 항상 좋아했어요. 인물들이 북부 대신 남부로 가잖아요." 배경만 고려한 건 아니었다. 맷수커스는 운전 장면을 찍을 때 배우들이 "연기하면서 도로의 영향력을 느낄 수 있도록" 실제 차 안에서 촬영했다.

영화의 시각언어도 세심하게 조율되었다. 퀸과 슬림이 시골 고속도로를 달리는 한 장면에서 카메라는 백미러에 달린 십자가에 초점을 맞춘다. 이 장면은 도로변의 전신주 십자가와 나란히 배치된다. 심오한 층위를 보여주는 이미지다. 율라 비스는 「시간과 거리를 뛰어넘어」라는 에세이에서 전신주들이 "크고 곧게 서 있으며 가로대가 있기 때문에, 그리고 공공장소에 서 있기 때문에 교수대로 사용하기 안성맞춤이었다. 전신주와 십자가의 형태적 유사성은 우연의 일치일 뿐이었다"라고 쓴다. 이 커플은 한때 남부 전역에서 흑인들을 공포에 떨게 하고 복종시키는 데 사용된 시공간의 표식들을 지나치며 무언가에 대한 믿음을 갖기 위해, 뭐라도 믿기 위해 경찰을 피해 도망친다.

촬영 장소를 물색하거나 작업의 시각언어를 개발할 때면 맷수커

---

* 미국 남동부에서 운영되던 술집과 댄스클럽, 도박장을 겸한 장소.

스는 언제나 수집한 이미지 조각들을 조합한다. 그는 창의적인 선택지들을 통해 작품을 구체화하는 걸 좋아한다. 〈퀸 앤 슬림〉의 경우도 다양한 분야에서 영감을 얻었다. 닙시 허슬과 비기 스몰스*와 펠라 쿠티**의 장례식, 거리예술, 영화 〈벨리Belly〉(1998), 뉴올리언스의 건축, 바운스 음악, 〈러브 존스Love Jones〉(1997)의 사운드트랙과 브라더 벨리스의 신발 등등.

맷수커스는 자신이 머무는 공간에도 세심한 주의를 기울인다. 그는 2년 전 나이키 광고를 찍다가 클리블랜드의 유서 깊은 흑인 동네인 세인트클레어슈피리어에서 발견한 장소를 기억하고 있었다. "거기서 촬영하진 않았지만 늘 다시 가보고 싶었어요." 그는 말한다. "장소를 찾는 30분 동안만 해도 경찰이 차량 여섯 대를 멈춰 세웠어요. 그중 한 대는 저희가 실제로 촬영한 곳에서 두 블록 떨어진 곳에 세워진 흰색 어코드였어요. 프로덕션 디자이너가 사진을 찍었는데, 그걸 보고 우린 '이거다. 이게 슬림의 차다' 했죠."

이 모든 디테일이 더해져 영화의 시각적 에토스를 전달한다. "배우가 드러내는 감정이나 입고 있는 옷, 벽에 칠해진 페인트, 바닥에 긁힌 자국 같은 데서 읽어낼 수 있어요." 그가 말한다. "이 모든 것들은 우리가 늘 인지하진 못하지만 내러티브에 중요한 이야기를 들려줘요."

촬영장에서 맷수커스는 말을 삼가야 하는 순간에도 적극적으로

---

* 총격 사건으로 목숨을 잃은 흑인 래퍼들.
** 나이지리아의 음악가, 작곡가, 아프로비트 음악 장르의 개척자이자 인권운동가.

소통하는 편이다. 뮤직비디오를 연출할 때 생긴 습관인데, 현장 사운드가 녹음되지 않다보니 촬영 도중 아티스트에게 말을 건넬 수 있었기 때문이다. 영화나 티브이 드라마 세트장에서는 "말을 할 수가 없다"고 그는 토로한다. "물론 그래도 하긴 해요. 편집감독이 항상 제 목소리를 들어내죠. 저는 뉴요커거든요."

영화의 주연을 맡았던 대니얼 컬루야는 감독으로서 맷수커스의 능력을 언급하면서 맷수커스가 영화 초반부의 한 장면에 "사랑스러운 손길을 더했다"고 말한다. 슬림은 퀸과 식사하기 전 잠시 멈춰서 기도문을 읊는데, 이 작은 행동이 그의 성격에 관해 많은 것을 전달해준다. "감독님은 현실에 발을 단단히 디딘 분이에요." 컬루야는 말한다. "그만한 능력을 가진 감독이 할 수 있는 모든 노력과 작업을 해내면서도 계속 땅에 발을 디디고 있죠." 컬루야에게 가장 인상적이었던 것은 촬영을 하며 맷수커스가 보여준 성장이다. "〈퀸 앤 슬림〉을 보면 '이 영화 대체 뭐지?' 싶어져요." 그는 말한다. "왜 이런 사람이 여태껏 이런 이미지를 못 만든 거지?"

컬루야와 공동으로 주연한 조디 터너스미스는 처음 이 작품에 끌린 이유를 "각본이 정말 풍성하고 믿기지 않을 정도로 강력하고도 아름다웠기 때문"이라고 꼽는다. "이야기도 마음에 들었고 퀸이라는 인물도 너무 좋았어요. 흑인의 아름다움과 흑인 문화, 흑인의 사랑을 기리는 이야기였어요." 그는 말한다. 터너스미스가 맷수커스를 믿은 이유는 "아주 구체적인 비전이 있기 때문"이었다. "본인의 아이디어와 그 배경을 선별하는 기준이 매우 까다롭고, 우리를 그 과정에 동참하게 해서 시각적으로나 미학적으로 그 원천을 보여주죠. 그다음 거기에 저만의 해석을 녹여낼 수 있게 해요.”

맷수커스 자신도 작업의 가치를 잘 안다. “이제 더는 부탁하지 않아요. 이제 내 가치를 아는 만큼 요구할 수 있답니다.” 그는 말한다. “문화가 우리에게서 너무 많은 걸 빼앗아갔다고 느껴요. 문화는 우리의 가장 큰 상품인데 그에 대한 대가를 못 받았잖아요. 이제는 이렇게 생각해요. ‘그래, 난 내 가치를 알고 내 이야기가 중요하다는 것도 알아. 그러니 우리끼리 해낼 수 없을 땐 당신들이 돈을 내야 할 거야.’”

많은 야심가들이 그러하듯 맷수커스는 항상 골대를 옮긴다. 그리고 스스로에게 엄격하다. “난 같이 일하기 쉬운 사람은 아니에요. 매우 구체적인 비전을 가지고 있고 그게 모두에게 다 통하는 건 아니거든요.” 맷수커스는 스스로가 통제광이라는 걸 인정하며 “일관성을 좋아하기 때문”이라고 덧붙인다. “모든 디테일을 신중하게 다뤄야 해요. 어느 것도 우연한 건 없죠. 그리고 그게 스크린에서든 관객이 보는 다른 어떤 화면에서든 확실하게 번역되길 바라요. 공을 들인 만큼 최종 결과물에 반영되길 기대하죠.” 맷수커스는 이런 접근 방식의 한계도 알고, 자신이 완벽주의자일 수 있다는 것도 안다. 본인 말에 따르면 좀 과할 정도로. 〈퀸 앤 슬림〉이 후반 작업에 들어갔을 때 편집실은 “있을 수도 있었던 것들의 방, 있어야만 했던 것들의 방”이 되었다.

뛰어난 성취에는 대가가 따른다. 맷수커스의 경우, 영화 작업은 전방위적으로 소모적이다. 출연진과 제작진을 관리하고, 제작 관련 문제들에 대응하고, 주제의 무게감에 맞서는 일 전부 그렇다. 클리블랜드에서 제작진은 극지방 소용돌이와 영하의 날씨 속에서 촬영해야 했다. 맷수커스는 작업 공간을 한 번에 몇 달씩 옮겨다녀야 하기에 개인적인 관계에 어려움을 겪곤 한다. 말런 제임스의 『일곱 건의 살인에 대한 간략한 역사A Brief History of Seven Killings』(2014)를 넷플릭스 드라마로 각색할 계획인데, 이를 위한 연구와 사전 작업의 일환으로 자메이카를 방문할 계획이고, 그다음엔 나이지리아로 가서 펠라 쿠티에 관한 영화를 구상할 계획이다. 로스앤젤레스로 돌아오면 아무래도 바뀐 환경에 적응하기 힘든데, 〈퀸 앤 슬림〉을 찍고 나서 특히 그랬다.

"집에 돌아와서 이런 생각을 했던 기억이 나요. '막 입찰 경쟁을 하고 온 느낌이군.' 진짜 인간처럼 느껴지기까지 2, 3주는 걸렸어요. 힘들더라고요. 매일매일이 고난의 연속이었어요." 사생활에도 신중을 기하는데, 그 이유는 이렇다. "나를 남들에게 보여주는 데 야심이 있지는 않거든요. 사람들에게 말을 걸고, 사람들 사이에 대화를 이끌어내고 변화를 가져오는 건 내 작품이어야 해요."

그럼에도 불구하고 인터뷰가 끝날 무렵 맷수커스는 가정을 꾸리고 싶다는 마음을 털어놓는데, 그 역시 진행중인 프로젝트라고 할 수 있다. 다만 한 가지는 분명하다. "결혼은 절대 하지 않을 거예요. 나는 사랑이 뭔지 알고, 그 마음을 갖고 있어요." 인터뷰 내내 "내 남자"라고 일컬은 사람과의 관계에 관한 이야기다.

제일 존경하는 감독에 대해 대화를 나눌 때, 맷수커스는 하이프 윌리엄스의 양식화된 미학, 그리고 스파이크 리, 특히 〈똑바로 살아라Do the Right Thing〉(1989)에 애정을 드러내며 그 영화가 어떻게 동시대 문제를 다루면서도 "강력한 정치적, 인종적 배경"을 놓치지 않는지 이야기한다. 미라 나이어의 작품을 극찬하면서는 "문화를 바라보는 창을 제공한다"고 언급한다. 베리 젱킨스와 페드로 알모도바르, 줄리 대시에 관해서도 이야기한다.

그런 다음 웨스 앤더슨이 너무 좋다고 말한다. 나는 놀란 마음을 감추지 못한다. 유색인 감독들은 보편적인 작품을 만들어야 한다는 기대에 시달리는 데 비해 백인 감독들은 얼마든지 독특한 영화를 찍을 수 있다는 점이 나는 늘 불만이다. 인정한다.

"아주 고유한 관점을 가진 여성들을 보고 싶어요." 나는 말한다.

맷수커스는 주저 없이 답한다. "그게 나일 수도 있겠네요."

월스트리트저널 2019년 10월 30일

저넬 모네이, 거절은 나의 무기

2019년 그래미 시상식 이틀 전, 팀원들의 원망을 들으며 저넬 모네이는 스카이다이빙을 하러 갔다. 모네이의 앨범 '더티 컴퓨터Dirty Computer'가 올해의 앨범 후보에 올랐고 시상식에서 공연을 하기로 계획되어 있었는데 그는 모험심 강한 다른 친구들과 함께 맑고 화창한 오후 로스앤젤레스에서 출발해 두 시간 정도 걸리는 거리를 운전해 갔다. 모두 함께 스카이다이빙에 내재한 위험 요인을 다룬 훈련 영상을 보았다. 지구 위로 안전하게 되돌려보내줄 유일한 장비인 낙하산 하나만 들쳐메고 비행기에서 뛰어내리는 일 말이다. 4킬로미터가 넘는 상공에서 기다리는 동안 모네이는 저 아래 드넓은 푸른 곳으로 뛰어내릴 준비를 했다. 마음의 준비는 되어 있었다. 만약 지금 죽는다면 적어도 하고 싶은 걸 하다가 죽는 거야, 그는 생각했다. 아래를 내려다보다 작은 집들, 작은 차들, 작은 사람들 등, 문득 세상이 얼마나 작아 보이는지 감탄했고 그 순간 두려움이 사라졌다.

뛰어내리는 순간 해방감이 밀려왔다. 공기를 가르며 하늘을 나는 짜릿함과 그렇게 뛰어내릴 수 있는 용기가 있다는 걸 깨닫는 순간의 단순한 만족감도 있었다. 자기성찰과 발전을 이룰 한 해가 그렇게 시작되고 있었다. "인생의 다른 지점들로 스카이다이빙을 하고 싶었어요." 로스앤젤레스에서 저녁식사를 하기 위해 만났을 때 모네이가 말했다. 우리는 웨스트할리우드에 자리한 어느 프라이빗 클럽의 어둑한 구석 칸막이 공간에 편안하게 자리를 잡았는데, 그곳은 유명인들과 멋쟁이들이 먹고 마시고 보고 또 보이기 위해 모이는 곳으로, 입장할 때 휴대폰 카메라 렌즈에 스티커를 붙여야 했다. 붙일 수 있다는 건 그만큼 쉽게 떼어낼 수도 있다는 뜻이니까 멍청한 행동이지만,

공항의 보안 검색대처럼 입장객들에게 사생활을 보호받고 있다는 느낌은 줄 수 있겠거니 추측해본다.

모네이는 검은색과 회색의 가는 줄무늬가 있는 스리피스 정장, 넓은 소매가 돋보이는 크림색 실크 셔츠, 챙이 넓은 검은 모자, 서로 다른 두 종류의 귀걸이, 굽 높은 크림색 부츠로 멋을 냈다. 긴 머리카락은 두껍게 땋아 등뒤로 늘어뜨렸다. 테이블로 걸어가는 내내 모네이는 이토록 힘있고 화려한 사람이 가득한 도시에서 그 모든 이를 평범하게 만들 정도로 눈길을 끈다. 모네이는 항상 색다른 옷차림을 선보이는 것으로 유명하다. 빨간 턱시도, 치마폭이 넓은 두꺼운 양단 재질의 블랙 앤드 화이트 드레스, 머리카락을 머리 양옆으로 땋아 고정한 번헤어, 퐁파두르*, 두피에 바싹 붙여 자른 커트 머리까지. 완벽 그 자체의 피부를 지닌 모네이에게 관리법을 물어보고 싶어지지만 어차피 나는 물과 비누, 저겐스 로션만 쓰니까 물어봤자다. 그보다 더 엄격하게 관리할 에너지가 있는 척하는 건 아무런 의미가 없다.

우리는 모네이 본인이 하고 싶은 얘기부터 나누기 시작한다. 담대하고 솔직하며 문화를 형성해낼 수 있는, 그러면서도 구체적인 관점을 지닌 이야기들이다. 적어도 내가 보기에 모네이는 여러 면에서 자신의 작품세계를 설명해왔다. 그는 직업인으로서나 개인으로나 스스로 한계를 두지 않고 미학과 사운드를 실험하며 끊임없이 진화하고 있다. 순응하라고 요구하거나 독창성을 짓밟기도 하는 업계에서 모

---

* 앞머리에 볼륨감을 풍성하게 주어 틀어올린 머리 모양.

네이는 대담하게 자기 모습 그대로 존재한다. 심지어 그걸 즐기고 있는 듯 보인다. 그러는 와중에도 그의 작업에는 흥미로운 긴장감이 흐른다. 모네이는 사람들이 그의 가장 진실한 면면을 어디까지 볼 수 있는지 그 한계를 명확히 정해놓는 동시에 그들이 친밀감을 느낄 수 있는 음악을 만든다.

저넬 모네이 로빈슨은 1985년 12월 1일 캔자스주 캔자스시티에서 태어났고, 대가족에 모계 중심적인 가정에서 공연에 대한 열망을 키워갔다. 장기자랑과 고등학교 뮤지컬에 참여하면서 DNA에 새겨진 야망을 벼려나갔다고 한다. 모네이의 어머니와 할머니는 강직한 직업윤리를 전수해주었는데, 어쩌면 너무 강직했는지도 모르겠다. 2019년 달력을 돌아보다 모네이는 자신이 이 프로젝트 저 프로젝트로 쉴 틈 없이 작업하며 감정적으로 소진되었음을 깨달았다. 작년에 했던 모든 활동을 꼽아보기 시작한다. 워커홀릭인 나조차 듣기 버거울 정도다. 그래미 시상식 이후 코첼라에서 공연을 했고, 그런 다음 영화 〈앤티벨럼Antebellum〉(2020) 촬영을 했고, 또다른 영화를 찍었고, 그다음 티브이 쇼 사전 제작에 참여했고, 그즈음 투어도 다녀왔고, 그후엔 그 쇼가 실제 제작에 들어갔다.

신인 아티스트들은 거절할 힘이 생길 때까지는 스스로를 깎아가며 '네'라고 말해야 한다는 압박을 받는다. 하지만 모네이는 다르다. "커리어를 시작할 때부터 항상 거절했어요." 그는 말했다. "'아뇨, 아뇨, 아뇨.' 그게 제 비밀 병기였죠. 제가 가려는 방향과 맞지 않는다고 느끼거나 아티스트로서 자유를 누리는 데 방해가 될 수도 있는 것들을 걸러내기 시작하니까 엄청 도움이 되더라고요." 초기부터 커리어를 큐레이션하는 이 선별적 접근법 덕에 모네이는 현재의 풍성함을 누릴 수 있게 되었다. 스스로를 명확하게 정의했기에 업계에서도 그만큼 주목받았고, 그가 원하는 창작 방향대로 움직였다.

스스로 단단한 중심을 잡아가며 모네이는 일부는 인간이고 일부는 로봇인 안드로이드라는 아이디어에 이끌렸는데 그건 스스로를 보호하기 위해서였다. 안드로이드 페르소나는 자기 자신을 숨길 수 있는, 더 완벽한 무언가를 갈망할 수 있는 가면을 건네주었다. 데뷔 앨범인 '메트로폴리스: 스위트1(더 체이스)Metropolis: Suite1(The Chase)'에서 모네이는 안드로이드인 신디 메이웨더라는 페르소나를 썼고, 이후 네오소울과 신시사이저 비트에 하드록 요소를 가미한 '더 아크안드로이드The ArchAndroid'와 '일렉트릭 레이디The Electric Lady'라는 두 장의 앨범까지 그 페르소나를 이어갔다.

모네이는 오랫동안 SF소설과 아프로퓨처리즘*에 관심이 많았는데, "우리가 어디서 왔는지, 우리의 현재, 우리의 미래 등 흑인성의 모든 스펙트럼을 보여주기 때문"이다. 모네이는 이 스펙트럼에 관해 폭넓은 시각과 풍부한 상상력을 지니고 있다. 아프로퓨처가 어떨지 내가 묻자 모네이는 이렇게 답한다. "지금으로서는 행복하게 오렌지색 드레드록 머리를 한 릴 우지 버트, 에리카 바두의 조언, 옥타비아 버틀러의 목소리, 대통령이 되어 백악관 집무실에서 트럼프를 쫓아내는 스테이시 에이브럼스, 여권을 받아 아프리카에서 즐거운 시간

---

* 아프리카 미래주의라고도 불리며, 흑인 문화의 맥락에서 미래 사회를 전망하려는 시도이자 문화예술계의 운동.

을 보내는 흑인들, 목사가 빙긋 웃는 가운데 다정히 손을 잡은 흑인 퀴어 연인들, 1974년 조지 클린턴의 선글라스, 영화 〈언더 더 체리 문Under the Cherry Moon〉(1986) 속 프린스의 아이라이너, 경찰 검문을 살아서 통과하는 흑인들, 트위터에서 농담을 주고받는 티에라 왝과 아리 레녹스, 손톱을 다듬은 흑인 드랙킹들, 영화 〈어스US〉(2019)에서 보여준 루피타의 연기 같은 것들이에요. 그레이스 존스의 미소를 보며 스카이다이빙하면서 오르가슴을 느끼는 와중에 빅뱅이 일어나는 느낌이죠."

이러한 다채로운 비전은 모네이의 음악 곳곳에 배어 있다. "'더티 컴퓨터'는 당시 내가 서 있던 지점을 정말 잘 드러내는 앨범이에요. 나의 섹슈얼리티를 점점 더 많이 탐구하던 중이었거든요. 섹스에 대해 좀더 긍정적으로 생각하게 됐고, 사랑하고 사랑받는 다양한 방식에 대해서도 이해하게 됐어요." 모네이가 말했다. 이 앨범에는 46분짜리 '이모션 픽처'가 수록되어 있다. 모네이는 이 영상에서 제인 57821 역을 맡았는데, 그가 사는 사회에서는 순응하지 않는 인간들을 '더티 컴퓨터'로 분류하고 기억을 강제로 삭제해 복종시킨다.

이는 디스토피아 사회에 대한 상상이자 오늘날 디스토피아적인 일면을 드러내는 영상과 다름없다. 모네이는 2016년 대선 이후 느낀 공포, 백인우월주의자들이 새로이 날뛰는 세상에서 흑인 여성으로서 안전할 수 없다는 두려움, 미국이 놓인 정치적 궤도에 대한 두려움에서 이 작품을 착안했다. 그 불안감이 음악의 원동력이 되었다. 앨범을 거침없이 흑인적이고 급진적으로 만들겠다고 결심했다. "내가 화나게 해도 상관없는 사람들에게서 시작된 거예요." 모네이가 말했다.

"난 보수주의자들을 화나게 해도 상관없어요. 백인 남성들을 화나게 하는 것도 개의치 않고요. 눈곱만큼도 신경 안 써요. 이건 축하의 작업이에요. 미국인이라는 정의 바깥에서 살아가는 흑인 퀴어들에게 경의를 표하고 싶었어요."

작업에서나, 세상을 살아내는 방식에서나 모네이는 언제나 대담하고 저돌적이고 정치적이었다. 2015년에는 경찰의 잔혹성에서 비롯된 고통을 담은 곡 〈헬 유 텀바웃Hell You Talmbout〉을 발표했다. 경찰에게 살해된 흑인 남성들과 여성들의 이름을 말해야 한다는 내용을 가사에 담았다. 2018년 그래미 시상식 당시 케샤의 공연을 소개하며 모네이는 이렇게 말했다. "불평등을 감내할 시간이 끝났다고, 차별을 견딜 시간이 끝났다고, 어떤 종류의 공격이든 권력 남용이든 끝낼 때가 왔다고 말하는 거죠." 최근 모네이는 #나는논바이너리다 IAmNonBinary라는 트윗을 올렸고, 예상대로 사람들은 의미를 궁금해했다. 내가 묻자 그는 말했다. "그 해시태그 트윗을 쓴 건 논바이너리의 날을 지지하고 이 커뮤니티를 더 널리 알리기 위해서였어요. 〈스티븐 유니버스Steven Universe〉*의 '넌 남자야 여자야? 나는 경험이야'라는 밈도 리트윗했는데, 공감이 됐거든요. 커리어 초창기부터 젠더의 경계를 넘나들면서 활동해왔으니까요. 내 안에는 여성적 에너지도 있고 남성적 에너지도 있고 뭐라 설명할 수 없는 에너지도 있

---

* 2013년 카툰네트워크에서 방영을 시작한 애니메이션으로 가족 애니메이션계에서 성소수자 재현, 젠더 정체성과 퀴어 포용력을 적극적으로 보여준 획기적인 작품으로 평가받는다.

어요."

대화를 나누다보니 깨달은 게 있는데, 모네이는 어떤 질문이든 흥미로운 대답을 들려주는 아티스트 중 한 명이었다. 신중하게 말하고, 세심하게 빚은 공적 이미지를 강화하기 위해 의도적으로 도발적인 언행을 하는 사람. 책을 많이 읽고 호기심이 왕성한 사람. 그 이미지 뒤에는 사적인 한 사람이 있지만 그 사람이 누구인지, 어떤 사람과 무엇을 사랑하는지, 진정한 기쁨을 주는 게 무엇이며 가장 열망하는 게 무엇인지 진정으로 알기란 어렵다. 우리가 친밀한 대화를 나누지 않은 건 아니다. 내 생각엔 친밀했다. 하지만 매우 구체적인 범위 내에서였다. 나는 모네이에게 범성애자 정체성에 관해, 엮였던 적 있는 유명한 여성들에 관해 정말 묻고 싶었고, 그래서 연애중이냐고 질문했다. 모네이는 점잖게 빙긋 웃더니 "사귀는 상대 얘기는 안 해요"라고 답했고 그렇게 넘어갔다.

모네이는 자신의 사생활에 대한 세간의 관심을 팬픽션에 빗대었다. 사람들이 그에 대해 알고 있다고 생각하는 것들로 대중적 상상의 산물에 불과한 이야기들을 만들어낸다는 거다. 내가 봐도 모네이의 말이 맞는 것 같다. 우리는 연예인들에게 그렇게 한다. 그들의 삶이 보여주는 불완전한 조각들을 가지고 우리의 필요와 욕구에 맞게 기워낸다. 하지만 모네이는 빗장을 걸어 잠그지는 않는다. 굉장히 합리적으로 신중을 기하는 것뿐이다. 무엇보다도 모네이는 어머니가 된다는 것이 미지의 세계로 뛰어드는 일이라고, 자신은 준비가 됐다고 털어놓았다. 많은 이들이 그러하듯 그는 아이를 갖기 위해 직업의 세계에서 잠시 물러나는 적절한 시기를 고민하고 있다. 페스

커테리언*이 된 후 수은중독에서 회복되기를 기다리며 충분히 건강해지고자 한다. "언젠가 죽는다는 사실을 실감하기 시작했어요."

로스앤젤레스에서 비교적 많은 시간을 보내고 있긴 하지만 모네이의 근거지는 애틀랜타다. 그곳에서 모네이는 연예 산업의 모든 방면으로 영역을 넓히려는 예술가 집단인 '원다랜드 아트 소사이어티Wondaland Arts Society'와 함께 작업한다. 원다랜드는 모네이에 따르면 "돌연변이와 드로이드**들의 모임"으로, "흑인 르네상스 예술가들의 가치를 모르는 보수파 문지기들을 빡치게 하려는" 젊은 흑인 창작자들로 구성된 친밀한 단체다. 모네이는 급진적인 목소리를 내면서 또 다른 급진적인 목소리들을 찾는 사람이며, 그러한 진취적인 사유를 바탕으로 커리어를 쌓아왔다. 요즘은 뮤지션만큼이나 탁월한 배우로 주목받고 있다.

모네이는 오스카상을 받은 두 편의 영화 〈문라이트〉와 〈히든 피겨스Hidden Figures〉(2017)에서 조연배우로 데뷔했다. 2020년 4월에 개봉할 영화 〈앤티벨럼〉에도 출연한다. 〈겟 아웃Get Out〉(2017)과 〈어스〉의 제작진이 선보이는 "정신을 쏙 빼놓는 사회 스릴러"다. 모네이가 연기하는 인물은 사회 정의감이 강한 작가 베로니카다. 영화의 세부 사항은 일부러 모호하게 소개되어 있지만, 베로니카는 끔찍한 현실을 발견하게 되며(예고편을 보면 노예가 되는 대체현실에 갇히게 되는 것 같다) 너무 늦기 전에 어쩌다 거기에 떨어지게 됐는지 수수께끼를 풀

---

* 생선과 해산물은 먹는 채식주의자의 한 유형.

** 접속된 다른 컴퓨터들에서 정보를 자동적으로 모으는 프로그램.

어야 한다. 옥타비아 버틀러의 소설을 연상시키는 이 작품은 과거와 떼려야 뗄 수 없는 흑인의 미래를 그려낸다.

촬영 일정도 빡빡한데다 처음으로 주류 영화의 주연을 맡았다는 압박 때문에 베로니카는 모네이에게 지금껏 가장 어려운 역할이었다. 이런 부담감은 배우로서의 작업 방식 때문에 더욱 가중된다. 촬영 기간에는 그 역할이 집까지 따라오는 거다. "분열되지 않도록 언제나 카메라 앞에 선 느낌을 가져가려고 해요. 전화 통화도 많이 안 하고…… 내가 설정한 공간 밖으로 나가고 싶지 않은 거예요." 모네이는 캐릭터가 자신을 집어삼키도록 놔둔다. 그리고 트라우마를 다루는 역할에서 이 접근법, "파고들어 거기 머무는 방식"은 확실히 힘겨울 수밖에 없다. 가혹한 작업임에도 불구하고 연기는 치유의 효과가 있다. "아픔을 이용하는 거예요." 모네이는 말했다. "말 그대로 이용하는 거죠."

저녁이 깊어지자 클럽은 텅 비었고, 모네이는 이 지역에 올 때마다 머무는 할리우드힐스에 자리한 집인 원다랜드웨스트로 가자고 했다. 막 나서려는 순간 술에 취한 듯한, 일부러 꾀죄죄하게 입은 남자가 평범한 태도를 가장하며 다가왔다. 그는 자신을 소개한 다음 모네이더러 얘기 좀 나누고 싶다고 했는데 마치 엄청나게 중요한 할말이 있다는 투였다. 그렇지 않았다. 나는 둘만의 시간을 가지라며 옆으로 물러났지만 그리 멀리 떨어지진 않았다. 남자는 누가 봐도 수작을 걸고 있고 모네이는 전혀 관심 있어 보이지 않았기 때문이다. 몇 분 뒤 택시를 기다리려고 도로로 나서며 그는 자신을 혼자 남겨두지 않아 고맙다고 했다. 가끔 보면 연예인들도 우리와 똑같은 사람들이

구나 싶다. 고약한 수염을 기른 심히 불쾌한 남자의 관심을 견뎌야 한다는 점에서 말이다.

원다랜드웨스트는 로스앤젤레스가 내려다보이는 근사한 전망을 가진 깔끔한 집이다. 안으로 들어가니 며칠 후 출시될 비욘세의 새로운 아디다스×아이비파크 컬렉션임을 한눈에 알아차릴 수 있는 커다란 주황색 트렁크가 놓여 있었다. 저녤 모네이는 진짜 대단하군, 나는 트렁크와 그 안에 담긴 탐나는 것들을 바라보며 생각했다. 내게는 그때가, 앞으로를 포함해 평생에 걸쳐 비욘세와 가장 가까워진 순간이었다. 성스러운 찰나였다.

원다랜드 팀원 몇 명이 나를 반갑게 맞아주었고 친절한 얼굴들과 더불어 한바탕 자기소개가 이어졌는데, 나는 이들이 공유하는 진정한 동료애와 애정에 깊이 감탄했다. 아까 대화를 나눌 때 모네이는 원다랜드 팀이 가족 같다고 했었는데, 그런 말을 하는 사람은 많으니 대수롭지 않게 여겼다가 이들이 다 함께 모여 있는 모습을 보고서야 진짜라는 걸 깨달았다. 그들은 2020년 오스카상 후보작, 펠러톤 사이클링의 즐거움, '일일 순위' 관련 이야기 등 다채로운 주제로 가벼운 수다를 떨며 농담을 주고받고 의견을 표했다.

근처 주방에서는 도자기 냄비 안에서 향긋한 요리가 준비되고 있었다. 활짝 열린 파파이스 상자가 놓여 있었다. 한 남자는 소파에 앉아 페달 운동기구로 발을 놀리고 있었고, 또다른 남자는 펠러톤 위에서 제자리 사이클링을 하는 중이었다. 우리 넷은 곧장 모여앉아 루미큐브 게임을 시작했다. 나는 승부욕이 넘치는 사람이라 게임 규칙을 다시금 숙지하고 반드시 이기겠다고 다짐했다. 모네이도 승부욕이 강했고, 다른 이들도 마찬가지였다. 이기려고 게임을 하진 말았어야 했다는 생각은 한참 후에야 들었다. 게임은 빠르게 진행됐다. 나는 집중해서 게임 보드를 읽고 내 앞에 놓인 타일에 과몰입했다. 내 목표는 무엇보다도 스스로 창피해지지 않기였다. 첫판을 이겼을 때 내가 얼마나 놀랐을지 상상해보라. 미련하게도 승리의 기쁨이 밀려왔다.

우리는 곧바로 두번째 판을 위해 타일을 섞기 시작했다. 긴장을 풀고 집중하는 데 도움이 되는 게임이라고 모네이는 말했다. 가끔 작업하다 막히면 루미큐브 한 판 하는 게 꼭 필요한 돌파구를 찾는 데 도움이 된다는 거다. 두번째 판은 더욱 치열했다. 나는 내 차례를 기다리며 가능한 수를 머릿속으로 계속 돌려봤다. 또 이기려면 뭘 해야 할지 알고 있었다. 그리고 마지막 타일을 내려놓기 직전, 한참을 고민하던 모네이가 마지막 수를 두고 이겼다. "그래도 박빙이었어요." 내가 말하자 모두가 웃음을 터뜨렸다.

이기려는 의지를 불태우는 모네이를 보며 자신의 야심을 보드게임으로까지 확장한다는 게 인상적이었다. 그날 이른 저녁, 나는 모네이에게 충분한 성취라는 게 자신에게 가능할지 물었다. "아무리 해도 만족 못할 것 같아요"라고 모네이는 인정했다. 커리어 초기에도 부업으로 집 청소를 하거나 오피스디포에서 일하며 동료들을 모으기 시작했고, 그들 중에는 오늘 루미큐브를 함께한 이들도 있다. 일용직으로 번 돈으로 스튜디오 작업을 했다. 직접 시디를 녹음해 차 트렁크에 싣고 다니며 팔았다. 그러는 내내 자신이 어떤 아티스트가 되고 싶은지 생각했다. 스스로가 어떤 사람인지 생각했고 타협하지 않으려 했다. 진솔한 작품을 만들기 위해선 유명인이 되지 않아도 괜찮다고 다짐했다. 명성을 위해 자유를 희생하지 않을 셈이었고, 테이블을 둘러보니 그 결심을 응원해줄 사람들이 곁에 있다는 게 분명했다. 나는 모네이더러 작업에서 가장 마음에 드는 점이 뭐냐고 물었다. "시간이 지나면서 작품이 드러나는 게 좋아요." 모네이는 말했다. "10년 전 나에게 쓴 편지를 미래의 내가 읽는데 모든 게 이해되는 그런 거요."

두번째 판이 끝났을 땐 자정이 훌쩍 넘어 있었고 집에 갈 시간이 왔다. 우리는 비욘세 박스 주위에 둘러서서 다양한 아이비파크 상품들을 감상했다. 모네이는 적갈색 낙하산 망토를 두르고 밖으로 나가 수영장 덱을 뛰어다니기 시작했고, 망토가 펄럭이는 와중에 모네이의 얼굴에 환한 미소가 번졌다. 바람에 휘날리는 망토를 붙잡으려는 순간, 잠시 그가 저 덱에서 날아오를 것 같은 느낌이 들었다. 여전히 두려움 없는 채로.

『더컷』/『뉴욕매거진』 2020년 2월 3일

세라 폴슨, 겁 없는 예술가

유명인의 사생활을 물어보는 게 정말 싫지만 유명인 가십은 좋아한다. 〈보스십Bossip〉이나 〈레이니가십Lainey Gossip〉『피플People』 따위를 즐겁게 읽으며 나는 유명인들의 연애 관계며 부동산 거래며 실수며 성취 등을 하릴없이 추측한다. 하지만 그 정보를 직접 캐내는 사람은 되고 싶지 않다. 손을 더럽히고 싶지 않은 심보다. 엿보고 방해하고 침범하는 일은 불편하다. 하지만 꼬치꼬치 캐묻고 싶은 걸 어쩌랴. 정말이지 곤란하다.

세라 폴슨은 우선 무엇보다도 배우다. 그것도 강력한 배우. 커리어를 쌓아가며 폴슨은 강철 같은 눈빛, 굳은 미소, 정교한 아치형 눈썹을 완벽하게 연마했다. 확실히 자신만의 길을 찾아냈지만 어디서든 기량을 펼칠 때 굉장한 침착함을 보였다. 예를 들어 〈오션스 8 Ocean's 8〉(2018)에서 폴슨은 건조한 유머 감각을 십분 활용해 아내이자 어머니, 그리고 어쩌다보니 장애물이 되는 태미 역을 탁월하게 소화했다. 그리고 새로운 넷플릭스 드라마 〈래치드Ratched〉에서는 켄 키지의 소설 『뻐꾸기 둥지 위로 날아간 새One Flew Over the Cuckoo's Nest』(1962)와 1975년 밀로스 포먼의 영화 버전에 등장하는 정신병원 간호사 밀드레드 래치드라는 상징적인 인물을 연기했는데, 잔인하기로 악명 높은 이 캐릭터를 지극히 현실감 있게 표현해냈다. 그건 폴슨이 지닌 유머, 지성, 다재다능한 창의성 덕분이며, 그가 아주 많은 팬을 거느린 이유이기도 하다. 나 역시 그 팬 중 한 명이다. 스스로 그렇게 말하진 않지만 폴슨은 따로 설명이 필요 없는, 인터넷 합성어 '셀레즈비언'이기도 하다. 또다른 위대한 배우이자 셀레즈비언인 홀랜드 테일러와 열애중이다. 나는 혀끝에서 구르는 발음 때문에 '셀레즈비언'

남 일에 참견하기

이라는 단어를 소리 내서 말하길 좋아하고, 셀레즈비언에 관한 온갖 가십에도 사족을 못 쓰는데, 셀레즈비언이 워낙 드물기 때문이다. 누구도 연애생활로만 규정되어선 안 되겠지만 퀴어 여성으로서 나와 닮은 관계를 빚어가는 이들을 바라보는 건 놀랍도록 멋진 일이다.

인터뷰를 준비하던 시기 내 아내는 폴슨에게 셀레즈비언으로 사는 게 어떤지 물어보라고 은근히 권했다. 노력해보겠다고 답했지만 속으로는 덜컥 겁이 났는데, 폴슨이 처음부터 먼저 관계 얘기를 꺼낸 덕분에 걱정할 필요가 없었다. 폴슨과 테일러는 거의 6년 동안 연애 중이다. 둘 다 로스앤젤레스에 자택이 있다. 며칠에 한 번씩 서로의 집을 오가며 지낸다. 테일러는 모든 이를 "사랑스러운 사람"이라거나 "달링"이라고 부르며, 인터넷 트롤들에게 더 적극적으로 대응하는 편이다. 두 사람은 삶을 공유하는 모든 커플이 겪는 문제를 똑같이 겪는다. 우리의 대화는 둘의 관계에 관한 일화로 풍성해졌다. 솔직히 나는 뛸듯이 기뻤다. 정말이지 **황홀했다**.

아마도 많은 유명인이 품고 있을 생각, 그러니까 공적인 세계에서 사적인 개인이 되는 일로 인해 생기는 양가감정에 대해 폴슨은 털어놓았다. "내가 속하고 싶은 사람들, 홀랜드나 내 강아지나 제일 친한 친구나 여동생 말고 다른 누군가에게 속해 있다는 느낌…… 낯선 사람들이 내가 그들 거라고 주장할 때 좀 혼란스럽죠." 폴슨은 내게 말했다. "이런 문제를 해결하는 데는 전문가가 아니라서 가끔은 내가 원하는 것보다 더 많이 내주게 돼요."

폴슨과 테일러의 관계는 나이 차이 때문에 종종 억측의 대상이 되기도 한다. 테일러는 일흔일곱 살, 폴슨은 마흔다섯 살이다. 어쩌면 사람들이 추측을 펼치는 건 둘 다 유명해서, 혹은 둘 다 관계를 숨기지 않는 여성이라서인데, 우리는 아무리 진보적이라고 해도 여전히 그런 걸 신기하다고 생각한다. 나는 폴슨에게 사람들이 왜 나이 차이에 이렇게 집착하는지 물어보았다. 폴슨은 언젠가 죽는다는 사실을 직면하고 싶지 않은 마음도 그 일부일 거라고 결론 내리면서, 동시에 "우리가 가진 연령 차별주의적인 사고방식, 그리고 늙으면 욕구가 전부 사라질 거라는 생각"도 한몫하는 것 같다고 했다. 대체로 폴슨과 테일러가 받는 관심은 좋은 쪽인데, 아닐 경우 폴슨은 호락호락하지 않다. "내가 사랑하는 사람에 대해 어떤 식으로든 무례하거나 잔인하게 말하면 그 인간을 갈기갈기 찢어놓고 싶어요."

그 말을 들었을 때 나는 정말 폴슨이 인간을 갈가리 찢어놓을 수 있다고 온전히 믿었고, 대화 내내 딱 하나의 목표만 갖기로 했다. 갈기갈기 찢기는 인간 되지 않기. 우리는 8월의 어느 날 두어 시간 동안 대화를 나누었는데, 오늘날 거리가 좀 있는 경우 매사에 쓰이는 줌Zoom으로 만났다. 폴슨은 로스앤젤레스의 자택 안 서재로 보이는 공간에 있었다. 하늘하늘한 흰색 원피스를 입고 어깨까지 오는 촉촉한 머리카락을 뒤로 넘겼으며 화장기 없는 얼굴이었다. 주제와는 무관하지만, 그는 숨막힐 듯 아름답다. 커다란 두 눈, 날렵한 광대뼈, 그보다 더 날카로운 위트까지 겸비했다니. 등뒤에는 흑백사진들, 그리고 황금색 팔을 하늘로 뻗은 섬세하고 우아한 몸짓의 에미상 트로피가 있었다. 폴슨은 2016년 드라마 〈아메리칸 크라임 스토리: 더 피플 vs. O. J. 심슨American Crime Story: The People v. O.J. Simpson〉에서 궁지에 몰린 검사 마르시아 클라크 역할로 그 상을 받았다. 그전에도 네 차례 후보에 올랐는데, 주로 라이언 머피 감독이 제작한 시리즈 '아메리칸 호러 스토리American Horror Story'에서 펼친 연기 때문이었지만 2012년 HBO 영화 〈게임 체인지Game Change〉에서 전 공화당 요원(현 MSNBC 호스트) 니콜 월리스 역을 맡아 후보에 이름을 올린 적도 있다.

최근에는 HBO에서 제작한 벳 미들러, 이사 래, 댄 레비, 케이틀린 디버와 함께 오늘날의 새로운 비정상성을 보여주는 다섯 편의 단편 시리즈 〈코스탈 엘리트Coastal Elites〉에 출연했다. 폴슨이 맡은 역할은 코로나19와 정치 환경, 그리고 서로 다른 정치적 성향을 가진 가족과 씨름하는 명상 전문 유튜버다. 촬영은 폴슨의 손님용 별채에서 제이 로치 감독과 노트북으로 소통하며 진행됐다. 각본을 쓴 작가는 뉴욕에 있었다. 제작진은 텍에서 대기했다. 폴슨에겐 이런 작업 방식이 별로였다. "혼자 연기하는 데는 관심 없어요. 저 말고 다른 사람의 눈을 보는 게 좋죠." 폴슨은 곧 훌루에서 공개될 공포 영화 〈런Run〉(2020)의 주연을 맡았다. 휠체어를 타는 십대 청소년(키러 앨런 분)의 어머니 역할인데, 딸이 자기 삶에서 뭔가가 잘못됐다는 걸 깨닫기 시작하면서 벌어지는 이야기다. 언제나처럼 폴슨은 기술적 정확성을 가지고 역할을 해내며, 어떤 대가를 치르더라도 딸을 지키겠다는 결연한 여성을 서늘하게 표현한다.

하지만 지금껏 폴슨이 맡은 가장 흥미로운 역할은 〈래치드〉에서였다. 지난 9월 넷플릭스로 공개된 이 시리즈의 총괄 프로듀서를 맡았기에 폴슨의 이름은 촬영 일정표의 맨 위에 올랐다(벌써 시즌 2를 제작중이다). 1940년대를 배경으로 한 〈래치드〉는 화려한 영상미를 자랑한다. 의상, 자연 풍광을 비롯한 모든 배경에는 흠잡을 데가 없다. 서사는 소리 없는 공포를 담아내면서도 예상치 못한 뭉클함을 선사한다. 여덟 편의 에피소드를 통과하며 시청자는 무엇이 밀드레드 래치드를 이후 우리가 마주하게 되는 냉랭하고 요지부동의 여성으로 만드는지 알게 되고, 캐릭터는 놀라운 방향으로 진화해간다. 밀드레드는 도무지 이해할 수 없는 행동을 벌이는데, 나중에 실마리가 풀린다. 가혹한 상황 속에서도 밀드레드는 다정함을 잃지 않는다. "우리가 뭔가를 추구해보려 했다는 사실이 자랑스러워요." 폴슨은 말했다. "탐험 같은 작업이었고, 하고 싶은 말이 있었죠. 〈래치드〉는 아름다워요. 또 위험하고. 무섭고. 섹시하죠." 폴슨은 프로젝트의 지분을 가지고 모든 채용 과정에 적극 참여하며 촬영장 바깥에서도 톡톡히 힘을 발휘했다. "주연배우를 넘어서 같이 제작하고 싶은 사람이었습니다." 머피는 말했다. "우리 파트너십의 굉장한 발전이었죠."

폴슨은 자신의 연기를 보지 않겠다는 오랜 다짐을 저버릴 정도로 이 파트너십을 진지하게 받아들였다. "진짜 성취감을 느껴요." 그가 말했다. "지금까지도 〈더 피플 vs. O. J. 심슨〉은 보지 않고 있거든요. 내 연기를 보지 않겠다는 다짐이 그때 시작된 거예요. 하지만 〈래치드〉의 총괄 프로듀서를 맡았고, 이런 일은 처음 해보는 거라서 매일매일 모든 프레임을 다 봤어요. 직면해서 부딪혀보는 경험이었어요. 누군가의 얼굴을 다룬다는 건 정말 쉬운 일이 아니에요. 확대된 얼굴을 마주한다고 생각해봐요. 보통 일이 아니죠."

이쯤 되면 세라 폴슨이 굉장한 찬사 속에 전성기를 보내고 있다고 말해야 할 듯싶지만, 폴슨은 20년 이상 이런 식으로 꾸준히 작업해왔다. 폴슨은 자타 공인 완벽주의자이자 통제광이다. 야심이 있지만 무엇보다도 그 목표는 배우로서 성장하는 것, 그리고 작품에 더 수월하게 몰입하는 것이다. 폴슨의 표현을 빌리자면 그는 엄격하고 자기비판적이며, 자기평가를 계속해서 뛰어넘기를 갈망한다. "그런 유의 해방감이 몇 번 찾아온 적 있어요. 마치 약에 취한 것 같은 순간이었죠."

지나온 삶의 지도를 바라보며 폴슨은 완벽주의의 기원을 유년기에서 찾는다. "혼자 남겨지는 시간이 많았거든요." 폴슨은 그렇게 회상했다. 플로리다주 탬파에서 태어났지만 다섯 살 때 부모님이 이혼한 후 어머니와 함께 뉴욕으로 왔다. 어머니는 사르디스 레스토랑에서 웨이트리스로 일하면서 작가로 커리어를 쌓았다. 어렸을 때 폴슨은 모든 행동을 완벽하게 해내면 가장 원하는 것들을 이룰 수 있다고 생각하며 스스로와 협상을 벌이곤 했다. "소원 성취를 비는 주술적인 생각이 있었어요. '내가 X를 해내면 Y도 가질 수 있어.'" 폴슨은 말했다. "이런 식으로 세상이 정해진 방식대로 작동한다고 생각하면서 두려움을 가라앉힌 것 같아요. 완벽주의는 두려움 때문에 발현되기도 하거든요."

브로드웨이에서 대역배우로 활동하던 폴슨은 오리지널 '로 앤 오더' 시리즈 시즌 5에서 어머니를 살해한 혐의를 받는 십대 매기 코너 역으로 방송에 데뷔했다. 그해가 1994년이었다. 그때 당시 폴슨은 시그니처 극단에서 호턴 푸트 각본의 연극무대에 오른 참이었고 대학 진학에는 별다른 노력을 기울이지 않았는데, 그건 당장 연기 일에 뛰어들고 싶어서였을 수도 있고 미지의 세계가 두려워서, 집에서 너무 멀리 떠나는 것이 두려워서였을 수도 있다. 그렇게 뉴욕 배우들의 통과의례가 된 길로 들어선 것이다. "카메라 앞에선 고개를 돌리면 안 된다는 것도 몰랐어요. 내내 목 보호대를 차고 있는 것처럼 움직였다니까요." 폴슨은 말했다. 2010년 '로 앤 오더'의 세계로 다시 돌아왔을 때는 그 시리즈가 〈성범죄수사대: SVU〉로 개편된 뒤였고, 이제는 고개를 돌리는 법을 비롯해 훨씬 더 많은 것을 배운 상태였다. '섀도' 편에서 폴슨은 부모를 살해한 혐의를 받는 상속인 앤 질레트 역을 맡았다. 부유한 상속인 특유의 우아하고 자신감 넘치며 무심한 소시오패스 역할을 폴슨은 탁월하게 해냈다. 이후에도 폴슨은 계속해서 스크린과 무대를 빛내며 활약했지만, 지금 그가 누리는 기회는 찾아오지 않았다. 여성 연기자들에게는 매우 좁고 경직된 범위 내의 커리어만 허용되기 마련이다. 순진한 젊은 여성인 때는 잠깐이다. 섹스의 대상이다가 사랑의 상대이다가 스크린 속 어머니 역할을 맡고 더 나이들면 노망난 여자가 되었다가 마흔 살이 되면 커리어가 끝장난다. 예외가 있긴 하지만 몹시 드물다. "그 시기가 오고 있다는 걸 아주 잘 알고 있었어요." 폴슨이 말했다. "그 좁은 틈을 비집고 들어갈 수 있을지 확신이 없었죠. 하지만 계속 노력했어요."

폴슨은 〈게임 체인지〉〈노예 12년 12 Years a Slave〉(2013), '아메리칸 호러 스토리' 시리즈라는 3연타를 거치며 분위기가 바뀌기 시작했다고 말했다. 스티브 매퀸 감독이 연출한 〈노예 12년〉에 출연하기 위해 만든 폴슨의 오디션 영상을 어쩌다 매퀸의 딸이 보게 됐다. 딸은 아버지더러 폴슨이 지금까지 본 사람 중 제일 무섭다면서 꼭 출연시켜야 한다고 했다. 그 지지의 말 덕에 매퀸은 폴슨을 캐스팅했다. 앱스 부인 역을 맡은 폴슨은 백인 여성들이 노예제에 연루되는 양상, 특히 흑인 여성들을 통제하고 예속시키는 면모를 소름 끼칠 만큼 탁월하게 표현해냈다. 배역을 준비하는 과정에서 매퀸은 폴슨에게 이렇게 말했다. "이 인물을 판단하면 안 됩니다. 판단을 배제하세요." 폴슨의 연기는 매혹적이면서 간담을 서늘하게 하고, 눈을 뗄 수 없이 강렬하면서도 끔찍하다. 관객은 그 잔인성을 외면하고 싶겠지만 그럴 수 없다. 그래선 안 된다.

폴슨은 어두운 면모가 있는 역할을 기꺼이 환영한다. "그런 배역엔 매력적인 점이 많아요." 그가 말했다. "저는 고결하지 않은 인물에 훨씬 더 관심이 많아요. 인간은 자신의 가장 추악한 면으로부터 동력을 얻기 마련이잖아요…… 스스로 인정하고 싶지 않은 욕망들 말이에요."

매퀸 감독은 폴슨에 대해 이렇게 말했다. "세라의 흥미로운 점은 두려움을 지녔지만 본인이 지닌 힘으로 그 두려움을 무찌른다는 겁니다. 촬영을 할 때마다 매번 더 나은 모습을 보여줘요. 정말 편안해지고 나면 대단하고, 색다르고, 예상치 못한 모습이 나와요."

폴슨과 함께 출연한 루피타 농오는 〈노예 12년〉이 첫 작품이었는데 이것으로 오스카 여우조연상을 수상했다. "촬영장에서 엄청 긴장하고 수줍어했는데 잘 숨겼다고 생각해요." 농오가 말했다. "세라가 걸어들어오던 때가 기억나요. 너그러운 미소로 활짝 웃으면서 다정한 에너지를 뿜어냈죠. 사려 깊은 질문을 건네고 자유롭게 자기 이야기를 들려주면서 내가 껍질을 깨고 나올 수 있게 끌어줬어요." 농오와 폴슨은 촬영이 끝나고도 끈끈한 관계를 이어갔다. "전화 한 통이면 닿을 수 있는 사람이 곁에 있다는 건 정말 축복이랍니다." 농오는 말했다.

라이언 머피는 2004년 〈닙턱Nip/Tuck〉에서 폴슨과 처음 작업했다. 이후 폴슨과 〈글리Glee〉(2009)도 같이 작업하려 했지만 일정 때문에 무산됐다. 2011년 두 창작자는 '아메리칸 호러 스토리'로 마침내 합을 다시 맞췄고, 그때부터 폴슨은 머피의 뮤즈 같은 존재가 되었다. 나는 남성의 뮤즈라는 관념을 대체로 경멸한다. 여성이 무상으로 제공해야 하는 감정노동이 많을 테니 말이다. 하지만 이 경우는 두 사람 모두에게 유익하고 풍요로운 관계였다. "세라는 모든 조명, 모든 카메라앵글을 꿰고 있어요." 머피가 말했다. "비범한 기억력의 소유자이기도 하죠. 모든 사람의 역할을 다 알아요. 다른 배우들이 더 당당하게 최고의 연기를 펼칠 수 있게 도와줍니다."

'아메리칸 호러 스토리'의 전제는 매 시즌 바뀌며, 이것이 제작진에게 창조적이고 역동적인 분위기를 만들어준다. "지금까지 일하면서 받은 가장 큰 선물이 있다면 '아메리칸 호러 스토리'에 출연하면서 관객과의 관계가 열렸다는 점이에요." 폴슨이 말했다. "관객은 내게 특정한 뭔가를 기대하지 않아요. 그 덕에 저에겐 엄청난 자유가 생겼죠."

'아메리칸 호러 스토리'에서 폴슨과 자주 호흡을 맞추는 배우는 2005년 연극 〈유리 동물원The Glass Menagerie〉 무대에 함께 오른 적 있는 제시카 랭이다. 랭은 폴슨의 연기가 내뿜는 에너지에 찬사를 보낸다. "세라는 모든 감정을 다 안고 연기에 임해요." 랭은 말했다. "인위적인 게 아무것도 없죠. 눈길을 끌려는 태도도 전혀 없어요. 언제나 굉장히 솔직한 감정에서 비롯되는 연기를 해요."

커리어의 대부분을 조연으로 보냈지만 폴슨은 각 캐릭터의 중심을 잡는 방법을 알고 있다. "세라는 맹렬한 배우입니다." 머피가 말했다. "공격형이죠. 물러서는 법이 없어요."

폴슨은 이렇게 말했다. "초창기에는 조연을 많이 맡았기 때문에 서사 자체가 내 것이 될지 아닐지 알 수 없었어요. 작품을 건물처럼 생각하곤 했죠. 모든 건물에는 지지대가 필요하잖아요."

나는 폴슨더러 "다 덤벼, 이 장면 내가 씹어먹겠어" 같은 생각을 해본 적 있느냐고 물었다. 폴슨은 깔깔 웃었다. "상상도 못했네요! 진짜 좋은 생각 같은데요. 안 될 게 뭐예요? 아무도 충분히 스스로를 칭찬해주진 않잖아요. 자신에 대해서 온갖 심한 말, 자기비하는 차고 넘치게 하면서 잘해냈을 때는 '음, 좀 하네' 정도로만 넘어가죠." 정말이지 폴슨의 말이 맞다. 특히 여성들은 활발하게 활동하면서도 자존감이 낮은 태도가 당연시된다. 많은 창작자가 그러하듯 폴슨은 자신의 작업에 도가 튼 장인으로서, 마침내 그만큼 인정받게 된 사람으로서 겸손과 자신감 사이에서 균형을 잘 잡고 있는 듯하다. 매퀸은 이점에 대해 분명하게 말한 바 있다. "배우가 있고 예술가가 있죠. 폴슨은 예술가입니다."

작업에서 더 원하는 게 생기면 세라 폴슨은 그것을 찾아낼 것이다. "두려움 없이 불쾌한 지점까지 갈 수 있다는 게 연기의 묘미예요." 그가 말했다. "나는 추해지는 게 두렵지 않아요. 내 삶의 다른 모든 면모를 제쳐두고 그럴 수 있다는 게 뿌듯해요. 이 영역에서만은 두려움 없이 해낼 수 있다고 자신 있게 말할래요."

『하퍼스바자』 2020년 9월 22일

테사 톰프슨, 변화를 만드는 능력

테사 톰프슨과 비대면으로 이야기를 나눈 게 솔직히 말해 다행이다. 추수감사절 직전인 지금, 톰프슨은 로스앤젤레스의 자택에서 여느 때처럼 아름다운 자태로 무릎을 끌어안은 채 의자에 앉아 있다. 우리는 줌으로 멋진 대화를 나누고 있지만, 요즘 인터뷰는 으레 이렇게 진행되기에 팬과의 우연한 만남을 목격한다거나 톰프슨이 입은 옷에 대해 한마디한다거나 무슨 음식을 어떻게 먹는지 등을 포착할 기회는 없다. 피상적인 방해 요인이 없으니 우리는 진솔하고 깊이 있는 대화를 나눌 수 있다.

대화 초반 톰프슨은 이렇게 말한다. "'잘 지내요?'라는 질문이 요새는 잔인하게 느껴져요." 그 말이 맞다. 11월 말, 2020년 대통령 선거는 지났지만 여전히 정치적인 불확실성은 남아 있다. 코로나바이러스 확진자가 또다시 급증하고 있고, 연말연시는 예년만큼 축제 분위기가 아니다. "올해는 모든 게 뒤집힌 느낌이에요." 톰프슨이 말한다. "세상이 그 빛과 어둠을 있는 그대로 모두 드러냈는데, 우리 중 몇몇은 이전보다 더 정신을 바짝 차리고 있으니 어쩌면 희망이 있을지도 모르겠어요." 문제는 정신을 차렸으니 이제 무엇을 할 것인가다.

톰프슨은 자신이 해야 할 일이 있다는 걸 알고 있다. 그도 그럴 것이 서른일곱 살인 그는 또래 배우들 중 가장 눈에 띄는 인물로 꼽힌다. '맨 인 블랙' 같은 액션 프랜차이즈와 마블 영화의 스타이며 〈소리 투 보더 유Sorry to Bother You〉(2018)나 〈두 여자Little Woods〉(2018) 같은 독립영화에서도 관객들을 사로잡은 바 있다. 〈웨스트월드Westworld〉나 〈친애하는 백인 여러분Dear White People〉 같은 드라마 시리즈에도 출연했다. 자신의 음악을 녹음하기도 한다. 톰프슨의 사진과 염소 사

남 일 에 참 견 하 기

진을 나란히 올리는 트위터 계정도 있다(뒤에서 더 설명하겠다). 우리가 플랫폼이라고 부를 만한 걸 가지고 있다.

톰프슨은 사람들의 기대를 선뜻 받아들인다. "우린 플랫폼이 있다면 그걸 사용하길 기대하는 시대에 살고 있어요." 그는 말한다. "그게 항상 쓸모 있는지는 잘 모르겠어요. 저보다 더 잘 아는 누군가에게 마이크를 넘겨주는 게 가장 유용한 방법일 수도 있겠죠." 목소리를 낼 때와 경청할 때를 잘 구분하고 균형을 잡는 과정에서 톰프슨이 확실히 해내는 건 작업에 온 마음을 쏟는 일이다.

현재 아마존에서 스트리밍중인 최근작 〈실비의 사랑Sylvie's Love〉(2020)에서 톰프슨은 주연배우이자 총괄 프로듀서를 맡아 이를 잘 보여주었다. 유진 애시 감독의 연출하에 톰프슨은 1950년대 할렘에 사는 야심 찬 젊은 흑인 여성 실비를 연기한다. 실비는 아버지의 레코드 가게에서 티브이를 보던 중 재능 있는 재즈 색소폰 연주자인 로버트(뚜렷한 이목구비를 지닌 잘생긴 은남디 아소무가 분)를 만나게 된다. 실비에겐 약혼자가 있지만 로버트와 사랑에 빠지는데, 로버트가 파리에서 커리어를 쌓을 기회를 얻으면서 둘은 갑작스레 이별하게 된다. 로버트에게 자신의 감정을 고백하고 그가 여기 있어야 할 이유를 말하지 않은 채, 실비는 그를 위해 자신을 희생하며 침묵을 택한다. 수년 뒤 실비는 신예 방송 프로듀서로 거듭나고, 남편 레이시(얼래노 밀러 분)와 어린 딸과 함께 산다. 이제 막 경력을 쌓기 시작한 일과 가정 사이의 균형을 맞추려 애쓰는 실비는 '다 가지려고' 고군분투한다. 1950년대는 여성에게 그런 관념이 거의 적용되지 않던 시절이다. 영화에서 가장 강렬한 장면으로 꼽히는 순간 실비는 레이시에게 이렇게 말한다. "당신이 꿈꾸는 여자가 되는 동시에 내가 꿈꾸는 여자가 될 순 없어." 톰프슨은 이런 사랑 이야기를 만들 수 있으리란 생각은 해보지 못했다고 한다. "흑인 여성이 로맨스 영화의 주인공으로 등장하는 경우가 거의 없었잖아요. 특히나 시대물에선 연애 관계를 다루더라도 두 사람이 서로 사랑하는 것 자체가 얼마나 어려운지 같은, 인간 관계에 초점을 맞추는 경우는 거의 없었어요." 그는 말한다. "대부분 역사적 맥락을 강조하는데 그것도 물론 정말 중요해요. 이런 이야기를 해도 먹힐까, 해도 될까 고민이 있었어요." 결국 〈실비의 사랑〉은 톰프슨에게 든든한 창작 기반이 되어주었고 "할리우드의 간판 영화들에서 볼 수 있는 사랑 이야기처럼 화려하고 드라마틱한 느낌의 작품을 만들 수 있었"다.

톰프슨은 로스앤젤레스에서 태어나 자라다 브루클린에서 유년을 보냈다. 고등학교 때부터 연기를 시작했고 샌타모니카대학교에서 문화인류학을 전공했다. 다채로운 주제에 정통하며, 대화가 어디로 흘러가든 여유롭고도 신중하게 말하는데, 하고자 하는 말을 정확히 하는 훈련이 된 사람답다.

톰프슨이 배우 경력을 시작한 것은 연극무대로, 〈템페스트The Tempest〉와 〈로미오와 줄리엣Romeo and Juliet〉 등의 작품에 출연하다가 CBS 드라마 〈콜드 케이스Cold Case〉(2003)에서 금주법 시대의 레즈비언 빌리 듀셋 역으로 공중파에 진출했다. 2010년 타일러 페리가 『자살하려 했던 유색인 소녀들을 위해/무지개가 충분할 때For Colored Girls Who Have Considered Suicide/When the rainbow is enuf』(1975)를 각색한 영화의 감독을 맡게 됐을 때, 톰프슨은 다른 배우가 중도 하차한 배역의 오디션을 봤다. 톰프슨이 그 역할을 맡게 되면서 그의 커리어도 새로운 국면으로 접어들었다.

이후 톰프슨은 여러 역할을 맡으면서 관객들이 꿈꾸는 여성이 되는 것과 톰프슨 본인의 삶을 살아가는 것 사이에서 균형을 맞추려 노력했다. 하지만 스타가 되어가며 그는 점점 수많은 사람이 꿈꾸는 여성이 되어갔다. 톰프슨에겐 열렬하고 다양한 팬층이 있다. 한 인터뷰에서 염소를 좋아한다고 언급한 적이 있는데, 그 이후로 팬들은 염소 사진과 그의 사진을 나란히 놓으며 인터넷을 도배했다. 예상한 대로(아닐 수도 있지만) @TessaAsGoats라는 트위터 계정도 있다.

톰프슨의 팬덤 중 퀴어 팬들보다 더 열정적인 이들은 없다. 바이섹슈얼이라고 명시적으로 밝힌 적은 없지만 2018년 한 인터뷰에서 그는 "남성과 여성 모두에게 끌린다"고 말한 바 있다. 충분히 가시화되지 못하는 커뮤니티에선 그 한마디만으로 충분했다. 공개적으로 동성애적 욕망을 표현하는 배우가 희소하기에 톰프슨은 빠르게 아이콘으로 부상했다. 오픈리 퀴어인 배우가 상상 속 세계를 무찌르는 슈퍼히어로를 연기한다는 건 큰 의미가 있다.

톰프슨의 열렬한 팬층은 영화 팬들과 패션 팬들로 나뉘는데 두 팬덤의 비중이 비슷하다. 2018년 톰프슨은 패션 브랜드 로다테Rodarte의 룩북에 등장했고 톰 브라운 의상을 입고 멧갈라에 참석했다. 이듬해도 멧갈라에 참석했는데 그때는 샤넬 드레스 차림에 가죽 채찍을 들었다. 극작가 제러미 O. 해리스는 이렇게 회고한다. "멧갈라에서 보여준 톰프슨의 본디지 룩은 장난스러우면서도 도발적이었습니다…… 아름답지만 고분고분해 보이진 않았죠. 여성이 시도하기엔 위험한 이미지예요."

올해 톰프슨은 〈실비의 사랑〉을 통해 스크린에서 새로운 모습을 선보인다. 그가 연기하는 실비는 다른 배역들과 마찬가지로 결연한 인물이지만, 동시에 상냥함을 품고 있다. 모든 몸짓에 진실한 열망이 담겨 있다. 영화는 할렘이라는 배경과 대비되게 풍성하고도 아름답게 촬영되었으며, 톰프슨의 섬세한 연기가 돋보인다.

유진 애시는 톰프슨을 택한 이유로 "오드리 헵번처럼 천상의 매력을 보여줄 수 있는 배우를 찾고 있었기 때문"이라고 말한다. "톰프슨은 대체로 굉장히 강인합니다…… 이 작품에서 그가 주체성이 없는 건 전혀 아니지만, 이야기 안에서 주체성을 얻어가는 과정이 포물선을 그리죠. 다른 영화에선 처음부터 대단한 인물로 등장합니다. 이 작품에선 성장하면서 그런 인물이 되어가고요."

톰프슨과 애시는 〈실비의 사랑〉 논의를 위해 처음 만났을 때 어떤 영화를 만들고 싶은지에 대해 생각이 같았다. 애시에 따르면 삼십 분짜리 회의가 두 시간짜리 점심식사로 바뀌었다고 한다. 두 사람 모두 인종에 압도되지 않으면서 흑인을 중심에 놓는 사랑 이야기를 만들고 싶었다. 정치적 분위기를 고려할 때 이것은 확실히…… 중요한 선택이다. 영화는 1964년 민권법이 통과되기 전 민권운동이 한창이던 시기를 배경으로 하기에 서사에서 인종적 측면을 생략하기란 불가능해 보인다. 동시에 〈실비의 사랑〉은 많은 관객이 갈망해온 이야기를 선사한다. 흑인들이 좋든 나쁘든 온전히 자신으로 존재할 수 있는 이야기 말이다. 우리는 당시 인종차별이 실제로 어떠했는지 잘 안다. 그리고 우리가 상상력을 뻗어 톰프슨이 날개 달린 말을 타는 당당하고 용맹한 아스가르드인 발키리이거나 〈맨 인 블랙: 인터내셔널Men in Black: International〉(2019)의 매끈하고 자신감 넘치는 에이전트 M이라고 여길 수 있다면, 우리는 서로에게 다가가려는 두 흑인의 미드센추리 사랑 이야기도 기꺼이 상상을 통해 감상할 수 있을 것이다.

영화 〈크리드〉 두 편에서 톰프슨은 아폴로 크리드의 아들 아도니스와 사랑에 빠지는, 진행성 난청을 앓는 젊은 여성 비앵카를 연기했다. 함께 출연한 마이클 B. 조던은 톰프슨에 대해 극찬을 아끼지 않는다. "굉장히 재능 넘치는 배우입니다. 호흡을 맞추는 과정에 동력이 있었다면 그건 톰프슨이 정확한 질문을 던지고 옳은 것들에 관심을 기울여줬기 때문입니다." 그는 말한다. "항상 논의할 거리를 가지고 와 바깥에서 바라볼 수 있도록 해줬어요. 톰프슨은 고정관념에 도전했고, 우리가 진실하게 임하고 있는지 늘 살펴봐줬습니다."

규범에 도전하는 일은 톰프슨이 지닌 윤리의 핵심이다. 할리우드에서 업계를 바꾸겠다고 선언하는 이들은 많지만, 톰프슨은 실제로 그렇게 할 것 같은 몇 안 되는 사람 중 하나다. 사실 그는 일하는 방식을 이미 변화시키고 있다. 커리어 초창기에도 톰프슨은 자유가 거의 전혀 주어지지 않는 상황에서도 자율성을 내세우기 위해 크고 작은 방식으로 노력했다. 오디션에서 의자에 앉으라는 지시를 받으면 일부러 의자를 움직이곤 했는데, "나 자신과 방안 사람들에게 내가 공간을 장악할 것임을 상기시키고 싶었기 때문"이라고 한다. 그 공간을 통제한다는 건 "당연히 안전지대를 벗어나는 것"이었지만, 때로는 불편함 속에도 즐거움이 있을 수 있다고. "그래서 내가 이 일을 좋아하나 봐요. 항상 너무 편안해지면 성장하지 못할까봐 두려워지거든요. 어쩌면 나는 마조히스트일 수도 있고, 불편함이 주는 첫 삐걱거림에 환장하는 사람일 수도 있겠네요."

또한 톰프슨은 때로는 사람들이 변할 수 있으려면 변화가 가능하다는 걸 보여줘야 한다는 걸 잘 알고 있다. "함께 일하는 이들 중에는 항상 침묵당하는 사람이 있기 마련이에요. 어느 촬영장에서의 한순간이 기억나요. 의도한 건 아닌데 나도 모르게 신경질이 나서 꽥 소리를 냈어요. 그때 함께 있던 몇몇 여성이 비밀스럽게 미소 짓는 걸 보았죠. 그때 함께 꽥 소리를 내려고 기다리며 시동을 거는 합창단이 있다는 걸 깨닫게 됐어요. 그 행동에 다른 이들이 용기를 얻고, 지지자가 있음을 깨닫게 되면, 더이상 나 자신만을 위한 문제 제기가 아닌 거죠. 모두를 위해 목소리를 내는 거예요."

코로나19 팬데믹은 적어도 현재까지는 엔터테인먼트 업계를 송두리째 바꿔놓았다. 연기 작업이 더뎌짐에 따라 톰프슨은 그 틈을 타다른 배우들을 위한 프로젝트를 발전시키는 데 에너지를 쏟았고, 그 작업들을 어떻게 실현할지 곰곰이 생각중이다. 영화 촬영장에서의 일이 서서히 재개되면서 사람들은 거리두기와 위생을 보장하는 데 훨씬 더 많은 주의를 기울이고 있다. 톰프슨은 이러한 변화가 대인관계와 권력구조로까지 확장되기를 바란다. "촬영장에서의 안전이 뭔지 고민하고 주의깊게 생각해야 하니까요." 그가 말한다. "이게 반향을 일으킬지 궁금해져요. 저는 그러길 바라요. 관객들이 보는 작품의 DNA에 그들이 느낄 수 있는 진정으로 강력하고 유용한 뭔가가 있으니까요."

자신의 이름을 걸고 더 많은 제작 프로젝트를 맡게 되면서—일례로 톰프슨의 제작사인 비바모드 프로덕션은 두 편의 소설,『누가 죽음을 두려워하는가Who Fears Death』(2010)와『교회 여자들의 은밀한 삶The Secret Lives of Church Ladies』(2020)을 각색하기로 한 뒤 각각 HBO와 HBO Max와 작업 계약을 체결했다─톰프슨은 할리우드에서의 새로운 사업 방식을 고민하고 있으며 소유권에 관해서도 숙고하고 있다. "그런 생각을 할 때 제일 좋아요. 특히 내 회사를 만들면서는 더더욱 그래요." 그는 말한다. "내가 초대하는 목소리들을 생각하고 그들이 자신들의 작업과 아이디어에 대해 소유권을 최대한 보장받을 수 있는 방법을 고민하는 거요." 톰프슨은 영화 촬영장이 더욱더 협력적인 분위기이길, 모든 목소리가 들릴 수 있고 들려야 마땅한 곳이 되기를 소망한다. 이상적으로 들릴지도 모르지만, 열심히 일하는 이들을 공평하게 대우하는 게 왜 이상적으로 여겨지는지 생각해볼 필요가 있다. "나는 유토피아를 만드는 데 관심이 정말 많아요." 그는 말한다. "유토피아는 꼭 필요해요. 경험이 적다고 치부되는 사람들에게 기회를 줄 때 무슨 일이 일어날지 정말 궁금하거든요. 그럴 경우 많은 이들이 평균보다 훨씬 더 높은 타율을 기록하는데, 그건 솔직히 이제까진 그럴 기회가 주어지지 않았기 때문이에요."

앞으로 진행할 프로젝트로는 리베카 홀이 감독을 맡아 선댄스영화제에서 개봉 예정인, 넬라 라슨의 할렘 르네상스 소설을 각색한 〈패싱Passing〉, 2022년 개봉 예정인 〈토르: 러브 앤드 썬더Thor: Love and Thunder〉, 그리고 '크리드' 시리즈 3편 등이 있다. 보석 도둑 도리스 페인(『타운앤드컨트리Town & Country』 잡지를 통해 강도할 장소들의 정보를 얻었다고 알려진 인물)의 전기 영화도 진행중이다. 흥미롭고 신중하게 선택한 요소들로 구성된 작품으로, 톰프슨이 자신의 작업에 얼마나 많은 공을 들이는지, 그의 꾸준한 성장을 지켜보는 게 얼마나 즐거운 일인지 여실히 보여준다.

"처음에 톰프슨은 사업 관련 부분에 그다지 신경쓰지 않았어요. 본인 제작사를 차리거나 카메라 뒤에서 벌어지는 일에 관여하거나 하는 거요." 조던은 이렇게 회상한다. "그런데 이제 이렇게 성장한 톰프슨을 보고 그 힘을 깨닫게 되네요. 카메라 앞에 서는 것으로 스스로를 제한할 필요가 없죠. 세상은 테사 톰프슨을 모든 면에서 바라봐야 할 겁니다."

『타운앤드컨트리』 2021년 1월 15일

남
일
에
참
견
하
기

조던 캐스틸, 기대와 만족 사이

지난가을, 조던 캐스틸은 자신의 개인전 '데어 이즈 어 시즌There Is a Season'에 낼 그림들을 마무리하고 있었다. 초상화와 정물화, 풍경화 연작을 선보일 이 개인전은 런던의 마시모데카를로 갤러리에서 열릴 예정이었다. 뉴욕에 사는 캐스틸은 대담한 색채, 시선을 사로잡는 초상화 기법, 당당히 공간을 요하는 거대한 화폭으로 유명한, 오늘날 가장 활발히 활동하는 흥미로운 아티스트 중 한 명이다. 미국에서 캐스틸의 커리어는 가파른 상승세를 탔다. 전시회는 거의 곧바로 매진됐고, 미술관과 컬렉터들은 그의 작품에 열광했다. '데어 이즈 어 시즌'은 캐스틸의 첫 해외 개인전이 될 터였다.

런던행 비행기를 타기 몇 주 전, 캐스틸은 모르는 번호로 한 통의 전화를 받았다. "무슨 일이 일어나고 있는 건지 몰랐어요." 그는 말한다. "내 이름을 부르더라고요. 그리고 어느 여자분이 '시카고의 중요한 분이 얘기 좀 나누자고 하신다'는 거예요. 저는 곧장 생각했죠. 시카고에 누가 있지? 사촌이 한 명 살긴 하는데 걔는 중요한 사람은 아니거든요." 알고 보니 맥아더재단에서 온 전화였다. 재단이 수여하는 '천재' 지원금을 캐스틸이 받게 된 거다. 대부분의 창작자들이, 하물며 서른두 살의 나이에 받을 줄은 꿈도 못 꾸는 일이다. "진짜로 오줌 지릴 뻔했다니까요. 하늘을 나는 풍선처럼 세상에서 멀어져 둥둥 떠 있는 것 같았어요." 이미 자신을 향한 대중의 관심, 그리고 그 관심이 불러일으키는 실존적인 고민으로 과포화 상태가 되어 어려움을 겪고 있었다. "나는 아직 젊으니까 두렵더라고요. 정점에 도달하면, 산 정상에 오르고 나면 그다음엔 어떻게 되겠어요? 내리막길밖에 없겠죠."

런던에 도착하자마자 캐스틸은 남편인 사진작가 데이비드 슐츠, 그리고 아버지와 함께 전시장으로 향했다. 무슨 일이 벌어질지 알 수 없었다. 잘 모르는 큐레이터들과 기관 직원들과 컬렉터들로 가득한 낯선 해외 미술계 현장일 터였다. 그리고 미국에서 흑인을 그리는 미국의 흑인 여성으로서 캐스틸은 영국 관람객들이 어떻게 자신의 작품을 받아들일지 확신이 없었다. 갤러리에 들어서자 뉴욕에 사는 사람들의 일상 속 단면들을 포착한 캐스틸의 익숙한 그림들이 눈에 들어왔다. 지하철 벤치에서 낮잠을 자는 한 젊은 남자와 그 옆에 놓인 안전모. 눈 덮인 도시를 배경 삼아 울타리에 앉아 있는, 수염을 기른 잘생긴 남자. 창턱에 가족사진 액자가 놓여 있고 그 옆에 오바마 대통령 당선 소식을 1면에 실은 흑인 신문 뉴욕암스테르담뉴스가 있는 그림. 그런데 전시장은 텅 비어 있었다.

그날 밤 캐스틸은 전전긍긍하며 침대에 누웠다. "기분이 이상해." 그는 슐츠에게 말했다. 뉴욕에서의 전시 오프닝은 팬들과 그림의 모델들이 참석하는 축제이고, 캐스틸은 그런 분위기에 익숙해져 있던 것이다. 그러나 다음날 아침 눈을 뜨며 캐스틸은 생각했다. **어쩌라고. 이런 감정을 아직 느낄 수 있다니 다행이군.** "서른두 살밖에 안 됐는데 다 이뤘다고 생각하다니 어불성설이죠." 그가 말한다. "그 여행으로 제가 얼마나 순진한지 깨달았어요. 난 아무것도 정복하지 않은 거예요."

"그 감정이 도움이 되던가요?" 나는 묻는다.

"네." 그가 답한다. "굉장히 많이요."

캐스틸의 작업실은 브롱크스의 한적한 창고 거리에 있다. 내가 방문한 12월의 어느 화요일, 밝고 통풍이 잘되는 방안에는 텅 빈 캔버스들이 팽팽하게 준비된 채 놓여 있다. 화가는 파스텔톤의 스웨터와 조거 팬츠로 편안한 차림이고, 머리카락은 픽시컷으로 짧게 잘랐다. 한쪽 벽에는 바퀴 달린 화이트보드가 놓여 있는데, 거기엔 할일과 마감 일정으로 빼곡한 달력 두 개가 붙어 있다.

캐스틸에겐 익숙한 환경이다. 덴버에서 어린 시절을 보낸 그는 예술과 공예, 창조적인 표현에 관심이 많은 '만드는 애'였고, 오빠와 쌍둥이 남매의 유치한 간섭에서 벗어나 뭔가를 만들 수 있는 자신만의 공간을 찾아다니곤 했다. 캐스틸은 저명한 민권운동가 집안 출신이다. 할아버지인 휘트니 무어 영 주니어는 10년 가까이 전미도시연맹 National Urban League의 전무이사를 지냈다. 어머니인 로런 영 캐스틸은 활동가이자 흑인 여성 최초로 콜로라도여성재단의 회장 겸 최고경영자를 역임했다. 캐스틸은 조지아주 디케이터에 있는 소규모 여성 인문대학에서 인류학과 사회학을 전공했다. 이탈리아에서 한 학기 유학하는 동안 미술을 좀더 본격적으로 공부하기 시작했다. 졸업 후 '최고의 순수미술 석사과정'을 구글링해, 이내 붓 세 개만 들고 캔버스를 제대로 펴는 법도 모르는 채로 예일대학교에 입학했다.

대학 졸업 후 캐스틸은 할렘으로 이사했다. 거기서 카메라를 들고 동네를 돌아다니며 초상화의 모델이 될 사람들을 찾아다니기 시작했다. 식당을 운영하는 가족, 노점상인들, 네일숍에서 일하는 여성 등등. 캐스틸은 자연스러운 공간에서 한 사람 한 사람을 촬영해 수백 장의 사진을 남긴 다음 그에 대한 자신의 해석을 유화로 표현했는데,

어떤 그림은 바닥부터 천장에 이를 만큼 거대하다. 처음부터 캐스틸은 모델들과 길거리에서의 스쳐지나는 만남을 넘어 몇 년이고 지속되는 관계를 만들기 위해 애썼다. 계속 연락을 주고받으며 전시에 초대하기도 하고 그들을 모델로 한 초상화를 선보이게 될 때면 함께 작품을 보러 가기도 했다. 간혹 모델이 거절하는 경우도 있었다. "스탠리라는 청년이 기억나요. 이발소 앞에서 그의 사진을 찍었거든요. 그는 '포즈는 취하겠지만 연락할 필요는 없어요. 괜찮습니다'라고 했어요. 그래서 나는 좋다고, 그러겠다고 했죠." 캐스틸은 회상한다. "그를 모델로 한 그림에서 그는 그림자 속에 앉아 있어요. 흑백으로 칠했는데, 내가 다가갈 수 있는 지점을 그가 경계선으로 그어놓은 것 같다고 느꼈거든요."

이러한 존중의 태도는 캐스틸의 모든 구상화에 스며 있다. 2014년 첫 개인전 '보이는 남자Visible Man'에서 캐스틸은 집안에 알몸으로 있는 흑인 남성들의 초상화를 선보였다. 배경도 전경과 똑같이 공들인 모든 그림은 하이퍼리얼리즘적이다. 〈엘리야Elijah〉라는 작품의 경우, 한 남자가 침대에 앉아 있고 그림의 가장자리에는 물 한 잔과 기도용 양초가 놓인 책상이 보인다. 같은 시기에 그려진 또다른 그림 〈데반Devan〉에서는 갈색, 보라색, 암적색이 뒤섞인 피부색의 한 남자가 녹색 의자에 모로 앉아 있다. 그의 등뒤로는 야구 모자가 라디에이터 위에 던져진 듯 놓여 있고, 발치에는 신발 한 켤레와 동물 인형이 있다.

모든 초상화에 주인공 개개인과 그들이 사는 공간에 대한 깊은 이해가 엿보인다. 순수미술 석사과정 시절 캐스틸의 작품을 처음 접한 스튜디오뮤지엄의 텔마 골든 관장은 이렇게 말한다. "캐스틸의 작품에는 공동체에 대한 깊은 생각이 깃들어 있어요. 그 생각은 캐스틸이 피사체를 묘사하는 방식뿐 아니라 그가 피사체와 함께 공동체에 존재하는 방식에서도 분명하게 드러나죠." '보이는 남자' 전시 후 캐스틸은 구상화를 계속 그리는 한편, 정물화와 풍경화로도 눈길을 돌렸는데, 여기에서도 초상화와 똑같은 시각적 목소리가 드러난다. 여러 겹의 물감으로 질감을 톡톡히 살린 캔버스에, 진솔하고도 자의식 없는 붓질 말이다. 2017년 작품 〈메모리얼Memorial〉은 할렘 교차로의 쓰레기가 넘쳐나는 쓰레기통 위로 장례식 화환이 놓여 있는 모습을 보여주는데, 정지된 풍경임에도 묘하게 마음을 울린다. 2019년부터는 지하철 연작, 즉 사람들이 공공장소를 공유하는 가운데 발생하는 뜻밖의 장면들을 화폭에 담기 시작했다. 지하철 벤치에 대롱거리는 세 쌍의 다리라든지 차창에 비치는 승객의 모습 등등.

캐스틸은 아무도 그를 모르던 시절부터 예술가로서 비즈니스 측면에 긴밀하게 관여하기 위해 고군분투했다. "사람들이 저를 환대하지 않을 가능성이 높으니까 시스템 안으로 들어가서 어떤 식으로 미술계가 작동하는지 알아내야 한다고 느꼈던 기억이 나요." 그는 말한다. 큐레이터들이나 기관들과 연락을 주고받는 족족 방대한 메모를 남겨놓았고, 한 번이라도 이름을 들은 적 있는 컬렉터에 관한 상세한 정보들과 그들이 자신의 작품에 관심을 갖는 이유까지 꼼꼼히 일지에 적었다. "갤러리측의 생각이 궁금했어요. 왜 이런 작품을 이러이러하게 배치하나요? 지난주에 언급한 분 대신 왜 저분들을 선택한건가요? 지난주에는 그들이 중요하다고 하셨는데 이번주엔 왜 아닌가요?" 캐스틸은 말한다. "내가 이해 못하는 일이 일어나는 걸 원치 않아요."

이러한 성향은 미국 전역에 이름을 떨치면서 더욱 두드러졌다. 2018년부터 캐스틸은 스탠퍼드대학교 캔터시각예술센터부터 로스앤젤레스현대미술관, 덴버미술관에 이르기까지 전국의 유명한 기관에서 작품을 선보이기 시작했다. 그리고 2020년 초, 뉴뮤지엄에서 커리어를 아우르는 작품 40여 점을 선보이는 대규모 개인전을 개최했다. 전시회가 열린 그달 2013년 작품 〈맘Mom〉이 경매에서 66만 6,734달러라는 기록적인 가격에 낙찰됐다. 작년의 경우 캐스틸이 럿거스대학교 뉴워크캠퍼스에서 가르친 미술대학 학부생과 그의 어머니, 여동생을 그린 초상화인 〈메디닐라, 완다, 그리고 애널리스Medinilla, Wanda, and Annelise〉라는 작품이 메트로폴리탄미술관 영구소장 목록에 올랐다.

캐스틸이 누린 폭발적인 인기는 미국 미술계의 기이한 순간과 맞물렸다. 우리 삶의 모든 면면을 괴롭히는 불평등을 똑같이 겪고 있는 업계에서, 흑인 예술가들의 작품이 전례없는 가격에 거래되고 전시회 티켓이 빠르게 매진되는 등 아프리카계 미국인들을 담아낸 작품들이 열광적 관심을 받기 시작한 것이다. 이런 수집 열풍의 일부는 무분별해 보일 정도인데, 수집가들 중에는 작가나 작가의 활동에 크게 신경쓰지 않는 이들도 있으며, 흑인 예술가면 누구든 상관없다는 듯 굴기 때문이다. 캐스틸은 1년에 작업할 수 있는 작품이 몇 점 되지 않기 때문에 자신의 작품을 어디로 보낼지 신중하게 선택한다. "단순히 인기 있다는 말을 듣고 구매하거나 아프리카계 미국인 아티스트들의 컬렉션이 있는데 거기 한 점 추가하고 싶어서가 아니라"
그와 지속적인 관계를 맺고자 하는 컬렉터를 찾으려고 노력한다. 캐
스틸의 주목적은 작품을 관람객들에게 선보이는 것이지, 작품을 창
고에 꽁꽁 숨겨놓거나 중고 시장에서 큰 수익을 내는 대상으로 내버
려두는 게 아니다.

동시에 캐스틸은 이처럼 비즈니스를 빠르게 확장하고 실제로 일
이 가능하도록 비즈니스에 전심을 다해 참여하는 데는 대가가 따른
다는 걸 알고 있다. "비즈니스 쪽에 너무 몰두하다보니 작업할 때 그
림과 맺는 관계가 달라졌어요." 그는 말한다. "그리고 요즈음 하는 일
들이 다 그런데, 그림 속 대상과 맺던 관계를 잃어버렸다는 느낌이
들 때도 있어요." 이건 캐스틸이기에 치러야 할 대가다. 비즈니스의
성공이 자신의 꿈이기도 했으니 말이다. 또 가까운 사람들에겐 터놓
기 어려운 외로운 문제이기도 하다. 부모님은 종종 전화를 걸어 이렇
게 묻는다. "'우리 딸, 재밌게 지내고 있니? 즐기고 있어?' 그러면 저
는 이렇게 둘러대요. '마감 생각만 하고 있어요. 할 게 엄청나게 많고,
아직 이만큼밖에 못 그렸어요. 잠도 잘 못 자고, 어쩌고저쩌고.'" 캐스
틸은 말한다. "부모님은 '그래도 힘들진 않지?'라고 물으시는데 가끔
은 힘들다고 말하고 싶어요."

요즘 캐스틸은 슐츠와 함께 사는 할렘의 아파트, 그리고 뉴욕주
북부 1만 2140제곱미터짜리 부지에 자리한 작은 농가를 오가며 시
간을 보낸다. 그곳에 새 작업실을 짓고 있고 푸릇푸릇한 정원을 가꾸
는 중이다. 만들기를 향한 애정을 정원 가꾸기와 베이킹에도 쏟고 있

는데, 손을 부지런히 움직일 수 있으면서도 큰 부담이 없는 활동이다. 그는 자신에게 투자하고 있다.

캐스틸의 최근 목표는 얼마나 작업할 수 있는지, 그리고 왜 그래야 하는지에 대해 다른 사람들의 기대와 스스로의 기대를 재정비하는 일이다. 작업실 한가운데에 놓인 작업 테이블에는 작업 제안이 들어왔을 때 반드시 답해야 하는 다섯 가지 질문이 적힌 메모가 있는데, 가장 중요한 건 "내가 즐겁게 할 수 있을까?"다. 만약 다섯 개 중세 개 질문에 "그렇다"고 답할 수 없다면 거절한다. 그 시간은 개인적인 관계를 돌보는 데 할애한다. "지난 몇 년 동안 저는 전화를 받으면 '어, 받을 줄 몰랐는데'라는 말을 듣는 친구였어요. 그런 말은 듣고 싶지 않아요. 그런 느낌을 받기 싫어요." 그가 지금 추구하는 건 꾸준히 오래 작업하기다. "허리를 다쳐서 영영 작업을 못하게 되지 않도록 꾸준히 지속되는 커리어를 만들고 싶어요. 언제 쉴 수 있을까? 휴식의 풍경은 어떨까? 일을 벌이면서도 휴식한다는 게 가능할까?"

오는 9월 뉴욕 케이시캐플런갤러리에서 열릴 예정인 다음 전시도 구상중이다. "마침 오늘 아침 메모를 좀 하고 있었어요." 캐스틸이 내게 말해준다. 어떤 주제로 그릴지 고민이 필요하다. 하지만 동시에 이런 질문도 한다. '몇 점 정도가 필요할까? 어느 정도가 현실적일까? 2022년 달력을 보면서 휴가를 계획한다는 건 어떤 의미일까?' 커리어를 시작하고 처음으로 캐스틸은 자신의 작업 속도가 적절한 수준이라고 느낀다.

작년에는 '데어 이즈 어 시즌' 전시 마무리 작업에 전력투구하며 마감에 대한 압박과 비참한 기분에 시달렸었다. 슐츠는 캐스틸에게 이렇게 말했다. "지금 이 순간 삶에서 즐기고 있는 걸 그려야 해." 당시에는 정원 가꾸기가 가장 즐거웠다. 하지만 캐스틸은 그 의견에 반대했다. 예정된 전시에 정원 그림이 얼마나 맞아들어갈지, 다른 사람들이 그에게 거는 기대에 얼마나 부합할지 확신이 없었다. 마침내 캐스틸은 본래 지하철 연작을 그리려고 계획했던 캔버스에 빨간색과 주황색 방울들이 군데군데 자리한, 선명한 보라색과 녹색이 작렬하는 〈나스터리숌Nasturitium〉*을 그렸다. 그는 그 그림이 "내가 이야기를 전하는 방식에서 잃고 싶지 않았던 확실한 자유를 불러일으켰다"고 한다. 결국 그 그림이 전시의 표제작이 됐다. 그 결과가 몹시 마음에 들어서 캐스틸은 그 작품을 좀더 오래 간직하기 위해 자신이 소장하기로 했다.

『더컷』 2022년 2월 16일

---

* '아프리카의 보석'이라고 불리는 꽃, 한련화를 뜻한다.

패멀라 앤더슨, 마침내 자신을 드러내다

패멀라 앤더슨의 삶을 다룬 넷플릭스 다큐멘터리 〈패멀라, 러브 스토리Pamela, A Love Story〉(2023)를 보다가 나는 모델에서 배우로 전향한 앤더슨의 전성기 시절 인터뷰 영상들에 충격을 받고 말았다. 대부분 남성인 인터뷰어들은 앤더슨의 외모(가슴)에 기괴할 정도로 집착했고, 음흉하게 바라보고 추파를 던지며 공허하고 모욕적인 질문을 던져대는데, 앤더슨은 거의 천부적인 인내심과 유머로 견뎌내고 있었다. 앤더슨은 자신의 영역을 알았고 그 안에 기꺼이 머물고자 했다. 여러 인터뷰에서 앤더슨은 더는 스스로를 낮추지 않고 자신이 남성적 판타지를 위한 먹잇감 이상의 존재임을 분명히 알리는 경지에 이른다. 슬프게도 이렇게 단호한 입장 표명은 대부분 무시됐다. 앤더슨의 풍만한 몸에만 정신이 팔린 인터뷰어들이 어떻게 그의 인간됨을 알아볼 수 있었겠나.

앤더슨과 전남편 토미 리가 찍은 섹스 동영상이 도난당해 부부의 동의 없이 세상에 공개된 후 인터뷰는 한층 더 가소로운 수준이 됐다. 앤더슨을 하이퍼섹슈얼의 대명사처럼 취급하는 게 공정하고 합리적이라고 생각하는 분위기가 모든 사람 사이에 팽배했다. 어쨌든 『플레이보이Playboy』에서 포즈를 취한 적도 있잖아. 감히 남편과 섹스하면서 그걸 촬영하다니. 감히 존재하다니. 앤더슨은 대중이 탐하는 공인이었고, 그 점이 그의 사생활이나 존중받을 권리를 대체했다. 심지어 앤더슨과 리가 섹스 동영상 문제를 재판에 부쳤을 때 판사조차 그렇게 말했다.

나 같은 X세대에게 앤더슨은 『플레이보이』 속 섹시한 모델, 아니면 드라마 〈베이워치Baywatch〉의 미녀 혹은 섹스 동영상이 유출된 유명인이었다. 한 사람을 대한다기엔 지나치게 편협한 인식이지만 대중문화는 가장 유명한 인물들을 누구보다 얄은 수준으로 끌어내리고 소모품처럼 납작하게 만드는 경향이 있다. 수십 년이 지난 지금, 많은 사람은 앤더슨이 얼마나 끔찍한 대우를 받았는지, 또 한편으로는 앤더슨의 문화적 영향력이 얼마나 대단했는지 깨닫고 있다. 이들은 참회할 기회를 찾거나 어떤 식으로든 잘못을 바로잡기 위해 노력하고 있다.

앤더슨은 1980년대 후반부터 1990년대까지 『플레이보이』의 모델이었고 거의 30년 동안 열네 차례나 표지에 등장하며 명성을 날렸다. 배우로서는 〈아빠 뭐하세요Home Improvement〉에서 두 시즌 동안 '툴 타임 걸' 리사 역을 맡았다. 매력적인 로스앤젤레스 구조대원들의 사건 사고를 다룬 드라마 〈베이워치〉에도 출연했다. 시리즈 제작진은 악착같이 앤더슨의 미모를 착취했는데, 애초에 그게 섭외 의도이기도 해서 앤더슨은 대부분의 장면에서 거의 헐벗은 채 한 걸음 내디딜 때마다 말 그대로 통통 튀어오르듯 해변을 달리거나, 물 한 방울 닿지 않은 채 물속에서 나오는 식으로 등장했다. 여러 영화에 출연하기도 했지만 연기는 그의 특기가 아니었다. 그래도 그건 중요하지 않았다. 매력과 카리스마가 있었고, 물론 외모도 뛰어났으니까. 그걸로 충분하고도 넘쳤다. 한동안 앤더슨은 세상에서 가장 유명하고 눈에 띄는 여성 중 한 명이었다.

〈패멀라, 러브 스토리〉에서 우리는 어린 시절부터 현재까지의 삶을 펼쳐놓는 앤더슨을 따라간다. 현재 앤더슨은 그가 나고 자란 컬럼비아주 레이디스미스에 살고 있다. 우리는 앤더슨의 두 아들, 브랜든과 딜런을 만나게 된다. 어머니와 함께 부엌에서 이야기 나누는 모습을 지켜본다. 브로드웨이 뮤지컬 〈시카고Chicago〉에서 리허설을 하고 공연하는 그의 모습도 볼 수 있다. 현재 시점의 서사 사이사이에 지금까지의 삶과 커리어를 다룬 영상들이 삽입되는 구조다. 앤더슨은 개인 아카이브에 자신의 거의 모든 것을 기록한 수백 개의 영상을 가지고 있으며 감독은 이를 자유로이 활용한다. 그리고 당연히 대체로 남자들이 앤더슨 앞에서 스스로 무덤을 파는 영상들도 나온다. 그렇게까지 창피하고 역겹지만 않았어도 재밌었을 텐데.

앤더슨은 굉장한 특권을 누렸지만 그 대가는 몹시 컸다. 그는 사생활을 희생했고, 어안이 벙벙할 정도로 수많은 악행을 감당해야 했다. 다큐멘터리의 어느 시점에 앤더슨은 재정 상황을 공개하는데, 우리는 그가 섹스 동영상으로 돈을 한 푼도 벌지 않았다는 걸 알게 된다. 시리즈가 엄청난 인기를 누리는 데 결정적인 역할을 했음에도 〈베이워치〉로 벌어들인 돈도 거의 없다. 1996년 기준 매주 11억 명 이상이 시청하는 세계에서 가장 널리 알려진 드라마였는데 말이다. 그에 비해 그가 얻은 것이 미미하다는 사실은 용납하기 어렵다. 나쁜 소속사, 착취, 순진함 등등 전부 너무나 익숙한 얘기다. 앤더슨은 이 모든 것에 딱히 분노하는 것 같지 않지만 방송에서 그의 아들 브랜든은 기꺼이 문제 제기의 횃불을 들려고 한다.

다큐멘터리와 함께 앤더슨은 새로운 회고록 『러브, 패멀라Love, Pamela』(2023)를 출간했다. 도입부부터 앤더슨은 자신이 직접 책을 썼음을 분명히 밝히며 세간의 추측(대체로 과소평가하려는)을 떨쳐버린다. '훌륭하다고는 할 수 없지만 신선할 정도로 솔직한' 시들과 솜씨

좋고 꼭 그만큼 솔직한 산문을 엮어 자신의 이야기를 자신의 언어로 들려준다. 앤더슨이 서술한 많은 경험들은 트라우마를 일으킬 만하거나 괴로운 것들이지만 회고록 속 여러 기억들은 물 흐르듯 흘러간다. 앤더슨은 확실히 겪지 않아도 될 고통을 많이 겪었다. 어린 시절의 가난, 가정 폭력, 수차례의 성폭력, 폭력적인 남자친구들, 형편없는 남편들, 여론 재판의 불공평함까지. 그럼에도 불구하고 앤더슨은 이런 힘겨운 이야기들을 거의 참선 수행자처럼, 마치 그 모든 것과 화해한 듯 담담하게 들려준다. 앤더슨의 삶은 한 편의 동화처럼 읽힌다. 어둡고, 힘겨운 현실을 낱낱이 드러내는 동화 말이다. 다만 그 중심에는 희망을 찾는 공주가 있다.

유명인들의 책이 많이들 그러하듯 이 책에도 흥미로운 폭로가 여럿 들어 있다. 당신이 호색적인 데 관심이 있다면 실망할 일은 없겠지만, 다시 말하지만 딱 거기까지다. 서사의 상당 부분이 어린 시절에 할애되는 반면, 연애 관계와 이별에 대한 부분은 휘리릭 넘어간다. 토미 리와 인생을 걸 만한 사랑을 나눈 뒤로 온갖 부류의 애인과 남편과 모호한 밀회 상대가 등장한다. 키드 록, 릭 샐러먼, 존 피터스, 다비드 샤르베, 스콧 베이오, 딘 케인, 심지어 줄리언 어산지까지. 휴 헤프너*에 관해선 신성한 존재인 것처럼 서술하는데, 앤더슨이 인기를 얻기까지 그가 맡은 역할을 생각하면 당연하게 느껴진다. 그는 말리부 저택(1,180만 달러)을 판 사건이 어떻게 남은 인생의 향방을 결

---

* 『플레이보이』를 창간한 인물.

정지었는지에 대해 쓴다. 동물권을 중심으로 한 활동가로서의 삶에 관해서도 이야기하고, 총체적으로 볼 때 농장에서 부모님과 반려견들과 함께 평화로이 살아가는 데 만족하는 듯 보인다.

그러다 2022년, 앤더슨과 리의 관계, 섹스 동영상 유출 사건, 그 여파까지 픽션화한 〈팸 & 토미Pam & Tommy〉가 훌루에서 공개됐다. 또다시, 그를 다룬 이야기가 자신의 개입이나 동의 없이 이뤄졌다. 또다시, 그는 자신의 이야기를 갈취당했으며 금전적인 이득을 얻지도 못했다. 나는 문화적 구원의 길은 열려 있다고 생각한다. 다만 거의 불가능할 뿐.

한편, 앤더슨의 회고록과 다큐멘터리는 한 사람이 살아온 삶을 상호보완적으로 큐레이팅한 결과물이다. 앤더슨은 거의 30년 동안이나 자신의 세계가 미디어에 의해 왜곡되는 것을 지켜봤다. '플레이메이트'* 멀티버스 같은 것이라 해야 할까. 『러브, 패멀라』의 '감사의 말'에 앤더슨은 이렇게 쓴다. "이 책은 불완전한 삶을 살아가는 불완전한 사람들이 그 삶 안에서 기쁨을 발견하는 축전이자 스크랩북이다." 이 문구는 책과 다큐멘터리 모두를 적확하게 요약한다. 두 프로젝트에서 앤더슨은 자신만의 이야기를 자신만의 방식으로, 자신만의 언어로 전한다. 그건 앤더슨이 보여주고 들려주기로 선택한 것만을 우리가 보고 들을 수 있다는 뜻이다. 이런 용의주도함은 앤더슨만 가진 게 아니다. 자신의 일부를 세상에 드러낼 때, 누구나 자신을 드러내

남 일에 참견하기

---

* 『플레이보이』 각 호에 특집으로 게재되는 여성 누드모델.

는 방식을 큐레이팅한다. 앤더슨이 책과 다큐를 통해 해낸 신중한 큐레이션은 몹시도 적절한, 작은 정의의 실현이라 할 수 있다.

『더들컷』 2023년 2월 3일

록산에게 물어보세요

당신이 편지에 쓴 건 무심함이 아니에요.

당신은 자신의 욕구들과
세상에 좋은 일을 하는 것 사이에서
균형을 맞추려 노력하는
인간적인, 한 명의 여성일 뿐이에요.

충분히 시간을 가지세요.
공감을 확장하겠다는 다짐을 잊지 않는 한,
수치심을 느낄 이유는 하나도 없습니다.

일은 중요하죠, 하지만 가장 중요한 건 아닙니다

나는 여러분의 일하는 동료로서 정말 많은 질문을 받는데, 몇 가지 공통 주제가 있다. 대개의 경우 사람들은 뭔가 다른 것, 더 많은 것을 바란다. 더 많은 만족감이든, 더 많은 돈이든, 더 많은 존경이든. 자신이 변화를 일으키고 있다고 여기고 싶어한다. 스스로 가치 있는 사람이라고 느끼고 싶어하며, 보이는 존재, 들리는 존재가 되고 싶어한다. 더 많은 평화를 누리고 싶어서 옆 칸에 탄 남자가 좀 덜 쩝쩝거리기를 바란다. 화장실 바깥에서도 마실 물을 얻고 싶어한다. 가족 기업에 근무하는 어떤 사람은 야심이 있으나 그 회사에선 가족 아닌 직원들에게는 승진 기회가 없다. 공식 인사팀이 없는 작은 회사에서 일하는 사람은 업무상 숱한 문제가 발생해도 의지할 데가 없다. 사람들은 직장생활과 별개로 자기 자신과 개인적인 관심사를 위해 더 많은 시간을 내고 싶어한다. 바라고 또 바라면서 바라는 만큼의 만족감을 얻지 못할까봐 걱정한다.

대개의 경우, 사람들은 걱정이 많다. 부양가족이 있고 주택담보대출금이 있고 임대료며 학자금대출이며 자동차 대출금을 비롯해 우리 삶을 집어삼키는 온갖 재정적 의무가 있다. 육십대에 접어든 이들은 오늘날의 취업 시장에서 갈피를 잡지 못하고 있고, 이십대들은 자신이 진지하게 받아들여질 날이 아예 오지 않을까봐 걱정한다. 정년퇴직이 2년 앞으로 다가왔는데 커리어를 바꿀 여력이 없는 이들. 인상적인 이력 따위 없이 막 대학을 졸업해서 직장을 골라 갈 처지가 아닌 이들. 30년이나 근속했지만 은퇴 이후를 위해 저축할 기회가 없었던 이들. 장애가 있으나 불이익이 두려워 상사에게 얘기하지 못하는 이들. 끔찍한 부조리를 알리고 싶지만 가족의 생계를 책임지는 입장이라 갈팡질팡하는 이들.

대개의 경우, 사람들은 끝도 없이 변화하는 일터의 규범들에 어떻게 대응해나갈지 고민한다. 팬데믹을 거치며 앞으로도 쭉 재택근무를 하고 싶기도 하고, 다른 한편으로는 사무실의 시끌벅적한 소음이나 친한 동료들과의 즐거운 시간이 그립기도 하다. 혹은 재택근무와 사무실 출근 모두를 누릴 수 있는 유연한 근무 환경을 바라기도 한다. 더 나은 노동조건을 위해 노조를 결성하고 싶어하고, 육아 휴직 제도를 바라며, 단지 자기 자신이라는 이유로 회사에서 내쫓기지 않기를 바란다. 하루 벌어 하루 사는 월급쟁이 생활을 그만두고 싶지만 최저임금을 받고 있고 그걸 넘어설 방법은 알지 못한다.

각자가 처한 상황은 다르지만, 우리 대부분은 똑같이 냉혹한 현실에 직면한다. 우리가 원하고 필요로 하며 마땅히 누릴 자격이 있는 직장생활을 정작 충분히 통제하지 못하고 있다는 점 말이다. 많은 경우 오도 가도 못한 채 우리는 갇히고 만다. 끔찍한 직장이나 끔찍한 상사를 떠날 순 있지만, 새로운 일터나 새로운 상사가 더 나을 거라는 보장은 거의 없다. 그렇다고 일과 비참함이 꼭 동의어인 것은 아니다. 우리 중 가장 운좋은 이들은 직업을 사랑하며 스스로 가치 있다고, 존경받고 보상도 충분히 받는다고 느낀다. 그게 원칙이어야 할 텐데 맙소사, 그들이 예외다.

새해는 기회와 새로운 시작, 변화의 시기를 품고 있다. 그러나 우리 대부분은 똑같은 직장으로 돌아가 똑같은 좌절을 맛본다. 나는 조언을 건네는 것을 좋아하지만, 일하는 동료로서 내가 겪는 가장 큰 어려움은 실제로 직장생활을 개선할 수 있는 변화를 이뤄낼 만한 위치에 있는 사람이 거의 없다는 점이다. 우리는 너무 많은 위험을 감수해야 한다.

맞다, 당신은 직장을 그만둬야 한다. 맞다, 당신의 아이디어를 훔치고 모두에게 떠벌리는 고압적인 동료에게 따져야 한다. 맞다, 당신은 대학원에 다시 돌아가야 한다. 맞다, 당신은 열정이 향하는 곳으로 과감하게 진로를 틀어야 한다. 물론 성공이 결코 보장되지 않는 위험하고 무시무시한 선택을 내리는 게 옳다. 그러나 옳은 일과 할 수 있는 일은 별개다.

그리고 여전히. 새해다. 우리의 직업적 삶에서 일어날 변화가 아무리 힘겹게 느껴질지라도, 우리는 불행한 상황에 꼼짝없이 갇힌 기계 속 톱니바퀴는 아니다. 2023년을 시작하는 지금, 나는 내가 어떤 사람인지와 내가 생계를 위해 무슨 일을 하는지는 전혀 별개의 문제라는 점을 많이 생각한다. 나는 작가이며 교수이자 편집자다. 나는 내 일을 사랑하지만, 일은 일이다. 인정하건대 나는 워커홀릭이다. 많은 이들이 그러하듯 나는 지나치게 많이 일하고 과하게 헌신한다. 내 시간은 한정적이며 당연히 잠은 필수적인데도 나는 마땅히 일해야 할 시간을 훨씬 넘겨 일한다. 그래, 나는 야심가지만 야심 자체가 내 직업적 삶의 강도를 결정하는 유일한 변수는 아니다. 나이가 들수록 '왜'라는 질문을 더 자주 던지게 된다. 삶의 끝에 이르렀을 때, 나는 내가 어떤 사람인지로 기억되고 싶을까, 아니면 내가 생계를 위해 무슨 일을 했는지로 기억되고 싶을까?

이런 사람이 나만은 아니다. 미국 사회는 노동을 미덕으로 여기는 강박이 있다. 더 열심히 일하면 하느님께 더 가까워진다나. 이는 유해한 문화적 미신으로, 착취적인 경제의 제단 앞에 거의 전부를 희생하려는 이들이 행하는 기괴한 가치평가를 강화한다. 바로 이 이유로 할당된 업무 이상도 이하도 하지 않는 이들을 '조용한 퇴사자quiet quitting'로 낙인찍는 담론이 생겨난 것이다.

상호적인 책임을 느끼지 않는 고용주들을 위해 우리가 더 많은 것을 해내야 한다는 기대는 실상 심각한, 극도로 파괴적인 거짓말이다. 설령 직장에서 많은 유연성을 확보하진 못할지라도 삶의 질에 근본적으로 해로운 그 어떤 것도 구태여 신봉할 필요는 없다.

어디서 살 것인가부터 어떻게 일할 것인가까지, 팬데믹은 거의 모든 것을 다시 생각할 기회를 주었다. 온갖 산업의 종사자가 노조를 결성해 평등한 근무 조건을 외치고 있다. 큰 위험을 감수하며 끔찍한 일터를 떠나는 사람들도 있고, 고용주들은 유능한 인재를 채용하고 붙잡아두기 위해 더 많은 노력을 기울이게 됐다.

이러한 소소한 진전은 몹시 고무적이다. 새해를 맞이해 스스로의 직업적 삶이 어떤 모습이면 좋을지 곰곰이 생각해보고, 우리 모두 자신이 어떤 사람인지, 하는 일과는 별개로 자신에게 의미를 주는 게 무엇인지 돌아보는 시간을 가져야 한다. 우리가 하는 일 너머에 있는 우리 자신을 어떻게 돌볼지 고민해야 한다. 가장 부끄러운 건 삶의 끝자락에 이르렀을 때 비석에 이런 문구가 새겨지는 일일 거다. "참으로 열심히 일했음."

뉴욕타임스 '일하는 동료' 2023년 1월 8일

꿈을 펼치기에 너무 늦은 걸까요

나는 조언란을 사랑한다. 언제나 그랬다. '애비에게'나 '앤 랜더스에게 물어보세요'를 읽으며 자랐다. 타인들의 삶과 고민을 엿본다는 관음증을 스스로 즐겼고, 어떤 문제든 진정한 해결책이 있는 것처럼 단단하고 실용적인 조언을 마음에 새겼다. 조언을 하는 일도 그에 못지 않은 만족감을 준다. 충고를 건넨다는 단순한 기쁨, 그리고 미약한 도움이나마 얻길 바라는 마음 같은 것이다.

얼마 전, 고민 사연을 받는다는 공지를 냈고 많은 이들의 연락을 받았다(뭔가 물어보고 싶은 게 있다면 askroxane@nytimes.com으로 이메일을 보내면 된다). 새해를 맞아 이런저런 희망을 품어보는 요즘, 두 통의 편지에 답을 해보려 한다. 편지 내용은 하단에 약간 수정해서 실었다. 글쓴이 둘 다 특정 연령대로, 자신들에게 여전히 꿈을 실현할 기회가 있는지 알고 싶어한다.

록산에게,

이제 막 예순다섯 살이 된 작가입니다. 아직 출판되지 않은 책 두 권을 썼습니다. 짧은 원고 여러 편을 발표하기도 했고요. 패배감과 절망감을 안고 또다른 책을 쓰는 중입니다. 글쓰기 경력을 쌓기엔 너무 나이든 걸까요? 예술적 성취에 나이가 중요한가요?

이제 막 65세가 된 사람으로부터

록산에게,

노스캐롤라이나주에 사는 마흔일곱 살 작가입니다. 세 명의 아이, 파트너와 함께 사는 풀타임 직장인이에요.

최근에 직장에서 저를 재분류했는데(직급 강등이죠), 이제는 일을 관두고 글쓰는 삶을 시작하라는 신호로 받아들이고 있어요.

이제 막 발을 들여놓은 셈이에요. 몇 편의 에세이를 써냈고 블로그 글도 좀 썼는데 돈은 받지 못했어요. 이런 상황이 바뀌었으면 좋겠어요. 글쓰기로 하고 싶은 말이 참 많은데, 35세보다 50세에 더 가까운 제게도 누군가 돈을 주고 청탁을 할까요?

50세에 가까운 사람으로부터

이제 막 65세가 된 분과 50세에 가까운 분에게,

이십대를 통틀어, 그리고 삼십대 들어 대부분의 시절 동안 저는 작가가 되지 못할 거라고 확신했어요. 원고는 끊임없이 거절당했고, 누구나 그러하듯 그 거절을 개인적으로 받아들였습니다. 저는 고집이 세서 계속 쓰고, 계속 읽고, 또 썼습니다. 소셜미디어가 등장하기 전이지만 블로그가 막 생겨나던 인터넷 초창기였습니다. 내가 속하고 싶은 글쓰기 커뮤니티를 알고 있었다는 점에선 운이 좋았지만, 다른 이들의 쓰는 삶과 그 성취에 관한 자세한 내용은 몰랐습니다. 그런 걸 알고 싶다면 직접 찾아봐야 했고, 나는 당연히 그렇게 했어요. 그것도 탐욕스럽게.

제 또래, 혹은 더 어린 나이에 유명한 에이전트에게 발탁돼 원고를 수십만 달러, 혹은 수백만 달러에 팔고, 인기 블로그를 만들어 그걸 바탕으로 전업 작가 경력을 쌓아간 이들의 극적인 이야기들이 가득했고, 제 안에선 격렬한 질투가 일었어요.

글쓰기의 세계는 저를 지나쳐가고 있었습니다. 저는 결코 눈에 띠지 못할 것 같았어요. 평범한 직장에서 평범하게 일하며 무명으로 글을 쓰다보면 어느덧 너무 늦어버리고 말 것 같았습니다. 서른 살이 되고 서른다섯 살이 될 테고 그 이후로는 상상할 수가 없었어요. 서른다섯 살까지 베스트셀러를 내지 못한다면 내 꿈은 단지 유예되는 게 아니라 죽음, 죽음, 죽음에 이르고 말 테니까.

거절당하는 일이 점차 줄어든 이후에도 나는 기회를 얻지 못하는 이유를 찾아냈어요. 첫 소설 『언테임드 스테이트An Untamed State』(2014)가 팔리기까지의 과정은 지난했습니다. 2년여의 시간, 에이전트 둘에 수정 두 번, 그리고 셀 수 없이 많은 퇴짜를 거쳤죠. 문학계에 이름을 떨치겠다는 포부에서 약간의 수입이라도 얻는 것으로, 책 계약이라도 무사히 맺는 것으로, 결국 그저 좋은 책을 쓰자는 것으로 저는 꿈을 계속 줄여나갔습니다. 그러나 그 꿈조차 이루어지지 않았어요. 최선을 다했지만 최선만으로는 충분하지 않았던 겁니다. 포기하기 직전이었지만 내 곁에는 기회가 올 테니 마음 단단히 붙들라고, 믿음을 가지라고, 계속 쓰고 노력해보라고 말해주는 사람이 있었어요. 그 말이 맞았어요. 그 사람의 말은 언제나 옳습니다. 그가 자신의 기회를 기다리고 있는 지금, 나는 말해줄 수 있어요. 기회를 얻을 때까지 계속해서 쓰고 분주히 움직이고 믿음을 가지라고. 그는 분명 그 기회를 얻게 될 겁니다.

첫 소설 원고를 팔았을 때, 나는 예술적 성공에 대한 기존 생각을 고쳐먹어야 했습니다. 선불금 1만 2,500달러를 받는 계약서에 서명했던 겁니다. 공교롭게도 같은 시기에 『나쁜 페미니스트』 원고도 다른 출판사에 1만 5,000달러의 선불금을 받고 팔았습니다. 당시 나는 서른여덟 살이었고 일리노이주 외곽에서 풀타임 강사로 일하고 있었어요. 영광 대신 기회를 얻었죠. 나머지는 내가 통제할 수 없는 영역이었습니다.

글쓰는 사람으로서 성공이 당연히 젊음과 연동된다는 생각에 빠지기 쉽습니다. 출판계는 마치 40세나 50세 혹은 60세 이상에겐 의미 있는 이야기가 없다는 양 문학적 영재만 추켜세우죠. 그렇지 않습니다. 나이가 들수록 할말이 많아지며 스스로를 표현하는 데도 더 능숙해져요. 예술적 성취를 거두는 데는 나이 제한이 없습니다. 스물두 살에, 혹은 일흔두 살에 얻게 될 수도 있고 평생 성공할 수 없을지도 몰라요. 아뇨, 당신이 몇 살이든 글쓰기 경력을 쌓는 데 늦지 않았습니다. 그래요, 열과 성을 다해 글을 썼는데도 아직 이름을 알리지 못했을 때 패배감이 느껴지는 건 지극히 당연한 일입니다. 아뇨, 단지 원한다고 예술적 성공이 보장되는 건 아닙니다.

스스로의 글쓰기에서 미래를 찾기 어려워 절망하던 시기에 내가 들었다면 좋았을 조언은 이런 거예요. 예술적 성취를 정의할 때, 내가 통제할 수 없는 요인들로 그 정의를 만들지 말라는 거요. 때로 성공은 지면에 심각하게 부끄럽지는 않을 정도의 구절 몇 개를 싣는 것일 수도 있습니다. 또는 가족을 부양하고 자녀를 키우며 풀타임으로 일하면서 수년 동안 소설 한 편을 완성할 방법을 찾는 게 성공일 수도 있죠. 때론 작은 출판사에 원고를 팔아 스물다섯 부 정도의 책을 인쇄한 뒤, 인세를 못 받을 수도 있는 막연한 약속을 건네받는 일이 성공일 수도 있습니다. 그리고 운이 무척 좋은 경우, 예술적 성취는 많은 이들이 애타게 갈망하는 화려한 것들로 상징됩니다. 대규모

계약, 비평가들의 찬사, 여러 도시를 도는 북 토크 행사, 영화화까지.

나이가 들수록 우리는 작가로서든 개인으로서든 문화적으로 점점 더 보이지 않는 존재가 되어갑니다. 그러나 당신에게는 당신의 언어가 있어요. 글쓰기와 책 출간은 완전히 별개의 일입니다. 그러니 다른 작가들은 당신의 기준이 될 수 없습니다. 또래들이나 더 젊은 사람들이 이미 성취한 것들에 전전긍긍하면 질투나 슬픔으로 병이 날 뿐이니 걱정하지 않으려 노력해보세요. 당신이 통제할 수 있는 건 오직 어떻게 글을 쓸지, 얼마나 열과 성을 다할지 그뿐입니다. 당신의 단행본 계약이 성사되지 못하는 건 당장의 문학적 취향 때문일 수도 있어요. 세상 다른 모든 작가가 당신보다 훨씬 더 즐겁게 사는 것도 아닙니다. 소셜미디어에선 그렇게 보일 수도 있겠지만 거기서 그들은 보이고 싶은 것만을 보여줄 따름이에요.

할 수 있는 한, 최선을 다해, 최대한 진심을 담아 글을 쓰세요. 글을 쓸 수 없을 때는 당신의 약속을 믿는 이들이 곁에 있는지 확인하세요. 글쓰기는 마땅히 보상을 받아야 하는 일이므로, 이상적인 말이긴 하지만 글을 세상에 내놓을 때 정당한 대가를 받도록 하세요. 그러나 50세든 65세든 83세든 특정 나이에 가까워지고 있다는 걸 걱정하진 마세요. 예술적 성취는 그 모양이 어떠하든 젊은이들의 전유물이 아니니까요. 당신은 늦게 피는 꽃이 아닙니다. 당신은 이미 피어나고 있는 꽃입니다.

화는 엄청 나는데 사회운동에 나서긴 어려워요

록산에게,

지난 1월, 뉴욕에서 열리는 여성의 날 행진에 참여할 거냐고 친구들에게 이메일을 보냈어요. 나처럼 진보적인 흑인 여성이 이런 답을 보냈더라고요. "못 가. 이번 주말 완전 바쁘네:(." 곧장 짜증이 나더라고요. 훗날 역사의 이 시절을 돌아보며 이렇게 말하게 되는 거 아닐까요? "우린 저항할 수 있었지만 브런치 약속이나 마감 때문에 그주 주말에 완전 바빴다."

그후로 몇 달 동안 내가 깊은 수치심과 더불어 천천히 깨달은 것은, 나도 다르지 않다는 사실이었습니다. 나는 2016년 11월 이후로 계속 같은 수준의 무관심을 지녀왔어요. 일견 그럴듯한 핑계도 있었죠. 아이를 가졌고, 가족이 아프거나 세상을 떠났고, 일도 힘들었어요. 하지만 그런 것들은 사실 기저의 무력감을 가리고 있을 뿐이었습니다. 전화 캠페인에 참여하거나 책을 사거나 앨라배마주 보궐선거 개표 방송을 시청하는 등 몇몇 미미한 참여는 했지만 진짜 활동이라고 할 만한 건 아무것도 안 했어요. 이 나라에서 인종차별이 극에 달한 시기에 뒤로 물러남으로써 흑인 여성으로 살아가는 태생적 삶의 무게를 견디고 감당하는 중이라 생각했지만 그건 진실의 일부일 뿐이구나 싶어요.

이 행정부가 라틴계, 아메리카 원주민, 무슬림, LGBT 친구들, 여성들, 그리고 다른 많은 이들을 대하는 태도에 나는 계속해서 몹시 분개하고 있어요. 하지만 어떤 행동을 해야 할지 내내 고민이 됩니다. 내가 겪는 무심함을 스스로 이해하고 극복할 수 있는 지혜로운 조언을 건네주시겠어요?

냉담한 이상주의자로부터

418

냉담한 이상주의자에게,

수많은 사람이 당신의 편지에 공감할 거라 믿어 의심치 않습니다. 나도 공감하는걸요. 행동에 나서는 것과 대의를 위해 투신하는 것, 그리고 일상적인 삶의 요구 사이에서 균형을 잡기란 어려운 일입니다. 무엇에 주의를 기울여야 할지, 무엇에, 그리고 어떻게 반응해야 할지 아는 건 쉽지 않죠. 우리도 인격이 있는 존재임을 끝도 없이 주장해야 하는 나라에서 흑인 여성으로 살아간다는 건 견디기 힘들어요. 불평등과 분쟁, 고통으로 점철된 세상을 견디느라 이미 감정의 진폭이 몹시 좁아진 상황에서 공감의 한계를 넓힌다는 건 몹시도 힘겨운 일입니다.

2016년 대선 이후 지금까지 현정부가 초래한 혼란에 대한 이런저런 끔찍한 이야기들이 매일같이 새로이 쏟아지고 있습니다. 압도되길 넘어서서 지쳐 나가떨어질 지경이죠.

물론 트럼프 대통령이 유일한 문제는 아니지만, 사회정치적으로 가장 시급하고 괴로운 문젯거리인 건 사실입니다. 이번주에 저는 브레넌 워커를, 디트로이트 교외에서 학교 가던 중 길을 물어보려고 근처 집의 문을 두드린 순간 총에 맞은 그 열네 살 소년을 계속 생각하고 있습니다. 친구를 기다리던 중에 흑인이라는 이유로 스타벅스에서 수갑이 채워진 채 끌려나간 두 남성을 생각하고 있습니다.

나는 총을 휘두른다는 신고를 받고 출동한 뉴욕시 경찰관들에게 살해된, 정신질환이 있는 흑인인 사히드 버슬에 대해 생각하고 있습니다. 그에겐 총이 없었습니다. 또한 총을 들고 있다고 오해한 경찰에게 할머니 집 뒷마당에서 살해당한, 그러나 사실은 휴대폰을 들고 있었을 뿐인 스터번 클라크를 끈질기게 떠올리고 있습니다. 흑인 산모의 건강에 인종차별이 미치는 영향을 분석한 최근의 절망적인 연구 결과에 대해서도 생각하고 있습니다. 최근 대통령이 서명한 성매매방지법에 대해서도 생각합니다. 그 법은 성 노동자들이 생계를 유지하고 온라인에서 안전하게 고객을 심사할 여지를 침해하며 교묘한 검열이기도 합니다.

미국은 최근 시리아를 공습했고, 트럼프 대통령은 그것이 모순인지도 모르고, 최근 역사에 대한 일말의 이해도 없이 "임무 완수"라는 말을 내뱉었죠. 환경보호국의 수장은 자기 집 지하실에서 지폐를 찍어내기라도 하듯 돈을 펑펑 쓰면서 환경보호국이 해야 할 임무와 정반대되는 일을 하라며 기관을 압박하고 있고요.

해고된 연방수사국 국장 제임스 코미는 최근 인터뷰에서 트럼프가 대통령으로서 "도덕적으로 부적격"이라고 말했고, 트럼프 대통령은 예상대로 트위터에서 그를 향해 고래고래 악을 쓰는 것으로 맞받아쳤습니다. 그러는 동안 피츠버그 경찰은 트럼프가 로버트 뮬러 특검을 해임할 경우 예상되는 시위에 대비하는 중이죠.

내가 말하고 싶은 건, 세상엔 많은 일이 벌어지고 있다는 거예요. 내 세상에서도 많은 일이 일어나고 있어요. 당신의 세상에서도 마찬가지고요. 그게 삶의 본질입니다. 우리는 자신과 가족들을 돌보는 일, 그리고 우리가 사는 세상과 공익을 위하는 일 사이에서 균형을 잡을 방법을 찾으려 애쓰지요. 때로는 둘 중 하나에는 마음을 쏟기 어렵습니다. 때로는 전부 다 못 챙기기도 하죠. 그래도 대부분의 경우 우리는 최선을 다해요.

쉬운 답은 없지만, 나는 우리가 모든 걸 항상 신경써야 한다는 생각에 압도되어 어쩔 줄 몰라 하는 것 같아요. 마치 그게 가능하기라도 하다는 듯 말이죠. 유아론적인 수렁에 빠지면 우리 없이는 온 세상 투쟁이 계속될 수 없다고 착각하게 돼요. 그럴 일은 거의 없습니다. 집단적인 노력이 위대한 건 우리가 몹시 지쳤거나 번아웃 상태여서 참여하지 못할 때도 누군가는 세상에 나아가 사회정의를 위한 중요한 실천을 하리란 걸 믿을 수 있기 때문입니다.

올해 뉴욕에서 열린 여성의 날 행진에 당신의 친구는 가지 않았지만, 다른 수많은 사람은 참여했습니다. 매일매일 어디서나 사람들은 크고 작은 방식으로 억압과 압제에 저항하고 있어요.

요즘 나는 죽지 않고 제정신을 유지하기 위해 두 가지 일을 하고 있습니다. 우선 24시간 뉴스 방송이 일관성을 잃고 엉망진창이 되었기에 케이블 뉴스 보는 걸 그만뒀어요. 게으른 전문가의 소견 따위나 들어야 하고 가장 자극적인 소식만 끝도 없이 되감기하듯 전하는 뉴스를 듣지 않고도 정보를 얻을 수 있는 방법은 많으니까요. 또 사회정의를 추구하는 내 에너지를 한 번에 하나의 이슈에만 쏟으려고 애쓰고 있어요.

하나의 이슈에만 집중해서 진정으로 노력하고 관심을 기울일 수 있다면 뭔가 도움이 되는 기여를 할 수 있지 않을까요. 나는 그 에너지를 다양한 방식으로 투여하기로 했어요. 긴급한 문제에 대해 글을 쓰는 것이든, 다른 이들의 목소리에 힘을 싣는 것이든, 비영리단체에 돈이나 시간을 기부하는 것이든, 도움이 되겠다 싶은 어떤 것이든 말이죠. 가끔은 내가 대체 뭘 해야 도움이 될지 모를 때도 있는데, 그럴 때는 적절한 주변인들에게 올바른 방향을 일러달라고 조언을 구해요. 내가 모든 답을 가지고 있을 필요는 없다는 걸 알고 있기 때문입니다.

당신이 편지에 쓴 건 무심함이 아니에요. 당신은 지금의 세상이 처한 상태에 무관심하지 않습니다. 당신은 자신의 욕구들과 세상에 좋은 일을 하는 것 사이에서 균형을 맞추려 노력하는 인간적인, 한 명의 여성일 뿐이에요. 지금 당장은 당신의 욕구 쪽이 더 우세한 상황인 거죠. 충분히 시간을 가지세요. 감정 저장고가 차올랐을 때 다시금 공감을 확장하겠다는 다짐을 잊지 않는 한, 이 상태에 수치심을 느낄 이유는 하나도 없습니다.

당신이 세상 돌아가는 일에 마음을 쓰지 않았다면 오히려 나는 걱정했을 겁니다. 이 고민을 털어놓지 않았다면 걱정했을 테고요.

뉴욕타임스 2018년 4월 20일

내 삶에도 평생의 사랑이 있을까요

록산에게,

　저는 마흔세 살의 싱글이자 미혼이며 대학을 나오고 한 아이를 키우는 엄마입니다. 사랑에 대해 조언을 구하고 싶어요. 연애하는 삶에서 이리저리 길을 찾고 있는데, 누군가를 사랑하는 것과 사랑에 빠지는 것, 그리고 소울메이트를 갖는 일의 차이를 명확히 알고 싶어요. 저는 사랑이라는 관념을 사랑하고 한 남자와 평생을 함께하고 싶다는 마음이 크지만, 잘못된 선택을 할까봐 두려워서 헌신하기를 주저하게 됩니다. 10년, 15년, 20년을 함께 살다가도 이혼하고 아무렇지 않게 살아가는 커플들을 보거든요. 내 결혼만은 평생 가길 바라는 저로서는 두렵기만 합니다. 제가 너무 과하게 생각하는 걸까요, 아니면 너무 강박적인 걸까요? 아니면 단지 시간이 지나야 알게 되는 일인 걸까요?

평생의 사랑을 찾는 사람으로부터

평생의 사랑을 찾는 분에게,

　우리는 사랑이라는 개념을, 그리고 당신의 모든 꿈을 이뤄주고 평생 당신을 사랑하며 당신을 완성해줄 진실한 단 한 명이 있다는 관념을 이상화하는 문화에 살고 있습니다. 어릴 때부터 우리는 진정한 사랑이 저 바깥 어딘가에서 우리를 기다리고 있다고, 그러니 진정한 사랑을 경험하는 게 어떤 느낌인지 알려면, 옳은 선택을 내렸다는 걸 알려면, 그 사람을 찾아야 한다는 얘기를 듣습니다. 사랑에 대한 진실은 그것이 종종 혼란스럽고 알 수 없다는 점입니다. 옳은 선택을 한 건지 결코 알 수 없을지도 모르죠. 그러나 사랑이 진실하다면 알 수 없는 모든 것을 어떻게든 받아들일 수 있습니다.

나는 마흔네 살이고, 복잡한 연애를 하는 상태이며 결혼한 적도 없어요. 사랑 전문가는 아닌 거죠. 다만 사랑이라는 개념을 사랑하면서도 사랑에 대한 관념과 실제 사랑 사이에는 차이가 있다는 걸 깨달을 만큼은 나이가 들었고 사랑도 오래 했습니다.

결혼이나 연애가 평생 지속될지의 여부는 그 누구도 모릅니다. 그걸 바랄 수는 있겠죠. 좋은 관계를 유지하기 위해 열심히 노력하거나 최선을 다할 순 있겠지만, 그래도 여전히 일이 잘 풀리지 않을 수 있어요. 그렇다고 시간을 낭비하거나 실패한 건 아닙니다. 이혼을 택하는 많은 사람이 아무렇지도 않은 건, 관념으로서의 사랑과 현실로서의 사랑 사이에는 차이가 있다는 걸 알기 때문입니다. 그들은 단지 사랑이라는 관념이 다 괜찮지 않은데도 괜찮은 척하기를 요구한다는 이유로 결혼생활을 유지한다면 아무것도 얻을 수 없다는 걸 알고 있는 겁니다. 무심해 보일 수 있어도 사실 깊은 고심 끝에 내린 결정일 수 있어요. 가볍게 이혼하는 사람은 거의 없습니다. 마음을 쓰고 투쟁하고 평생 가리라 소망했던 약속을 끝내는 것은 무척 고통스러운 일이니까요.

편지에서 당신은 현재보다는 미래에 있을지도 모를 관계에 몹시 집중하고 있더군요. 잘못된 선택을 내릴까봐 걱정할 뿐, 평생을 두고 혹은 잠시나마 옳은 선택을 할 수도 있다는 건 염두에 두지 않고 있어요. 누군가를 만나 데이트를 시작하는 시점에는 앞으로 어떻게 될지 아무것도 알 수 없습니다. 당신에겐 희망과 꿈도 물론 있겠지만, 상대를 알아가고 더 깊은 관계를 맺어보자고 결심하고 때론 약속을 공식화하기로 선택하면서 하루하루를 보내야 해요. 관계에서 무엇을 원하는지 아는 것도 중요하지만, 관계가 어떻게 될지 안 될지 걱정하는 대신 관계가 발전해갈 수 있는 공간을 마련하는 것도 매우 중요합니다. 오늘에서 내일로 향하는 현재적인 관계 안에 있어봐야 해요. 어떤 날은 눈부시게 아름답겠지만 어떤 날은 완전히 재앙 같을 테죠. 평생 가는 결혼을 원하면서도 어쩌면 당신은 평생 누군가를 사랑하는 데 필요한 무언가를 간과하고 있는 건지도 모릅니다. 누군가를 평생 사랑하는 데는 매일의 소소한 기쁨과 슬픔, 좌절이 뒤얽혀 있다는 사실 말입니다.

누군가를 사랑하는 것과 사랑에 빠지는 것, 그리고 소울메이트의 존재가 어떻게 다른지 서른세 명에게 묻는다면 서른세 개의 답을 듣게 될 테니, 그냥 나에겐 그게 어떤 의미인지 이야기해볼게요. 하나 경고해둘 것은 내가 열정 넘치고 어리석은 로맨티시스트라는 겁니다. 나는 사랑을, 그리고 그 원대한 몸짓을 믿는 사람입니다. 사랑하는 이를 쫓아가고 유혹하고 구애하는 일에 거리낌이 없어요. 반짝반짝한 연애 초기뿐만 아니라 상대가 미친 건가 싶은 시절에도 그렇게 하죠. 그리고 생각해요. 오늘은 해바라기를 보내거나 그가 가장 좋아하는 커피를 건네주기에 좋은 날이 아닐까?

운명 같은 사람을 찾았다면 곧장 알아볼 수 있어요. 하지만 항상 찾으리라는 보장은 없습니다. 평생의 짝을 찾지 못하는 이들도 있고, 운명이다 싶은 상대가 여러 명이거나, 짝을 찾았다고 생각했는데 상대 혹은 스스로가 더는 견딜 수 없는 방식으로 변할 수도 있습니다. 사랑은 그렇게나 엉망진창이에요. 사랑은 그것을 사랑하는 만큼 진저리치게 싫은 날도 있고, 그럴 땐 그냥 훌쩍 떠나버리거나 포기하고 싶지만 그럼에도 사랑에는 나를 붙드는 뭔가가, 중심을 단단히 잡게 해주는 뭔가가 있어요.

누군가를 사랑한다는 건 그 사람이 내 삶에서 수행하고 있거나 수행해온 역할을 인지하고 그 존재를 존중하는 일입니다. 때로 사랑은 의무처럼 느껴지지만 그건 기꺼이 이행하고 싶은 의무입니다. 때로 사랑에 힘겨운 노력이 필요하더라도 기꺼이 그 노력을 기울이고 싶죠. 사랑은 사랑하는 이가 딱히 내 마음에 들지 않을 때도 나를 붙드는 상수입니다. 사랑은 좋든 나쁘든 누군가 내 삶에 관여한 방식들을 인정하는 일인 셈입니다.

사랑에 빠지는 건 사납고, 숨이 멎을 듯하고, 격렬한 일입니다. 사랑하는 사람을 생각할 때, 그를 볼 때, 껴안을 때, 뱃속에서 나비가 날아다니는 것 같죠. 살결이 맞닿을 때 짜릿한 느낌이 들고요. 눈을 크게 뜨고 마음을 활짝 열어 상대를 향해 미소 짓는 일, 그 사람도 똑같이 내게 미소 지어주는 일입니다. 손이 뜨겁고 약간 땀이 나더라도 그 사람의 손을 잡고 싶어지는 일. 강렬한 열망과 원하고 또 원하는 마음의 열기. 사랑에 빠진다는 건 상대의 진정한 모습을, 가장 멋진 점과 가장 끔찍한 점 모두를 바라보는 일, 그리고 그 모든 것을 외면하지 않고 내게 보이는 모든 면을 힘껏 끌어안는 편을 택하는 일입니다. 어렵지만 진솔한 대화를 기꺼이 나누겠다는 마음. 관계의 구조를 타협해가는 일. 인내심과 유연성을 가지고 상대에게 짜증이 나거나 화가 나더라도 끝내 붙드는 일. 상대를 위해서만이 아니라 나를 위해서도, 특히나 나를 위해 최선의 내가 되려는 일. 사랑하는 사람의 성취를 자랑스러워하고 꼭 나의 성공만큼 그의 성공을 기뻐하는 일. 그의 아픔이 곧 나의 아픔이 되는 일. 서로 떨어져 있을 때 그의 부재를 느끼고, 그 부재가 끝났을 때 기쁨이 차오르는 일. 사랑하는 만큼 그를 좋아하는 일, 그가 어떤 사람인지 관심을 가지고 그가 나에게 관심을 가져주는 일에 경탄하는 일. 그것은 본능입니다. 그냥 느껴지는 거예요. 뼛속 깊이 아는 거죠. 완벽하진 않아요, 전혀요. 그럴 필요도 없고요. 사랑에 빠진다는 건 당신을 가득 채우는 일, 단지 그것입니다.

소울메이트에 관해서는, 나 스스로 그런 사람을 만나기 전까진 믿지 않았습니다. 소울메이트란 속속들이 당신의 일부인, 그래서 마치 내 몸 밖에 있으나 필수 장기처럼 느껴지는 존재입니다. 소울메이트는 태양의 가장 뜨거운 지점, 진정한 북쪽 방향, 고향집이자, 관계의 물질적 조건이 어떠하든 당신이 결코 떠나지 않을 사람입니다. 무슨 일이 있어도 기다릴 수 있는, 그럴 만한 사람이 소울메이트예요. 바라볼 때면 언제나 이런 생각을 하게 되는 사람이요. "당신…… 여기 있구나."

그런데 나나 다른 사람이 사랑을 어떻게 이해하는지는 진심으로 중요하지 않아요. 누군가를 사랑하는 것, 사랑에 빠지는 것, 그리고 소울메이트를 갖는다는 것이 어떤 의미인지는 당신이 정하기 나름입니다. 앞으로 함께하고 싶은 사람이 어떤 사람인지, 얼마나 오래 함께하고 싶은지, 그 관계는 어떤 모습일지 선택하는 건 당신이에요. 사랑하는 사람이 당신 곁에서 함께 싸우고 있는 한, 당신은 원하는 것을 위해 싸울 수 있을 겁니다.

당신이 찾고 있는 그 사람을 꼭 찾기를 바랍니다. 그를 만나게 되면, 그 관계가 어떻게 끝날지 걱정은 안 했으면 좋겠어요. 무슨 일이 있더라도 사랑하고 사랑받는 행위 자체에서 기쁨과 충만함을 얻길 바랍니다.

뉴욕타임스 2018년 10월 18일

429

커리어를 쌓는 내내 현명하고 관대한 편집자들과 함께 일할 수 있어 정말이지 행운이었다. 글을 쓸 기회를 주고 이 책에 실린 대부분의 에세이를 편집해준, 내가 작가로 성장할 수 있게 도와준 제시카 그로스, 메건 카펜티어, 슈얼 챈, 레이철 드라이, 제니 데즈먼드 해리스, 인드라니 센, 그리고 버네사 모블리에게 감사의 마음을 전한다. 당신들은 헤아릴 수 없이 귀중한 조언을 건네주었다. 이 책이 나오기까지 초창기에 도움을 준, 블레이크 버틀러, 진 모건, 아이작 피츠제럴드, 줄리 그레시어스, 그리고 데이브 데일리에게도 감사드린다. 애슐리 포드, 트레이시 곤잘레즈, 랜다 재랄, 사이드 존스, 알렉산더 지, 저미 애튼버그, 매슈 살레시스, 오브리 허쉬, 맷 벨, 브라이언 올류, 리디아 유크나비치, 그리고 내가 깜빡한 다른 모든 분에게도 관대한 친구이자 최고의 글쓰기 공동체가 되어주어 감사하다고 말하고 싶다.

내 에이전트 마리아 매시는 2013년부터 내 커리어를 이끌어주었고, 그를 친구라고 부를 수 있다는 것도 행운이다. 케빈 밀스, 트리니티 레이, 실비 라비뇨, 레브 긴즈버그 등 나머지 팀원들에게도 고마움을 전한다. 나의 편집자 에밀리 그리핀은 인내심이 많고 통찰력이 대단하며 상냥한 사람으로, 나는 그와 함께 일하는 게 참 좋다. 내 책들이 세상에 나올 수 있도록 도와주는 케이트 데즈먼드와 하퍼출판사의 홍보, 마케팅, 학술 영업부의 모든 분에게도 감사드린다. 항상 눈에 띄진 않지만 내 작업이 가능하게끔 모든 지원을 아끼지 않는 두 명의 멋진 여성, 케이틀린 애덤스와 멕 필로와 나는 매일 함께 일한다.

언제나 그렇듯 〈성범죄수사대: SVU〉에 감사드리며, 열린 삶의 미덕을 일러준 〈하우스 헌터House Hunters〉에도, 그리고 모든 HGTV 방송에도 정말 감사드린다.

마지막으로 50여 년 동안 내 의견을 때론 기꺼이 들어준 내 가족, 마이클과 니콜 게이, 조엘 게이, 마이클 게이 주니어와 에이드 게이, 그리고 각자 특별한 방식으로 귀여운 나의 조카들에게도 고마움을 전한다. 내 안에 애견인의 기질이 있다는 걸 예기치 않게 알려준 나의 반려견 막시무스 토레토 블루베리에게도 고맙다. 정말이지 몰랐던 점이다. 그리고 무엇보다 나만큼 자기의견이 강하며 내가 사랑하는 것만큼 나를 맹렬히 사랑하는, 나의 가장 신뢰하는 첫 독자이자 매일매일을 즐거운 모험으로 만들어주는 아내, 데버라 밀먼 게이에게 감사한다.

내게는 내 목소리가 있고,
나는 그 목소리를 최대한 크게 낼 것이다.

옮긴이의 글
구원 없는 세계에서 의견 쓰기, 그리고 응답하기

『아무도 우리를 구해주지 않는다』의 원제는 '의견들Opinions'이다. 지난 10년간 온갖 이슈와 논쟁거리에 스스로를 연루시키며 의견을 개진해온 록산 게이가 자신이 가장 아끼는 글을 선별해 엮은 책이다. 본문에 등장하는 여러 단어 중 편집자와 함께 고심한 번역어 중에는 '의견 쓰기opinion writing'도 있었다. 사설 혹은 칼럼, 시사적 글쓰기 등으로 번역 가능했으나 '의견 쓰기'로 그대로 두고자 했다. 그렇게 옮겼을 때 의견 쓰기의 범위가 훨씬 폭넓게 다가올 수 있다고 여겼기 때문이다. 의견을 쓴다는 것에 진입 장벽이나 자격의 유무를 독자가 크게 인식하지 않고 읽을 수 있기를, 더불어 의견을 쓰는 행위 자체를 고민해볼 수 있기를 바랐다.

의견 쓰기는 어떤 행위인가? 특정한 생각 혹은 입장을 표명하는 것, 그럼으로써 발화자가 서 있는 위치를 드러내는 일이다. 표현의 자유를 믿는 사람으로서, 특히나 창작 영역에서의 검열에 반대하는 사람으로서 록산 게이는 누구나 의견을 자유로이 표출할 수 있다고 본다. 다만 중요한 것은 그에 따르는 책임이다. 시간에 따라, 이슈의 특정한 맥락 변화에 따라, 작가의 가치관 변화에 따라 이 책 안에서도 의견의 변화가 엿보이지만 (#미투 운동 직후 남성들에게 걸었던 희망을 몇 년 뒤 철회한다거나, 트럼프 당선 직전까지 다소 조심스럽게 힐러리 클린턴 후보에 대한 지지를 표명했다가 이후에는 그때 할 수 있는 것을 더 해야 했다고 후회한다거나) 그가 페미니스트로서, 흑인 여성으로서, 그 밖에 서로 교차하는 온갖 정체성을 끌어안고 일관되게 지녀온 신념은 최선을 다해 의견을 말하고 쓰며 그에 대한 책임을 마땅히, 그리고 정당히 지는 일이다. 그가 반복해 말하듯 현실은 진공상태가 아니다.

록산 게이는 익명의 자아 뒤에 숨지 않으며, 말할 수 있는 것에 관해 말하고, 스스로 어디에 서 있는지를 명확히 알고 있기에 납작한 보편성보다는 입체적인 특수성에 언제나 맹렬히 주의를 기울인다. 비난받아 마땅한 상대더라도 무턱대고 모욕하려는 충동을 때로는 고통스럽게, 언제나 숙고와 더불어 적확하고도 구체적인 언어로 승화해낸다. 책임감 있는 의견 쓰기란 무엇인가 묻는 이들에게 이 책을 건네고 싶다고 번역하는 내내 생각했다.

익히 알려져 있듯 책임responsibility은 응답하는 능력response-ability이기도 하다. 좋은 의견은 결국 대화를 촉발한다. 책임감 있는 발화는 그 자체로 세계에 주의를 기울이고 반응하는 방식이며, 그 발화는 자연히 서로 다른 의견 간의 상호작용을 불러일으킨다. 우리의 일상이 점점 파편화되고 순간적인 자극의 연쇄에 가까워지는 지금, 타인들과 조응correspond하기 위해, 즉 필연적으로 다를 수밖에 없는 의견을 서로 나누고 그에 수반되는 정동을 감각하는 일은 점점 더 희귀해진다. 그러나 바로 그것, (때로는 극심한 피로감을 느끼더라도) 세상에 주의를 기울이고 기민하게, 스스로의 판단력을 최선을 다해 믿으며 기록하고 꺼내어놓는 일은 의견 쓰기가 세상과 '서로 응답하는' 방식으로서, 지속 가능한 삶의 방식으로서 여전히 중요하다.

이 책을 번역하며 나는 록산 게이의 의견을 전달하는 사람이자 동시에 그와 대화를 나누는 한 명의 독자였다. 한국의 2024년을 살아가는 삼십대 여성으로서 나는 트럼프 시대가 얼마나 지금의 정치 현실과 닮았는지 소스라치며 깨닫기도 했으나, 인종차별에 관해서는 흑인이 아닌 아시아인의 시각에서 흑인-백인 대립 구도 바깥에는 무엇이 있는지 떠올렸다. 남성이라는 이유로 면죄부를 받는 범죄자들을 향해 작가와 함께 분노했고, SNS 속 사람들은 정말이지 끔찍하다고 고개를 끄덕이기도 했으며, 프라이드 축제에 경찰의 존재를 단호히 반대하는 목소리 앞에서는 미국의 경찰 폭력 문제를 새삼스럽게, 약간의 거리감 속에서 깨달았다. 이 책을 펼친 독자들 역시 온 마음으로 동의하는 의견도, 고개를 갸우뚱하게 되는 의견도 있을 것이다. 미국 사회의 정치적, 문화적 맥락이 상당히 구체적으로 드러나기에 미처 몰랐던 사건과 이름을 여럿 알게 될 수도 있다. 눈에 띄는 제목의 글부터 읽어볼 수도 있고, 생소한 작품에 대한 비평은 건너뛸 수도 있다. 다른 흑인 페미니스트의 저작을 찾아볼 수도 있다. 그 모든 과정이 록산 게이의 목소리에 우리가 응답하는 방식이다.

냉정한 리얼리스트이자 열렬한 로맨티스트인 작가의 적확한 언어를, 그 신랄한 유머와 위트까지도 최대한 있는 그대로 옮기고자 했으나 번역 과정에서 불가피하게 탈락하는 함의와 맥락들이 있었을 테고, 그것은 도리 없이 나의 한계다. 그러나 이 한계로부터 다시 시작하면 된다. 내가 서 있는 곳이 작가와 다르다는 사실을 인지하고, 무엇이 어떻게 다른지를 고민할 수 있다. 좋은 의견 쓰기란 반드시 대화를 이끌어낸다는 사실을 나는 이 책을 통해 새롭게 발견했다.

본문에 특히 자주 등장하는 단어는 '구원redemption'이다. 이미 벌어진 참사와 죽음들, 우리를 무력감으로 사로잡는 끔찍한 폭력으로부터 우리는 구원받지 못한다. 무한한 고리를 그리며 반복되는 비극을 맞닥뜨리며, 책임을 다하지 못한 모든 일로부터 우리는 구제받지 못하며 앞으로도 그럴 것이다. 록산 게이가 트럼프 대통령 당선 이후

썼듯, 아무도 우리를 구해주지 않는다. 그러나 끝없는 절망과 참담함 속에서도 록산 게이는 다시, 허황된 낙관 없이, 그러나 불가능해 보이는 가능성을 계속해서 상상하며 싸울 준비를 한다. 요리 경연 프로그램과 '분노의 질주' 시리즈를 열심히 챙겨 보면서, 영 취향이 아닌 책도 집어들면서, 혐오와 차별에 분노를 참지 않으면서, 무력감을 인정하고 한동안 뉴스를 피하기도 하면서, 여름에 꼭 해변에 가야 하느냐고 투덜거리면서 말이다.

의견 쓰기의 세계에서 록산 게이는 고군분투하며 더없이 고유하게 살아 있다. 아직 죽지 않았을 뿐인 존재로 스스로를 여기면서도 이토록 형형히 살아 첨예하고 풍성하게 '말'하는 그의 책을 이정표 삼아, 우리는 우리 각자의 방식으로 비슷하고도 다른 맥락과 위치에서 응답할 수 있다. 그 방법은 이 책 어딘가에 나와 있다. 발견하셨기를 바란다.

2024년 11월
최리외

옮긴이 최리외

EBS 다큐멘터리팀에서 작가로, 여성신문에서 기자로 일했다. 지금은 영문학 박사과정 공부와 번역 일을 병행하고 있다. 번역과 낭독 작업, 동네 책방 독서 모임을 꾸준히 하고 있으며, 오랜 시간 장르를 불문하고 써온 글을 엮은 첫 책 『밤이 아닌데도 밤이 되는』을 냈다. 『Y/N』 『벌들의 음악』 『당신의 소설 속에 도롱뇽이 없다면』 『멀고도 가까운 노래들』 등을 우리말로 옮겼다.

아무도 우리를 구해주지 않는다
주장과 비판, 불의에 참견해온 10년의 기록

초판 인쇄 2024년 11월 4일
초판 발행 2024년 11월 15일

지은이 록산 게이 | 옮긴이 최리외
책임편집 전민지 | 편집 신원제 황문정
디자인 이혜진 | 저작권 박지영 형소진 최은진 오서영
마케팅 정민호 서지화 한민아 이민경 왕지경 정경주 김수인 김혜원 김하연 김예진
브랜딩 함유지 함근아 박민재 김희숙 이송이 박다솔 조다현 배진성
제작 강신은 김동욱 이순호 | 제작처 천광인쇄사

펴낸곳 (주)문학동네 | 펴낸이 김소영
출판등록 1993년 10월 22일 제2003-000045호
주소 10881 경기도 파주시 회동길 210
전자우편 editor@munhak.com | 대표전화 031) 955-8888 | 팩스 031) 955-8855
문의전화 031) 955-3579(마케팅) 031) 955-8868(편집)
문학동네카페 http://cafe.naver.com/mhdn
인스타그램 @munhakdongne | 트위터 @munhakdongne
북클럽문학동네 http://bookclubmunhak.com

ISBN 979-11-416-0788-3 03300

· 잘못된 책은 구입하신 서점에서 교환해드립니다.
· 기타 교환 문의 : 031-955-2661, 3580

www.munhak.com